中國學術思想 研究輯刊

三四編

林慶彰 主編

第 3 冊

孔廣森《禮學卮言》研究

王元臣 著

花木蘭文化事業有限公司

國家圖書館出版品預行編目資料

孔廣森《禮學卮言》研究／王元臣 著 -- 初版 -- 新北市：花
木蘭文化事業有限公司，2021〔民110〕
序 4+ 目 6+272 面；19×26 公分
（中國學術思想研究輯刊 三四編；第 3 冊）
ISBN 978-986-518-486-5（精裝）
1.（清）孔廣森 2. 禮記 3. 學術思想 4. 研究考訂
030.8   110010872

ISBN-978-986-518-486-5

9 789865 184865

中國學術思想研究輯刊
三四編　第 三 冊   ISBN：978-986-518-486-5

孔廣森《禮學卮言》研究

作　　者　王元臣
主　　編　林慶彰
總 編 輯　杜潔祥
副總編輯　楊嘉樂
編　　輯　許郁翎、張雅淋、潘玟靜　美術編輯　陳逸婷
出　　版　花木蘭文化事業有限公司
發 行 人　高小娟
聯絡地址　235 新北市中和區中安街七二號十三樓
　　　　　電話：02-2923-1455 ／傳真：02-2923-1452
網　　址　http://www.huamulan.tw 信箱 service@huamulans.com
印　　刷　普羅文化出版廣告事業
封面設計　劉開工作室
初　　版　2021 年 9 月
全書字數　226712 字
定　　價　三四編 14 冊（精裝）新台幣 36,000 元

孔廣森《禮學卮言》研究

王元臣　著

作者簡介

王元臣（1969.3～），男，山東萊蕪人，文學博士，泰山學院教師教育學院副教授。目前主要從事傳統文化教學與儒家文獻整理研究工作。

提　要

　　孔廣森是清代乾嘉時期著名經學家，他精通三禮和公羊學，堪稱經學天才。《禮學卮言》是其三禮學代表著作。《禮學卮言》考證翔實，精奧博通，用力頗深。該書涉及禮學問題廣泛，銳見勝解多出，解決了禮學史上許多疑難問題。梁啟超、孫詒讓、李慈銘、張舜徽等人對《禮學卮言》的禮學成就皆讚譽有加。本書首先考察和分析了孔廣森身世生平以及《禮學卮言》產生的時代背景，然後具體梳理和評價了孔廣森《禮學卮言》關於廟寢宮室、明堂、禘郊、禮服以及三禮中其他眾多名物制度的考證成就，探討了《禮學卮言》訓詁釋禮、以經證經、以史證禮等治禮方法以及其輔翼鄭學、實事求是的學術宗旨。在此基礎上對《禮學卮言》精奧博通，多出勝解的學術特色也進行了系統闡發和呈現。最後本書結合清代三大禮學著作《儀禮正義》《周禮正義》《禮書通故》等對該書的徵引與評價，分析和總結了孔廣森《禮學卮言》的學術影響與貢獻，並對孔廣森《禮學卮言》的學術地位做了評估。

序

丁　鼎

孔廣森（1752～1786），字眾仲，一字撝約，號顨軒，山東曲阜人，孔子六十八代孫襲封衍聖公孔傳鐸之孫。孔廣森不僅出身高貴，而且天資聰明，年十七舉於鄉，乾隆三十六年十九歲成進士，改翰林院庶吉士，散館，授檢討。孔廣森雖然年僅三十五虛歲即英年早逝，但他在短短的一生中博涉群經，六書九數，靡不貫通，著述宏富，成就卓著，是清代乾隆時期著名的經學家。

孔廣森是清代乾嘉時期山東最著名的經學家之一。他曾師事著名經學大師戴震，與段玉裁、王念孫、任大椿並稱戴震四大弟子。

對於孔廣森的才華和學術成就，清代和近現代許多大師級學者給予了高度評價。姚鼐曾在《儀鄭堂記》中稱讚孔廣森說：「曲阜孔君撝約博學，工為詞章。……以孔子之裔傳孔子之學，世之望於撝約者亦遠矣，雖古有賢如康成者，吾謂其猶未足以限吾撝約也。」〔註1〕羅士琳《疇人傳》亦讚揚孔廣森說：「顨軒先生生自聖裔，兼有師承，亦乎學貫天人矣。所學《戴禮》、《春秋》，兼精通六書、九數，駢體尤似六朝，其所創割圜四例，在明氏捷法未顯之先，亦不為無補。其年甫逾三十，而所學無所不通，一藝之分，他人白首不能到，有聞一知十之詣矣。」〔註2〕皮錫瑞在《經學歷史》中評價說：「國朝經師，能紹承漢學者，有二事。一曰傳家法，一曰守專門。」在「傳家法」下，皮氏

〔註1〕姚鼐：《惜抱軒文集》卷六，《續修四庫全書》第1453冊，上海古籍出版社，2002年，第110頁。

〔註2〕羅士琳：《疇人傳補》，《續修四庫全書》第516冊，上海古籍出版社，2002年，第472頁。

提到「王念孫師戴震，傳子引之；孔廣森亦師戴震。」〔註3〕現代著名學者黃侃也讚揚說：「清世經師如孔廣森、戴望，皆年三十有五而歿。劉（師培）先生年亦止三十五，所造尤為卓絕。此三君者，皆曠代奇才也。」〔註4〕徐世昌《清儒學案》甚至讚譽孔廣森為：「聖裔儒宗，曠代一遇。」〔註5〕

　　孔廣森學貫今、古，在經學、在小學、算學、文學等許多領域均作出了突出貢獻，成為乾嘉學派中的重要代表人物。孔廣森代表性的學術著作主要有《大戴禮記補注》《公羊春秋經傳通義》《經學卮言》和《禮學卮言》等，其他尚有算數、音韻等方面的專著，如《詩聲類》和《少廣正負術》內外篇等。其中《公羊春秋經傳通義》與《大戴禮記補注》是孔廣森在學界最負盛名的兩部著作。《春秋公羊經傳通義》一書曾得到梁啟超的高度評價：「清儒頭一位治《公羊傳》者為孔顨軒，著有《公羊通義》，當時稱為絕學。」〔註6〕《大戴禮記補注》是孔廣森繼承其師戴震校訂《大戴禮》之餘緒，會通眾說而完成的一部禮學著作。阮元在為其所作的《大戴禮記補注序》中贊其補注之功曰：「使二千餘年古經傳復明白於世，用力勤而為功鉅矣。」〔註7〕

　　《禮學卮言》是孔廣森禮學研究成就的代表性成果。清代許多著名學者對本書的學術價值給予高度評價。如周中孚認為該書中的《周禮鄭氏注蒙案》能補王應麟《漢制考》和惠氏《禮說》之闕，《儀禮雜義》可證賈公彥《儀禮注疏》望文生解之失；《小戴禮記雜義》可補孔穎達《禮記正義》之不及，「非精研鄭學，不能如此精博也」〔註8〕。梁啟超在《清代學術概論》中稱孔廣森《禮學卮言》與凌廷堪《禮經釋例》、金榜《禮箋》等著述皆為禮學研究之書「最著者、精粹者」〔註9〕。然而相較於《大戴禮記補注》與《春秋公羊經傳通義》而言，現代學界對孔廣森《禮學卮言》的研究還較為冷清和薄弱，該書

〔註3〕皮錫瑞：《經學歷史》，中華書局，2004年，第233～234頁。

〔註4〕黃焯：《憶先從父季剛先生師事余杭儀征兩先生事》，載于程千帆等：《量守廬學記：黃侃的生平和學術》，生活·讀書·新知三聯書店，1985年，第137～138頁。

〔註5〕徐世昌：《清儒學案》第六分冊第109卷《顨軒學案》，人民出版社，2010年，第2901頁。

〔註6〕梁啟超：《中國近三百年學術史》，東方出版社，1995年，第216頁。

〔註7〕阮元：《〈大戴禮記補注〉序》，《大戴禮記補注》，中華書局，2013年，第3頁。

〔註8〕周中孚：《鄭堂讀書記》卷六，《續修四庫全書》第924冊，上海古籍出版社，2002年，第63頁。

〔註9〕梁啟超：《清代學術概論》，上海古籍出版社1998年版，第50頁。

的學術成就與價值尚未引起學界的足夠關注和重視。有鑑於此，王元臣博士將《孔廣森〈禮學卮言〉研究》作為自己的博士論文選題，對《禮學卮言》一書進行了較為深入系統的研究，以彌補目前學界關於孔廣森禮學研究之不足。

目前，呈現在讀者面前的《孔廣森〈禮學卮言〉研究》書稿就是王元臣博士的博士學位論文修訂增補版。本書考察了孔廣森身世生平，探討了《禮學卮言》產生的時代背景，特別是對孔廣森《禮學卮言》的禮學考證成就、禮學宗旨、治禮方法與特色進行了較為全面細緻的梳理和探討，論述了孔廣森在三禮學研究領域取得的卓越學術成就，分析和總結了孔廣森三禮學的學術影響與貢獻。本書立論平允，內容豐富、體例得當，結構合理，邏輯清晰，徵引文獻材料豐富，學風嚴謹，文筆流暢。約而言之，本書在如下幾方面值得肯定：

首先，選題具有一定拓荒性或曰突破性。《禮學卮言》是孔廣森禮學的代表作，但目前學界對其關注不夠。長期以來，學界表彰孔廣森禮學往往標舉其《大戴禮記補注》為說。然而孔廣森禮學最高成就集中體現在這部《禮學卮言》著作中，只有系統研究《禮學卮言》，考察其禮學成就，才能對孔廣森三禮學思想、研究方法和學術貢獻進行深入而系統的揭示，才能彌補對孔廣森禮學研究的不足，從而能夠使人們重新認識和評價孔廣森禮學研究的學術貢獻與價值。

其次，根據孔廣森《禮學卮言》的內容特點，本書把《禮學卮言》中的名物制度和典章制度考證作為主要研究對象，全面梳理和考察了孔廣森《禮學卮言》在禮學考證方面的成就和特色。重點探討了本書在「廟寢宮室說」、「論禘郊」、「禮服釋名」、「《三禮》雜義」、「《周禮》鄭注蒙案」等方面的學術成就，詳細評價了孔廣森在名物和典章制度考證方面的是非得失。並非常中肯地指出孔廣森禮學思想的學術取向就是「宗鄭」、「儀鄭」，其治禮方法和最顯著的特色就是「以經證禮」（含「以禮證禮」）、「以史證禮」與「以子證禮」等。

再次，本書綜合運用歷史學、學術史和文獻學等多學科相結合的研究方法，較全面地考察了孔廣森的家世生平，探討了《禮學卮言》的寫作背景，並較深入全面地闡釋了總結了《禮學卮言》的內容結構、學術宗旨、考證方法、治禮特色和學術貢獻。本書在廣泛運用傳統文史考證研究方法的基礎上，參用統計、圖表和考古材料以證成孔說或說明孔說之侷限，方法務實有效。

　　復次，關於孔廣森《禮學巵言》在禮學史上的影響，本書主要通過詳細考察清代三大禮學著作（胡培翬《儀禮正義》、黃以周《禮書通故》和孫詒讓《周禮正義》）對《禮學巵言》的徵引情況，來審視和說明《禮學巵言》在禮學史上的學術影響與價值。這樣得出的結論有理有據，很有說服力。

　　當然，金無足赤，毋庸諱言，本書尚存在一些需要深化之處和研究的不足之處。如個別結論的論證不是很嚴密，還值得斟酌和商榷，還需要提供更多的論據進行說明和論述；某些轉引的文獻內容不夠簡明；個別文字表述尚存在一些枝蔓現象，等等。但瑕不掩瑜，作為第一部較全面探討論述孔廣森《禮學巵言》的學術著作，本書從總體上說確實具有較高的學術價值。特別是在目前對清代禮學家與禮學著作的個案研究還很不充分的現狀下，本書無疑能夠豐富和推進這方面的研究，對清代禮學史研究大有裨益。此外，由於孔廣森是乾嘉學派在山東地區最重要的代表人物之一，因而本書對深化清代山東乾嘉經學史研究、發掘齊魯文化的深厚資源亦具有特殊意義。

　　王元臣博士與我有師生之誼。他天性寬厚篤實，潛心向學，歷經多年寒窗苦讀，終於完成了這篇《孔廣森〈禮學巵言〉研究》博士論文。今欣聞本書稿即將由花木蘭出版公司出版問世，很為他感到高興！為此謹向他表示衷心的祝賀！並希望他在此基礎上繼續深入開掘推進，在禮學研究領域取得更多、更好的成績。企予望之！是為序。

丁鼎

2021 年 4 月 21 日於曲阜大同路六藝苑寓所

目

次

緒　論

第一節　研究緣起與意義

　　孔廣森，字眾仲，又字撝約，號顨軒，孔子第七十代孫，是清代乾隆時期著名的經學家。孔廣森於乾隆十七年（1753）生於曲阜闕里，他生而穎異，勤奮好學，年十七舉於鄉，乾隆三十六年進士，改翰林院庶吉士，散館授檢討。他一生博涉群經，「經史訓詁，沈覽妙解，六書九數，靡不貫通」〔註1〕。孔廣森雖然英年早逝，但在學術研究領域成就卓著，著述宏富。就其經學著述而言，主要著作有《公羊春秋經傳通義》《禮學卮言》《經學卮言》《大戴禮記補注》等，其他尚有算數、音韻等方面的專著，如《少廣正負術》內外篇、《詩聲類》等。孔廣森與段玉裁、王念孫、任大椿並稱戴震四大弟子，清末學者皮錫瑞（1850～1908）在談到清代經學家（「國朝經師」）的漢學家法師承關係時認為孔廣森是師承戴震之學，他說：「王念孫師戴震，孔廣森亦師戴震。」〔註2〕經學家劉師培（1884～1919）說：「時山左經生有孔繼涵、孔顨軒均問學於戴震，軒於學尤精。」〔註3〕對於清代乾嘉經學的傳播，章太炎曾有一個全景式概括，他認為從分布地域看，最先興起者為蘇、常一帶，其次為徽州，再次為揚州，後在浙江，「其在山東，有孔廣森及桂馥」〔註4〕。

〔註1〕支偉成：《清代樸學大師列傳》，嶽麓書社，1986年，第163頁。

〔註2〕皮錫瑞：《經學歷史》，中華書局2004年，第233～234頁。

〔註3〕劉師培：《近儒學術統系論》，章太炎、劉師培《中國近三百年學術史論》，上海古籍出版社，2006年，第149頁。

〔註4〕章太炎：《清代學術之系統》，章太炎、劉師培：《中國近三百年學術史論》，上海古籍出版社，2006年，第36頁。

　　孔廣森在三十五年短暫的人生中，在小學、經學、數學、文學等許多領域均有很高造詣，成為乾嘉學派中的重要代表人物。孔廣森的經學成就在清代即得到了主流學術圈的認可，諸如凌廷堪、姚鼐、阮元等著名學者均對其學術成就頗為讚譽。姚鼐對孔廣森的才華青睞有加，認為作為孔子的後裔傳承孔子之學，廣森可謂得天獨厚，即使有賢如鄭康成者，「吾謂其猶未足以限吾撝約也」〔註5〕。羅士琳亦認為孔廣森生於闕里，作為聖門之後，又師承戴震，學貫天人，「學《戴禮》《春秋》，兼精通六書九數。其年甫逾三十，而所學無所不通。一藝之分，他人白首不能到」〔註6〕。徐世昌《清儒學案》譽之曰：「顨軒研經明算，算韻尤精，聖裔儒宗，曠代一遇。」〔註7〕

　　持今文經學門戶之見者皆以為其公羊學（《公羊春秋經傳通義》）成就最高，但當時學人最認可的是他精於禮學。揚州學派學者江藩所著《國朝漢學師承記》在述及孔廣森所學時僅及其「深於戴氏之學，故能探其源」〔註8〕，所謂戴氏之學當主要為三禮名物制度考證之學也。同光時期的譚宗浚（1845～1888）總結本朝學術，應該大致能得其全景，他也將孔廣森與胡培翬、程瑤田、褚寅亮等清代一流禮學家相提並論〔註9〕。近現代以來清代研究學者稱孔廣森禮學往往多標舉其《大戴禮記補注》一書，對《大戴禮記補注》的強調容易給我們造成一種印象，即孔廣森禮學成就集中於其《大戴禮記補注》一書。這是不符合事實的。

　　《大戴禮記補注》雖是孔廣森的禮學名著，但並不是孔廣森禮學最高成就的真正代表作。在三禮學史上，《大戴禮記》並不在三禮學範疇之中。《大戴禮記》因傳習乏人而卷帙亡軼不全，清代孔廣森《大戴禮記補注》撰作於《大戴》學衰弊之際，故甫一問世，即受到學者關注和稱譽。儘管此書備受重視，然而在《大戴》學裏，孔廣森《大戴禮記補注》並非最勝作品。《補注》問世不久，王聘珍《大戴禮記解詁》即刊刻問世，阮元比較二書，盛讚王聘珍《解詁》優於孔廣森《補注》：「義精語潔，恪守漢法，多所發明，……

〔註5〕姚鼐：《惜抱軒文集》卷六，《續修四庫全書》第1453冊，上海古籍出版社，2002年，第110頁。

〔註6〕羅士琳：《疇人傳補》，《續修四庫全書》第516冊，上海古籍出版社，2002年，第472頁。

〔註7〕徐世昌：《清儒學案》第六分冊第109卷，人民出版社，2010年版，第2901頁。

〔註8〕江藩：《國朝漢學師承記》，中華書局，1983年，第102頁。

〔註9〕譚宗浚：《希古堂集》甲集卷1，續修四庫全書，第1564冊，上海古籍出版社，2002年，第311頁。

為孔撝約（孔廣森）諸家所未及。」〔註10〕此論斷已成學界公論。因此，筆者認為《大戴禮記補注》雖然是孔廣森一部重要的禮學名作，但並非代表孔廣森禮學的最高成就，對《大戴禮記補注》之於孔廣森禮學意義的過多強調，往往容易讓我們忽視孔廣森《禮學卮言》的存在及其價值，從而不能真正瞭解孔廣森禮學全貌和成就，不能客觀評價其禮學史上的貢獻與地位。

孔廣森雖經史小學，無不深研，但尤精三禮，其「三禮」之學，尤號專門，《禮學卮言》是其闡述其禮學見解的代表性著作，他的三禮學成就集中體現在這部禮學專著中。清代著名學者周中孚認為該書中的《周禮鄭氏注蒙案》能補王應麟《漢制考》和惠氏《禮說》之闕，《儀禮雜義》可證賈公彥《儀禮注疏》望文生解之失；《小戴禮記雜義》可補孔穎達《禮記正義》之不及，「非精研鄭學，不能如此精博也。」〔註11〕晚清著名文史學家李慈銘也高度評價《禮學卮言》：「閱孔㢲軒氏《禮學卮言》，共六卷，精奧通博，多出名解。其卷二《禮服釋名》，推明周禮冕服之制，理董眾說，據義必堅。」〔註12〕禮學家曹元弼讚譽孔廣森：「深於《禮》，篤守鄭學，故其書特純。」〔註13〕梁啟超在其《清代學術概論》中稱孔廣森《禮學卮言》與凌廷堪《禮經釋例》、金榜《禮箋》等著述皆為禮學研究之書「最著者、精粹者」〔註14〕。孔廣森的三禮學的最高成就集中體現在這部禮學專著中，《禮學卮言》是一部工夫紮實、內容精粹的禮學專著，是孔廣森禮學成就的代表之作。

然而與其大戴學、公羊學的研究相比，《禮學卮言》少人問津，研究非常冷清，零星可見的研究或介紹文字皆較籠統，該書禮學成就和價值目前未引起學界的足夠關注和重視，尚未見有對該書深入研究成果問世。對孔廣森《禮學卮言》禮學成績的評價也僅見於前人梁啟超、周中孚、李慈銘、曹元弼等人著述的散論之中。當代諸多禮學研究論文中雖有偶而提及此書者，但大都僅對《禮學卮言》內容作概括介紹，對書中具體禮學問題皆未展開深入研究。徐紀才《清代山東禮學研究》僅有一節內容對《禮學卮言》作概括介紹。黃佳

〔註10〕王聘珍：《大戴禮記解詁》，阮元《大戴禮記解詁序》，中華書局，1983年，第1頁。

〔註11〕周中孚：《鄭堂讀書記》卷六，《續修四庫全書》第924冊，上海古籍出版社，2002年，第63頁。

〔註12〕李慈銘：《越縵堂讀書記》，中華書局，2006年，第131頁。

〔註13〕參見許超傑《曹元弼〈覆段熙仲書〉考釋》，載南京師範大學文學院報，2014年，第4期。

〔註14〕梁啟超：《清代學術概論》，上海古籍出版社，1998年，第50頁。

駿《孔廣森經學思想研究》選取孔廣森《禮學卮言》禘郊論、廟寢異制等古禮典制中幾個禮學議題進行了評述，以此總結了孔廣森《禮學卮言》的經學成就與思想〔註15〕。施婧嫻博士論文《孔廣森春秋學研究》中「孔廣森著述考」一節亦對《禮學卮言》作了簡要論述。施文認為，《禮學卮言》寫作受戴震在四庫館校勘輯佚《儀禮集釋》《儀禮識誤》等禮學著作影響很大，孔廣森《禮學卮言》書中內容與戴震早年的《學禮篇》有諸多聯繫〔註16〕。施文還認為，《禮學卮言》專事輔翼鄭學，於鄭康成三禮注有所匡正，在內容主旨與著述體例方面比其《經學卮言》更為成熟〔註17〕。但施文對孔廣森《禮學卮言》輔翼鄭學、匡正鄭注的特點尚未作具體分析和闡述。

　　鑒於此，本書擬對孔廣森《禮學卮言》作專門深入的研究，全面梳理孔廣森三禮學內涵與成就，認識和總結其學術宗旨、治禮方法、特色以及對禮學的貢獻和影響，揭示孔廣森禮學的真實面貌，從而正確評價孔廣森禮學成績與價值。作為經學史研究的重要內容，目前對清代禮學家與禮學著作的個案研究還很不充分。《禮學卮言》是一部以考據為特色的三禮學著述，是乾嘉時期此類禮學考據作品的典型代表，通過對該書的研究，呈現乾嘉時期此類禮學著述的細節、旨趣及價值，這對豐富和推進清代禮學史的個案研究具有一定的價值和意義。同時，由於孔廣森是乾嘉學派山東地區重要代表人物，而禮學研究又是乾嘉經學重鎮，因此對孔廣森《禮學卮言》的研究，對於深化清代山東乾嘉經學史研究、發掘齊魯文化深厚資源亦具有一特殊的意義。

第二節　本課題的研究內容與研究方案

　　《禮學卮言》之「卮言」，即「支言」之意。在古音支部與「卮」雙聲且疊韻的字有「支」「枝」「肢」「伎」「汥」等，這組詞的核心義是從主幹上派生而分出，故「卮言」有「枝言」「支言」意。作為一種文體形態，後人常以「卮

〔註15〕黃佳駿：《孔廣森經學思想研究》，臺灣彰化師範大學碩士論文，2006 年，第 130 頁。

〔註16〕施婧嫻《孔廣森春秋學研究》認為《世室明堂圖解》是就戴震《明堂考》發展而來；《天子五門考》是對戴震《三朝三門考》的匡正之作；《禮服釋名》本自戴震《記冕服》《記皮弁服》《記爵弁服》，《記朝服》《記玄端》《記深衣》等篇數陳鄭注而成文。參見施婧嫻《孔廣森春秋學研究》復旦大學博士學位論文，2013 年，第 43 頁。

〔註17〕施婧嫻：《孔廣森春秋學研究》，復旦大學博士學位論文，2013 年，第 43 頁。

言」用於對自己著作的謙詞，意思是自然隨意無統緒之言說。孔廣森《禮學
卮言》命名即取意於此也。孔廣森學宗鄭玄，其《禮學卮言》自有其內在著述
理路，循枝葉而能得其本體。《禮學卮言》全書六卷，內容有三。第一是禮學
專題考論，含《儀禮廟寢異制圖說》《匠人世明堂圖解》《辟雍四學解》《論禘》
《論郊》《禮服釋名》《九廟辨》《五門考》《軍乘考》等，分為兩卷；第二是
《三禮雜義》，含《周禮雜義》《儀禮雜義》《小戴禮記雜義》，各為一卷，共三
卷；第三塊內容為《周禮鄭氏注蒙案》，一卷。禮學專題考論、三禮雜義，鄭
注蒙案均圍繞鄭注展開對三禮名物制度之考證辯論，內容有所呼應，組織較
為嚴整。《周禮雜義》《儀禮雜義》《小戴禮記雜義》《周禮鄭注蒙案》各卷考辨
之條目皆以三禮經文次序編之，隨文考證，故亦可把此四卷內容看做孔廣森
對《三禮》部分經注的新疏。《禮學卮言》包含內容廣泛，大而宗廟社稷，小
而屨絇帶飾，一些在三禮學史上聚訟紛紜的重要議題幾乎都有涉及。孔廣森
名物制度考證有理有據，新見迭出，勝義紛呈，體現出孔廣森深厚的經學功
底和精湛的學術造詣。

　　縱觀《禮學卮言》全書內容與結構，孔廣森亦無意營造自身禮學體系之
意圖，故對這部讀書筆記性質的禮書，雖然可以從整體上來把握和論述它的
禮學思想成就、治禮宗旨和方法，但作為禮學研究，更應該重視這部禮書中
具體而微的眾多禮學問題，大如宮室宗廟、喪葬祭祀，小如屨絇帶飾等，這
些問題往往是禮學史上更值得研究的重要問題。三禮之學乃實學，不可以泛
泛而談，若對具體禮學考證研究不落實處，一味摘引序跋、目錄和史乘之評
語，侈言其禮學成就與價值，則為空言馳騁或轉抄獺祭之作也。張壽安先生
認為：「禮學思想的研究，很難以單一概念或相關概念組群的方式來進行，
如研究理學般。它必須拈出特定的專題，而且在進行討論時也很難純用思維
方式，而必須有具體指實。它必須針對特定禮典，展開每一細節之儀文的討
論。」〔註 18〕此亦三禮學研究之方法。根據這一特點，本書應針對《卮言》
中涉及到的大小禮學考證，盡可能展開具體分析研究，為真實瞭解和呈現其
禮學思想奠定一個紮實基礎。對於各章所涉具體名物制度的考證、考論，本
研究擬從以下幾個方面著手研究：

〔註18〕張壽安：《十八世紀禮學考證的思想活力·緒論》，北京大學出版社，2005 年，
　　　　第 15 頁。

　　《卮言》許多禮學考證文字文簡義奧，禮學相關背景皆無說明，乍讀如一頭霧水，不知所云，故今須以淺文理出其說之端緒與大概，以明所考所論為何物；孔說多為考證經文、申補駁正鄭注賈疏，然孔廣森引經文注疏多極簡略，甚或不引，有些考證辯駁之靶的不詳，故今須核之，必要時要補足其所引經注疏原文或其省略成分，以全其貌；孔氏考禮引經史子集之書繁多，然引書亦有不完整、不注出處、書名不全稱者，故亦需視情況補足省文、注其出處或全其書名。孔說正確，引孔氏前後相關禮學文獻佐證其說為是，詳加申明；或其說有未竟其理者，則申暢其理；孔說未審或有謬誤者，亦當引述相關文獻或其他禮家觀點加以駁正，以明其非也。以上或申、或補或駁之評說有兼取眾家者，有專取一家者，亦有間下己意處。

　　「禮之所尊，尊其義也。失其義，陳其數，祝史之事也」，禮學研究亦應跳出「祝史之事」之牽絆，把探求和闡發名物制度考證背後蘊含的禮學思想、禮學方法和禮學價值作為研究重點，故本書在研讀和評析《禮學卮言》各卷禮學考論之後再從整體上把握和分析孔廣森三禮學的思想成就、禮學宗旨、治禮方法，評價其禮學貢獻與不足，這樣得出的觀點和結論應更具說服力，更能夠見出孔廣森《禮學卮言》的禮學成就與價值所在。

　　《禮學卮言》內容涉及三禮學眾多議題，是以考證為主的劄記類禮書文獻，其中既有單篇專題禮學考論，又有摘引禮經注疏作訓詁和考證的內容，其內容體例與《禮記正義》《周禮正義》《儀禮正義》等注疏不同，亦與《禮說》《禮箋》等禮書有異，目前學界對此種劄記類禮書文獻進行專門而系統的個案研究較為少見。禮是鄭學，孔廣森宗鄭、儀鄭，《禮學卮言》禮學考證亦屬意鄭玄，故本書擬以其輔翼鄭說（申注、補注、訂注、附注）的思想為線，貫穿對《禮學卮言》全書各部分禮學考證內容的研究，由點到面進行梳理考察和組織論述，系統發掘其三禮學內涵與價值，以達到綱舉目張、全面深入的研究效果。

第一章　孔廣森的身世與生平

　　孔廣森，字眾仲，一字撝約，號顨軒，山東曲阜人，清代著名經學家、音韻學家。《清史稿》及《清史列傳》皆有孔廣森生平傳略。《清史稿》稱其「年少入官，性淡泊，耽著述，不與要人通謁」，「經史小學，沈覽妙解」〔註1〕。《清史列傳》稱其「好學深思，心知其意，故能融會貫通，使是非之旨不謬於聖人」（《清史列傳》卷六十八）。阮元《儒林傳稿》亦為之作《孔廣森傳》。有關孔廣森的生平事蹟的材料可資參考的文獻還有《清代樸學大師列傳》、江藩《國朝漢學師承記》、《清代七百名人傳》《清儒傳略》《清代疇人傳》《清儒學案小傳》等史傳資料；此外，孔廣森本人撰述之著作如《儀鄭堂駢體文》《儀鄭堂文》等亦有透露其生平遭遇者。另外與之交遊的學者如姚鼐、凌廷堪、王念孫、孫星衍等人相關著述篇章亦可參考。

第一節　孔廣森生卒年份及世系

　　《孔氏大宗譜》記載孔廣森生於乾隆十七年十二月初八日（《孔氏大宗譜·孔氏敦本堂支譜》），卒於清乾隆五十一年十一月（1786年12月），得年三十五歲。

　　關於孔廣森的出生年份，許多文獻記載為1752年。如：

　　1. 陳其泰《清代公羊學》記載：「孔廣森（乾隆十七年至乾隆五十一年，1752至1786）字眾仲，一字撝約，號顨軒。」〔註2〕

〔註1〕趙爾巽等：《清史稿》，中華書局，1977年，第13207頁。
〔註2〕陳其泰：《清代公羊學》，北京：東方出版社，1997年，第79頁。

2. 楊新勳校注《經學卮言》一書前言中說:「孔廣森(1752～1787),字眾仲、撝約,號顨軒,山東曲阜人。他是孔子的第六十八代孫。」〔註3〕

3. 陳熹《孔繼汾、孔廣森父子行年考》載:「乾隆十七年壬申(公元1752年)廣森生。」〔註4〕

4. 趙永紀主編的《清代學術辭典》記載:「孔廣森(1752～1786),經學家、音韻學家、數學家。」〔註5〕

5. 美國學者恒慕義主編《清代名人傳略》記述:「孔廣森,(字眾仲、撝約,號顨軒),1752～1786。學者。山東曲阜人。」〔註6〕

諸文獻中關於孔廣森出生年份為1752年的記載值得商榷。孔廣森生於乾隆十七年臘月,此月份已是公元1753年1月,但仍為乾隆十七年壬申之年,「1752年」是據「乾隆十七年」推算出的公元紀年,壬申之年臘月份已是跨年,故諸文獻載孔廣森出生公曆年份為「1752年」不確,當為公曆1753年。至於有文獻記載孔廣森生於公元1751年,這顯然是錯誤的。

孔廣森是孔子第七十世孫,其父為當時戶部主事孔繼汾,其祖父是孔子六十八代孫襲封衍聖公孔傳鐸。關於孔廣森的世系諸多文獻記載有錯誤或歧義,很多文獻認為孔廣森是孔子第六十八代孫的,如:

1. 《清史稿·孔廣森傳》記載:「孔廣森,字眾仲,曲阜人,孔子六十八代孫,襲封衍聖公傳鐸之孫,戶部主事繼汾之子。」〔註7〕

2. 《清史列傳·孔廣森傳》記載孔廣森世系文字與《清史稿》記載如出一轍:「孔廣森,字顨軒,山東曲阜人。孔子六十八代孫,襲封衍聖公傳鐸之孫,戶部主事繼汾之子。」〔註8〕

3. 清代錢林《文獻徵存錄》記載:「孔廣森,字眾仲,孔子六十八代孫也。祖傳鐸,襲封衍聖公。父繼汾,戶部主事。」〔註9〕

4. 徐世昌編纂的《清儒學案·顨軒學案》記載:「孔廣森字眾仲,一字撝

〔註3〕楊新勳校注:《經學卮言》(前言),上海:華東師範大學出版社,2010年,第1頁。
〔註4〕陳熹:《孔繼汾、孔廣森父子行年考》,《淄博師專學報》,2011年,第4期。
〔註5〕趙永紀主編:《清代學術辭典》,學苑出版社,2004年,第423頁。
〔註6〕恒慕義主編:《清代名人傳略》(中),青海人民出版社,1990年,第359頁。
〔註7〕趙爾巽等:《清史稿》,中華書局,1977年,第13207頁。
〔註8〕《清史列傳》,中華書局,1987年,第5527頁。
〔註9〕錢林:《文獻徵存錄》(二),臺北明文書局,1985年,第461頁。

約，號顨軒，孔子六十八代孫，襲封衍聖公傳鐸之孫。」〔註10〕

　　孔氏世系千百年來編輯完備，有宗譜可循，《孔氏大宗譜》中將孔廣森放在第七十代孫中，而謂其為『孔子六十八代孫』之說實為誤解。丁鼎、王聰《孔廣森世系考辯》一文認為：「大量相關文獻記述可以證明孔廣森並非孔子六十八代孫，而是孔子七十代孫。……《清史稿》《碑傳集》《清史列傳》等文獻所謂『孔子六十八代孫』實際上均是指孔廣森的祖父孔傳鐸而言。我們認為導致孔廣森世系錯誤的原因，除了個別原始文獻的記述疏誤之外，主要是由於後人對相關文獻記述的標點不當，以及後人的誤讀和誤解。」〔註11〕陳冬冬《〈碑傳集〉〈清史列傳〉等三書〈孔廣森傳〉標點勘誤一則》亦認為：以上三書（《清史稿》《碑傳集》《清史列傳》）所言「六十八代孫」與「襲封」之間不當斷句，連讀為句才是，孔子某某代孫襲封某某為清代衍聖公的習慣稱呼，「三書中此句標點係不明職官名而致誤。」〔註12〕後來許多文獻在使用諸如《清史稿》《碑傳集》等原始文獻此條資料時未加審查，逕自轉引，導致錯誤流傳。

第二節　孔廣森的學術生涯

一、幼承庭訓，早聞禮教

　　乾隆十七年壬申十二月，孔廣森生於曲阜闕里。其父孔繼汾，乾隆丁卯科舉人，官內閣中書、軍機處行走、戶部廣西司主事；孔廣森祖父孔傳鐸，襲封第六十八代衍聖公。孔廣森係孔繼汾次子。孔繼汾長子即孔廣森長兄孔廣林（1746～約1783），字從伯，稟貢生，太常博士，亦是清代著名經學家。孔廣森「通眉早異，秀骨特殊」〔註13〕，秉性穎悟，聰明特達。凌廷堪《校禮堂文集》稱讚孔廣森說：「幼穎異，善作文。」〔註14〕

　　孔廣森頭頂聖裔光環，從小受到闕里嚴格的家庭教育。孔府非常重視家

〔註10〕徐世昌：《清儒學案》卷一百九《顨軒學案》，中華書局，2008年，第4293頁。

〔註11〕丁鼎、王聰：《孔廣森世系考辯》，載《孔子學刊》，2016年，第7輯。

〔註12〕陳冬冬：《〈碑傳集〉、〈清史列傳〉等三書〈孔廣森傳〉標點勘誤一則》，載《中國史研究》，2010年，第3期。

〔註13〕孔昭薪：《孔氏大宗支譜》，道光三年刻本，朱文翰《儀鄭堂遺文後序》，第80頁。

〔註14〕凌廷堪：《孔檢討誄序》，《校禮堂文集》，《續修四庫全書》第1480冊，上海古籍出版社，2002年，第352頁。

族子孫的教育，明萬曆十一年（公元 1583），衍聖公府頒布的「祖訓箴規」明確要求：「祖訓宗規，朝夕教訓子孫，務要讀書明理，顯親揚名，勿得入於流俗，甘為人下。」〔註15〕錢泰吉云：「大抵為學必有師承，而家學之濡染為尤易成就。」〔註16〕曲阜孔氏家族世代相傳的家學淵源及特有的家族禮樂制度，對孔廣森學術發展產生了很大影響。據孔府史料記載，每當家庭有大事，比如家族祭祀或迎送賓客之時，祖母徐太夫人一定使孔廣森諸兄弟隨諸長者之後，隅坐或立侍，以廣見多聞禮儀之事。

孔氏家族因世代祭祀孔廟的需要，保存了大量有關家族禮樂制度文獻資料，孔廣森父親孔繼汾是宗族中諳熟孔廟儀制和闕里文獻之人。乾隆二十七年（公元 1762）起，孔繼汾模仿南宋朱熹《家禮》，以古禮為本，以「區區復古之心」，參考今俗，將闕里孔氏家族吉凶諸事撰成儀注，草創《孔氏家儀》一書，後又撰《家儀答問》四卷。對此，孔憲彝《闕里孔氏詩抄》卷六記載道：「曾叔祖農部公篤志力行，風骨峻潔。……修《家儀》一書，冠、婚、喪、祭罔不具備，迄今子孫法守之。」〔註17〕孔繼汾重視啟蒙教育，親自校訂經史刊板，字畫皆本許慎《說文》，以此作為家塾讀本。對此孔廣林在《周官臆測》中回憶道：「乾隆甲午，家大人將校十三經定本，刊藏敦本家塾以示子孫。廣林承命校讎，竭心從事於訂正偽脫，外則參考義訓，有疑者竊以己意測之。每成一稿，必質之家大人。」〔註18〕孔繼汾還教導孔廣森兄弟一起參編纂《孔氏家儀》一書，完成《孔氏家儀》編纂後，又讓孔廣林與孔廣森共同做《家儀答問》一書的鈔錄工作。〔註19〕《孔氏家儀》《家儀答問》編纂原則是以古禮為本，古今互參，雖非復古，但以古為尚，往往「據禮以證之，引古以申之，援古以折之」〔註20〕，故《家儀》中徵引大量鄭注、賈疏、孔疏

〔註15〕轉引自中國社會科學院近代史研究所中華民國史研究室、山東省曲阜文物管理委員會編：《孔府檔案選編》，中華書局，1982 年，第 86 頁。

〔註16〕錢泰吉：《曝書雜記》卷中，《叢書集成初編》，商務印書館，1985 年，第 48 頁。

〔註17〕孔憲彝：《闕里孔氏詩抄》，《山東文獻集成》第三輯 41 冊，山東人民出版社，2007 年，第 155～156 頁。

〔註18〕孔廣林：《周官肊測》卷七，《孔叢伯說經五稿》，《山東文獻集成》第二輯第一冊，山東人民出版社，2007 年，第 55 頁。

〔註19〕孔繼汾：《家儀答問》目錄，《四庫禁燬書叢刊補編》第 31 冊，北京出版社，2005 年，第 334 頁。

〔註20〕孔繼汾：《孔氏家儀》卷十四自序，《四庫禁燬書叢刊補編》第 31 冊，北京出版社，2005 年，第 330～331 頁。

關於吉禮、凶禮、嘉禮等的觀點和材料。孔繼汾通過讓孔廣林、孔廣森兄弟參編和抄錄《家儀》，讓他們熟悉禮學儀節，初窺禮學治學之門徑，培養起研究禮學的興趣。

　　孔廣林治學勤勉，經學功力深厚，阮元嘗謂之「海內治經之士無其專勤」〔註21〕，並非過譽之辭。孔廣林與孔廣森兄弟二人在學術上常常切磋琢磨，孔廣林著《明堂臆》一書時，曾與廣森相互探討明堂規制等相關問題。孔廣林長於治禮，專精鄭學，因此桂文燦《經學博採錄》認為：「廣森之學出於廣林。」〔註22〕此說反映出孔廣林禮學對孔廣森的影響。孔廣森後來少年及第，宦遊京師，在乾隆時期的漢學界嶄露頭角，在禮學研究方面取得了卓異的學術成就，揚名儒林，是和早年這種家學薰陶和父兄學術影響密切相關的。

二、少年及第，交遊問學

　　乾隆三十三年（公元 1768 年），孔廣森參加山東鄉試中舉，時年十七歲。姚鼐為此次鄉試副主考，故廣森成為他的門生。姚鼐頗為賞識孔廣森的才華，他與廣森後來有許多書信往來和詩文酬唱。乾隆三十六年（公元 1771 年）孔廣森參加辛卯恩科會試，中進士，時年二十歲，可謂少年登第。此次恩科會試是應太后八旬萬壽恩科會試，恩科殿試金榜第三甲賜同進士出身共一百零三名，孔廣森列三甲第十名。與他一同登第的還有林樹蕃、程晉芳、錢灃、周永年等人。《清史稿》儒林傳記載，孔廣森中進士後為翰林院庶吉士、散館授檢討（期滿舉行考試後，成績優良者留館，授以檢討）。

　　常州莊存與（1719～1788）為此年（乾隆三十六年）會試主考官，故孔廣森又有莊存與門生之身份。莊存與，字方耕，清代經學家。孔廣森曾問公羊學於莊存與，《清儒學案·方耕學案》記載：「（莊存與）所學與當時講論或柄鑿不相入，故所撰述皆秘不示人。通其學者，僅門人邵晉涵、孔廣森及子孫數人而已。」〔註23〕孔廣森及第後宦遊京師，因為出身聖人後裔，加之年少，秀骨美鳳儀，翁方綱、邵晉涵、洪樸、王念孫等學者皆與之有交遊，一起談詩論學。

　　翁方綱（1733～1818），字正三，順天大興人，乾隆十七年進士，時任四

〔註21〕李經野：《曲阜縣志》卷五《人物志》，成文出版社，1968 年，第 461 頁。
〔註22〕桂文燦：《經學博採錄》卷五，華東師範大學出版社，2010 年，第 70 頁。
〔註23〕徐世昌：《清儒學案》，北京：中華書局，2008 年，第 2794 頁。

庫全書校理官。他精於金石之學，乾隆四十年三月，曾邀約孔廣森、錢載、孔繼涵、馮敏昌等人同觀顏崇槼藏羋子戈〔註24〕。翁方綱在其《復初堂文集》卷三《孔撝約集序》中提到，他從來不輕易給人題辭作贊，但他樂於為孔廣森題辭作序。他非常欣賞孔廣森才華，二人經常在一起對榻論析〔註25〕。可見二人交遊關係非同一般。

程晉芳（1718～1784），安徽歙縣人，字魚門。博綜經史，曾任吏部文選司主事、翰林院編修等，他與孔廣森同年進士，二人經常一同吟詩唱和，以文會友。孔廣森《丁酉八月陶然亭宴集序》《壬辰九月陶然亭宴集序》對二人陶然亭宴客都有記錄，其中有「歙程吏部魚門同遊」、「結與素交」〔註26〕之語。二人北京分別之後，程晉芳曾寫信囑廣森曰：「教以潛心體究，不可草率著述。銘之心版，且感且愧。」〔註27〕

洪榜（1745～1780），字汝登，安徽歙縣人。擅長經學，服膺戴震之學，主張治經必須從小學入手。乾隆四十一年夏，孔廣森讀洪榜《赤嬰母（鸚鵡）賦》，甚愛其詞，亦同題作賦一篇與之應和，《文獻徵存錄》卷八《洪榜傳》云：「（榜）嘗為《赤嬰武（鸚鵡）賦》以見意。廣森駢儷之詞甚工，亦成一篇。既出，時人以為精英雙絕，不減袁謝。」〔註28〕乾隆四十四年己亥（公元1779年）五月，洪榜卒，時年三十有五。孔廣森做《洪舍人誄》〔註29〕以示悼念。

王念孫（1744～1832），字懷祖，江蘇高郵人，從戴震受文字、訓詁、聲韻之學，是故與孔廣森有同門之誼。二人在京雖相處時間不長，但甚為相得，視為知己。王念孫「熟於漢學之門戶，手編詩三百篇、九經、楚辭之韻，分古音為二十一部」〔註30〕。在音韻學研究上與孔廣森有過交流切磋，前文已述

〔註24〕翁方綱撰、沈津輯：《翁方綱題跋手札集》，廣西師範大學出版社，2002年，第460頁。

〔註25〕翁方綱：《復初堂文集》，《續修四庫全書》本，上海古籍出版社，2002年，第1455頁。

〔註26〕徐書受：《校經堂談藪》，《叢書集成續編》第九十一冊，上海書店，1994年，第342頁。

〔註27〕孔廣森：《致王念孫書》，賴貴三編《昭代經師手簡箋釋》，清儒致高郵二王論學書，臺北里仁書局，1999年，第50～53頁。

〔註28〕錢林輯、王藻編：《文獻徵存錄》，清代傳記叢刊（11冊），第437～440頁。

〔註29〕孔廣森：《駢儷文》，《續修四庫全書》第1476冊，上海古籍出版社，2002年，第393～394頁。

〔註30〕趙爾巽等：《清史稿》，中華書局，1977年，第13212頁。

孔廣森在古韻分部上有了自己的研究發現後，曾作《致王念孫書》寄予王念孫討論有關音韻學的問題。

孔廣森與乾嘉年間著名經學家孫星衍（1753～1818）亦有交往。孫星衍欽佩孔廣森學問，其《儀鄭堂遺文序》說：「為《三禮》及《公羊春秋》之學，或自道其所得，超悟絕人。」〔註31〕孫星衍對孔廣森的為人也頗多嘉許，《儀鄭堂遺文序》記載了乙巳年孔廣森去中州節署二人相見相處的一段時間，他讚孔廣森：「美風儀，終日無鄙言。」〔註32〕

姚鼐（1731～1815），字姬傳，安徽桐城人，曾築室名曰「惜抱軒」，故別號「惜抱」，師桐城劉大櫆習古文，其古文成就卓越，被後世譽為「中國古文第一人」，姚鼐早年肆力於經學，於經學亦頗有洞見。乾隆三十三年孔廣森參加山東鄉試時，作為時任主考官的姚鼐就對他的才華和學問頗為賞識，讚賞有加。孔廣森一直以弟子禮對姚鼐恭敬事之。乾隆三十八年孔廣森乞假歸鄉奉母，姚鼐書《贈孔撝約假歸序》贈予廣森，稱讚孔廣森年少而有高才廣學：「撝約年僅二十，而有高才廣學，而遠志蘄為古人而不溺於富貴，然則必不以人之所以樂之者自樂也。」〔註33〕孔廣森和姚鼐在書信中曾就「禘郊」之義交流切磋。孔廣森遵從鄭注，力申鄭說，認為禘禮乃祭天之大祭，禘其祖之所自出，以其祖配之之大祭也。孔廣森認為宋人所謂禘為宗廟大祭，郊非祭五帝，丘郊為一，是「不信古之甚也！」〔註34〕姚鼐對孔廣森力主鄭說、不信宋儒的傾向作了委婉批評：「承教禘說，其論甚辨，而義主鄭氏則愚以為不然。若夫宋儒所用禘說未嘗非漢人義也，但其義未著耳。夫讀經者趣於經義明而已，不必為己名。期異於人以為己名者，皆陋儒也。」〔註35〕乾隆四十五年，姚鼐聽聞孔廣森「自庶幾於康成」，作「儀鄭堂」於其居，於是作《儀鄭堂記》一文寄予孔廣森。隨後，孔廣森作《上座主桐城姚大夫書》答謝姚鼐贈文。

〔註31〕孔廣森：《儀鄭堂文》，《叢書集成新編》第 77 冊，臺北新文豐出版公司，1985 年，第 617 頁。

〔註32〕孔廣森：《儀鄭堂文》，《叢書集成新編》第 77 冊，臺北新文豐出版公司，1985 年，第 617 頁。

〔註33〕姚鼐：《惜抱軒全集》，《贈孔撝約假歸序》，中國書店出版社，1991 年，第 83～84 頁。

〔註34〕孔廣森：《禮學卮言》卷二，《續修四庫全書》第 110 冊，上海古籍出版社，2002 年，第 89 頁。

〔註35〕姚鼐：《復孔撝約論禘祭文》，惜抱軒文集（卷六），《續修四庫全書》第 1453 冊，上海古籍出版社，2002 年，第 46～47 頁。

孔廣森年少入官，才學出眾，又是聖人後裔，在京師為官交遊期間，諸位碩彥大儒對他欣賞有加，爭與之結交，由此，他很快融入乾嘉學術核心圈。

三、受業戴震，盡傳其學

孔廣森與王念孫、段玉裁及任大椿並列成為戴震的四大弟子。清代阮元《疇人傳》中記載：「少曾事休寧戴震，因得盡傳其學。」〔註36〕戴震（1724～1777），字東原，又字慎修，安徽休寧人，是清代著名的考據學家、經學家、算學家，他深研音韻、文字、測算、曆法、地理、典章制度之學，著有《聲類表》《聲韻考》《毛鄭詩考證》《孟子字義疏證》《古歷考》《考工記圖》《籌算》《勾股割圓記》《六書論》《續天文略》《歷問》《明堂考》《三朝三門考》《樂器考》《記冕服》《春秋改元即位考》《原善》等，校《水經注》《大戴記》等。趙爾巽《清史稿》記載：「戴震卒後，其測算之學，曲阜孔廣森傳之，此皆其弟子也。」〔註37〕孔廣森不僅繼承了其測算之學，也深得其三禮名物制度考證之學。清代禮學家凌廷堪曰：「君故休寧戴君弟子，盡傳其學。」〔註38〕《漢學師承記》認為孔廣森致力於三禮學及《公羊春秋》學，從少年時代就曾從師於戴震，請教經學，江藩曰：「廣森深於戴氏之學，故能義探其源，言則於古也。」〔註39〕戴震是清代考據學巨擘，清代乾嘉學術以考據學為主流，又以考據學中的皖派經學影響最大，支偉成《清代樸學大師列傳》把孔廣森列為皖派經學家，謂其「常從戴東原先生遊，因得盡傳其學」〔註40〕。

其實孔廣森早在少年時期就曾受教於戴震，「少受經於東原氏」（《漢學師承記》）。孔廣森叔父孔繼涵與戴震為兒女親家關係（孔繼涵長子孔廣栻為戴震之婿），孔廣森因此很早就有機會從師戴震問學，故江藩在談及戴震「漢學」群體師承關係類型時認為：「盧學士文弨、紀相國昀、邵學士晉涵、任侍御大

〔註36〕阮元撰，彭偉國等點校：《疇人傳彙編》，廣陵書社，2009年，第570頁。
〔註37〕趙爾巽等：《清史稿》列傳二百六十八·儒林二·戴震列傳。
〔註38〕凌廷堪：《孔檢討誄並序》，《凌廷堪全集·校禮堂文集》（第三冊），黃山書社，2009年，第335頁。
〔註39〕江藩：《國朝漢學師承記》，卷六《孔廣森傳》，《續修四庫全書》第179冊，上海古籍出版社，2002年，第327頁。
〔註40〕支偉成：《清代樸學大師列傳》，長沙：嶽麓書社，1986年，第163頁。

椿、洪舍人榜、汪孝廉元亮,皆同志之友而問學焉,孔檢討廣森則姻婭而執弟子禮者也。」〔註41〕孔廣森在其著述中尊稱戴震為「東原戴丈」,如,《經學卮言》卷三《詩》「攘其左右,嘗其旨否」條曰:「東原戴丈以為『農人攘其左右手之袂而取食,似較三說皆勝』」〔註42〕;卷四《論語》「攻乎異端斯害也已」條曰:「東原戴丈說:『端,頭也。凡事有兩頭,謂之異端。』」〔註43〕可見孔廣森學習戴震經學並接受了戴震的許多經義和觀點,「戴丈」之稱則見出其與戴震因姻婭而有的師承關係。

乾隆三十八年(公元 1773 年)四庫館開,戴震於是年秋奉詔入館為《四庫全書》纂修官,乾隆四十年(公元 1775 年)參加殿試,賜同進士出身,為翰林院庶吉士,仍從事四庫全書的編纂。乾隆四十二年(公元 1777 年)戴震歿於任上。孔廣森乾隆三十六年(公元 1771 年)中進士,授翰林院庶吉士,乾隆三十七年(公元 1772 年)孔廣森授為翰林院檢討。此時其叔父孔繼涵(1739~1784)亦在京師,與其好友兼姻親戴震交往至深,自當將其姪翰林檢討廣森引見給戴震,故戴震入四庫館後,孔廣森得以向戴震當面請教,切磋學問,親炙戴震之學。

戴震治經主張從考據進求義理:「由聲音、文字以求訓詁,由訓詁以尋義理。由六書、九數、制度、名物,能通乎其詞,以心與古人相遇。」〔註44〕其治經無論鉅細本末,皆躬親考證,如天象、地理、古今地名沿革、宮室服裝、工藝製器、鳥獸蟲魚草木等皆翔實審知。孔廣森欽佩戴震的經學造詣,服膺戴震的學術觀點,在治經思想方法上,他崇尚漢學,注重考據,特別是在治禮方面更是如此。

戴震認為:「為學須先讀《禮》,讀《禮》要知得聖人禮意。」〔註45〕戴震早年著有《七經小記・學禮篇》,其中有《明堂考》《三朝三門考》《匠人溝恤之法考》《記冕服》《記玄端》等三禮考證篇目,其治禮注重從考據求得聖人禮意。孔廣森《禮學卮言》中亦有《世室明堂圖解》《九廟辯》《五門考》《禮

〔註41〕江藩:《國朝漢學師承記》,卷五《戴震傳》,《續修四庫全書》第 179 冊,上海古籍出版社,2002 年,第 317 頁。

〔註42〕孔廣森著、楊新勛校注:《經學卮言》,華東師範大學出版社,2010 年,第 80 頁。

〔註43〕孔廣森著、楊新勛校注:《經學卮言》,華東師範大學出版社,2010 年,第 102 頁。

〔註44〕戴震:《鄭學齋記》,《戴震文集》卷十一,北京:中華書局,2006 年,第 177 頁。

〔註45〕戴震:《戴震集》,上海古籍出版社,1980 年,第 32 頁。

服釋名》等考證篇目，其中多篇內容與戴震早年禮學著述《學禮篇》有聯繫，施婧嫻《孔廣森春秋學研究》一文認為：「《五門考》對戴震的《三朝三門考》有所匡正，《世室明堂圖解》是就戴震《明堂考》發展而來。」〔註46〕戴震云：「鄭康成之學，盡在《三禮注》」〔註47〕戴震在四庫館還從《永樂大典》中輯佚宋李如圭《儀禮集釋》以及張淳《儀禮識誤》，又據李如圭的《儀禮集釋》補《儀禮注疏》之闕，撰寫《四庫全書總目提要》之《儀禮注疏》提要。孔廣森對三禮詳作考證，著《儀禮廟寢宮室異制說》《三禮雜義》《周禮鄭注蒙案》等輔翼鄭說，顯然受惠於戴震禮學思想及其治禮之方法。

戴震、孔廣森二人的師徒名分得到《清史稿》《清儒學案》等書一致公認。《疇人傳》《國朝先正事略》也認為孔廣森是戴震傳人。皮錫瑞云：「國朝經師，能紹承漢學者，有二事。一曰傳家法，一曰守專門。」在「傳家法」下，皮氏提到「王念孫師戴震，傳子引之，孔廣森亦師戴震」〔註48〕。錢穆在其《中國近三百年學術史》中亦云：「曲阜孔廣森顨軒，為方耕門人，而亦從學戴氏。」〔註49〕故知孔廣森受業戴震，為戴震弟子當確然無誤。

乾隆四十二年五月，戴震遽然逝世上，年五十五。孔繼涵整理刊刻《戴氏遺書》，孔廣森「感先生（戴震）崇聞漢儒而不終其志以歿」〔註50〕，為之作《戴氏遺書總序》，序中全面介紹戴震之學，並讚譽其學曰：「戴氏遺書於十三經其有補！」〔註51〕戴震既歿後，孔廣森因戴震《大戴禮》而作《大戴禮記補注》〔註52〕，繼老師遺志，承襲老師校訂之餘緒，博覽群書參會眾說，規盧辯舊注之失，接續完成了《大戴禮》補注之使命。阮元在為其所作的《大戴禮記補注序》中贊其補注之功曰：「使二千餘年古經傳復明白於世，用力勤而為功鉅矣。」〔註53〕

〔註46〕施婧嫻：《孔廣森春秋學研究》，復旦大學博士學位論文，2013年，第43頁。
〔註47〕戴震：《戴震集》，上海古籍出版社，1980年，第21頁。
〔註48〕皮錫瑞：《經學歷史》，中華書局2004年，第233～234頁。
〔註49〕錢穆：《中國近三百年學術史》，臺灣商務印書館，1987年，第528頁。
〔註50〕孔廣森：《戴氏遺書總序》，《駢儷文》卷二《續修四庫全書》第1476冊，上海古籍出版社，2002年，第378頁。
〔註51〕孔廣森：《戴氏遺書總序》，《駢儷文》卷二《續修四庫全書》第1476冊，上海古籍出版社，2002年，第379頁。
〔註52〕孔廣森：《戴氏遺書總序》，《駢儷文》卷二《續修四庫全書》第1476冊，上海古籍出版社，2002年，第475頁。
〔註53〕孔廣森：《大戴禮記補注》，阮元《〈大戴禮記補注〉序》，中華書局，2013年，第3頁。

四、歸養著述，英年早逝

乾隆四十二年十月（公元 1777 年），孔廣森母親逝世，終年五十五歲。廣森悲痛不已，他決意歸隱。回曲阜安葬母親後，他侍親讀書，潛心著述，不復出仕。孔廣森推崇漢代經學大師鄭玄之學，把自己書齋命名曰「儀鄭堂」。朱文翰《〈駢儷文〉後序》述及孔廣森丁酉年回鄉奉母時云：「（先生）堂築儀鄭，志惟傳經。」〔註 54〕

乾隆四十五年（公元 1780 年）二月，姚鼐聽聞孔廣森乞假歸鄉築「儀鄭堂」潛心著述，遂作《儀鄭堂記》寄予孔廣森。其《儀鄭堂記》云：「曲阜孔君撝約博學，工為詞章。作堂於其居，名之曰儀鄭，自庶幾於康成，遺書告余為之記，撝約之志可謂善矣。」〔註 55〕但姚鼐仍然期望孔廣森要「據其道而涵其藝」，不要侷限於鄭玄之經學。他知孔廣森辭章功底深厚，文才一流，這是「世之望於撝約益遠」者，故勉勵孔廣森不要自限其域，辜負世人對他的期望：「雖古有賢如康成者，吾謂其猶未足以限吾撝約也。」〔註 56〕孔廣森隨後寫書信給姚鼐，表達了自己對座師諄諄教導的感謝之情，但同時流露出自己志惟傳經，屬意於鄭玄經學的志向和興趣〔註 57〕。

孔廣森歸隱曲阜，閉門覃思，潛心著述。《大戴禮記補注》《春秋公羊經傳通義》《戴氏遺書總序》等皆從此之後開始著作。乾隆四十六年（公元 1781年），孔廣森《詩聲略例》（即後來定稿的《詩聲分例》《詩聲類》）初稿完成，他與王念孫書信討論此書稿，其《致王念孫書》述其古韻分部上的發現及精研音學之心得。乾隆四十八年（公元 1783 年），孔廣森《春秋公羊經傳通義》初稿撰成，其年三十二歲。孔廣森以《春秋公羊經傳通義》一編為自己最自信和得意之作，在去世前，他曾將此書託付給孔廣廉，希望讓他把書保存完好並傳之與世：「余（按：㣥軒自謂）千秋之託，將在吾弟。」〔註 58〕

〔註 54〕孔廣森：《駢儷文》，《續修四庫全書》第 1476 冊，上海古籍出版社，2002 年，第 398 頁。

〔註 55〕姚鼐：《惜抱軒文集》（卷十四），《惜抱軒全集》，中國書店出版社，1991 年，第 165 頁。

〔註 56〕姚鼐：《儀鄭堂記》，《續修四庫全書》第 1453 冊，上海古籍出版社，2002 年，第 110 頁。

〔註 57〕孔廣森：《上座主桐城姚大夫書》，《駢儷文》卷一，《續修四庫全書》第 1476冊，上海古籍出版社，2002 年，第 374 頁。

〔註 58〕孔廣廉：《〈公羊春秋經傳通義〉敘略》，《續修四庫全書》第 129 冊，上海古籍出版社，2002 年，第 1 頁。

乾隆四十六年（公元 1781 年）春，孔廣森喪偶。在《致王念孫書》中他盡述失親喪偶之哀痛：「自都門分手，……又喪一弟、兩侄女、一胞嬸，功緦之喪，三年中凡更十有七人；今春，加以喪偶，中年哀樂，遽至於此。讀書一道，幾將無緣。」〔註 59〕

乾隆四十九年（公元 1784 年）孔廣森家庭遭遇文字獄之禍。是年十一月，族人孔繼戍因家族事務矛盾，告發孔廣森父親孔繼汾撰述《孔氏家儀》居心叵測，擅自「增減《大清會典》服制」。孔繼戍還以孔繼汾欲葬徐氏於孔林墓側虛墳之事〔註 60〕，告發孔繼汾不安分自守，有違祖制。山東巡撫明興著即派遣布政使赴曲阜至孔繼汾家搜查辦案。乾隆皇帝得知後怒斥孔繼汾不安分自守，著《孔氏家儀》以沽名紓忿，下諭旨將「孔繼汾著革職，拿交刑部，交大學士九卿會同該部嚴審定擬具奏」〔註 61〕，後經會審，以篡改《大清會典》之罪判決孔繼汾遣戍伊犁。辦案過程中，孔廣森、孔廣彬等人分別被傳喚並嚴加追訊。此即諸家傳記所云孔巽軒所遭之「家難」，此案對孔廣森心理打擊極其沉重。為營救孔繼汾，孔廣森變賣田產，溯江淮，走河洛，四處活動奔走，頂風冒雨，披星戴月，加上「羸體善病，清神易傷」〔註 62〕，孔廣森健康受到了很大影響。孔廣森父親孔繼汾被赦免後，不願回鄉居住，南走杭州，暫住於友人梁同書家，乾隆丙午（公元 1786 年）冬逝世。孔憲彝《闕里孔氏詩抄》曰：「曾叔祖農部公……適以公事被劾，吏議落職，幸荷天恩，旋得昭雪。南遊武林，卒於梁學士同書家。」〔註 63〕父親遽然歿去，孔廣森又悲慟欲絕，哀毀過度，不久（公元 1786 年 12 月）竟以哀毀卒，得年三十五歲。朱文翰《儀鄭堂遺文跋》曰：「乾隆丙午冬，外大父喪，歸自杭將卜厥窀。十有一月，舅氏巽軒先生卒，春秋三十有五。」

〔註 59〕孔廣森：《致王念孫書》，賴貴三編著《昭代經師手簡箋釋》，臺北里仁書局，1999 年，第 50～53 頁。

〔註 60〕孔廣森祖母徐氏去世，其父孔繼汾因議徐太夫人葬於孔林側先塋之虛墳，被衍聖公孔憲培所訟，時山東巡撫明興奏請將孔繼汾、孔繼涑嚴加議處，並令其著即鏟平虛墳。參見《清實錄》第二十四冊，中華書局，1986 年，第 280～281 頁。

〔註 61〕《清實錄》，第二十四冊，中華書局，1985 年，第 437 頁。

〔註 62〕孫星衍：《儀鄭堂遺文序》，孔廣森《儀鄭堂文》，《叢書集成新編》第 77 冊，臺灣新文豐出版公司，1985 年，第 617 頁。

〔註 63〕孔憲彝：《闕里孔氏詩抄》，《山東文獻集成》第 3 輯，第 41 冊，山東大學出版社，2010 年，第 155～156 頁。

〔註64〕孔廣森心儀鄭玄，志惟傳經，英年早逝，令人歎惋！

　　孔廣森的學術生涯因《孔氏家儀》案而戛然而止，廣森的許多著作生前都沒有來得及完稿與刊刻。他去世後，其弟孔廣廉和其子孔昭虔整理其遺稿並加以刊刻。孔廣森之子孔昭虔（1775～1835），字元敬，嘉慶六年（1801 年）中進士，任翰林院編修，改庶吉士，歷任臺灣道、陝西按察使、署布政使。孔昭虔為人謙恭謹慎，政績顯著。孔昭虔能繼承孔廣森《春秋》學及音韻學，「善隸書，工吟詠，尤精韻學」，但沒有太多學術著作傳世，恐怕是對《家儀》案心有餘悸，慎於著作。曲阜孔氏儀鄭堂刊刻《顨軒孔氏所著書》六十卷。現以刊刻年代為序將孔廣森著作整理刊刻情況列表如下〔註65〕：

刊刻年代	校刊者	書名與卷數
乾隆五十七年	孔廣廉	《詩聲類》十二卷；《詩聲分例》一卷
乾隆五十九年	孔廣廉	《大戴禮記補注》十三卷；《序錄》一卷
嘉慶十七年	孔廣廉	《公羊春秋經傳通義》十一卷；《序》一卷
嘉慶十七年	孔昭虔	《駢儷文》三卷
嘉慶十八年	孔昭虔	《禮學卮言》六卷
嘉慶十八年	孔昭虔	《經學卮言》六卷
嘉慶十九年	孔昭虔	《少廣正負數內篇》三卷；《外篇》三卷

〔註64〕孔廣森：《駢儷文》，《續修四庫全書》第 1476 冊，上海古籍出版社，2002 年，第 398 頁。

〔註65〕參見張成棟《孔廣森學術思想試探》，曲阜師範大學碩士學位論文，2014 年，第 17 頁。

第二章 《禮學卮言》撰作的時代背景

　　三禮之學作為清代經學的重要組成部分，其著作數量在清代經學文獻中首屈一指。在《清經解》及《清經解續編》中，三禮學專著占所有經學專著的百分之二十以上，遠居他經之上，可見禮學在清代經學的興盛及其地位的顯要。禮學考證是清儒付出最多心力的巨大學術工程，孔廣森《禮學卮言》是一部三禮總義類考證專著，是這一工程的組成部分。它誕生於乾隆年間，它的產生與清代禮學研究勃興和乾嘉時期考據之風盛行密切相關。

第一節　清代禮學的勃興

一、以經學濟理學之窮

　　漢唐注疏之學，以分析章句、訓詁名物制度為主，繁瑣艱深。到了宋代，學者治經多不信舊注，不囿定論，他們另立新說，吸收佛家與道家思想，以闡釋義理為重點，創立了宋代新經學。宋代熙寧年間（1068～1077）王安石罷廢禮之本經《儀禮》，自此之後，學者鮮有研習此經者，宋代禮學走向式微。朱熹晚年雖致力於編纂《儀禮經傳通解》，欲起宋三禮學研究之衰，然終未成為主流，又因其《通解》以類相從，割裂經文，不免遭後世訾議。

　　明代中葉，陽明心學風靡天下，士人不讀經書文本，皆空談心性，經學由此而廢。明代禮經學多「以理釋禮」，成就乏善可陳。朱升的《禮經旁注》、汪克寬的《禮經補逸》、程敏政的《儀禮逸經》等，無論是對禮學思想的詮釋，或是對禮制問題的探討，都不脫性命天理的範疇，屬「以理釋禮」的典型風

格。明朝學者的《儀禮》著述在清《四庫全書》中未收錄一部，可見有明一代禮經學研究之凋敝。

明末清初的社會劇變和創痛，使一些學者和思想家對宋明理學和心學進行深刻的反省和批判。黃宗羲（1610～1695）批判了明末學者治學不根本《六經》、空談心性的蹈虛學風，主張「學必原本於經術而後不為蹈虛，必證明於史籍而後足以應務」〔註1〕。顧炎武（1613～1682）反對宋明以來那種斷章取義、心印證悟的語錄之學，強調要以漢儒為師，恢復經學原有的面目，提高經學地位，提出了「古之所謂理學，經學也」的命題。全祖望（1705～1755）將其表述為「經學即理學」。梁啟超認為：「『經學即理學』一語開創了清代學術的發展方向。」〔註2〕在黃、顧等人的倡導下，清初儒家學者回歸經學典籍，其學由虛向實，由宋學轉向漢學，「以經學濟理學之窮」治學風氣漸成潮流。在清初經學復興中，成就較大的代表性人物有顧炎武、閻若璩、胡渭等人。顧炎武的《日知錄》，內容宏富，經史兼治，治學嚴謹，堪稱楷模。閻若璩對《古文尚書》及孔《傳》考證縝密，「祛千古之大疑」（《四庫全書總目提要》）。胡渭的《易圖明辨》資料豐富，考辨極詳審。三人治學及其著述成為後來乾嘉諸儒致力於經史博稽者學習的榜樣。

清初諸儒研治經學，推重禮學。孫奇峰、顏元、陸世儀等人力倡禮學，納禮入理，踐履古禮，揭開了清代復興禮學的序幕。孫奇逢認為「禮者，天理之節文，所以美教化而定民志」（《日譜錄存》），陸世儀認為「六藝之中，禮樂為急」（《思辨錄輯要》），顏元把「博文約禮」作為學行目標，李塨繼承了這一思想，認為聖門六藝之學總歸一禮，並進一步闡發道：「博文，學禮也；約禮，行禮也。」〔註3〕孫奇峰、顏元、陸世儀、李塨等雖未對三禮學做深入考證研究，但對禮及禮學的揭櫫倡導以及對禮的踐履，還是開一代風氣之先的。

顧炎武和萬斯大、萬斯同兄弟及張爾岐、李光坡、毛奇齡、姚際恒等人並時而起，先後相繼，於禮學皆致力焉。最早是顧炎武用石經校勘《儀禮》，考石經脫誤凡五十餘字，作《正誤》二篇。顧於禮學研究頗服膺鄭康成，他曾

〔註1〕全祖望：《甬上證人書院記》，載黃雲眉編著《鮚埼亭文集選注》，商務印書館，1982年，第347頁。

〔註2〕梁啟超：《清代學術概論》，上海古籍出版社，1998年，第10～11頁。

〔註3〕馮辰、李調元：《李塨年譜》卷三，「甲申十六歲」條，中華書局，1988年，第47頁。

稱讚鄭玄的禮學成就說：「大哉鄭康成，探賾靡不舉，六藝既該通，百家亦兼取。至今三禮存，其學非小補。」〔註4〕顧炎武期望後之治禮學者如鄭康成一樣，六藝博通，百家兼取〔註5〕，這種治經研禮理念和方法，影響了後來學者的治學方向。張爾岐對《六經》極為推崇，他「獨精三《禮》，卓然經師」〔註6〕，其禮學成就主要體現在《儀禮鄭注句讀》一書。萬斯大的禮學研究，是以經解經，以經說禮，著有《禮記偶箋》《周官辨非》《儀禮商》，於諸禮皆有獨到見解。萬斯同的禮學成就，主要是對喪、祭禮的探討與考辨，考辨無門戶之見，採擇漢學宋學之善，實事求是。姚際恒認為婚冠喪祭等禮，其升降，進退、坐立、興拜等皆有定制，每一定制，皆寓禮意，因此欲明禮意，就得循步禮儀，從儀文器數入手，「言義理者，稍軼於中正之矩，即旁入二氏，是反不如言器數者之無弊也。夫言器數而誤，則止於一器一數，言義理而誤，則生心害政，發政害事，其患有不可勝言者矣。」〔註7〕以上清初諸儒禮學研究不拘成說，勇於探索，慎於考證，此治學風氣積極推動了清代初期三禮學研究，推動了「以經學濟理學之窮」學術思潮從「理學」到「禮學」的學術過渡和轉型。

二、以古禮正今俗

　　清代禮學復興，不僅是理學的轉型，更是禮學的轉型。與禮經學研究凋敝情況不同的是，明代以來，家禮的編纂與實踐一度盛況空前。朱熹的《家禮》在明代不斷地被刊印，家禮簡編、家禮輯要、家禮要節等名目的著述亦大量湧現，可謂經禮不昌，而家禮繁榮。諸多家禮著述撰作質量不高，多有考證不精、經義不明、以今斷古、好為臆說之弊，即使諸如明代呂坤（1536～1618）《四禮翼》、丘濬（1418～1495）《家禮儀節》等學者所編纂的家禮也不乏好為臆說、考禮未審、援俗入禮的問題。隨著民間婚喪祭葬生活禮儀的盛行，很多家禮類著述比朱子禮書和丘、呂禮書更加重視和吸納民間習俗、佛道禮俗。如，民間禮書的行冠禮，有的在三加之服中妄加幅巾，頭巾、履鞋，

〔註4〕顧炎武：《述古》，《顧亭林詩文集》詩集，卷4，中華書局，1983年，第384頁。
〔註5〕顧炎武：《顧亭林文集》卷二，《儀禮鄭注句讀序》，中華書局，1983年，第134頁。
〔註6〕顧炎武：《顧亭林文集》，中華書局，1983年，第134頁。
〔註7〕姚際恒撰，陳祖武點校：《儀禮通論·儀禮論旨》，北京：中國社會科學出版社，1998年，第6～7頁。

藍衫、角帶等〔註8〕，可謂不倫不類，這與《儀禮》冠禮三加原本為緇布冠、皮弁、爵弁完全不同。佛道禮俗亦大量混入儒禮，如民間喪禮，有為死者燃燈誦經者，有讓僧人修瑜珈法薦靈者，有修法以救度亡靈於鬼域者。這與《儀禮》所載喪葬古禮絕不相類。民間禮俗、佛道禮俗混入或編入儒禮，使得明代禮學產生了變異和庸俗化，「這些禮書和禮俗與儒家經典所載錄之喪葬禮文，完全無法兼顧，尤其是一些佛道禮俗混入儒禮，代表著佛道人生觀的喪葬類的禮書大行其道，這使儒家文化的價值意義無處落實。」〔註9〕

明代這種「緣俗而以先王之禮雜就之」的禮學態度受到清代禮學者的批評，他們認為雖然需要與時損益，緣俗行禮，但無論鄉規還是家禮，自古皆有定制，不能隨意改變，應溯本求源，回歸禮經，以經典為法式，撥亂反正，「以古禮正今俗」，禮書的編撰亦應以禮經為依據，於是他們致力於對禮經的輯佚校勘和訓詁考證，希望重塑原始儒家的禮樂秩序，使世人言語行事、動容周旋皆不悖禮〔註10〕。事實也是如此，乾隆時期四庫館臣並沒有把明人這些禮書納入禮儀類，而是歸入雜禮類，在他們看來，禮有定制，不容輕議，理想的四禮撰著應是尊經注、考儀節、辨制度、明古今。楊念群在其《影響18世紀禮儀轉折的若干因素》中認為，自晚明以來，由於佛道的一些宗教法式和做法羼雜進了士庶日常喪葬祭禮中，一些學者撰寫的家禮書也混入了大量民間鄙陋俗禮，各種背離經典的臆說和篡改現象太多，這些都嚴重扭曲和遮蔽了古禮的本來面目，所以「需要通過考訂經典文本中的禮儀規範來復原其真相」〔註11〕。因此，清初的禮學研究，首先回歸禮經正典，特別注重三禮名物制度考證，以此矯正明代以來家禮學偏離正典之失，這一切促進了清代經禮學尤其是《儀禮》學研究的復興。

〔註8〕顧起元：《客座贅語》，卷九，北京：中華書局，1987年，第287頁。

〔註9〕參見何淑宜：《明代士紳與通俗文化的關係》，臺灣師範大學歷史研究所，1998年，第119～135頁。

〔註10〕孔廣森《禮學巵言》中亦有基於《禮經》對民間禮俗的批評：「嘗謂近世為人後者，輒改其父母稱謂同於伯叔，甚誤。《禮經》降服，直為持重，於大宗不貳斬耳，非以伯叔父母之服服之也。今俗自同祖以及無服通稱伯叔，古人則不然。父之昆弟為世父、叔父，父之從父昆弟為從祖父，父之從祖昆弟為族父。」參見《禮學巵言》卷四。

〔註11〕楊念群：《影響18世紀禮儀轉折的若干因素》，載《華東師範大學學報》（哲學社會科學版），2014年，第3期。

第二節　崇經宗漢及考據學盛行下的禮學發展

關於清代學術由理學向經學衍變的邏輯，余英時先生提出了「內在理路」說，認為宋明理學「尊德性」，清代學術則重「道問學」，清代乾嘉考據學的興盛反映了儒學由「尊德性」到「道問學」的內在轉變〔註12〕。此即上文所謂「以經學濟理學之窮」的發展理路，是學術自身邏輯演化的理路。然僅以此「內在理路」或自身邏輯解釋清代禮學研究的興起，還不夠充分。清代禮學研究的興起，既是經學自身發展的邏輯演化使然，也是清代社會變化與文化政策調整的結果。

一、清廷文化政策調整與三禮館的設立

（一）清廷文化政策調整及其經術崇尚

清代康熙至乾嘉時期，政局穩定，社會相對安定，這就為學術的發展和經學的興盛提供了必要的物質基礎和條件。清初統治者認識到理學空疏的弊病和危害，在文化政策方面，提倡經學，崇實黜虛。康熙五十三年（公元1714年）諭：「朕惟治天下以人心風俗為本，欲正人心，厚風俗，必崇尚經學而嚴絕非聖之書，此不易之理也。」（《大清聖祖仁皇帝實錄》）清廷對於博通經術之士，頗為重用，如對當時的胡渭、閻若璩等人，給以很高的禮遇。於是天下讀書人聞風而起，皆思以經學揚名獲利。

至乾隆初年，更加提倡務實，反對蹈虛，講求實用，特尊經術。乾隆皇帝特命校刊《十三經》，頒布各地學校，倡導讀經。受此鼓勵，一時「鼓篋之儒，皆乎研求古學」〔註13〕。乾隆十四年的科舉考試，錄取了當時以經學名天下的陳祖範、顧棟高等人，一時天下士人聞風而動，造成朝野重視經學、研習古學的風氣。次年乾隆帝又下詔保薦經術之士與經明行修之儒。惠棟對此評價道：「國家兩舉制科，尤是詞章之選。近乃專及經術，此漢、魏、六朝、唐、宋以來所未行之曠典。」〔註14〕乾隆十九年（公元1754年）甲戌科科舉，

〔註12〕 參見雷平《從經學復興到乾嘉考據學派的形成》載於《湖北大學學報》（哲學社會科學版），2008年，第35卷，第6期。

〔註13〕 永瑢等：《四庫總目提要》卷十五，詩類一，毛詩正義序，冊一，中華書局，1965年，第294頁。

〔註14〕 惠棟：《松崖文鈔》卷一，《上制君尹元長先生書》，轉引自漆永祥《乾嘉考據學研究》，中國社會科學出版社1998年，第61頁。

紀昀、錢大昕、朱筠、王鳴盛、王昶等眾多博通經史的學者同登進士。錢大昕《潛研堂文集》談及此甲戌科影響時說：「使士皆通經學古，淹長者無不收錄，淺陋者不得幸售。遠近聞風，爭自奮勵。」〔註15〕

（二）三禮館的開設與三禮學的發展

乾隆元年，鑒於康熙朝已有四經（《詩》《書》《易》《春秋》）義疏，獨《三禮》未就，高宗下詔開設「三禮館」修纂《三禮義疏》。鄂爾泰、張廷玉、朱軾、甘汝來充任總裁，楊名時、徐元夢、方苞、汪由敦、尹繼善、陳大受、李清植、李紱、任啟運、褚錦、惠士奇、杭世駿、蔡德晉、吳廷華、姜兆錫等儒臣均贊纂修之職。重修三禮，此議一出，立刻引發熱烈迴響，特別是重修三禮的上諭中所列參考資料大都是歷代注疏，這在群臣中議論四起。方苞在《擬定纂修三禮條例劄子》中提出修禮六例：「一曰正義，乃直詁經義，二曰辯證，乃駁正舊說，三曰通論，乃互相發明，四曰餘論，五曰存疑，六曰存異。」〔註16〕後來，三禮之編修，注重採用禮經注疏式的經注形態，所依體例，與方苞所言略同，只將第六例「存異」改為「名物象數、久遠無傳，難得其真，而不得不存之以資考辨者也」〔註17〕，並加入第七例「總論」，更是肯定對特定職官、制度、儀節作專門通貫的考訂著作。《與同館論纂修三禮事宜書》云：「《三禮》以注疏為主，一切章段故實，非有大礙於理者，悉宜遵鄭注、孔疏。……《三禮》之書，以禮文為主，泛論義理之說，不必過於採披。」〔註18〕這些建議與學術取捨標準，在《三禮義疏》中得到了基本貫徹。

乾隆十一年（公元1746）冬《欽定三禮義疏》初成。「三禮館」的設立和《三禮義疏》的刊印，開啟了經學由理學向禮學形態轉型的學術風氣，對後世清代禮學研究的價值取向產生了重大影響。此後，治禮宗鄭，重視漢唐注疏，重訓詁重考證，批評宋明以理闡禮之臆說等，成為清代禮學的主調。

〔註15〕錢大昕：《潛研堂文集》卷23，山東鄉試錄序，江蘇古籍出版社，1997年，第366頁。

〔註16〕永瑢等：《四庫全書總目提要》，上冊，經部，禮類一，欽定周官義疏，中華書局，1965年，第155頁。

〔註17〕永瑢等：《四庫全書總目提要》，上冊，經部，禮類一，欽定周官義疏，中華書局，1965年，第155頁。

〔註18〕李紱：《穆堂別稿》，上海古籍出版社，2002年，第518頁。

二、乾嘉考據之風盛行下的禮學研究

（一）乾嘉考據學興起

考據，或曰考證，或曰樸學，是一種對古籍進行整理、校勘、辨偽、注疏、考證、求真的治學方法。其根本理念和方法是無證不信、廣參互證、實事求是。考據這種學術研究方法古已有之，《漢書‧河間獻王劉德傳》所謂「修學好古，實事求是」可謂考據學最早的理論表述。到了清代，這種重考證、辨偽的求真治學方法逐漸成為風尚，成為學術的大宗。

清代考據學「範式」開創於顧炎武。他最早提出「古之所謂理學，經學也」這一命題，主張通經服古，重視實證，強調訓詁和考證。他提出：「讀九經自考文始，考文自知音始，以至於諸子百家之書亦莫不然。」〔註19〕這些理念方法直接影響到乾嘉考據學的形成與發展，因此後世學者以顧炎武為清代乾嘉考據學的開山之祖。稍後的閻若璩著《尚書古文疏證》，考證《古文尚書》及孔安國《尚書傳》為偽書；又有胡渭作《易圖明辨》，辨《河圖》《洛書》為陳摶所傳，非羲、文、周、孔所傳，與原初《易》義無關，復原漢代易學原貌。乾隆嘉慶兩朝，考據學進一步發展，並達於高潮，加之當時清廷屢興文字獄，許多學者為避文禍，埋頭於對經書的訓詁和考證。考據範圍不斷擴大，從校訂《詩》《書》《禮》《易》《春秋》等儒經擴大到史籍和諸子，從解釋儒家經義擴大到考究歷史、地理、天文、曆法、算法、音律、典章、名物、制度，學術界幾乎全部被考據學佔領。因為當時的考據主要以漢儒經注為宗，推崇東漢許慎、鄭玄之學，所以也有被稱之為漢學派或古文經學派。

乾嘉時期，考據學者甚多，大致可分吳派和皖派兩個支派。《漢學師承記》說：「至本朝，三惠之學盛於吳中，江永、戴震諸君繼起於歙，從此漢學昌明。」〔註20〕吳中惠棟是吳派奠基人。吳派學者以信古為標幟，重視以經證經，以經解經。惠棟認為：「識字審音，乃知其義，是故古訓不可改也，經師不可廢也。」〔註21〕惠派治學理念和方法可簡單概括為「凡古必真，凡漢皆好」〔註22〕。另一考據學派是以戴震為代表的皖派考據學。戴震為安徽人，於聲律、曆數、音

〔註19〕顧炎武：《顧亭林詩文集》，中華書局，1983年，第73頁。
〔註20〕江藩：《國朝漢學師承記》卷一，中華書局，1983年，第6頁。
〔註21〕惠棟：《九經古義》卷首《九經古義原序》，《欽定四庫全書》本，第191冊，上海古籍出版社，1988年，第362頁。
〔註22〕梁啟超：《清代學術概論》，人民出版社，2008年，第26頁。

韻、水地之學皆深思精研。戴震治經，「實事求是，無徵不信」〔註23〕，他長於考證，好學深思，以小學為根基，以求是為標幟，主張從訓詁、考據等入手，由字以通其詞，由詞以通其道，並能會通古說。劉師培評價此學說：「凡治一學、著一書，必參互考驗，曲證旁通，博徵其材，約守其例。」〔註24〕

自惠棟、戴震兩派學者力倡考證學以來，考據學的實事求是的方法和學風一時風靡天下，景從者無數，他們「無徵不信、實事求是」，堅信訓詁考證乃求「道」的不二法門，堅持由小學以通經明道的宗旨，尊古重經，孜孜不倦地從事文字訓詁、名物考證、注疏輯佚，兢兢探求經典中先王制禮精義，由此成為有清一代最主要的學術形態和方法——乾嘉考據學，故梁啟超《清代學術概論》評價說：「夫無考證學則是無清學也」〔註25〕。

孔廣森師從考據巨擘戴震，其三禮考證可謂學有淵源。皮錫瑞《經學歷史》說：「王念孫師戴震，傳子引之。孔廣森亦師戴震。具見《漢學師承記》。」〔註26〕四庫館開設，戴震來京師任四庫館臣，任大椿、盧文弨、孔廣森皆曾從其問業，梁啟超認為：「其教於京師，弟子之顯著有任大椿、盧文弨、孔廣森、段玉裁、王念孫，念孫以授其子引之。」〔註27〕故從師承關係看，孔廣森當屬戴震皖派考證學派。以地名區分吳皖兩派，容易忽略包括孔廣森在內的北方的一些考據學家，如紀昀、郝懿行、桂馥、朱筠等，他們在考據領域亦有建樹，不可忽視。

（二）四庫館設立及其影響下的禮學研究

如果說三禮館的設立，激發了學者研究禮學的熱情，三禮學考證風氣開始興起，那麼，四庫館的設立，則是對三禮學研究宗旨、標準與方法進行了規範和引導。乾隆中葉，國家承平，經濟繁榮，為編輯整理大型圖書提供了雄厚的經濟實力和安定的社會保障。乾隆意欲倣前代盛世修書成例，下詔開設四庫館，詔修《四庫全書》。《四庫全書》分禮類為六目：《周禮》《儀禮》《禮記》《三禮總義》《通禮》《雜禮》。四庫館重視收錄遵經注、明訓詁、輯古

〔註23〕范文瀾：《范文瀾歷史論文選集》，中國社會科學出版社，1979年，第292頁。
〔註24〕劉師培：《劉申叔遺書》，江蘇古籍出版社，1997年，第1823頁。
〔註25〕梁啟超：《清代學術概論》，東方出版社，1996年，第27頁。
〔註26〕皮錫瑞：《經學歷史》，中華書局，2012年，第233頁。
〔註27〕梁啟超：《國故討論集》，《中國近三百年學術史》，上海群學社，1927年，第88頁。

說、考證儀節、名物度數，以經典為法式的各類禮書，這實際上是尊漢黜宋，尚考據而輕義理。四庫對元以前的《禮記》《儀禮》作品幾乎全部著錄，主要是看重其資料價值，其他所收錄者率以考證精覈、辯論明確為主，四庫館徵書與編纂原則事實上是向考據方面傾斜。

李如圭《儀禮釋宮》考論古人宮室之制，四庫館臣讚美該書曰：「辨析詳明，深得經意，發前人所未發，非以空言說禮者所能也。」〔註28〕江永的《深衣考誤》《禮記訓義擇言》，四庫館臣美其曰：「持論多為精覈，非深於古義者不能也，考證精覈，勝前人多矣。」〔註29〕凡是疏於考證，以今斷古、臆說經義、文圖鄙陋之作，四庫不予著錄。萬斯大在清代以治禮名世，然四庫卻斥其《禮記偶箋》曰：「欲獨出新義，而多不能自通。」又言其禮制考證之錯謬是「直駭人見聞」。〔註30〕《四庫提要》評毛奇齡《曾子問講錄》曰：「大抵掊擊鄭注、孔疏、獨標己見，然多極不可通。……案之經文，全不相合，是皆橫生臆見，殊不可從。」〔註31〕從四庫對《儀禮》《禮記》研究著述的取捨與批評可以看出，尊經崇漢觀念和稽古校勘、訓詁考證治學方法已是深入人心。

「以經典為法式」是四庫館臣治禮的基本理念。《總目》禮類小序中強調三禮《周禮》《儀禮》《禮記》並立，都是正經，研禮要以古本三禮和鄭注、孔疏、賈疏為藍本。在治禮方法上，學者多遵循「故訓明則理義明」的治經原則，採用明訓詁、正音讀、文字考訂、斷句分節、禮例歸納、校勘善本、經傳疏注互證、徵引經史諸家之說等方法，還原三禮經傳原貌，保證禮意解釋的正確性，特別是注重透過「一器數之微，一儀節之細」〔註32〕這些看似瑣碎餖飣的三禮名物度數考證，揭示出禮經精義和禮學思想。

四庫館設立，詔修《四庫全書》，戴震、邵晉涵、周永年、餘集、楊昌霖、彭元瑞、翁方綱、朱筠、紀昀、金榜、王念孫等一批漢學家入館校理群籍、考證經史，他們多數為舉世聞名的考據學家，故四庫館實際上已成為考據學在北

〔註28〕永瑢等：《四庫全書總目》卷二十，經部，禮類三，中華書局，1965 年，第159 頁。

〔註29〕永瑢等：《四庫全書總目》卷二十一，經部，禮類三，中華書局，1965 年，第174 頁。

〔註30〕永瑢等：《四庫全書總目》卷二十一，經部，禮類三，中華書局，1965 年，第196～197 頁。

〔註31〕永瑢等：《四庫全書總目》卷二十一，經部，禮類三，中華書局，1965 年，第197 頁。

〔註32〕凌廷堪：《校禮堂文集》，中華書局，1998 年，第30 頁。

京的大本營，經史考據因此蔚然成風，這一股新興學風挾官方之勢，風靡天下學界。章學誠《周書昌別傳》亦記載了這一學風的變化，當時很多人更易其詩賦舉事藝業轉而致力於名物考訂與文字訓詁，一些才略之士頓生勾《墳》抉《索》之思，「蓋駸駸乎移風俗矣」〔註33〕。禮是鄭學，鄭玄經注受到此時漢學家的特別尊崇，治禮宗鄭已然是風尚，學術界研究鄭氏的著作開始大量出現。孔廣森禮學研究的宗鄭志趣大約興發於此際。乾隆三十八年至乾隆四十二年，孔廣森此時亦在京城任職翰林院檢討，正值翩翩年少，聰敏好學，因此有機會親炙眾多碩彥大儒，耳濡目染，學問大長。《禮學巵言》與戴震《學禮篇》有諸多聯繫〔註34〕，戴震在四庫館致力於從《永樂大典》中輯佚宋李如圭《儀禮集釋》以及張淳《儀禮識誤》，這可能對同在京師任翰林院檢討且有姻婭師生之誼的孔廣森《三禮》研究有所啟發。從孔廣森與姚鼐探討禘郊之禮的時間及依據雙方表達的觀點看〔註35〕，《禮學巵言》部分內容當寫就於乾隆四庫館開設後一兩年內，明顯是乾嘉考證學風影響下的時代產物。

〔註33〕章學誠：《章氏遺書》卷18，《周書昌別傳》，文物出版社，1985年，第123頁。

〔註34〕參見施婧嫻《孔廣森春秋學研究》，復旦大學博士學位論文，2013年，第43頁。據施婧嫻《孔廣森春秋學研究》考證，《禮學巵言》與戴震的早年完成的《學禮篇》有諸多聯繫。《世室明堂圖解》是就戴震《明堂考》發展而來。《天子五門考》對戴震的《三朝三門考》有所匡正。考慮到戴震在四庫館致力於恢復鄭玄《三禮注》，這可能對孔廣森研究《三禮》有所啟發。

〔註35〕參見王達敏《姚鼐與乾嘉學派》，學苑出版社，2007，第55頁。姚鼐《復孔撝約論禘祭文》多為宋學迴護，稱「若夫宋儒所用禘說未嘗非漢人義也，但其義未著耳」，並稱「近時乃好言漢學，以是為有異於俗。夫守一家之偏蔽而不通，亦漢之俗學也，其賢也幾何？」（《惜抱軒文集》卷六，《續修四庫全書》第1453冊，第47頁）應該是針對四庫館臣多好漢學所發。姚鼐辭官於乾隆三十九年秋，告歸於乾隆四十年春。

第三章 《禮學卮言・儀禮廟寢宮室異制圖說》的考證成就

　　《儀禮》作為禮之本經，文辭古奧，儀節繁密，古制茫昧，其間器物陳設之處、進退揖讓之位次，皆關乎宮室之制。研究《儀禮》，若不明古人宮室之制，則古人行禮之節、行禮向位及周旋升降始終節次，皆茫然莫辨，不知所處，遑論對其中禮義進行探討。洪頤煊曰：「此議禮所以如聚訟也。」〔註1〕因此歷代《儀禮》學都不乏《儀禮》宮室的研究與探討。

　　作為儒經之一，通經辭書《爾雅》就有「釋宮」之專篇。鄭玄遍注三禮，對《儀禮》宮室之制頗為留意並多有注解，賈疏於此又有所闡發。宋代李如圭仿《爾雅・釋宮》之例，參稽禮經並鄭注賈疏之說，撰成《儀禮釋宮》，四庫館臣評價曰：「是書以考論古人宮室之制，考證明晰，深得經意，發先儒之所未發。誠治禮者之圭臬也」〔註2〕朱熹亦重視宮室制度，《儀禮經傳通解》全錄李如圭《儀禮釋宮》。朱熹弟子楊復《儀禮圖》首次詳細繪製出《儀禮》宮室、門庭、戶牖、堂階、房室、儀節位置、禮器陳設等圖，昭昭佈列，明乎此，則凡行禮之始終節次，皆井然秩然，《儀禮》豈有難讀之苦哉？

　　清代，禮經學興起，《儀禮》學研究最為興盛，研究《儀禮》宮室制度的學者眾多，出現了大量《儀禮》宮室研究著述，既有宮室注疏闡釋之作，又有宮室繪圖之作，如江永《儀禮釋宮增注》、任啟運《宮室考》、張惠言《儀禮

〔註1〕洪頤煊：《禮經宮室答問》，《續修四庫全書》本，上海古籍出版社，2002年，第110冊，第149頁。

〔註2〕永瑢等：《四庫全書總目提要》，經部・禮類二・儀禮釋宮，中華書局，1965年，第159～160頁。

圖》、洪頤煊《禮經宮室答問》、焦循《群經宮室圖》、程瑤田《釋宮小記》、胡培翬《燕寢考》、黃以周《禮書通故‧宮室通故》等。孔廣森《禮學卮言》中的《儀禮廟寢宮室異制圖說》研究就屬《儀禮》宮室的專題研究。

　　孔廣森認為：「經禮十七篇，或行於廟，或行於寢，非詳識古宮室之制，其升、降、進、退之節不可得而知也」﹝註3﹞，故於《禮學卮言》第一卷中首先探討《儀禮》廟寢宮室制度問題。孔廣森注意到大夫士之廟寢宮室異制情況，先總說大夫士廟寢宮室制度之不同，然後分「廟」與「寢」兩部分，參稽經記注疏，大略按由南向北的順序依次對門、庭、階、堂、序、楹、室、房、戶、夾、塾等宮室結構與名製進行詳釋和考證。因為探討《儀禮》宮室之制，所以孔廣森特別注意從《儀禮》本經來進行考證。通過對《儀禮》宮室制度、結構、尺度等的考察，並參稽前人禮圖研究成果，孔廣森繪製成廟、寢圖附於文末，圖文精審，切合經義，於宮室制度頗有所發明。

第一節　廟寢宮室同構與異制

一、「左右房」與「東房西室」之爭

　　孔廣森認為《儀禮》廟寢宮室異制主要體現在廟、寢房室的不同，故《禮學卮言》開篇即考論廟寢「左右房」與「東房西室」問題。

　　人君（天子諸侯）廟寢皆有左右房（東房西房），此禮經可證，《大射》：「宰胥薦脯醢，由左房。」《公食大夫禮》：「贊者負東房，告備於公。」《公食大夫禮》是諸侯禮，《大射》於諸侯路寢中進行，言左則右相對，言東則西相對，故人君有東西兩房明矣。大夫士廟寢皆有房有室，經文直言「室」，不辨東西與左右，故室有一。大夫士廟寢有一房或是兩房，則歷來禮家聚訟不已。

　　鄭注每以東房西室為說：「天子諸侯左右房、大夫士東房西室而已」。《特牲饋食禮》：「豆、籩、鉶在東房，南上。」賈疏曰：「大夫士直有東房、西室，若言房則東房矣。」由此可見，賈公彥明確認為大夫士廟寢宮室只有一東房，一西室，無西房。然後世學者於賈說多有質疑，多主張大夫士廟寢「左右有房」說。李如圭認為：

﹝註3﹞孔廣森：《禮學卮言》卷一，《續修四庫全書》第110冊，上海古籍出版社，2002年，第78頁。

案《聘禮》賓館於大夫士，君使卿還玉於館也。賓亦「退負右房」，
則大夫士亦有右房矣。又《鄉飲酒禮記》「薦出自左房」，《少牢饋食
禮》「主婦薦自東房，亦有左房、東房之稱，當考。〔註4〕

四庫館臣對李如圭以「負右房」證大夫士亦有東西房之說頗稱許，認為其「實足以訂正舊說之誤」。

　　江永亦認為自天子、諸侯至大夫、士，上下之制宜皆同，皆室居中，有左右房，如果無右房，僅東房西室之制，則戶牖之間位置過於偏西，甚迫狹。古者行禮多於此，如此設席行禮則難居中矣，故古宮室之制當不若是，江永《儀禮釋宮增注》曰：「先儒東房西室之說，由《鄉飲酒義》而誤。」〔註5〕江永還認為，禮經或省文，經中雖多處單言一房字指代東房（左房），但並非說無右房、西房之設，且禮經與《記》中也有東房、右房、左房之說，故知古宮室當有左右房之設，如此「足以行禮必不至甚迫狹也」〔註6〕。

二、「廟左右房、寢東房西室」說

　　孔廣森《禮學卮言》折衷「左右房」與「一房一室」二說，認為大夫士廟有左右房，而寢則是一室一房：「廣森竊疑大夫士之廟，乃左右有房，其寢固東房西室。」〔註7〕

　　孔廣森認為右寢左祖（廟，古禮左為尊）是大夫士廟寢布局之通法，君子營造宮室順序，先宗廟，後寢室，廟、寢之建築格局宜有所不同，天子諸侯作為人君，其廟寢皆是左右房之制，大夫士則應有所降等，廟有左右房，寢則一室一房，「寢固東房西室，以降於君爾」，不僅要「降於君」，大夫士之寢「東房西室」也降於廟，所謂「寢之視廟，宜有殺矣」，故大夫士廟、寢異制，廟有室、有左右房，寢則只有東房、西室（一室一房）〕〔註8〕。

〔註4〕李如圭：《儀禮釋宮》，《景印文淵閣四庫全書》，第103冊，臺灣商務印書館，1982年，第524頁下～525頁上。

〔註5〕江永：《儀禮釋宮增注》，《景印文淵閣四庫全書》本，第109冊，臺灣商務印書館，1982年，第886頁下。

〔註6〕參見江永《儀禮釋宮增注》，《景印文淵閣四庫全書》本，第109冊，臺灣商務印書館，1982年，第886頁下。

〔註7〕孔廣森：《禮學卮言》卷一，《續修四庫全書》，第110冊，上海古籍出版社，2002年，第78頁。

〔註8〕孔廣森：《禮學卮言》卷一，《續修四庫全書》，第110冊，上海古籍出版社，2002年，第78頁。

按：孔廣森從尊卑降殺角度，提出廟寢異制，廟有左右房，寢東房西室。此論先儒鮮有言及。曹元弼認為孔廣森深於《禮》，篤守鄭學，故其書特純，他贊同孔說，申其意曰：

> 後人不深考注文，而妄議鄭言大夫、士東房西室之非；又不深考經文，而謂大夫、士廟寢皆左右房。《爾雅》曰：「室有東西廂曰廟，無東西廂，有室曰寢。」此寢廟之異有明文者也。大夫、士之廟乃左右房，其寢固東房西室，以降於君耳〔註9〕。

孔廣森《廟寢宮室異制說》細繹《儀禮》經注幾處言「房」者進行考證，推斷「廟左右房，寢東房西室」：

> 《昏禮》言房者五，言「房」中者四；《喪禮》言「房」者四，言「房中」者一；《虞禮》言「房中」者一，言「房」者二，而皆不指其東西左右，則以為寢有兩房者亦未必然也。《饋食禮》每言東房，又言左房。左以對右，東以對西，以為廟無兩房者，信不然也。〔註10〕

按：昏禮、虞禮在寢，故孔廣森知寢未必有兩房；饋食禮在廟，孔廣森又以《饋食禮》「言東房又言左房。左以對右，東以對西」證廟必有兩房。黃以周亦認同此說，《禮書通故・宮室通故》對孔廣森此說有所引述〔註11〕。

除此之外，孔廣森下文「戶西」條，認為大夫士寢無右房：「《昏禮》『醴婦席於戶牖間』，彼醴婦在寢，寢室偏西則戶牖之間非正中，故得當之也，此亦為寢室無右房之證。」〔註12〕在下文「房」條中，他又舉《喪大記》進一步證大夫士寢室無右房：

> 「小斂，婦人髽帶麻於房中。」注云：「西房也。」《正義》曰：「《士喪禮》『婦人髽於室』，以男子在房，故婦人髽於室。大夫士

〔註 9〕曹元弼：《禮經校釋》，《續修四庫全書》第 94 冊，上海古籍出版社，2002 年，第 155～156 頁。

〔註10〕孔廣森：《禮學卮言》卷一，《續修四庫全書》，第 110 冊，上海古籍出版社，2002 年，第 78 頁。

〔註11〕黃以周《禮書通故》云：「《饋食禮》每言東房，又言左房。東以對西，左以對右。知以廟無兩房者非。《士昏》及《喪》《虞禮》言房、言房中者累見，皆不指東西左右，知以寢有兩房者亦非。是則大夫士之廟乃有兩房，其寢固東房西室以降於君。」見《禮書通故》，中華書局，2007 年，第 35 頁。

〔註12〕孔廣森：《禮學卮言》卷一，《續修四庫全書》，第 110 冊，上海古籍出版社，2002 年，第 80 頁。

唯有東房故也。〔註13〕

按：孔廣森認為此條經注「最顯而確」證明「大夫士（寢）無西房」。黃以周《禮書通故》亦以「婦人髽帶麻於房中」此條經注論說，認為以《士喪禮》考察，鄭玄注所說大夫士寢「無西房」是有根據的，士喪禮亦舉於室，經言「婦人髽於室」，而不言髽於房，可證無西（右）房是也。故黃《禮書通故》云：「胡氏謂士之正寢有東西房，似失察。」〔註14〕

總結諸家於「大夫士左右房」問題產生爭議的原因似有三處：

1. 「負右房」說。「負右房」說主張大夫士廟寢有左右房，多以《聘禮》「負右房」為說。然即使此「右房」確為大夫廟之右房，亦僅證明廟有東西房，未足為大夫士寢亦有東西房之證據。且賈公彥所云「今不在大夫廟，於正客館，故有右房也」未必為非。（禮經說「右房」者罕見，僅見於《聘禮》《聘禮記》。）

2. 東西、左右對稱說之誤。對稱說認為言「東」必有「西」相對，言「左」必有「右」相對，如：堂上有兩序，東曰「東序」，西曰「西序」，以此論之，若言房，有東房，必有西房；有左房，必有右房，如此互相對稱為文才符合經義。然後世學者在其論及左右房時，往往廟寢統言之，言左房時或援引廟禮之右房，言右房時或援引寢禮之左房，意似可通，實不相符，未免牽混。對稱說於廟似可說得通，於寢則不可，禮經中《士虞禮》《士喪禮》《士昏禮》諸禮皆舉行於寢室，其中談及「房」、「房中」者多見，但未言「東」、「西」、「左」、「右」之別，似無對稱可言，是以對稱說證寢有兩房者不確。

3. 以堂上設席行禮皆不得居中，故疑古制必有左右房。萬斯大認為，古者行大禮當在正中，婚喪諸禮皆舉行於堂之戶牖之間，戶牖間恰在正中，若宮室無右房，則戶牖之間當不在中間，偏於西過矣，「豈有行大禮不在正中而在偏旁者哉！」〔註15〕江永因此從房室結構方面駁廟寢一房一室說，江永認為，若無右房，則設席必偏於西北一隅，賓之席位將不在東西之中，則非尊賓之道，不合禮也；同樣喪禮儐尸，若無西房，尸席亦不在戶牖之間，亦非尊

〔註13〕孔廣森：《禮學卮言》卷一，《續修四庫全書》，第110冊，上海古籍出版社，2002年，第84頁。

〔註14〕黃以周：黃以周引萬斯大語，《禮書通故》，中華書局，2007年，第35～36頁。

〔註15〕黃以周引萬斯大語，見《禮書通故》，中華書局，2007年，第34頁。

尸之禮〔註16〕。《禮經》禮儀節目多在廟,婚喪部分禮在寢。禮家嫌廟堂上行禮迫狹拘束,或不得當中,故必欲廟有兩房之建制。若行禮無此迫切,故寢無兩房一室之制亦可,所謂「寢不踰廟」者,倘有合歟?

考稽分析諸家之說,我們認為孔廣森大夫士「廟寢異制,廟左右房,寢一東房」之說甚辯。黃以周、曹元弼皆引述孔廣森此論並申廟、寢異制和寢無西房之義(見上文)。錢玄亦注意到廟、寢之異制,《三禮通論》曰:「寢之制:人君中室及左右房;大夫士東房西室,無西房;廟制:自天子至於士,均中室,有東西房。」〔註17〕可見錢玄肯定並沿用了孔廣森之說。

第二節 《儀禮》廟寢「門」考

孔廣森《儀禮廟寢宮室說》大夫士廟、寢「門制」大致相同,亦有個別結構不同。其廟、寢之「門考」涉及大門、門屋、外東塾、外西塾、內東塾、內西塾、闔闑、扉、寧(朝)等。寢、廟皆有闈門。然注疏言之不詳,亦未別廟、寢闈門之位置與名製,孔廣森區別了廟、寢之闈門的不同位置所在及其在經中行禮之用。

一、大門、闔闑與寧

(一)大門

孔廣森認為,大夫士宮室皆有外門或稱「大門」、大門內又有寢門、廟門。左寢右廟,廟門在大門內東,寢在廟西,寢門與大門相直:

> 《士冠禮》:「主人與賓入,每曲揖。」注云:「入外門,將東,曲揖;
> 直廟,將北曲,又揖。」若然,廟門在大門內東,寢在廟西,寢門
> 必與大門對矣。〔註18〕

孔說是。《士冠禮》「賓出,主人送於外門外再拜」,此即宮室外門、大門。李如圭《儀禮釋宮》認為,宮室之制宮必南鄉,此其於經可考者。寢廟宮室,左宗廟,右社稷,亦皆南鄉,廟在寢東。寢廟皆有門,其外有大門,大門又稱外門,

〔註16〕江永:《儀禮釋宮增注》,《景印文淵閣四庫全書》本,第109冊,臺灣商務印書館,1982年,第886頁下。

〔註17〕錢玄:《三禮通論》,南京師範大學出版社,1996年,第169頁。

〔註18〕孔廣森:《禮學卮言》卷一,《續修四庫全書》,第110冊,上海古籍出版社,2002年,第79頁。

《儀禮釋宮》曰：「凡既入外門其向廟也，皆曲而東行，又曲而北。」〔註 19〕

（二）闑閾

　　廟、寢之門皆兩扉。孔廣森云：「《士喪禮》曰『闑東扉，主婦立於其內』，是門皆兩扉也。」〔註 20〕門皆兩扉，禮家無爭議。《儀禮》「門闑」的問題亦是禮家爭論不休的問題，有主一闑者，有主二闑者。主一闑者，有孔穎達《禮記正義》、王念孫《廣雅疏證》、邵晉涵《爾雅正義》、張惠言《儀禮圖》、江永《鄉黨圖考》等；主二闑之說者，有賈公彥《儀禮疏》、段玉裁《說文解字注》、焦循《群經宮室圖》等。

　　孔廣森認為廟寢門中有闑、閾。《士冠禮》：「布席於門中闑西閾外。」鄭玄云：「闑，門橛。閾，閫也。」孔廣森據此經注推斷「闑，中東西而設之；閾，中南北設之」〔註 21〕。

　　闑「中東西設之」，則門只一闑，設置在廟門中央，中其東西，以別廟門之左右（東西），闑之左為闑東、闑之右稱闑西，而非東闑、西闑。廟門皆當有東西兩扉，此一闑立於門中，以別東西兩扉也。若謂門有兩闑，則經當雲布席於門中闑間，不得云闑西矣。孔廣森又云，閾，門限也，中南北設之。廟門斷無設置二閾，「中南北設之」者，在廟門南北之中界線之中位置設一閾，故孔廣森「中南北」設一閾之說，也證「中東西」設一闑無疑。

　　按：《儀禮》僅曰「闑東」、「闑西」，不言「東闑」、「西闑」。鄭注《燕禮》「皆入門右北面東上」曰：「右由闑東，左則由闑西。」《儀禮·聘禮》「納賓，賓入門左」鄭注云『公事自闑西。』經、注皆言闑東、闑西，不云有東西二闑。孔穎達《禮記正義》曰：「闑，謂門之中央所豎短木也。」孔疏亦認為門有一闑。王引之亦以為門只一闑，他詳列六證以辨賈疏等二闑說之失，其大意謂經注言闑，不別東西，是門無二闑之證；張惠言也說經於闑曰闑東、曰闑西，無東闑西闑之文，注亦不云有東西二闑〔註 22〕，故孔廣森說門有一闑「中東西設之」可信也。

〔註 19〕李如圭：《儀禮釋宮》，《欽定四庫全書》，經部四，《儀禮釋宮》增注，禮類二，儀禮之屬提要二。

〔註 20〕孔廣森：《禮學卮言》卷一，《續修四庫全書》，第 110 冊，上海古籍出版社，2002 年，第 79 頁。

〔註 21〕孔廣森：《禮學卮言》卷一，《續修四庫全書》，第 110 冊，上海古籍出版社，2002 年，第 79 頁。

〔註 22〕黃以周：《禮書通故》，中華書局，2007 年，第 59 頁。

（三）廟寢之寧

《儀禮》宮室研究諸家言「寧」多指人君之「寧」，較少言及大夫士之「寧」及其與人君的不同。《爾雅・釋宮》：「門屏之間謂之寧。」郭注云：「人君視朝所寧立處。」孫炎云：「門內屏外，人君視朝所寧立處。」劉熙云：「寧，佇也，將見，君所佇立定氣之處也。」〔註23〕江永云：「門屏之間謂之寧，專就諸侯內屏而言。若天子屏在應門外，則路、應兩門間為寧矣。」〔註24〕黃以周認為《爾雅》「門屏之間謂之寧」是「自統天子諸侯而言」〔註25〕。以上諸說皆言人君或天子之寧，未言及大夫士宮室之「寧」。

孔廣森認為廟門有寧，大夫士廟之「寧」大概靠近東塾。寢門外、大門內之庭，乃卿大夫所謂私朝也。孔廣森認為人君和大夫士「寧」有差別：

> 《士喪禮》曰：「闔東扉，主婦立於其內。」是門皆兩扉也。《聘禮》：「賓問大夫，及廟門，大夫揖，入。」《注》曰：「入者，省內事也，既而俟於寧。」案：寧，即《詩》所謂「俟我於著者」也。人君以門屏之間為寧，大夫士無屏，其寧蓋近東塾。《禮》：「與客入者，客入門而左，主人入門而右。」《冠禮》《注》曰：「出以東為左，入以東為右。」則寧立俟賓之處，亦必於門內東方矣。《詩》：「在我闥兮。」《韓詩》說門屏之間曰「闥」。〔註26〕

按：孔廣森之說有理。既然大夫士無屏，其「寧」的情形與位置自然與人君不同。孔廣森據《聘禮》注「入者省內事也，既而俟於寧」及《聘禮》「俟於寧」疏「門屋宇也」，斷定大夫士寧立俟賓之處，大概靠近門東塾（門屋）位置。李如圭曰：「凡門之內兩塾之間謂之寧。」〔註27〕胡培翬云：「大夫無屏，則『寧』當即謂正門內兩塾間也。《詩齊風》『俟我於著乎而』，孫炎云『著與寧音義同』，然則卿大夫亦得通稱寧矣。」〔註28〕二說可證孔說可通。

〔註23〕黃以周：《禮書通故》，中華書局，2007年，第57頁。
〔註24〕黃以周：《禮書通故》，中華書局，2007年，第58頁。
〔註25〕黃以周：《禮書通故》，中華書局，2007年，第57頁。
〔註26〕孔廣森：《禮學巵言》卷一，《續修四庫全書》，第110冊，上海古籍出版社，2002年，第79頁。
〔註27〕李如圭：《儀禮釋宮》，《景印文淵閣四庫全書》本，第103冊，臺灣商務印書館，1982年，第530頁。
〔註28〕胡培翬：《儀禮正義》，江蘇古籍出版社，第1076頁。

　　根據文獻記述可知，寧大致有三類：一是天子之「寧」，邵晉涵云：「天子外屏，門以外，屏以內，謂之寧。諸侯未集，天子佇立於此，諸侯既集，則出至屏外，負屏而立。曲禮以負屏為當寧，猶以負依以當依也。」〔註 29〕天子之寧在門與外屏之間可知。二是諸侯之「寧」。孔穎達云：「諸侯內屏，在路門之內。」則人君視朝所寧立處，即「寧」為大門與內屏間。三是大夫士之寧，即孔廣森所說「大夫士無屏，其寧蓋近東塾。」今許多文獻說「寧」仍是籠統而論，如錢玄《三禮通論·名物編·宮室》云：「廟門內有屏，亦謂之樹，門屏之間謂之寧，亦謂之著。」〔註 30〕此說未明識人君之寧還是大夫士之寧。孔廣森注意到二者之異，誠為有識。

二、門堂四塾與寢廟之闈門

（一）廟寢門堂四塾

　　塾者，《爾雅·釋宮》曰：「門側之堂謂之塾。」鄭玄曰：「西塾，門外西堂也。」賈公彥疏從鄭玄說。但門塾所在及具體形制如何，廟、寢門塾是否有區別？諸經注疏並未明言，後儒廟寢宮室研究中也少有人提及。

　　孔廣森認為廟寢門堂有四塾，四塾同制，門堂東為東塾，門堂西為西塾；東西塾又以門限分內外塾，門扉以內為內塾，門扉以外為外塾。孔說詳審。李如圭云：「門之內外，其東西皆有塾，一門而塾四，其外塾南鄉，則內塾北鄉也。」〔註 31〕

　　孔廣森認為，諸禮或行於廟，或行於寢，經文無別，《特牲禮》《士冠禮》諸禮是在廟中行禮，禮經之「塾」當是士廟門門堂之塾；《公食大夫禮》《聘禮》諸禮是在人君廟中舉行，禮經之「塾」當是人君廟門門堂之塾也。「引《喪》《虞》諸禮為證者，審是廟、寢所同也」，故士之寢門、廟門皆四塾同制，大夫、諸侯、天子亦如此〔註 32〕。

　　孔廣森還發現經文每以「塾上」言廟寢之門堂（門塾），故認為士大夫廟寢門堂地基，應稍高於中庭：「案士大夫不為臺門，門堂無階，然其基必少崇

〔註 29〕黃以周：《禮書通故》，中華書局，2007 年，第 57 頁。

〔註 30〕錢玄：《三禮通論》，南京師範大學出版社，1996 年，第 175 頁。

〔註 31〕《欽定四庫全書》經部四，提要，禮類二，儀禮之屬，儀禮釋宮一卷。

〔註 32〕孔廣森：《禮學卮言》卷一，《續修四庫全書》，第 110 冊，上海古籍出版社，2002 年，第 79 頁。

於庭，故經每以「塾上」言之。」〔註33〕此亦前儒少言及者。

　　按：臺門，天子諸侯宮室大門因以土臺為基故稱。《禮記·禮器》：「天子、諸侯臺門，此以高為貴也。」士大夫則不為之（臺門）。孔廣森認為士大夫不為臺門，門堂無階，然四塾之基必少崇於庭，故經每以「塾上」言之。孔解合理。張惠言《儀禮圖》有一幅「鄭氏大夫士堂室圖」（《景印文淵閣四庫全書》本之張惠言《儀禮圖》），圖中有一「內塾之階無可見」的困惑文字：「門堂，人君以助祭，則宜有東西二階，大夫士之制亦當不異。」既不異，何以無階可見？《欽定儀禮義疏》按云：「無階而云『上』者，塾蓋高於庭一級，行者一拾足即升塾，故不言升降與。」〔註34〕胡培翬《儀禮正義》云：「塾基必稍高於門，故有門堂之稱，然必卑於正堂。」〔註35〕《欽疏》與孔廣森說同。孔讀經審文細緻，實乃戴震所謂「由字詞通經」者也。

（二）寢廟之闈門

　　寢、廟皆有闈門。然闈門不見於經記，注疏雖有言及，但未別二闈門之名製。孔廣森區別了二者位置所在及其在經中行禮之用。

（1）寢之闈門

　　孔廣森認為寢之闈門在大門之內，寢門外之西，女賓出入由此闈門，不由大門。鄭注《士虞禮》云：「闈門，如今東西掖門」。（掖門，非正門而在兩旁，若人之臂掖也。）孔又據《逸禮》「東南稱門，西北稱闈」，認為闈門非一，凡宮中之門，西出、北出者通謂之闈，既然在寢門外之西，當為西出之闈門。孔說可通，「古者宮室，士寢有二闈門，一在東壁，通於廟；一在西壁，通於社稷。若以宗廟言，則只有西壁通寢之闈門。」〔註36〕可見寢之闈門有在西壁者。

（2）廟之闈門

　　舊禮圖廟之闈門設在西牆。

　　《士冠禮》「適東壁出闈門也」，從鄭注看，冠者適東壁，出闈門見母，

〔註33〕孔廣森：《禮學巵言》卷一，《續修四庫全書》，第110冊，上海古籍出版社，2002年，第79頁。

〔註34〕《欽定儀禮義疏》卷首上，《欽定四庫全書萃要》本，第60冊，吉林出版社，2005年，第56頁。

〔註35〕胡培翬：《儀禮正義》，江蘇古籍出版社，1993年，第57頁。

〔註36〕陳緒波：《儀禮宮室考》，南開大學博士學位論文，2014年，第232頁。

闈門似在東壁，東壁有闈門，婦人入廟由東壁。然古者宮室，大夫士廟寢並列，廟在寢東，寢在廟西，廟之東壁以東已無宮室，若言闈門在廟之東壁，則冠者母在東壁外，不知當立於何處？

黃以周《禮書通故》認為「東壁」是士寢東堂下之東壁，非廟之東壁，則闈門在寢之東壁。時冠者母在寢，不在廟，經無主婦入廟之文，廟堂亦無婦人位也，故母此時在寢可知也。言「適東壁」者，冠子降自西階，從廟之西壁闈門出，進入寢，時母在東壁立，是為去寢之東壁見母也，非去廟之東壁見母也。「送母又拜」，其母在寢不在廟益可知〔註37〕。黃以周此說可通，可解釋廟東壁之東，冠子母無處可立之疑惑。然而孔廣森以為廟之闈門應與北階相直，故其廟圖闈門改在北垣牆：

> 《冠禮》：「降自西階，適東壁，北面見於母。」鄭《注》曰：「適東壁者，出闈門也。時母在闈門之外。婦人入廟，由闈門。」案：舊圖闈門在西牆，今改定在北者，據自東壁至門為便。若闈門在西，冠者自可由西階之西循西壁以出，不應轉東適矣。《雜記》「夫人奔喪，入闈門，升側階」，意側階與闈門相直者也。〔註38〕

按：孔廣森認為廟闈門當在北牆，其理據是「自東壁至（北）門為便，若闈門在西，冠者自可由西階之西循西壁以出，不應轉東適矣。」孔意廟闈門在廟之周垣之北垣牆（廟外四周之垣謂之牆），非在廟堂下東壁西壁。從孔廣森所繪廟圖可見，其闈門在北垣牆偏東側，與北階相直，如此則冠子母位當近北堂。孔廣森認為「凡宮中之門，西出、北出者通謂之闈」，故北出小門在北牆可稱闈門。關於母位何在，《欽定儀禮義疏》曰：

> 「母位當在北堂之東北，近東壁，南面而立，近於北堂，亦位之宜也。南面，房中之正位也，故放之子降自西階，由西而東，又折而北，乃見之。」〔註39〕

《欽疏》似亦以北出者謂之闈門，母位當在北堂之東北，近於北堂。此與孔說近似。然若依廣森所繪闈門，闈門近則近矣，然若冠子出北垣牆闈門，豈非背離母所在北堂之位逾遠矣！故廟之闈門似以黃說為長。

〔註37〕黃以周：《禮書通故》，中華書局，2007 年，第 46 頁。
〔註38〕孔廣森：《禮學卮言》卷一，《續修四庫全書》，第 110 冊，上海古籍出版社，2002 年，第 83 頁。
〔註39〕《欽定儀禮義疏》，《欽定四庫全書薈要》本，第 60 冊，吉林出版社，2005 年，第 97 頁上。

第三節 《儀禮》廟寢「庭」考

天子、諸侯、大夫、士廟寢皆有庭。廟寢門之北至堂廉為庭（或曰堂下至門謂之庭），庭中有碑。庭中所見，除碑之外，尚有垣牆、東階、西階、東榮、西榮、屋上之霤等。東榮、西榮、屋霤雖非庭中之物，但於庭中所見皆彰顯者，且庭中行禮及設洗位，常參照東西榮之位置，屋霤與庭亦相關，其上之雨水亦流注及庭，故榮、霤等物皆於此節一併論述。

一、中庭、東西榮與霤

（一）中庭與碑

廟、寢中庭是否皆有碑設？鄭謂廟、寢庭中皆有碑，鄭玄云：「宮必有碑，設碑近如堂深。」徐乾學認為寢無碑。孔廣森從鄭說，廟寢皆有碑：

> 《聘禮》注云：「中庭者，南北之中也。」又云：「宮必有碑，所以識日景，引陰陽也。宗廟則麗牲焉，以取毛血。」《昏禮》注云：「入三揖者，至內霤，將曲，揖；既曲，北面揖；當碑，揖。」《鄉飲酒》注云：「將進，揖；當陳，揖；當碑，揖。」義亦同也。《爾雅》曰：「當塗謂之陳，廟中路謂之唐。」賈公彥以為設碑之節，三分庭一在北。〔註40〕

按：識日景，引陰陽，當為寢之用；麗牲以取毛血，當為廟之用。孔以《士昏禮》「入三揖者」證廟中庭有碑，舉《鄉飲酒》注「進三揖者」證寢中庭亦有碑。然鄉飲禮行在庠，不可為寢中庭有碑之證據，孔廣森以《爾雅·釋宮》「堂塗謂之陳，廟中路謂之唐」說明二者「義亦同」：堂塗謂陳，當陳揖，則寢有碑明矣。此為申鄭寢有碑說。禮家舊說雖未明確說明寢有碑設，但考諸《儀禮》本經，寢有碑之理據還是比較充分的。黃以周曰：「凡寢廟皆有碑，徐健庵謂寢無碑，非也。」〔註41〕後世學者如李如圭、魏了翁、敖繼公、洪頤煊、胡培翬、黃以周等多從鄭說寢中庭有碑。

（二）東西榮、霤

《士冠禮》：「設洗，直於東榮，南北以堂深。」鄭注曰：「榮，屋翼也。

〔註40〕孔廣森：《禮學巵言》卷一，《續修四庫全書》，第110冊，上海古籍出版社，2002年，第79頁。

〔註41〕黃以周：《禮書通故》，中華書局，2007年，第54頁。

周制自卿大夫以下，其室為夏屋。」《燕禮》：「設洗當東霤。」鄭注曰：「人君為殿屋也。」孔廣森認為，大夫士夏屋南北有霤而東西有榮。

孔廣森據經中知大夫士堂屋有北霤者，《燕禮》云：「賓所執脯以賜鍾人於門內霤，遂出。」《公食大夫禮》云：「賓入門左，沒霤，北面再拜稽首。」此「霤」者，是諸侯門屋之北霤也，諸侯門屋為兩下之屋，與大夫士堂屋之制同，故知大夫士堂屋有北霤。孔廣森知有南霤者，《鄉射記》云：「磬，階間縮霤，北面鼓之。」注曰：「縮，從也。霤，以東西為從。」鄉射禮雖在序宮室，然序與大夫士宮室皆是夏屋兩下之制，兩下，則唯南北有霤而東西有榮〔註42〕。孔說是，兩下者，即堂屋屋蓋為單坡式，正南為一下，正北為一下，言「下」者，水從屋上流下也，兩下坡即南北兩霤。

孔廣森還認為天子為殿屋，殿屋四注，則南北東西皆有霤，殿屋四阿如明堂之制，明堂四面有堂，故四面有霤。東西南北四霤皆有水流下，形成水流四注，故謂之「四注屋」。孔廣森認為諸侯無四正之堂，即沒有四注重屋，則沒有東霤西霤之說：

> 諸侯既無四正之堂，霤何取焉？《燕禮》「東霤」乃謂堂前霤之東在榮上者耳。《諸侯遷廟禮》亦云「設洗當東榮」，其明證也。《喪大記》：「復者降自西北榮。」《上林賦》云：「暴於南榮。」東西榮之前端為南，後端為北。初，非四面有榮，南霤之左端為東，西端為西。初非四面有霤，名義正同。〔註43〕

按：《喪大記》「升自屋東榮」，鄭注疑以為這是卿大夫士之廟，天子諸侯廟當言「東霤」，不當言「東榮」。然孔廣森認為諸侯無四正之堂，即沒有四注重屋，則沒有東霤、西霤。諸侯堂屋前霤（南霤）之左端為東霤，西端為西霤。《燕禮》「洗當東霤」，鄭注：「人君為殿屋。」此「人君」，諸侯也，此「東霤」，當是堂前霤之東在榮上者、堂屋前霤（南霤）之左端也，故《喪大記》「升自屋東榮」，說的是諸侯廟，故而不言東霤。孔廣森此說可解鄭注之疑惑。李如圭《儀禮集釋》說解與孔廣森說近，《集釋》云：「《燕禮》『洗當東

〔註42〕孔廣森：《禮學卮言》卷一，《續修四庫全書》，第 110 冊，上海古籍出版社，2002 年，第 82～83 頁。

〔註43〕孔廣森：《禮學卮言》卷一，《續修四庫全書》，第 110 冊，上海古籍出版社，2002 年，第 83 頁。

罍』，大夫士禮『洗當東榮』，其處則同耳。」〔註44〕。

二、阼階、西階

（一）廟、寢之階位置不同

升堂有阼階、西階。阼階即東階，西階即賓階。然廟、寢之階的位置亦有異，廟之階直序內（兩階對著兩序之內），寢之階當序也（兩階正好與兩序相對），此亦治禮者所未明言者也，孔廣森曰：

> （《廟·阼階西階》）：阼，主人之階也，阼之言酢，所以答酢賓客也。
> 西階，《顧命》謂之「賓階」。《鄉射禮》曰：「賓降，東面，立於西
> 階西，當西序。」知階直序內矣。〔註45〕

> （《寢·阼階西階》）：《檀弓》云：「周人殯於西階之上。」而《喪大
> 記》云：「欑，置於西序。」知寢之西階當序也。蓋房屋三間者，其
> 堂廣則階去序遠；房室二間者，其堂狹，故不與廟同。〔註46〕

按：孔廣森以《鄉射禮》「賓降東面，立於西階西，當西序」判斷廟「階直序內」。序內，鄭注云「內，堂東西序之內也」，言「內」者，即是序內。按鄭義，兩序之間皆可稱之為序內。考諸經文，可知孔說為是。《鄉飲酒禮》曰：「賓降立於階西，當序，東面。」西階西當序，則西階直西序以東內；《鄉射禮》：「賓降，東面立於西階西，當西序。」阼階東當東序，則阼階直東序以西內，皆孔廣森所謂「階直序內」（當序、直序，皆為與「序」正對或與「序」在一直線之意）。

與廟「階直序內」不同，寢之西階、阼階皆直序（當序）。孔廣森引《檀弓》「周人殯於西階之上」與《喪大記》「欑置於西序」，說明「寢之西階當序也」，此亦證孔廣森所說大夫士廟寢異制，廟左右房，寢東房西室。房屋三間者，即廟左右有房，其堂廣則階去序遠，階直序內；房室二間者，即寢一房一室，其堂狹，不如廟堂廣，則序與階大體相直，所謂階當序也。

〔註44〕李如圭：《儀禮集釋》，《景印文淵閣四庫全書》，第103冊，臺灣商務印書館，1982年，第40頁。

〔註45〕孔廣森：《禮學卮言》卷一，《續修四庫全書》，第110冊，上海古籍出版社，2002年，第79頁。

〔註46〕孔廣森：《禮學卮言》卷一，《續修四庫全書》，第110冊，上海古籍出版社，2002年，83～84頁。

此為禮家舊說未曾明文指出廟、寢房室異制之處。孔廣森廟寢圖中所繪兩階，皆能體現這一區別和特點，廟圖兩階直序內，寢圖兩階直兩序〔註47〕。楊氏、張氏所繪之圖，阼階、西階皆不當序，只有「兩階直序內」的情況，禮經明言「階當序」的情況皆未體現，故與經義、注義皆不合。之所以如此，恐非製圖欠精審，楊、張未辨別廟寢之異而致也。

（二）士階之等

士階三等，後世學者幾無異議。然三階之制如何？眾家則各執一端。孔廣森認為士階三等，一尺為一等：

> 《禮器》曰：「天子之堂九尺，諸侯七尺，大夫五尺，士三尺。」每堂一尺為階一等，故《士冠禮》「賓降三等」《注》云：「降三等，下至地也。」〔註48〕

按：敖繼公曰：「考工記言天子堂崇九尺，階九等，諸侯七尺七等，大夫五尺五等。以是差之，則公侯伯七尺，子男大夫士同三尺，三尺三等階。」〔註49〕孔說與敖同。但孔廣森此說簡略，未考慮「堂廉」問題，考證欠審。段玉裁云：「堂廉下有階三等。」〔註50〕程氏瑤田云：「階三等者，連堂廉而言。若除堂廉言之，則九尺之堂其階止八等，七尺者六等，五尺者四等，三尺者二等也。」〔註51〕張惠言云：「凡階上等即堂廉，士階三等，堂廉之下止二等，故注云『降三等，下至地』。」〔註52〕黃以周曰：

> 凡堂高廉一尺。鄭注《士昏》《公食禮》皆以降堂為止階上，則堂廉即階上等矣。降一等為降級，降二等則盡階矣，故曰「降三等，下至地」。凡一等皆一尺，如段氏說，堂廉下有三等，則士堂高四尺，失其義矣。敖說更謬，諸侯七尺，大夫五尺，記有明文，何得鑿空言之。〔註53〕

〔註47〕孔廣森：《禮學卮言》卷一，《續修四庫全書》，第 110 冊，上海古籍出版社，2002 年，第 79、83 頁。

〔註48〕孔廣森：《禮學卮言》卷一，《續修四庫全書》，第 110 冊，上海古籍出版社，2002 年，第 79 頁。

〔註49〕黃以周：《禮書通故》，中華書局，2007 年，第 53 頁。

〔註50〕黃以周：《禮書通故》，中華書局，2007 年，第 53 頁。

〔註51〕胡培翬：《儀禮正義》（上冊）卷一引程瑤田說，第 43 頁。

〔註52〕黃以周：《禮書通故》引段玉裁說，中華書局，2007 年，第 53～54 頁。

〔註53〕黃以周：《禮書通故》中華書局，2007 年，第 53～54 頁。

（三）階之博與階之象

關於阼階、西階的廣度（階之博），禮經不言，歷代禮家更鮮有論及。《冠禮》云：「（賓）降西階一等，執冠者升一等，東面授賓。」此時階上二人，階有三等，賓降一等，居中等，有司升一等，居下等，二人臨階授受，授冠時，有司立於階左端，東面相授，賓立於階之中，面南而受之，由此可見，階至少有二人之廣。《儀禮義疏》云：「升階不並行，禮當然也。擬階亦不甚廣，若太廣，則恐妨於樂縣耳。」〔註54〕樂縣，懸掛的鍾磬類樂器。上述皆比擬階寬，度數無確指。

《明堂月令》說：「明堂高三丈，東西九仞。」而東西九仞即東西六丈三尺。《周書・明堂》曰：「階博六尺三寸。」（今《逸周書》無此文，據隋宇文愷《明堂議》所引），孔廣森據此推測，明堂階寬六尺三寸，恰好是明堂東西寬度的十分之一，以此類推，則廟寢宮室的階寬可能亦是堂寬的十分之一〔註55〕。孔廣森是清代數學家，著有數學專著《少廣正負術內篇》等，可惜孔廣森未作出進一步的數學研究和考證，僅以猜想形式回答了關於階廣具體寬度問題，若能再深入考證，則更有其禮學價值。

《士喪禮》：「升棺用軸。」孔廣森認為軸升不可歷階，疑「（階）旁亦次磚為塹堵，若漢陛右平左墄之象」〔註56〕。廟寢宮室阼階西階的形制若何，是否是這種「右平左墄之象」，經書及注疏鮮有提及。薛綜注張衡《西京賦》「右平左墄」句曰：「墄，限也，謂階齒也。其側階各中分左右，左有齒，右則滂沱平之，令輦車得上。」〔註57〕陳蘇鎮《秦漢殿式建築的布局》介紹「山東諸城前涼臺漢墓畫像石「謁見圖」中堂前兩階形制：

> 從摹本看，東階有一條縱向中線，將該階分為左右兩部分，中線右
> 側為階級，左側似為磚鋪的斜坡，是右墄左平，與班固、張衡所描
> 述的「左墄右平」之制相反。此證「左墄右平」是天子之制，其他

〔註54〕《欽定儀禮義疏》，《欽定四庫全書薈要》本，第60冊，吉林出版社，2005年，第52頁。

〔註55〕孔廣森：《禮學卮言》卷一，《續修四庫全書》，第110冊，上海古籍出版社，2002年，第80頁。

〔註56〕孔廣森：《禮學卮言》卷一，《續修四庫全書》，第110冊，上海古籍出版社，2002年，第80頁。

〔註57〕《宋刊明州本六臣注文選》，人民文學出版社，2008年，第40頁。

貴族官員堂前的階只能「右城左平」。〔註58〕

磚鋪的斜坡，即孔廣森所謂「次磚為塹堵」，摯虞所謂「以文磚相亞次也」。《士喪禮》「升棺用軸，軸升不可歷階」，因身份為士，據漢制，則此經士之階當為「右城左平」，「漢陛右平左城」是天子之制。此為孔廣森以漢制況周制，其所猜測大夫士之階「右平左城之象」近是。

第四節 《儀禮》廟寢「堂」考

大夫士宮室一般是由門、庭、階、堂屋等四部分組成。其中，堂屋分堂與房室兩部分，堂在前，房室在後。廟寢堂廉與房室間為堂，堂上有兩楹、兩序；序之外為東夾西夾、東箱西箱，堂前階上有廉。

一、「棟以南至前庪為堂」

古之大夫士堂屋五架，正中之脊曰棟，棟以北為北楣、北庪，以南為南楣、南庪，此廟寢同制。五架下為堂與房室，堂與房室如何分區，禮經不言。後世學者有二說，其一認為後楣以北為房室、以南為堂，李如圭、楊復、魏了翁、張爾岐等多從其說。李如圭《儀禮釋宮》云：「後楣以北為室與房，後楣之下以南為堂，以北為室與房，室與房東西相連為之。」〔註59〕其二認為棟以北為房室，棟以南為堂，其中以鄭玄、孔廣森為代表。《士喪禮》「皆饌於西序下南上」，鄭玄注曰：「中以南謂之堂。」孔廣森「中堂」條云：

> 棟者，五架之中也，然則棟以南至前庪為堂，棟以北至後庪為室。崔愷《喪服節》曰「卿大夫為夏屋，隔半以北為正室，中半以南為堂」者是也（見《太平御覽》）。宋人說「後楣以北為室」，非是。《鄉射記》曰：「序則物當棟，堂則物當楣。」庠之物不得當棟者，正以棟下即室之南墉。序無室，乃可以深也。〔註60〕

按：孔廣森從鄭說，他引崔愷說為證，認為中脊為棟，棟以南為堂，棟以北為房室，宋人「後楣以北為室」說非也。孔廣森認為庠棟下即室之南墉，故庠之

〔註58〕陳蘇鎮：《秦漢殿式建築的布局》，載《中國史研究》，2016年，第3期。

〔註59〕李如圭：《儀禮釋宮》，《景印文淵閣四庫全書》本，第103冊，臺灣商務印書館，1982年，第524頁上。

〔註60〕孔廣森：《禮學卮言》卷一，《續修四庫全書》，第110冊，上海古籍出版社，2002年，第80頁。

物不得當棟；序無室故可以深，可當棟也，此亦證明棟下以北為房室，棟以南為堂。黃以周則認為鄭注「中以南謂之堂」之「中」，乃「半」也，序內之半也，序內半以前曰堂，非棟以前曰堂，孔廣森亦誤解了崔憕「隔半、中半」之意，附會鄭玄「中以南謂之堂」之說，故失之〔註61〕。然黃說未審，鄭注「中」與崔憕「中半」之「中」皆堂屋中間之意，解為「序內半」殊為牽強。《士昏禮》：「主人以賓升，西面。賓升西階，當阿，東面致命。」鄭注：「阿，棟也。入堂深，示親親。」主張「後楣以北為房室」者多據此鄭注為說，認為「當阿」即「當棟」，然此說誤解鄭注。胡培翬《儀禮正義》疏曰：

> 鄭以棟訓阿者，非謂棟有阿名，謂屋之中脊其當棟處名阿耳。阿之訓義為曲。《說文》：「阿，一曰曲阜也。」其在宮室，則凡屋之中脊，其上穹然而起，其下必卷然而曲，其曲處即謂之阿。故鄭以當阿為當棟耳。〔註62〕

胡培翬說是也，當阿處，並非正好立於棟之下一線位置，大致穹隆之下的位置皆可曰當阿處、棟下。賈疏亦誤解注義，疏曰：「士之廟雖有室，其棟在室外，故賓得深入當之也。」此說泥矣，故孔廣森「棟以南為堂棟以北為房室」說合理也。

二、東楹西楹、東序西序

（一）廟寢東楹西楹

《儀禮》士寢僅言有西楹，有西楹則當有東楹；士廟不言有楹，參之其他宮室結構，廟堂上皆有兩楹，士廟亦當有兩楹，與士寢同，東曰東楹，西曰西楹。然楹之所在，經、記、注、疏不言。焦循認為「楹在棟與楣之間」。孔廣森認為「兩楹，承前楣之柱也」，楹正當堂之南北正中之前楣下：

> 兩楹，承前楣之柱也。《鄉射記》：「射自楹間。」《注》謂：「射於庠，以庠物當楣故也。」《聘禮》：「受玉於中堂與東楹之間。」《注》云：「中堂，南北之中也。中堂與楹相直故。」《經》舉其間，以為東西之節，楹既當楣，則堂南北之中當楣審矣。〔註63〕

〔註61〕黃以周：《禮書通故》，中華書局，2007年，第32頁。
〔註62〕胡培翬：《儀禮正義》，江蘇古籍出版社，2013年，第153～154頁。
〔註63〕孔廣森：《禮學卮言》卷一，《續修四庫全書》，第110冊，上海古籍出版社，2002年，第80頁。

按：楹當楣，楹當在堂南前楣下；東楹、西楹為東西之節，楹間，是取其東西節而言，此說是。李氏如圭亦認為楹蓋設於前楣之下，其《儀禮釋宮》云：

> 楹之設蓋於前楣之下。案《鄉射禮》曰「射自楹間。」注曰「謂射於庠也」；又曰「序則物當棟，堂則物當楣」物者，畫地為物，射時所立處也。堂則庠之堂也。鄭氏以為物在楹間，則楹在楣之下也。[註64]

《欽定儀禮義疏》云：「楹在前楣之下，今屋皆然，無可疑者。」[註65]黃以周《禮書通故》云：「庠物當楣，而云『射自楹間』，是楹處楣下之明證也。」[註66]故知孔說「兩楹承前楣之柱也」審矣，焦氏說「楹在棟與楣之間」謬也。

（二）廟寢東序西序

《爾雅‧釋宮》云：「（堂）東西牆謂之序。」禮經所涉天子、諸侯、大夫、士宮室庠序堂上皆有東序西序，禮經多取之以為節。東序東為東夾，西序西為西夾；兩序間為正堂。

（1）序端

序端為堂上行禮之節，主人、賓、有司等升堂後常立於此處。《鄉飲酒禮》：「司正升，立於序端。」《聘禮》：「公升，側受幾於序端。」但何為序端？序之南端止於何處，經、記不言，注、疏亦未言之。《有司徹》：「主人坐奠爵於東序南。」序南即是序端，孔廣森謂：「序南頭盡處當楣下為序端。」洪頤煊《禮經宮室答問》說序端亦同孔說：

> 《爾雅》「東西牆謂之序」，以經考之，房以南至楹內四筵之地，皆得序稱。《士冠禮》「主人升，立於序端」，《鄉飲酒禮》「主人坐奠爵於序端，阼階上，北面再拜」，則序端當楹而止。[註67]

《欽定儀禮義疏》云：「序之牆皆在柱間，序端當南齊兩楹，而端之止處亦柱也。自序端至簷柱則無牆。自堂以退入於東西廂由此。」[註68]兩序端南

〔註64〕李如圭：《儀禮釋宮》，《景印文淵閣四庫全書》本，第103冊，臺灣商務印書館，1982年，第527頁上。

〔註65〕《欽定儀禮義疏》卷首下，《欽定四庫全書薈要》本，第60冊，吉林出版社，2005年，第47頁上。

〔註66〕黃以周：《禮書通故》，中華書局，2007年，第40頁。

〔註67〕洪頤煊：《禮經宮室答問》，《續修四庫全書》本，第110冊，上海古籍出版社，2002年，第156頁下。

〔註68〕《欽定儀禮義疏》卷首下，《欽定四庫全書薈要》本，第60冊，吉林出版社，2005年，第48頁。

齊兩楹，而兩楹又上當前楣，故序端上齊楣，可知孔廣森「序南頭盡處當楣下」說是。

（2）寢廟之序內

《書‧大傳》「天子之堂廣九雉，三分其廣，以二為內」鄭注：「內，堂東西序之內也。」孔廣森尊鄭君注，以堂東西序之內為序內。有學者認為序北謂之序內：「序之廣如室深，當棟，其南謂之序端，其北謂之序內。序內之名與楹內、碑內同。楹內在楹北，碑內在碑北，序內當在序北。」〔註69〕此說謬矣，兩序南北向，所別者為東西，非如楹、碑所別者為南北，故當以序之東西為內外，兩序之間即為序內。孔廣森據《大傳》所說尺寸比例，繪大夫廟寢圖，「三分其廣，以二為修，以其修為序間廣，室廣半之；房室三停；夾室，居室方四之一」〔註70〕，序間廣即序內寬度。其「廟圖」可見，序東與序西空間合占比三之一，序內占比三之二，實略以伏生所說比例而推測焉；其「寢圖」則不以此比例，寢序內寬度與面積比廟要窄小，合於其廟寢異制之說。（見廟寢圖一、二）

三、東夾西夾、東箱西箱

（一）廟寢東夾西夾

廟寢序外為夾室，東序外為東夾，西序外為西夾。劉熙《釋名》：「夾室在堂兩頭，故曰夾。」〔註71〕東夾、西夾經文中多有言及，如，《公食大夫禮》：「大夫立於東夾南，西面，北上。」《聘禮》：「堂上之饌六，西夾亦如之。」東西、夾室，一名「左達、右達」。

寢廟「夾」之具體所在，後世學者有的以為東夾在東房之東，西夾在西房之西，兩夾與房室平列，作五間。崔氏（崔靈恩）云：「宮室之制，中央為正室，正室左右為房，房外有序，序外有夾室。」〔註72〕崔氏之後，許多學者從其說，楊復《儀禮圖》所繪兩夾，一在東房之東，一在西房之西，後敖繼

〔註69〕黃以周：《禮書通故》，中華書局，2007年，第38頁。
〔註70〕孔廣森：《禮學卮言》卷一，《續修四庫全書》，第110冊，上海古籍出版社，2002年，第82頁。
〔註71〕劉熙：《釋名》，《文淵閣四庫全書》，第221冊，臺灣商務印書館，1982年，第410頁上。
〔註72〕參見《禮記正義‧內則》孔疏引崔氏語。

公等亦從其說。《欽定儀禮義疏》禮圖兩夾亦夾房室:「夾者以其在兩旁,夾中之室房與堂也。通言之皆謂之堂。」〔註73〕孔廣森認為以兩夾與房室平列作五間是不可能的:

> 近世或以兩夾與房室平列,作五間,此必不然。何則序之外為夾室?注疏相傳之定義也。牆在堂為序,在房為墉,禮之辨名,絕不相紊。今夾在房之左右,但可云「墉外」耳,何言序外乎?《釋名》亦曰夾室在堂兩頭,不言在房兩頭也。序即夾室之墉,自堂上名之耳。與明堂圖參觀,益信。〔註74〕

按:孔廣森認為如果夾在房之左右,為何言「序外」而不稱「墉外」乎?(牆在堂為序,在房為墉,禮之辨名,絕不相紊。)何況《釋名》亦曰「夾室在堂兩頭」,不言在房兩頭也。之所以出現這種「兩夾亦夾房室與堂」的謬誤,孔廣森認為是由於沒有理解經文「房」字的另一層含義,禮經所言「房外」,皆是指「房戶之外」,非謂房之東、西也。孔廣森後文「房戶」條認為,經中有以一「房」字代指房戶的情況,如《有司徹》「司宮取爵於篚,以授婦贊者於房東」,鄭注:「房東,房戶外之東。」《昏記》「母南面於房外,女出於母左」,此文中「房」,即房戶〔註75〕。如此則崔氏「房外有序,序外有夾室」當為房戶外有序,序外有夾室。學者誤解「房外」之義,以為房外為房之東,或房之西,故有夾室在房之東、西之說,後世不察,多從其誤說,所繪禮圖中,兩夾皆在房之東西,故生謬誤。夾室在房戶前之偏(東、西),非在房之東西與房室並列而作五間,夾室南端當與序端相齊,亦上當前楣。孔說甚是,胡培翬《正義》云:

> 以東夾在東房東,西夾在西房西,別無顯證,所據者,唯崔氏房外有序,序外有夾室二語耳。然古人多以房戶外為房外,《儀禮·士冠禮》「若庶子,則冠於房外」,鄭注「房外,謂尊東也」;《昏禮》「席於房外南面」,鄭注「房外,房戶外之西」《昏禮》又云「母南面於房外」,則所謂房外者在房之南,而非房之東西明矣。……序內為

〔註73〕《欽定儀禮義疏》卷首下,《欽定四庫全書薈要》本,第60冊,吉林出版社,2005年,第48頁～49頁。
〔註74〕孔廣森:《禮學卮言》卷一,《續修四庫全書》,第110冊,上海古籍出版社,2002年,第82頁。
〔註75〕孔廣森:《禮學卮言》卷一,《續修四庫全書》,第110冊,上海古籍出版社,2002年,第81頁。

堂，序外為夾，故《釋名》云「夾在堂兩頭」，最為確詁。〔註76〕
胡氏考據精覈，實足申廣森所說，廟寢兩夾在正堂東西，此乃定論。有學者
還認為，兩夾夾庭，夾室在庭兩旁，東西相向，如，郝敬認為夾室在庭之兩
旁，東西相向，不屬堂。考諸經義，郝氏「夾在堂下庭之兩旁」之說誤甚。

（二）廟寢東箱西箱

廟寢皆有箱，抑或廟有箱，寢無箱？李如圭認為寢、廟皆有箱，《儀禮釋
宮》云：

> 《釋宮》曰「室有東西廂曰廟。」郭氏曰：『夾室前堂是東箱，亦曰
> 東堂，西箱亦曰西堂也。《釋宮》又曰「無東西箱，有室曰寢。」案
> 《顧命》疏「寢有東夾西夾」。《士喪》「死於適寢」，「主人降襲絰於
> 序東」注曰：『序東，東夾前』，則正寢亦有夾與箱矣。〔註77〕

然而李如圭亦僅據「寢有東夾西夾」「序東，東夾前」之語推測而已。寢有東
夾西夾，未足以說明寢即有東箱西箱。孔廣森認為廟有東西箱，寢無東西箱：

> 君子之營宮室，宗廟為先，居室為後，則寢之視廟，宜有殺矣。《爾
> 雅》曰：「室有東西廂曰廟；無東西廂，有室，曰寢。」此寢廟有
> 異，有明文者也。廂者，夾室前堂也。《婚》《喪》諸禮，凡在寢者，
> 並不言夾室，可見廟有夾室，寢無夾室。既無夾室，則亦無「廂」
> 名矣。〔註78〕

按：《覲禮》注曰：「東箱，東夾之前，相翔待事之處。」《特牲饋食》注曰：
「西堂，西夾室之前。」（賈氏疏以為西堂即西箱也。）據此知廟有東西箱名。

經注於寢不直言有箱。《士喪禮》：「死於適寢……主人拜賓，大夫特拜，
士旅之，即位，踴襲絰於序東，復位。」鄭注曰：「序東，東夾前。」《士喪禮》
舉於士寢，鄭僅言「東夾前」，未明言「東箱」，由此可見寢無「箱」名。「東
夾前」非即是「東箱」之名，或有其實，無其名，此孔廣森所謂寢無「廂」名
耶？胡培翬認為夾是總名，《儀禮正義》云：

〔註76〕胡承珙：《求是堂文集夾室考》卷一，《續修四庫全書》，第 1500 冊，上海古
籍出版社，2002 年，第 225 頁上。

〔註77〕李如圭：《儀禮釋宮》，《景印文淵閣四庫全書》本，第 103 冊，臺灣商務印書
館，1982 年，第 528 頁下。

〔註78〕孔廣森：《禮學卮言》卷一，《續修四庫全書》，第 110 冊，上海古籍出版社，
2002 年，第 78 頁。

　　蓋夾有室、有堂（即箱），夾是總名，近北為室，近南為堂。嘗考東
　　夾、西夾之制，東夾在堂東序之東，西夾在堂西序之西，皆南向，
　　其北有墉，接東房、西房；東夾之東、西夾之西亦皆有墉。東夾、
　　西夾一名東箱、西箱，又名左個、右個，左達、右達。左即東也，
　　右即西也。夾也，箱也，個也，達也，異名而同實。統言之為東夾、
　　西夾，分言之則夾之近北者為室，近南者為堂，故有夾室與東堂、
　　西堂之稱。〔註79〕

胡培翬對於廟寢夾、箱的名製分析清晰，夾是總名，統言之，東夾西夾，析言
之，夾之近北者為夾室，近南者為箱，故禮經或有稱夾室為夾，或稱箱為夾
者。寢近北者無夾室，則近南者亦無箱名，故孔說「廟有東西箱，寢無東西
箱」可通也。

四、堂廉

　　禮經於廟寢宮室提及「廉」者有多處，但對於「廉」所在具體位置言之
不詳。諸家宮室圖大多不標注「廉」之所在。目前學術界關於廉的位置與形
制的專門研究也很少見。孔廣森《禮學卮言》所繪廟寢圖中「廉」標識清楚，
「廉」是在階之上、堂前簷下的位置，且「廉」可分為三段：

　　《鄉飲酒禮》：「設席於堂廉。」注云：「側邊曰廉。」《聘禮》有
　　「內廉」，謂「廉之在階內者也」。《大射‧注》有「堂西廉」，謂
　　「廉之在西堂前者也」。東西堂前之廉，疑即《顧命》「東垂」、「西
　　垂」云。〔註80〕

按：孔廣森認為，「廉」有一，是在堂南側，階上，屋簷下的一狹長區域，被
兩階分成三段，兩階之間為內廉，兩側為東西廉：西堂前稱西廉，東堂前稱
東廉，東西廉即《尚書‧顧命》所說的「東垂」、「西垂」。孔廣森所繪「廟圖」
標明「廉」標識在階之上、堂前簷下位置〔註81〕。《鄉飲酒禮》「設席於堂廉」，
即是設席於阼階與西階之間的堂邊，與內廉相接近處。孔穎達疏曰：

　　《釋詁》云：「疆、界、邊、衛、圉，垂也。」則垂是遠外之名。堂

〔註79〕胡培翬：《儀禮正義》，江蘇古籍出版社，1993 年，第 994 頁。
〔註80〕孔廣森：《禮學卮言》卷一，《續修四庫全書》，第 110 冊，上海古籍出版社，
　　　　2002 年，第 82 頁。
〔註81〕見《附錄》孔廣森所繪「廟圖」。

> 上而言東垂、西垂，知在堂上之遠地，當於序外東廂、西廂必有階
> 上堂，知此立於東西堂之階上也。〔註82〕

孔穎達認為東垂、西垂即東西堂之階上，與孔廣森所謂東、西堂前之廉即《顧命》「東垂」、「西垂」義同。彭林先生《儀禮堂廉堂深考》不從孔廣森說，認為：

> 孔廣森云兩階之間為內廉，西堂之前為西廉，東堂之前為東廉；東、
> 西堂之廉即《顧命》之東垂、西垂。此說以西廉在堂南，與《鄉射
> 禮》「眾弓倚於堂西，矢在其上」，鄭注「上，堂西廉」以西廉在堂
> 西之說明顯相悖，不可從。〔註83〕

今按：鄭注「上，堂西廉」，並非有西廉必在堂西之義。堂西廉或可在堂南簷下西階以西（西堂之前為西廉），「上」或即堂南階上簷下西段「廉稜之上」〔註84〕。「其上」，堂西廉上，弓倚於堂西牆，矢未必置於堂西牆腳與弓在一處。故孔廣森此義並不悖鄭注也。

第五節　《儀禮》廟寢「室」考

廟寢房室在堂北。前文已明言大夫士廟寢宮室異制，廟有二房一室，室居中，房居東西；寢一房一室，左房右室。室有戶、牖，有墉、奧、窔等。

一、室戶、奧窔、北墉、北牖

（一）室戶

大夫士廟寢堂屋之房、室，皆有門戶。其戶若何？孔曰：「戶唯單扇，故其字從半門。」孔說是也。《說文》：「戶，護也，半門曰戶。」是戶有一扉，此無異議。孔廣森認為，禮經於室戶，單言「戶」，諸禮言戶東、戶西者，皆指室戶之東、室戶之西；若是房戶，則必加房字以區別，如《士昏禮》云「尊於房戶之東」。孔說是，寢與廟行禮以室為核心域，故室戶專得戶名，禮經凡言戶者，皆指室戶，其房戶必冠「房」以別之。李如圭《儀禮集釋》云：「寢、廟以室為主，故室戶專得戶名。凡言戶者，皆室戶。房戶，則兼言房以別之。」〔註85〕。

〔註82〕孔穎達：《尚書正義》，中華書局，1979年，第240頁上。
〔註83〕彭林：《儀禮堂廉堂深考》，載《中國史研究》，2018年，第2期，第40頁。
〔註84〕孔穎達《喪大記·正義》曰：「堂廉，堂基南畔廉稜之上也。」
〔註85〕李如圭：《儀禮集釋》，《景印文淵閣四庫全書》本，第103冊，臺灣商務印書館，1982年，第46頁上。

孔廣森對《玉藻》「恒當戶」、《檀弓》「當戶而坐」有新解：

> 《玉藻》曰：「君子之居，恒當戶。」當，對也；居，坐也。此「居」
> 字，合從古文《孝經》作「凥」，《檀弓》云「當戶而坐」，坐者主奧，
> 戶開則其扉負東墉，與奧對矣。〔註86〕

按：寢之室四面有墉，戶皆南向向堂，啟戶（推門入）則戶掩於壁，其扉背
負東墉，與奧（室西南隅）對矣。「居」，孔訓之為「坐」，當，對也，「君子
之居恒當戶」，謂君子室內坐西朝東也（非坐北朝南也），當戶，正對著負東
墉之門扉也。孔說是也。此亦諸禮家鮮言及者也。王國維解釋《玉藻》此經
文認為：「《說文》：室，實也。以堂非人所常處，而室則無不實也，晝居於
是，《玉藻》『君子之居恒當戶』，『戶』謂『室』也，夜息於是，賓客於是。」
〔註87〕王國維解「君子之居恒當戶」，「戶」謂「室」似不準確，此「戶」義
當如孔廣森說。

（二）奧窔、北墉

1. 奧、窔

《爾雅》「室之四隅」：西南隅謂之奧，西北隅謂之屋漏，東南隅謂之窔，
東北隅謂之宧。「奧」，室中隱奧之處，為室中最尊處，祭禮諸儀多於此設席，
故禮經多取之為節，多有言之，如《士昏禮》「勝布席於奧」，《少牢饋食遭》
「司宮筵於奧，祝設几於筵上。」但禮經未指明「奧」的具體位置，孔廣森據
《祭禮》「筵尸於奧」與《詩經》「宗室牖下」，推斷「奧近牖」：

> 《爾雅》曰：「室中西南隅謂之奧，東南隅謂之窔。」案：《祭禮》
> 「筵尸於奧」，而《詩》云「宗室牖下」，則奧近牖，可知也。〔註88〕

按：前文「戶」條孔廣森認為「坐者主奧，戶開其扉負東墉，與奧對矣」，則
知其奧當在負東壁之門扉相對的西南隅近牖處。

《爾雅・釋宮》云：「東南隅謂之窔。」《士喪禮》「埽室聚諸窔」，《弟子
職》云「拚前而退，聚於戶內」，孔廣森據此推斷「窔近戶」。《儀禮・既夕記》
云：「比奠，舉席，埽室，聚諸窔，布席如初。」《儀禮集釋》云：「窔，近戶，

〔註86〕孔廣森：《禮學卮言》卷一，《續修四庫全書》，第110冊，上海古籍出版社，
　　　　2002年，第84頁。
〔註87〕王國維：《明堂廟寢通考》，《叢書集成續編（新文豐）》，第067冊，臺北新文
　　　　豐出版公司，1988年，第47頁。
〔註88〕孔廣森：《禮學卮言》卷一，《續修四庫全書》，第110冊，上海古籍出版社，
　　　　2002年，第80頁。

隱闇處也。」皆可證孔說。由此亦可知，戶至少應開在室南墉東側大約牆角處，而不會在靠近中部位置。

2. 北墉

孔廣森認為「凡房室之牆，皆名墉」，室之北牆曰北墉，房室南牆外見於堂者，亦名墉也〔註89〕。孔說為是，經文房室南牆外見於堂者多稱墉，《公食大夫禮》云「贊者負東房，南面，告具於公」，所負者，即房之南墉。黃以周曰：「渾言之，壁、牆、墉、廂通稱，析言之，在堂謂之序，在房室謂之墉，在東西堂上謂之廂，在東西堂下謂之壁，其廟外四周之垣謂之牆。禮經用字，分別甚嚴。」〔註90〕黃說「在房室謂之墉」與孔說同。

（三）室之北牖（「鄉」）

室中有無北牖，後世學者多有爭議。《禮記‧喪大記》：「寢東首於北墉下。」鄭注：「謂君來視之時也，病者恒居北墉下或為北墉下。」寢於北墉下還是北墉下，鄭玄亦不能定，因此後世學者認為室中無北牖，如吳廷華、方苞、沈彤、胡培翬等。也有學者以為寢室有北牖，如江永《儀禮釋宮增注》云：

> 「按《詩》『塞向墐戶』，《傳》云：『向，北出牖也。』又《士喪記》
> 『寢東首於北墉下』，《喪大記》作『北牖下』，注云一作『北墉下』。
> 鄭亦不破『牖』字之非，則室固有北牖，亦名鄉也。」〔註91〕

孔廣森認為大夫士寢室「有北牖」，其依據亦是《詩》「塞鄉墐戶」、《喪大記》「北牖下」、《士虞禮》「啟牖鄉」等說。〔註92〕但廟寢異制，孔廣森認為大夫士廟之室並無北牖，只有天子之清廟太室才有「達鄉」即北牖，人臣即大夫士則無之。廟何以無北牖，寢何以有之，孔廣森認為，大夫士廟有左右房，室居正中納光，故不必有北牖助明；大夫士寢則不然，東房西室，寢室偏西，西堂之北又通為室中，必幽暗，故必有北窗以助明。〔註93〕孔廣森據《士虞》

〔註89〕孔廣森：《禮學卮言》卷一，《續修四庫全書》，第110冊，上海古籍出版社，2002年，第81頁。

〔註90〕黃以周：《禮書通故》，中華書局，2007年，第45頁。

〔註91〕江永：《儀禮釋宮增注》，《景印文淵閣四庫全書》本，第109冊，臺灣商務印書館，1982年，第887頁上。

〔註92〕孔廣森：《禮學卮言》卷一，《續修四庫全書》，第110冊，上海古籍出版社，2002年，第84頁。

〔註93〕孔廣森：《禮學卮言》卷一，《續修四庫全書》，第110冊，上海古籍出版社，2002年，第84頁。

《詩》傳及《喪大記》，並從堂室採光角度考證和分析寢室北牖之有、廟室北牖之無。其所繪廟圖中，室北牆標有「北塘」，未標「鄉」，寢圖中，室北塘正中則標有「鄉」，此為孔廣森廟寢異制說又一具體體現，誠不失為一禮學新見。但胡培翬認為寢不當有北牖，「疾時處北塘下」，後世諸本大多作「庸」或「塘」，監本《毛本》等誤作「牖」。至於《詩・豳風・七月》「塞向墐戶」，《毛氏傳》「向，北出牖也」，胡培翬認為，此為庶人蓽戶，「向（北牖）」蓋庶人之室，非士大夫之室也。「塞向墐戶」不足以說明寢有北牖矣〔註 94〕。胡培翬考證較孔說為詳審。

二、戶牖之間、戶西

（一）戶牖之間

《儀禮》堂室戶牖之間，是主要的設席行禮之處。《士昏禮》：「贊醴婦，席於戶牖間。」席設於堂上，當戶牖間。然戶牖之間的具體位置，治禮者多有爭論。《儀禮義疏》言室「戶牖之間」為室南壁中「二股」：

> 戶東牖西其在室中視之，蓋左右均也。室之南壁分為四股，中二股為戶牖之間，東一股以其半為戶，戶之東為壁，啟戶則戶掩於壁，其處謂之窔；西一股以其半為牖，牖之西為壁，啟牖則牖掩於壁，其處謂之奧。如此則左右適均。〔註 95〕

洪頤煊認為牖、戶各居其東西之中，其《禮經宮室答問》曰：

> 室南面，牖西而戶東，各居其中。《明堂位》「天子斧依南鄉而立」，以牖戶之間當兩階之間，則牖戶之各居其東西之中明矣。舊圖牖居中，戶居東偏，或戶牖各居東西偏，皆誤。〔註 96〕

黃以周認為室戶在東楹之東，牖在西楹之西，其《禮書通故》云：

> 伏生《書傳》三分其廣，以其二為內。室與堂同廣，得三分之二，牖居室楣之西，戶居室楣之東，各得三分之一，戶、牖間亦得三分之一。舊圖固誤，孔巽軒、張皋文、洪均軒所繪圖亦未是。〔註 97〕

〔註 94〕 胡培翬：《儀禮正義》，江蘇古籍出版社，1993 年，第 1641 頁。

〔註 95〕 《欽定儀禮義疏》卷首下，《欽定四庫全書薈要》本，第 60 冊，吉林出版社，2005 年，第 44 頁上。

〔註 96〕 洪頤煊：《禮經宮室答問》，《續修四庫全書》本，第 110 冊，上海古籍出版社，2002 年，第 154 頁上。

〔註 97〕 黃以周：《禮書通故》，中華書局，2007 年，第 37～38 頁。

戶牖間之所在凡此三家。孔廣森與諸說有不同，孔認為廟之室有左右房，其室居堂屋之中，前堂亦廣；大夫士寢則僅一房一室，室偏居堂右，前堂亦狹，故寢、廟二者之戶牖間位置大小亦不相同，孔曰：

> 《士昏禮》醴婦席於戶牖間，彼醴婦在寢，寢室偏西則戶牖之間非
> 正中，故得當之也。此並可為寢室無右房之證〔註98〕。

按：諸家皆未區分寢廟異制情況，故說廟寢戶牖間之位置大小多有分歧。孔廣森認為廟之戶牖間或在正中位置，但寢之戶牖間非在正中。孔廣森所繪廟寢圖（見圖一、二）分別標識出寢、廟之室戶牖間之異。圖一廟圖可見，室左右房，戶牖間在兩楹之正中，中堂之正中，大小約如室南堵之半；圖二寢圖可見，左房右室，寢室戶牖間（標為「依」）正對西楹，中堂偏西，大小約如室之南堵三分之一。依孔「寢圖」看，戶牖間之位置大小接近《欽》說，以孔「廟圖」看，戶牖間之大小位置則接近舊圖。孔圖分明，其分別廟寢說可通。

依，扆也，大夫士戶牖之間亦可稱之扆，孔廣森認為：

> 《爾雅》曰：「戶牖之間謂之扆。」《士虞禮》：「佐食無事，則出戶，
> 負依南面。」依，猶扆也。扆，屏風也。自天子下達，皆有扆，唯
> 天子之扆畫斧文為異。〔註99〕

按：《禮記・曲禮下》：「天子當依而立，諸侯北面而見天子，曰覲。」孔穎達疏：「天子當依而立者，依，狀如屏風，以絳為質，高八尺，東西當戶牖之間，繡為斧文也。亦曰斧依。」此孔廣森所謂「唯天子之扆畫斧文為異」是也。

（二）戶西

孔廣森以為，「戶西」是賓席所在地，偏東而近於戶，而非戶牖之間，因戶牖之間有「正中」意，而君子「行不中道，立不中門，居不中席，雖人君無正中而南面者」，故不在戶牖之間，而在「戶西」即戶牖間近於戶的位置。孔廣森考《冠禮》《昏禮》《燕禮》《大射》《有司徹》並「筵於戶西」，而不在「戶牖之間」：

> 戶西，室外之中，偏東而近於戶，賓席所在也。舊說以戶牖之間為
> 客位，今考《冠禮》《昏禮》《燕禮》《大射》《有司徹》並「筵於戶

〔註98〕孔廣森：《禮學卮言》卷一，《續修四庫全書》，第110冊，上海古籍出版社，2002年，第80～81頁。

〔註99〕孔廣森：《禮學卮言》卷一，《續修四庫全書》，第110冊，上海古籍出版社，2002年，第84頁。

西」，而不云「戶牖之間」。古之君子行不中道，立不中門，居不中席，雖人君無正中而南面者。《聘禮》：「夕幣，君朝服，出門左，南鄉。」閏月則合門左扉，立於其中，是朝位恒在左。鄭注《禮器》云：「人君尊東。」明堂之制，戶居中，左右夾窗，然亦設斧依於戶牖之間，益信當依而立，非正中矣。明堂中戶、東牖之間，正常室所言戶西處。天子猶不中立，而況於大夫士乎？故曰戶西者非戶牖之間。〔註100〕

按：禮經布賓席多言設於「戶西」或「戶牖間」，例如，《士冠禮》「徹皮弁、冠、櫛、筵入於房。筵於戶西，南面」；《士昏禮》「主人筵於戶西，西上，右幾」；《燕禮》「司宮筵賓於戶西，東上」；《大射儀》「司宮設賓席於戶西，南面，有加席」；《有司》「司宮筵於戶西，南面」；《士昏禮》「贊醴婦。席於戶牖間」。戶西大致方位比戶牖之間還要在稍西之處。「人君無正中而南面者」，明堂之制，設斧依於戶牖之間，天子依而立處亦非正中，因明堂戶居中，左右夾窗，戶牖之間必非正中位，故孔廣森認為，大夫士之客位、坐立之處更不宜在戶牖之間，應在戶西無疑。孔此說可通，但似無必要若此細分。戶牖之間與戶西的空間位置其實有重合的情況，況且，「戶西」概念籠統，嚴格來說戶牖之間亦是在戶西範圍內，「戶西」者，室戶之西；「戶牖間」者，室戶與室牖之間。兩者所言，有時其實一也。孔廣森士廟圖專門標注出「戶西」的位置，戶西位置靠近室戶，不是戶牖之中，亦非中堂正中處，（見圖一「廟圖」）。黃以周《禮書通故‧宮室通故》評孔廣森所繪圖云：

> 「室與堂同廣，得三分之二，牖居室楣之西，戶居室楣之東，各得三分之一，戶、牖間亦得三分之一。舊圖固誤，孔巽軒等所繪圖亦未是。」〔註101〕

第六節 《儀禮》廟寢「房」考

孔廣森認為大夫士廟有東西房，又稱之為左房、右房；寢則一室一房，東房西室，此異制情況前文已備述之。行禮多行於東房，故禮經於東房多有

〔註100〕孔廣森：《禮學卮言》卷一，《續修四庫全書》，第110冊，上海古籍出版社，2002年，第80頁。
〔註101〕黃以周：《禮書通故》，中華書局，2007年，第37～38頁。

言之，西房則罕言之，唯《聘禮》兩言「負右房」而已，至於其房內之事未聞。本節僅就孔廣森關於廟寢之房戶、北堂、側戶等考證進行分析和探討。

一、廟寢房戶

孔廣森認為，禮經於室戶單言「戶」，若是房戶則必加「房」字以區別：

> 諸禮言戶東、戶西者，皆室戶。其房戶必冠「房」以別之，若《昏禮》「尊於房戶之東」是也。《昏記》云：「母南面於房外，女出於母左。」鄭君據彼文，凡釋「房外」皆為房戶西。〔註102〕

按：孔說確實。寢與廟行禮以室為核心域，故室戶專得戶名，禮經凡言戶者，皆指室戶。其房戶則必冠「房」以別之。李如圭《儀禮集釋》云：「寢、廟以室為主，故室戶專得戶名。凡言戶者，皆室戶。房戶，則兼言房以別之。」〔註103〕。經中言房戶，亦有以一「房」字代指者，省言之曰「房」，如《有司徹》「司宮取爵於篚，以授婦贊者於房東」，鄭注：「房東，房戶外之東。」《昏記》「母南面於房外，女出於母左」，此文中「房」即房戶，「房外」指房戶西。

房戶具體位置，禮經未曾言及，後世學者雖有論及，但往往意見紛紜，未能統一。李如圭認為「房之戶於房南壁亦當近東」，《儀禮釋宮》云：

> 房之戶於房南壁亦當近東。《士昏記》注「北堂在房中半以北，洗南北直室東隅，東西直房戶與隅間。」隅間者，蓋房東西之中兩隅間也。房中之東其南為夾，洗直房戶而在房東西之中，則房戶在房南壁之東偏，可見矣。〔註104〕

朱熹認為，房戶當南壁東西之中，朱子《通解》云：「房戶宜當南壁東西之中，而將冠者在房中當戶而立也。」〔註105〕《欽定儀禮義疏》同朱子說，認為「房戶當南壁東西之中，而不偏東」〔註106〕。

〔註102〕 孔廣森：《禮學卮言》卷一，《續修四庫全書》，第110冊，上海古籍出版社，2002年，第81頁。
〔註103〕 李如圭：《儀禮集釋》，《景印文淵閣四庫全書》本，第103冊，臺灣商務印書館，1982年，第46頁上。
〔註104〕 李如圭：《儀禮釋宮》，《景印文淵閣四庫全書》本，第103冊，臺灣商務印書館，1982年，第526頁下。
〔註105〕 朱熹：《儀禮經傳通解》，《景印文淵閣四庫全書》本，第131冊，臺灣商務印書館，1982年，第19頁下。
〔註106〕 《欽定儀禮義疏》卷首下，《欽定四庫全書薈要》本，第60冊，吉林出版社，2005年，第46頁。

孔廣森則認為，廟有東西房，東房戶於南墉近西，西房戶於南墉近東，其《卮言》「東夾西夾」條云：

> 《特牲饋食禮》「豆、籩、鉶在東房」，注云：「東房，房中之東，當
> 夾北。」案：經之「東房」，不當釋為房中之東，然據鄭意，以東夾
> 之北通為房中，可見夾室是在房前之偏，故東房戶必近西，西房戶
> 必近東，乃可以達於堂，而東房內之東，西房內之西，則皆正當夾
> 室牆後也。〔註107〕

按：胡培翬《儀禮正義》、黃以周《禮書通故》均認為孔廣森所說是也。《士冠禮》「將冠者采衣，紒，在房中南面」，胡《儀禮正義》疏云：

> 孔氏廣森《禮學卮言》謂「東房戶必近西，西房戶必近東，乃可以達
> 於堂，而東房內之東、西房內之西則皆正當夾室牆後」是也。〔註108〕

黃以周《禮書通故》認為房戶在南壁的位置，宜從孔廣森房戶之說，洪頤煊之說則為杜撰〔註109〕。胡氏、黃氏均從孔廣森東房內之東、西房內之西則皆正當夾室牆，所以知如此者，鄭注云「東房，房中之東，當夾北」，東房之東當夾北，那麼房東之南墉即為東夾內之北墉，又東房與東夾間無戶，故東房之戶，必近於西，方可以達於堂。同理，西房之戶也必近於東方達於堂。

二、北堂與側戶

（一）北堂

《儀禮》言廟寢之室有北墉，言東房則不言有北墉而多言其北堂。《士昏記》云：「婦洗在北堂，直室東隅。篚在東，北面盥。」鄭注：「洗在北堂，所謂北洗。北堂，房中半以北。」賈疏云：「房與室相連為之，房無北壁，故得北堂之名，故云洗在北堂也。」按鄭之義，東房無北壁（北墉），有北堂，且北堂在房中半以北。

孔廣森「北堂」條申補鄭義曰：「半者謂自後楣下中分之也。」〔註110〕謂房室正中是後楣處，後楣以南至棟為東房，後楣以北為北堂，以楣為中分，

〔註107〕孔廣森：《禮學卮言》卷一，《續修四庫全書》本，第110冊，上海古籍出版社，2002年，第82頁。

〔註108〕胡培翬：《儀禮正義》，江蘇古籍出版社，1993年，第57頁。

〔註109〕黃以周：《禮書通故》，中華書局，2007年，第38頁。

〔註110〕孔廣森：《禮學卮言》卷一，《續修四庫全書》本，第110冊，上海古籍出版社，2002年，第81頁。

二者南北中分，各取其半，南為東房，北為北堂。孔此說與賈疏不同，賈疏認為：「云『北堂，房半以北』者，以其南堂是戶外半以南得堂名，則堂是戶外之稱，則知此房半以北得堂名也。」北堂是仿於正堂，取數於正堂。

　　按：前文已述，孔廣森認為房室與正堂的分界是中棟，棟北為房室，棟南為正堂，但賈氏認為正堂與房室以後楣下為界，後楣以南為正堂，以北為房室，正堂居三架間，房室居一架間，非謂各居其半。若依賈疏，北堂與東房取數於正堂與房室，以正堂之數「半以北」，作為北堂之據，則後楣以北為房室，居一架間，本已狹小，再「半之」以為二（東房與北堂），北堂區域面積更為促狹，何以稱之為堂？實不盡合情理也，故廣森所說「半者謂自後楣下中分之」較賈說為長。

（二）側戶

　　側戶之說，經無明文。孔廣森認為北堂當有側戶與室相通達，婦人在房或在北堂，凡自房入室必由之，北堂之階曰「側階」，其戶名曰「側戶」似宜之：

> 據《春秋左傳》「姜入於室，與崔子自側戶出」，是室中有戶可達堂後，竊疑婦人位在北堂，凡自房入室必由，於堂過為迂遠，若《少牢饋食》云：「主婦洗於房中，出酌，入戶，西面拜，獻尸」，此由堂至室，出房戶入室戶，經文顯然辭繁不殺，而《特牲饋食》「尸酢主婦，主婦適房，祭酒，啐酒，入，卒爵」，適房不言出室戶，入室又不言出房戶，安知非自側戶出入歟？《荀子》曰：「子貢觀於魯廟之北堂九蓋皆繼。」楊倞注「九」當為「北」，《家語》作「北蓋」，蓋音盍，戶扇也。案：北蓋當即側戶之闔，屬北堂者矣。北堂之階曰側階，戶曰側戶，名亦宜之。〔註111〕

按：孔廣森廟圖「側戶」在室東墉與北房堂東壁上，位置偏北。孔廣森據《春秋左傳》「姜入於室，與崔子自側戶出」之說，疑室中有戶可達堂後。《儀禮》行禮婦人之位在北堂，凡自房入室必由，若無此側戶，婦人入室必經房戶出，經過堂，再進室戶，過為迂遠，故側戶設此處似有必要。孔廣森引《特牲饋食禮》「尸酢主婦，主婦適房，祭酒，啐酒，入，卒爵」，認為此經文要言不煩，主婦去北房沒有說其出室戶東折經堂又進房戶，入，亦不言其南出房戶西折

〔註111〕孔廣森：《禮學卮言》卷一，《續修四庫全書》，第110冊，上海古籍出版社，2002年，第81頁。

經堂復進室戶之過程，孔廣森懷疑此恐非是省文之故，是因有側戶之便，主婦可於室與房之間便利出入。《特牲饋食禮》與《少牢饋食》「主婦洗於房中，出酌，入戶，西面拜，獻尸」辭繁不殺相比，孔廣森宜信北堂側戶當有設之。

《荀子》曰：「子貢觀於魯廟之北堂，九蓋皆斷。」楊倞注「九」當為「北」，《家語》作「北蓋」〔註112〕，蓋音盍，戶扇也。孔廣森據此認為，北蓋，即北戶門扇也，北堂無門戶，則此門扇必屬北堂西壁之側戶也，「當即側戶之闔，屬北堂者矣」。「闔謂之扉」，《儀禮釋宮》所論三十三條宮室之例之一，孔說可通。

側戶之說經無明文，注疏亦鮮見，廣森精通三禮，心知其意，以《春秋左傳》「側戶」想見《儀禮》宮室可能之情狀，並以經文並《荀子》《家語》資料做考證，分析經文繁簡用筆，推測側戶設置因由與大致位置，心思可謂縝密周到。考稽可見三禮宮室圖，均未見有側戶標記，注疏亦鮮見有說者。側戶之說，當為孔廣森禮學一特識也。

〔註112〕 《孔子家語》云：子貢觀於魯廟之北堂。出而問於孔子曰：「向也賜觀於太廟之堂，未畢，報，還瞻北蓋皆斷焉。彼將有說邪？匠之過也。」孔子曰：「太廟之堂，官致良工之匠，匠致良材，盡其工巧，蓋貴久矣，尚有說也。」

第四章 《禮學卮言》有關明堂辟雍的 考證成就

　　明堂是中國先秦時期最重要的禮制建築。明堂之設，起源甚古，但關於明堂形制及明堂功能，卻一直模糊不清，聚訟紛紜，正如王國維所說：「古制中之聚訟不決者，未有如明堂之甚者也。」先秦關於明堂的文獻記載很多，然多數先秦典籍僅載其名，具體制度多語焉不詳，再經秦火之亂，經典亡佚，關於明堂更難以知詳。存世文獻關於明堂的記載又多不相合，甚至亦有抵牾之處，如《考工記》說明堂五室，《小戴記・月令》《呂氏春秋・十二紀》均言一太室、四堂、八個，《禮記》則謂之九室。這種狀況為明堂研究帶來了極大的難度，有關明堂問題聚訟紛紜，莫衷一是。

　　清代考據之風盛行，經學家摒棄前代關於明堂制度的主觀臆說，以考據為研究方法，無徵不信，實事求是，將明堂研究推向高峰，取得了有可觀的成就，主要有惠棟《明堂大道錄》、戴震《考工記圖》、焦循《群經宮室圖》、任啟運《朝廟宮室考》、王國維《明堂廟寢通考》等，孫詒讓《周禮正義》中有關明堂的疏解亦為考證明堂制度的重要著述和成果。

　　孔廣森《世室明堂圖解》主要從「形制」方面考論明堂制度，「功能」方面的問題著筆極少，這與清儒樸學思想重視名物度數考證有關。

　　孔廣森明堂制度研究，受戴震影響很大。孔廣森宦遊京師期間，他有機會向在四庫館從事輯佚校勘工作的戴震當面請益。戴震著《考工記圖》，並撰《明堂考》，這對孔廣森當有所啟發。孔廣森《世室明堂圖解》著述大約由此

發端，應該是受戴震《明堂考》影響而撰作〔註1〕。

孔廣森對明堂辟雍的研究也與其兄孔廣林的影響有關。孔廣林亦是經學名家，著有《明堂臆》一書，時孔廣林年方及壯，遍覽群經，唯憾明堂之不通，故與其弟孔廣森朝夕考證，究查明堂規制，《明堂臆》按照專題，對明堂制度作了詳盡考證。可見，孔廣森早年即有明堂方面的考證和思考，並與孔廣林切磋研究所得，故孔廣森撰作《世室明堂圖解》亦當受其兄《明堂臆》影響。

文獻典籍有關三代明堂名稱、形制記載者，以《考工記》所述最為簡明扼要。《周禮·考工記》曰：

> 夏后氏世室，堂修二七，廣四修一。五室三四步，四三尺，九階。
> 四旁兩夾窗，白盛，門堂三之二，室三之一。殷人重屋，堂修七尋，
> 堂崇三尺，四阿重屋。周人明堂，度九尺之筵，東西九筵，南北七
> 筵，堂崇一筵，五室凡室二筵。

此段經文中，記載了三代明堂的稱呼，夏稱「世室」、殷稱「重屋」、周稱「明堂」，還記載了世室、重屋、明堂修廣等重要形制和尺度。由於其他文獻對於三代明堂形制的描繪甚少，亦不集中，故自漢以來不少學者多依《考工記》此文，斟酌他書記載，進行明堂研究，力求還原三代明堂之制。

孔廣森《世室明堂圖解》對於明堂制度的考察，亦是以《周禮·匠人》「夏后氏世室明堂」這段經文為中心，輔以其他禮書的記載，考論解析明堂名稱、布局結構、形制和規模尺度等。孔廣森有關明堂考論，是隨文考釋，並對該經文相關注疏進行申補辯駁，故《世室明堂解》亦可看做是對《周禮·冬官·匠人》「夏后氏世室」一段經文的新疏。

前儒有太學、辟雍與明堂「為一」說，明堂與辟雍聯繫密切，故《辟雍四學解》亦在本章一併論述。

第一節　明堂名稱考論

古明堂名稱若何，何以有「世室」、「重屋」、「明堂」三稱，三者形制特點及其關係如何，此皆為探討明堂問題首先要明確的問題。

〔註1〕施婧嫻《孔廣森春秋學研究》認為孔廣森《世室明堂圖解》是就戴震《明堂考》發展而來。參見施婧嫻《孔廣森春秋學研究》，復旦大學博士學位論文，2013年，第43頁。

　　《考工記·匠人》「夏后氏世室」鄭玄注曰：「世室者，宗廟也。魯廟有世室。此用先王之禮。」《考工記》記載了三代明堂的稱呼，夏稱「世室」、殷稱「重屋」、周稱「明堂」。三代明堂何以名稱不一，鄭玄注中言之不詳。孔廣森認為：

> 世室者，明堂之中室。夏以室舉，周以堂稱，異名而同室。故周公作
> 洛，立文武之廟，制如明堂，謂之文世室、武世室。《盛德記》曰「明
> 堂者，文王之廟也」。《洛誥》曰：「王入太室，祼」。太室，猶世室也。
> 《春秋》「世室屋壞」，《左氏經》為「太室」。古者「世」、「太」字多
> 通用，若「太子」即「世子」、「太叔」亦云「世叔」，……殷人始為
> 重簷，故以「重屋」名。漢司徒馬宮《明堂議》云：「夏后氏世室，
> 室顯於堂，故命以室。周人明堂堂大於室故命以堂。」〔註2〕

世室者，明堂之中室。孔解是也，中室，經注皆未明言及，然顧名思義，知中室乃中央之室，處於明堂最中間的堂室，是明堂中位置最為核心、作用最為重要的一個「室」。因其大而重要，故稱為太室，太者大也，《書·洛誥》：「王入太室祼。」孔穎達疏：「太室，室之大者，故為清廟。廟有五室，中央曰太室。」阮元云：「世室，乃明堂五室之中，猶《尚書大傳》所言『大室』，夏特取此為名概其餘耳。」〔註3〕太室者，以居四室之中，又比四室絕大，故得此名。

　　孔廣森認為，「太」、「世」字多通用。孔此訓詁是也，王國維《明堂廟寢通考》亦云：「世亦大也，古者太大同字，世太為通用字，故《春秋經》之世子，《傳》作太子，《論語》之世叔，《左氏傳》作太叔；又如伯父之稱世父，皆以大為義。」〔註4〕王國維解說「世」「太」之義與孔廣森解同。

　　孔廣森以為「殷人始為重簷，故以重屋名」〔註5〕，因「重簷」之制故名「重屋」。孔廣森所說有據。重屋為重簷屋，鄭玄《注》曰「重屋，複笮也」。戴震《考工記圖》曰：「記言重屋，鄭氏以複笮釋之，而他書所稱曰重簷、曰重撩、曰重軒、曰重棟、曰重棼，各舉其一為言爾。」〔註6〕姚鼐云：「重屋，

〔註2〕孔廣森：《禮學卮言》卷一，《續修四庫全書》，第110冊，上海古籍出版社，2002年，第85頁。

〔註3〕孫詒讓：《周禮正義》，中華書局，2013年，第3432頁。

〔註4〕王國維：《明堂廟寢通考》，《叢書集成續編（新文豐）》，第067冊，臺北新文豐出版公司，1988年，第51頁。

〔註5〕孔廣森：《禮學卮言》卷一，《續修四庫全書》，第110冊，上海古籍出版社，2002年，第87頁。

〔註6〕戴震：《考工記圖》，《續修四庫全書》，第85冊，第38頁。

複屋也。別設棟以列椽，其棟謂之梦。椽棟既重，軒版垂簷皆重矣。軒版即屋笮。簷垂椽端，椽亦謂之橑。記言重屋，鄭以複笮釋之，而他書所稱曰重簷，曰重橑，曰重梦，曰，曰重軒，各舉其一為言爾。」〔註7〕「重簷」「復簷」「複笮」「重棟」等說實可相通也，各舉其一為言爾。黃以周《禮書通故・明堂禮通故》云：「夏氏大其室，謂之世室；殷人高其屋，謂之重屋。」〔註8〕因重簷而高其屋也，故名重屋。

至於周「明堂」之稱，孔廣森引漢司徒馬宮《明堂議》解說：「周人明堂，堂大於室故命以堂。」夏明堂室最大，故曰世室，而周明堂則堂大室小，故以堂稱。然何以名「明堂」，孔此處未詳說，下文《辟雍四學解》孔廣森說：「周人尚赤，先南方，是以五宮首明堂。」孔以周尚赤先南，故周以明堂命名，孔此說合理。戴震曰：「周人取天時方位以命之，東青陽，南明堂，西總章，北玄堂，而通曰明堂，舉南以該其三也。」〔註9〕周人尚赤先南，舉南堂以該其他三堂，此周明堂之稱來歷也。

第二節　解世室、重屋、周明堂廣修之數

一、訂正鄭注夏世室堂修廣之數

《周禮・考工記》：「堂修二七，廣四修一。」鄭玄《注》：「修南北之深也，夏度以步，令堂修十四步，其廣益以四分修之一，則堂廣十七步半。」鄭玄認為記說夏后氏世室「堂修二七」，即堂修十四，又夏度以步，故以為堂修十四步；「廣四修一」，此乃堂廣尺度，十四步除以四等於三步半，加上十四步等於十七步半。

對於鄭玄解釋「二七」等於十四步的說法，隋代宇文愷認為不妥，他認為夏世室堂修二七之「二」字實際上是後世俗儒所加，古本僅記「堂修七」：「讎校古書，並無『二』字，此乃桑間俗儒信情加減。」〔註10〕清俞樾認同此說，其《群經平議・考工記世室重屋明堂》云：「學者從鄭義作十四步，遂增記文作二七。改經從注，貽誤千古矣。今以下文證之，殷度以尋，堂修七

〔註7〕孫詒讓：《周禮正義》，中華書局，2013年版，第3447頁。
〔註8〕黃以周：《禮書通故》，中華書局，2007年，第707頁。
〔註9〕孫詒讓：《周禮正義》，中華書局，2013年，第3349頁。
〔註10〕魏徵：《新校本隋書》，臺北鼎文書局，卷68，1981年，第1589頁。

尋；周度以筵，堂修七筵，然則夏度以步，堂修七步，禮無可疑。」〔註11〕
俞樾亦反駁鄭玄「廣四修一」之注：「大室之外，四面有四堂，其南明堂，其
北玄堂，其東青陽，其西總章之堂，凡堂皆修七步。樾謹按『廣四修一』者，
廣二十八步也。」〔註12〕

　　孔廣森認為鄭說有誤，但亦不認為宇文愷、俞樾等人所說為是。他認為
夏世室「堂修二七」者，乃「每一面之堂其深（二七）十四步也」，「廣四修
一」者，乃「堂之廣與四堂之修若一」也，堂廣亦十四步也，非鄭所謂「其廣
益以四分修之一則堂廣十七步半」者也。孫詒讓《周禮正義》引孔廣森此說，
亦認為鄭說有誤：

> 一則經云廣修，本為四堂每面之度，鄭誤以為四堂五室之通基，遂
> 令一代布政之宮，尺度迫隘，形制不稱；且修廣異度，四堂不方，
> 尤為非制。二則橫增二七之數，不直據經文，而假設為說，有乖經
> 義。三則廣四修一，經文本明，而狠云四分益一，增字成義，說尤
> 牽強。〔註13〕

孫說堂之尺步，經文本明，不宜增字成義，修廣應同，否則四堂不方，尤為非
制。此說與孔廣森「廣與堂之修若一」同。如按鄭注所言尺度，夏世室堂室未
免迫狹，行禮局促。王與之《周禮訂義·卷七十八》引《王氏詳說》曰：

> 夏之世室，堂修二七，為南北十有四步；廣四修一，為東西十有七
> 步半；則是一堂修不過八丈四尺，廣不過十丈五尺矣。堂上五室，
> 中央一室，修四步、廣四步四尺；四角四室，修三步、廣三步三尺；
> 則是南北三室不過六丈、東西不過七丈矣。每室之間，修不過丈八，
> 廣不過丈八尺加三，而大室所加不過一尺耳。曾不謂宗廟之室所以
> 安乎神靈，而王之所以為祼者，即丈八之地而可為乎？〔註14〕

孔廣森認為：「明堂有四堂，四堂等方，各方十四步，則全基方為四十二步，
六尺為一步，則堂廣為二百五十二尺矣。」如此，夏后氏明堂堂室不再迫狹，

〔註11〕 俞樾：《群經平議》，《續修四庫全書》，第 178 冊，上海古籍出版社，2002 年，
　　　　第 228 頁。
〔註12〕 俞樾：《群經平議》，《續修四庫全書》，第 178 冊，上海古籍出版社，2002 年，
　　　　第 228 頁。
〔註13〕 孫詒讓：《周禮正義》，中華書局，2013 年，第 3433 頁。
〔註14〕 王與之：《周禮訂義》，卷二十四，《景印文淵閣四庫全書》，第 93 冊，臺灣商
　　　　務印書館，1982 年，第 380 頁。

行禮亦不局促，安神為祼皆可行也，故孔訂正鄭注夏世室堂修廣之數可通。

二、解夏世室中央大室修廣尺步

歷來學者對於《考工記》言「三四步，四三尺」究竟是指夏世室哪一部分的尺度有不同的說法。鄭注云：

> 三四步，室方也；四三尺以益廣也。木室於東北，火室於東南，金室於西南，水室於西北，其方皆三步，其廣益之以三尺。土室於中央，方四步，其廣益之以四尺。此五室。

根據鄭玄的說法，土室即中央大室「修四步，廣四步四尺」，四隅室「修三步，廣三步三尺」。孔說與鄭說不同，孔廣森解之曰：

> 三四步者，十二步也；四三尺者，十二尺也。四隅之室，方十二步。中央之室，益以十二尺，則亦方十四步，與堂修廣同。〔註15〕

按：孔廣森認為明堂之制有五室，中央之室與四隅之室。「三四步者，十二步也」是說四隅之一室之方，四隅室在太室之東北、東南、西南、西北四隅，故曰四隅室，各方十二步。中室為太室，在屋中央，「四三尺者」，是說中央之室之方在四隅室十二步的基礎上「益以四三尺」，即加上十二尺，則為中室之廣。六尺為一步，十二尺即兩步，則中央之室方十四步。中央之室東西南北有四堂，各堂方與中室同，亦方十四步。此尺步數與前面孔廣森所解堂尺步數一致。孔廣森所說亦可通，然未能作具體考證，可為一說。

「三四步，四三尺」究竟是指夏世室哪部分的尺度有不同的說法。鄒漢勳《讀書偶識》曰：「室各方四步，中一室隅四室，是自東而西，自南而北，皆三室之廣，故言三四步也。五室東西凡四墉，南北亦四墉，墉厚三尺，故言四三尺也。」〔註16〕學者多以鄒說為是。黃以周解說亦與鄒同，孫詒讓《周禮正義》云：

> 云三四步，四三尺者，……黃以周云：「五室，室各四步。四隅室及中室之正堂，其內有三個四步，故曰三四步，謂三其四步也。凡隅室設窗戶，其四面有墉，墉之地各有三尺，四隅室及中室之正堂，

〔註15〕孔廣森：《禮學卮言》卷一，《續修四庫全書》第 110 冊，上海古籍出版社，2002 年，第 85〜86 頁。

〔註16〕鄒漢勳：《讀書偶識》，《續修四庫全書》第 176 冊，上海古籍出版社，1995 年，第 415 頁。

其內有四個三尺，故曰四三尺，謂四其三尺也。」案：黃說是也。蓋五室惟土室在中，四室分居四維，室方四步而牆厚三尺，土室之四牆與四室之四牆廣修相接，是四牆合三室而佔地十四步，後文云牆厚三尺，亦其證也。〔註17〕

三、糾鄭注殷人重屋堂廣之失

鄭注「殷人重屋，堂修七尋」曰：「重屋者，王宮正堂若大寢也。其修七尋，五丈六尺，放夏周，則其廣九尋，七丈二尺也。五室各二尋。」殷人重屋，即殷之明堂也。孔廣森謂殷人始為重簷，故以「重屋」名，其「堂修七尋」，是四堂一面之度也：

八尺曰尋，七尋，五十六尺也。不言廣，正方可知。四堂之基通方二十一尋，凡百六十八尺。

按：經中僅說重屋堂修之數，未言重屋堂廣之數，其數當如孔說，堂正方可知，故廣亦七尋，與堂修正等，鄭說「其廣九尋」失之。黃以周與孔廣森同，亦認為「不言廣者，與修同也」，《禮書通故》曰：

夏室大其室，謂之世室。殷人高其屋，謂之重屋。世室故不及重屋之高，重屋亦不及世室之大，此百王損益之常道也。必謂殷周之堂，宜大於夏，豈通論哉？曰堂修七尋，小於世室矣。不言廣者，與修同也。〔註18〕

孫詒讓《周禮正義》引述孔廣森其說併案曰：

重屋四堂，廣修各自正方，當如孔說，蓋四面堂各方七尋，中五室每室方二尋，縱橫各三室間列而為六尋，加一尋以為四壁。通南北兩堂及包中央五室計之，凡二十一尋。東堂至西堂亦然。〔註19〕

二十一尋，即孔廣森所謂「四堂之基通方二十一尋，凡百六十八尺」，孔說可謂特識勝解也。

四、辨周明堂堂室之修廣

《考工記》曰：「周人明堂，度九尺之筵，東西九筵，南北七筵，堂崇一

〔註17〕孫詒讓：《周禮正義》，中華書局，2013 年版，第 3434 頁。
〔註18〕黃以周：《禮書通故》，中華書局，2007 年，第 707 頁。
〔註19〕孫詒讓：《周禮正義》，中華書局，2013 年版，第 3444 頁。

筵。五室，凡室二筵。」對於此周明堂堂室修廣之數的解釋，眾說紛紜，莫衷一是。孔廣森謂「東西九筵」，當為「東西九仞」，「九筵」似記者之誤：

> 九筵似記者之誤。《明堂月令》曰：「東西九仞，南北七筵。」七尺謂之仞，九仞七筵變文言之實皆六丈三尺，其堂正方，四堂之基通方二十一筵，為百八十九尺，侈於殷，小於夏焉。凡室二筵，謂四隅之室，其中室必從堂之方，故記略之。隋宇文愷《明堂議》引《周書明堂》曰：「室，居內，方百尺，室內方六十丈。」愚謂室內太室之內也，為方六十三尺，加兩夾之室各二筵，則五室之方，居堂內九十九尺。云百尺及六十尺者，皆舉成數。漢司徒馬宮《明堂議》云：「夏后氏世室，室顯於堂，故命以室。周人明堂堂大於室故命以堂。」今所推論為與宮議合也。宮又云：夏后氏益其堂之廣百四十四尺，周人明堂以為兩序間大，夏后氏七十二尺，蓋宮以堂修二七為修，十四丈廣，四修一，為益廣四尺，故夏堂得廣一百四十四尺，周兩序間七十二尺者，亦據東西九仞言之，但彼以八尺之仞計耳。[註20]

按：孔廣森認為《五經異義》及宇文愷、李謐所引《明堂月令》皆有「東西九仞，南北七筵」之說，漢司徒馬宮《明堂議》所說「夏堂得廣一百四十四尺，周兩序間七十二尺」之「兩序間七十二尺」，亦據東西九仞言之。孔廣森以一仞為七尺，推算「九仞」、「七筵」皆六丈三尺，其堂正方。宇文凱亦云「三代堂基並方」。孔廣森以「九仞」推算太室之內為方六十三尺，加兩夾之室各二筵，每筵九尺，四筵三十六尺，則「五室之方，居堂內九十九尺」，此數與隋宇文愷《明堂議》「室，居內，方百尺」近似。

孔說有據可通，但未審。其一，同一句經文，不當用兩種尺度來描述宮室之廣修，故改九筵為九仞，而不改七筵為七仞，不合理；其二，廟寢宮室其前堂皆不方正，明堂之堂亦不必為方正之形制，說堂基並方、廣修一致，恐未審也。故黃以周認為孔廣森說「東西九仞」不可信，經文不可改。《禮書通故》曰：

> 《異義》引《明堂月令》作「東西九仞」，當為字訛。東西九筵，南北七筵，據四面通言之，以明其全堂之大。凡室二筵，據四隅別言之，以明其中室之大。……其室中縱橫七尋，實得方五十六尺，云

〔註20〕孔廣森：《禮學卮言》卷一，《續修四庫全書》，第 110 冊，上海古籍出版社，2002 年，第 87 頁。

六十尺者，其周初略廣之歟？此與殷制甚合。近孔𦙶軒（孔廣森）
據此以改《匠人》周明堂制，殊不可信。〔註21〕

第三節　釋「四旁兩夾窗」之惑

《周禮·考工記》「四旁兩夾窗白盛」，此句自漢代以來諸儒注疏皆讀
『四旁兩夾窗』為句。鄭玄注「四旁兩夾窗」曰：「窗助戶為明，每室四戶
八窗。」鄭認為「四旁」指的是四戶，「兩夾窗」指的是每戶有兩個夾窗，
四戶共有八窗。孔廣森不認同鄭玄的句讀與解釋，認為「『四旁兩夾』舊屬
下『窗』字為句者非」，應以「四旁兩夾」為句，讀為「四旁兩夾，窗白盛」。
孔廣森認為四旁，猶四方也，即四堂之旁，各有兩夾，夾當在隔室戶牖之
外，即所謂左右個也。孔此解甚當，後世禮家多贊其說。阮元從孔說，《揅
經室續集·明堂圖說》贊曰：

> 孔廣森《禮學卮言》讀《考工記》世室「四旁兩夾」為句，「窗白盛」
> 為句，此為特識！四旁者，四堂之旁也，兩夾者，左右個也，此個
> 與五室不相涉也。個與介同，即是一堂兩旁夾室之義也。《初學記》
> 引《月令》「個」即作「介」，個介相同，即是一堂兩旁夾室之義也。
> 《考工記》：「梓人為侯，侯有上兩個，下兩個。」義皆具旁夾之形。
> 即廟寢之東西廂，東西夾也。《左傳·召公》四年：「置饋於介而退」，
> 是非明堂，尚可襲名稱「個」，何況明堂乎？〔註22〕

孫詒讓《周禮正義》引述孔廣森及阮元此論併案曰：「孔、阮讀是也。俞樾、
黃以周讀同，……孔氏其說甚是。」〔註23〕

從孔廣森《匠人世室月令明堂會通圖》（附錄圖三）標識可見，堂基通方為
四十二步，中室為太室，在屋中央，方十四步。四室在太室東北、東南、西南、
西北之四隅，分別為水室、木室、火室、金室，各方十二步，孔廣森讀「四旁
兩夾」，使經義豁然明瞭。四隅室每室各有左右兩夾（個、介），與階距有兩步。
左右（個）夾亦可稱之為堂，猶廟寢兩序之外有夾室，夾室前有東西堂，有八
個，故有八堂。所謂十二堂，即四堂加此小八堂。《周禮正義》云：「世室明堂

〔註21〕黃以周：《禮書通故》，中華書局，2007 年，第 707～708 頁。
〔註22〕阮元：《揅經室續》下冊，臺北世界書局，1964 年，第 9 頁。
〔註23〕孫詒讓：《周禮正義》，中華書局，2013 年，第 3437 頁。

五室並五方，夏周制本不異，十二堂即兩夾及四正堂之合數。」〔註24〕

又，《考工記》「四旁兩夾窗白盛」，鄭玄注「白盛」曰：「蜃，炭也。盛之言成也，以蜃灰堊牆，所以飾成宮室。」孔廣森讀「窗白盛」為句：

> 「窗白盛」，《明堂月令》曰：「室四戶，戶二牖。赤綴戶也，白綴牖也。」白盛即所謂白綴，獨言此者，明其尚潔質。〔註25〕

按：孔讀「窗白盛」為句，其依據是《大戴禮記》「赤綴戶也，白綴牖也」。盧辯注「綴」曰「飾」也，則此「窗白盛」，「盛」有「綴」之義，句意為以「白」飾窗，或以蜃灰堊窗也，非鄭注所謂「以蜃灰堊牆，飾成宮室」之意。孔廣森《大戴禮記·盛德》補注亦云：「《小招》『網戶朱綴』，王逸《章句》曰：綴，緣也。以朱緣戶，唯明堂有之。」故孔讀「窗白盛」為句有理有據，前儒讀「四旁兩夾窗、白盛」或接後文讀「白盛門」為句誤矣！對於孔廣森此讀此說，孫詒讓高度肯定，其《周禮正義》引述廣森所說並案語曰：

> 孔廣森據《盛德記》「白綴牖」證此經當以「窗白盛」為句，確不可易。阮元、俞樾、黃以周讀並同。窗白盛，亦三代明堂之通制也。……此經白盛之文，自專指窗而已言。明四堂五室，塗飾異色，而牖則同為白色以取明。《大戴》「白綴」專言牖，其明證也。自鄭注失其句讀，而古制晦矣。〔註26〕

孔廣森的釋讀，使《考工記》「四旁兩夾窗白盛」千年疑惑一旦渙然冰釋，故備受後來禮家所稱許。

第四節　明堂四門、重屋四阿考

一、考明堂四門之制

（一）明堂有四門

孔廣森謂「明堂周垣有四門」：

> 明堂周垣有四門。《三朝記》曰：「天子盛服，朝日於東堂。」此明堂之東門也。虎闈，蓋西門也，取西方白虎名之，《逸禮》曰「西北

〔註24〕孫詒讓：《周禮正義》，中華書局，2013 年版，第 3449 頁。
〔註25〕孔廣森：《禮學卮言》卷一，《續修四庫全書》，第 110 冊，上海古籍出版社，2002 年，第 86 頁。
〔註26〕孫詒讓：《周禮正義》，中華書局，2013 年版，第 3440 頁。

稱闈」。玄闈蓋北門也，見《周書作洛》。〔註27〕

按：四門之有無及其名稱若何，經注皆不言及。孔廣森據《三朝記》《逸禮》《周書作洛》等文獻記述認為，明堂周垣有四門，東堂有東門，「虎闈」蓋西門，「玄闈」蓋北門。孔廣森又謂明堂四門皆臺門，有塾，即《爾雅》所謂「門側之堂」。孔此說言前儒之未言，其明堂四門說可通，惜未予以詳細考證。黃以周亦說明堂有四門，《禮書通故》云：

> 或疑明堂無門，然明堂雖四達，其外周以垣，有四門，此可以方岳明堂決之也。《覲禮》云：「為宮方三百步，四門。」〔註28〕

（二）明堂門堂

鄭玄注「門堂三之二、室三之一」曰：

> 門堂，門側之堂，取數於正堂。令堂如上制，則門堂南北九步二尺，東西十一步四尺。《爾雅》曰：「門側之堂謂之塾。」兩室與門各居一分。

根據鄭玄的說法，「門堂三之二」，門側之堂占正堂比例三之二，故堂修十四步，三分之二得九步二尺；堂廣十七步半，三分之二得十一步四尺，且兩室（門側之堂）與門各居一分。前文孔廣森說「堂廣十四步」，每步六尺，則堂廣八十四尺，三分其二得五十六尺，則明堂大門門基廣為五十六尺，故在此孔廣森以為「門基通廣，取於堂廣三分之二得五十六尺」。取堂廣三分之一，得二十八尺，以之為門左右兩塾室之廣，則左右之塾室各廣一丈四尺。兩塾室基占門基一半，則共二十八尺，他據經下文記廟門容「大扃七個」知僅廟門（兩根相距）廣二十一尺（每大扃三尺），則與鄭《注》「兩室與門各居一分」不通，故不從鄭說。

　　黃以周對此「兩室與門各居一分」說亦有疑問，以為鄭注似有字誤：「『兩室與門』，『門』當作『堂』。不然，門堂已居三之二，何得云兩室與門各居一分。顯與記文相違。」〔註29〕孫詒讓亦認為鄭注所定正堂根數未是，《周禮正義》云：

〔註27〕孔廣森：《禮學卮言》卷一，《續修四庫全書》，第 110 冊，上海古籍出版社，2002 年，第 86 頁。

〔註28〕黃以周：《禮書通故》，中華書局，2007 年，第 944 頁。

〔註29〕黃以周：《禮書通故》，中華書局，2007 年，第 706 頁。

> 三之一者，以正堂之修三分取一，為每門室之修，即門堂之半也。
> 其廣當與門堂同，以一室言之，亦得正堂三之一，於差率仍無悖矣。
> 案：鄭此注，惟所定正堂根數未是，餘則不誤，其以門室與門各居
> 三分之一者，因門室之修可減於門堂，而廣不可減，故謂室三之一
> 為與門各居一分，其說自確。〔註30〕

孫詒讓以為鄭注由於正堂根數未是，故出現差錯，其他則不誤。錢玄據孫詒
讓所說推算堂室廣修之度，其《三禮通論》曰：

> 按孫說，則以東西九筵，南北七筵之正堂為根數，門塾東西兩間，
> 其廣度各二十七尺，南北又各兩間，其深度各二十一尺。〔註31〕

錢玄推算門塾東西兩間其廣度各二十七尺，與孔廣森所說二十八尺接近。

二、考重屋四阿之制

　　鄭玄注「四阿重屋」曰：「四阿，若今四注屋。重屋，複笮也。」賈公彥
疏：「此四阿，四霤者也。《燕禮》云：『設洗當東霤』則此四阿，四霤者也。」
賈公彥解釋鄭玄「四注」為「四霤」。《說文·雨部》曰：「霤，屋水流也。」
四霤，屋上東、西、南、北四面分有水流下注的意思。前代學者解釋「四阿」
亦有「四棟」說。焦循認為四阿是四棟也，《群經宮室圖》曰：

> 鄭注《考工記》「門阿」云：「阿，棟也。」注《士喪禮》「堂阿」云：
> 「阿，棟也。入室深，示親親。」又注《鄉射禮》記云：「正中曰棟，
> 次曰楣，前曰庪。」彼記文云：「序則物當棟，堂則物當楣。」此當
> 棟與《昏禮》當阿義同。棟處極高，其象如阿，故曰阿。阿之為棟，
> 斷非霤之所能奪。阿既為棟之定名，則曰四阿者，四棟也，非四霤
> 之謂也。〔註32〕

孔廣森不從以上說，別出新解，他解「四阿」為「屋上四角為飛簷也」：

> 四阿者，屋上四角為飛簷也。《逸周書》曰：「四阿反坫、重亢重廊。」
> 鄭注《儀禮》云：「坫在堂角。此四阿之下，即堂之四角。」所謂「反
> 坫出尊、崇坫康圭」者，蓋在其上焉。裴頠云：「漢氏作四維之個。」
> 則於堂坫增建四室。故聶氏《三禮圖》繪九室明堂，並接四角為之，

〔註30〕孫詒讓：《周禮正義》，中華書局，2013 年版，第 3443 頁。
〔註31〕錢玄：《三禮通論》，南京師範大學出版社，第 182 頁。
〔註32〕焦循：《群經宮室圖》，《續修四庫全書》，第 173 冊，2002 年，上海古籍出版
　　　社，第 659 頁。

而孔晁之徒，以反坫為外向室者，或亦本於此。〔註33〕

按：《逸周書》謂太廟、路寢、明堂等「咸有四阿反坫」，鄭注《儀禮》云「坫在堂角，此四阿之下，即堂之四角」，孔廣森據此知堂之四角之上，對應屋上之建構，則為四角飛簷也。孔解可通，孫詒讓解釋「四阿反坫」云：「《作洛》云『四阿反坫』，『坫』當為『坁』之形訛，『反坁』即『反宇』，為下宇之制，亦即所謂屋翼。」〔註34〕孔廣森《大戴禮記補注》云：「四阿重屋，古明堂簷有四阿，明非上圓。」〔註35〕明堂屋頂非圓形，有四阿之簷，即有四角飛簷也。孔廣森認為四阿下有四室（個）之設，其據有四：《袁翻傳》「於堂坫增建四室」；聶氏《三禮圖》繪有九室明堂並接四角為之；孔晁「以反坫為外向室」；《東京賦》「八達九房」薛綜注云「堂後有九室」等。孔說可謂有據，孔意重屋形制，當屋堂四角有室，即其前文所謂四旁兩夾、五室八個之形制，四隅室之夾室當處屋堂四角，堂坫所在，其上反坫即「反宇」，宇之所在，即屋上飛簷處。孔廣森《考工記明堂會通圖》屋堂四角處皆標有「阿」字，當指其上屋宇飛簷處也（見附錄明堂圖三）。

中國現代考古學則認為，《考工記》所謂「四阿重屋」之「四阿」一語可能是描述殷人宗廟宮室的平面結構或平面形狀，其結構形狀或如今「亞」字，「四阿」之形貌即如「亞」字形貌。考古發現殷人王墓出土有亞字形結構的氏族宗廟之營構可以證明。四阿、四亞互訓，所以重屋四阿「並非後世注禮者所說的四注式屋頂」〔註36〕。鄭玄「四注」說以及賈疏「四霤」說、焦循「四棟」說、孔廣森解「四角飛簷」說等雖可通，但亦僅各為「重屋四阿」之一說，未必皆符合歷史事實。

第五節 解辟雍四學

《禮記・王制》：「大學在郊，天子曰辟雍，諸侯曰泮宮。」鄭玄注：「辟，明也，雍，和也。」古天子太學稱之為辟雍者，以其四周環水，如壁，故有此稱。前儒有太學、辟雍與明堂「為一」說，如蔡邕認為清廟、太廟、太室、明

〔註33〕孔廣森：《禮學卮言》卷一，《續修四庫全書》，第110冊，上海古籍出版社，2002年，第87頁。

〔註34〕孫詒讓：《周禮正義》，中華書局，2013年，第3446頁。

〔註35〕孔廣森：《大戴禮記補注》，中華書局，第577頁。

〔註36〕參見曹春平《明堂初探》，載《東南文化》，1994年，第6期，總第106期。

堂、太學、辟雍因側重點不同而異名，實則均指明堂。清代阮元作《明堂論》，認為明堂最初為天子順時布政之堂、是政治、教育、宗教等活動的舉辦之地，隨著後代宮室建築不斷發展，宗教、教育、政治、文化等重要制度的不斷完善，明堂、辟雍、太廟才逐漸分離開來。明堂與辟雍聯繫密切，故孔廣森考證明堂制之後，接著解辟雍四學之制。

鄭玄認為四學是周代四郊之虞庠。《禮記・祭義》：「天子設四學。」鄭玄注曰：「四學，謂周四郊之虞庠也。」孔穎達則以為「四學」另有它義：「天子設四學者，謂設四代之學，周學也，殷學也，夏學也，虞學也。」孔廣森認為鄭注孔疏關於四學之釋意「皆不然也」，「四學」同地，乃「辟雍四學」、「明堂四學」：

> 蔡邕引《易太初篇》曰：「天子旦入東學，晝入南學，夕入西學，暮入北學。」四學同日而遍，其近在同地可知，蓋太學如明堂之制，四方有堂。東堂謂之東序，一名東膠。《王制》曰：「養國老於東膠。」《文王世子》曰：「適東序，釋奠於先老，遂設三老、五更、群老之席位。」明東序、東膠異名同實。序，夏后氏之學也，孟子「夏曰校」，乃夏之鄉學，殷邊夏禮，更以夏之國學名其鄉學矣。殷國學名瞽宗，周人以為西堂（如總章）。《大司樂》：「凡有道者、有德者死，則以為樂祖，祭於瞽宗。」而《記》云「祭先賢於西學」，非其證歟？北堂謂之上庠（如玄堂），《文王世子》曰：「秋，學禮，執禮者詔之，冬，讀書，典書者詔之。禮在瞽宗，書在上庠。」於時秋為西方，冬為北方，故也。庠，有虞氏之學，故又名虞庠。南堂，成均也，《大司樂》獨言「掌成均之法」者，以斯為周學之正名。殷人尚白，先西方，蓋以總章統四堂。《大戴禮記》曰「成湯合諸侯制八政，命於總章」是也。周人尚赤，先南方，是以五宮首明堂，五學首成均。土室位中央，達四方，在明堂曰太室，在成均曰中學。〔註37〕

按：孔謂辟雍四學為：東序（東學）、瞽宗（西學）、成均（南學）、上庠（北學）。孔廣森據《易太初篇》曰「天子旦入東學，晝入南學，夕入西學，暮入北學」知太學自身即有東南西北四學，四學近在同地，俱在太學。由於明堂、辟雍同制，故四學可稱為明堂四學、辟雍四學。孔廣森此說與鄭注孔疏異，

〔註37〕孔廣森：《禮學巵言》卷一，《續修四庫全書》，第 110 冊，上海古籍出版社，2002 年，第 88 頁。

可謂特識。辟雍四學近在同地，黃以周《禮書通故》對此又有申說：

> 陸佃、鄭鍔說，天子立四學，並其中學而五，直於一處並建。周人
> 辟雍，則辟雍最居中，其南為成均，其北為上庠，其東為東序，其
> 西為瞽宗。《學禮》曰「帝入東學，尚親而貴仁」，東序是也。「帝入
> 南學，尚齒而貴誠」，成均是也。「帝入西學，尚賢而貴德」，瞽宗是
> 也。「帝入北學，尚貴而尊爵」，上庠是也。「帝入大學，承師而問道」，
> 辟雍是也。以周案：辟雍之制，中曰大學，其外四學環之，大學四
> 達於四學。其外四學兼用四代之制，東學曰東膠，取夏學之制，謂
> 之東序。西學曰西雝，取殷學之制，謂之瞽宗。其北學則取有虞上
> 庠之制也。其南學則周制，謂之成均，無它名焉。〔註38〕

孔廣森、黃以周「辟雍四學解」皆考證不詳，辟雍及各學具體位置、狀況亦皆
未言及。黃謂「四學並其中學而五，直於一處並建」，其四學若果集中在中室
周圍，辟雍四學同宮，則此區域勢必局促狹小，豈可成學？顯然不合情理，
故孫詒讓《周禮正義》辨析曰：

> 周制南郊為五學，是為大學，辟雍即大學，在郊，與四學同處，殆
> 無疑義。至五學方位，北上庠，東東序，西瞽宗，古無異說。鄭鍔
> 云：「周五學，中曰辟雍，環之以水，水南為成均，水北為上庠，水
> 東為東序，水西為瞽宗。」其義最確。陸佃、黃以周說五學方位亦
> 同。林喬蔭云：「《王制》云：「天子曰辟雍」，其位當在中，故《大
> 戴禮保傅篇》引《學禮》云：「帝入東學、南學、西學、北學、中學，
> 凡為五學。」概東西南北四學，為國子肄業之所；中之辟廱，乃天
> 子所居，非學者之宮。金鶚云：「五學以辟雍居中，為最尊，成均在
> 南，亦尊。承師問道，必在辟雍，辟雍之尊可知。故統五學可名為
> 辟雍，亦統五學可名為成均。」今案：諸說謂成均為南學，辟雍為
> 中學，皆不易之論。概五學之制，各別為一宮，地則相距不遠。旁
> 列四學，而中為辟雍，即取雝水為名，若與四學同宮，而水圓其外，
> 則是總圓四學，何以中學獨取此名。明辟雍與四學異宮，中學圓以
> 水，四學不圓水也。……周之學制，大較如是。自鄭君誤解《王制》，
> 後儒相承莫辨。〔註39〕

〔註38〕黃以周：《禮書通故》，中華書局，2007年，第1333頁。
〔註39〕孫詒讓：《周禮正義》，中華書局，2013年，第1716～1717頁。

孫文所析詳審。從孫詒讓所說可以看出，辟雍五學（含中學）的確近在同地，然並非比鄰而設。五學之制，各別為一宮，地則相距不遠，中為辟雍，環以水，旁列四學；不環以水，四學不同宮，各異宮而設也。辟雍明堂有異名同處之實，蔡邕曰：「取其宗祀之清貌，則曰清廟，取其正室之貌，則曰太廟，取其尊，則曰太室。取其嚮明，則曰明堂。取其四門之學，則曰太學。取其四面周水圓如璧，則曰辟雍。異名而同事，其實一也。」〔註40〕阮元認為「自漢以來，儒者惟蔡邕、盧植實知（明堂、辟雍）異名同地之制。後之儒者，執其一端，以蔽眾說，分合無定，制度鮮通。」〔註41〕需要指出的是，孔廣森所說「四學」與蔡邕「四學」不同，蔡邕謂四學分列明堂四門，蔡說誤矣〔註42〕。

〔註40〕 蔡邕：《明堂論》，《全上古三代秦漢三國六朝文》，中華書局，1987 年，第902 頁。
〔註41〕 錢玄：《三禮通論》，南京師範大學出版社，1996 年，第 184 頁。
〔註42〕 《周禮正義》云：「蓋五學與明堂，地雖相近，然各異宮。蔡氏謂四學分列明堂四門，其說尤誤。」參見孫詒讓《周禮正義》，中華書局，2013 年，第1720 頁。

第五章 《禮學巵言・論禘郊》的
考證成就

　　《禮記・中庸》云：「明乎郊社之義、嘗禘之禮，治國其如指諸掌而已乎！」鑒於禘郊的重要性，歷代治經者對其多有討論。然禘郊問題，是禮學史上爭議最多、最為紛紜複雜的問題之一，可謂言人人殊，莫知適從。孔廣森《禮學巵言》第二卷開篇專闢《論禘》《論郊》兩文，對禘、郊進行探討。

　　歷代諸儒對禘郊問題聚訟紛紜，然究其實，仍不外鄭玄、王肅二家之說的滋衍發揮而已。孔廣森《論禘郊》崇漢儀鄭，以王說為謬，力申鄭說。

第一節　「論禘」

一、申禘為祭天非祭廟

　　鄭玄認為，大祭曰禘，禘為圜丘祭祀昊天之禮。鄭此禘說散見於《周禮》《禮記》多處經注：

> 《禮記・喪服小記》云：「禮，不王不禘。」鄭注曰：「禘，謂祭天。」
> 《大傳》：「王者禘其祖之所自出，以其祖配之。」鄭注曰：「凡大祭曰禘。自，由也。大祭其先祖所由生，謂郊祀天也。」
> 《周禮・大司樂》：「凡樂圜宮為宮節。」鄭注曰：「天神則主北辰，《祭法》曰周人禘嚳而郊稷，謂此祭天圜丘以嚳配之。」
> ……

王肅不同意鄭玄禘是圜丘祭天之大祭的看法，認為圜丘即郊；主張禘禮是宗廟大祭：「禘是五年大祭先祖，非圜丘及郊也。」此為禘說的鄭王之異。古文經學

家劉歆、賈逵以及《左傳》、杜預等也都認為禘為宗廟之禮，與鄭玄的看法相左。後代儒者的禘論，亦多以王肅之說為是，特別是宋人皆以王肅、趙匡禘說為是，不信鄭義，與鄭說相左。皮錫瑞總結宋人與鄭玄說之異者有二，一是宋人謂無圜丘方澤禘，禘是宗廟大祭；二是對於「王者禘其祖之所自出以其祖配之」，宋人認為是以祖配始祖，非以祖配天，更非以祖配感生帝，郊亦名禘〔註1〕。

然孔廣森《禮學卮言》禘論則以王說為謬，感慨於宋人「不信古之甚也」，力申鄭玄禘義，其《論禘》云：

> 禘，大祭也。祭莫大於祭天。《大傳》曰：「王者，禘其祖之所自出，以其祖配之。」韋元成曰：「言始受命而王，祭天以其祖配，而不為立廟，親盡也。」此周秦儒者相承之正說，鄭注因之，無異詞焉。〔註2〕

按：考之文獻，以禘為祭天之禮，實始於西漢韋玄成之說。韋曰：「《祭義》曰：『王者禘其祖之所自出，以其祖配之，而立四廟』，言始受命而王，祭天以其祖配，而不為立廟，親盡也。」〔註3〕鄭玄本之，進一步闡釋曰：「禘，大祭也，始祖感天神靈而生，祭天則以祖配之。自外至者，無主不上。」孔廣森認為此乃周秦儒者相承之正說，後世之所以把禘天之禮降為宗廟之祭是由王肅說引起。孔廣森認為王肅之所以把禘天之禮降為宗廟大祭，其理據之一是「禘於太廟」之說：

> 彼以禘為宗廟之祭者，必引《春秋》「禘於太廟」及《逸禮》之「禘於太廟」篇為證。〔註4〕

對此，孔廣森辯之曰，「禘於太廟」之「禘」非大祭之「禘」，乃時祭之「禘」。他指出，《祭統》「春曰礿，夏曰禘，秋曰嘗，冬曰烝」，其中的「禘」，「特時祭之名耳」〔註5〕，孔辯說是。《詩·周頌·雍》「毛序」：「禘大祖也。」鄭玄箋：「禘，大祭也，大於四時而小於祫。」〔註6〕此「禘」是時祭方面的含義。

〔註1〕參見皮錫瑞：《魯禮禘祫義疏證》，《續修四庫全書》，第112冊，上海古籍出版社，2002年，第777頁。

〔註2〕孔廣森：《禮學卮言》卷二，《續修四庫全書》，第110冊，上海古籍出版社，2002年，第89頁。

〔註3〕班固：《韋賢傳》第四十三，《漢書》卷七十三，中華書局，1962年。

〔註4〕孔廣森：《禮學卮言》卷二，《續修四庫全書》，第110冊，上海古籍出版社，2002年，第89頁。

〔註5〕孔廣森：《禮學卮言》卷二，《續修四庫全書》，第110冊，上海古籍出版社，2002年，第89頁。

〔註6〕王先謙：《詩三家義集疏》，中華書局，1987年，第1029頁。

　　孔廣森注意到《禮記》《國語》等文獻中的一個語言現象，即「禘」與「嘗」連文對舉時，「禘」就是時祭廟祭，非禘天大祭；禘郊與宗廟或烝嘗等連文對舉，禘則是祭天之禮非宗廟之禮，如此則知「禘」確非宗廟大祭：

> 《國語》每言禘、郊之事，《戴記》每言嘗禘之禮，禘嘗之義，而禘祫無聞焉。夫《記》之禘與嘗對舉則時祭，非大祭，可知也。《國語》之禘與郊連文且先於郊，則祭天非祭廟又可知也。〔註7〕

孔廣森此證據甚辯，《國語・楚語》曰：「郊禘不過繭栗，烝嘗不過把握。」韋昭注：「角如繭栗，郊神祭天也。」金鶚亦以《國語》「禘郊」與宗廟烝嘗對文，明禘非宗廟之祭。金鶚云：「《楚語》曰『天子禘郊之事，必自射其牲，王后必自舂其粢；諸侯宗廟之事，必自射其牛，刲羊擊豕，夫人必自舂其盛』，又曰『天子親舂禘郊之盛，王后親繰其服』。其言禘郊，與宗廟蒸償對文，明禘非宗廟之祭。」〔註8〕此說與孔廣森所見同。

　　又，《春秋》有云「大事於太廟」，王肅認為所謂「大事」即五年大祭先祖的宗廟禘祭。孔廣森駁之曰：

> 《春秋》：「大事於太廟。」《公羊傳》曰：「大事者何，大祫也。大祫者何，合祭也。其合祭奈何，毀廟之主陳於大祖，未毀廟之主皆升合食於太祖，五年而再殷祭。」初未嘗言及於禘，然則「再殷祭」者，再祫而已。《緯書》「三年一祫，五年一禘」之說亦又未經見也。
>
> 《王制》云：「天子犆礿、祫禘、祫嘗、祫烝。」犆則專祭一廟，祫則並祭五廟，大祫則兼祭毀廟，何嘗別有所謂禘哉！〔註9〕

按：孔廣森認為宗廟祭祀「大事」未曾別有「禘」祭之名，此「大事」乃「大祫」，毀廟之主陳於大祖，未毀廟之主皆升合食於太祖，五年再殷祭而已。「五年再殷祭」不當為「禘是五年大祭先祖」。孔廣森認為，天子犆礿、祫禘、祫嘗、祫烝這幾種宗廟祭祀中，要麼是專祭一廟，要麼是並祭五廟，大祫則兼祭毀廟，皆未聞王肅所謂的五年大祭先祖的宗廟禘祭之名。至於《緯書》所說「三年一祫，五年一禘」，孔廣森認為此為「不經之說」，不足為據，故所有宗廟祭祀中就不存在「禘」這樣的宗廟大祭。此處孔辯雖力，但以《緯書》為

〔註7〕孔廣森：《禮學巵言》卷二，《續修四庫全書》，第110冊，上海古籍出版社，2002年，第89頁。

〔註8〕孫詒讓：《周禮正義》，中華書局，2013年，第1770頁。

〔註9〕孔廣森：《禮學巵言》卷二，《續修四庫全書》，第110冊，上海古籍出版社，2002年，第89頁。

「不經之說」而駁王申鄭，似無針對性，因為鄭玄據《禮緯》「三年一祫，五年一禘」，乃謂祫大禘小，並不否定有「禘」這樣的宗廟大祭。

孔廣森《論禘》還以祭祀用牲不同證「禘」非宗廟之禮：

> 《國語》云：「禘郊之事，則有全烝，王公立飫，則有房烝」，全烝、合升也；房烝，胖升也。《毛詩》「大房」傳曰「半體之俎」。《儀禮》用牲合升有四：冠之醮也，婚之共牢也，盟饋也，喪之斂奠也，而皆用特豚，自餘凡成牲者，則皆胖升。《王制》曰：「祭天地之牛角繭栗。宗廟之牛角握。」祭天用犢、特、豚之類，故亦合升。牛小曰犢，羊小曰羔，豕小曰豚。若禘果為宗廟之祭，則角握之牛無不胖升者也。此又南北諸儒申鄭學者之所未及也。〔註10〕

按：「王公立飫，則有房烝」，意為宗廟祭祀用「房烝」，即所謂胖升，祭祀時以牲之半解之體陞於大俎。如果禘是宗廟之祭，則祭祀時必用胖升角握牛犢，但《王制》宗廟之角握牛犢非胖升，故知禘不是宗廟之祭。《國語》又云，「禘郊之事，則有全烝」，《王制》曰「祭天地之牛角繭栗」，此牛角繭栗為全烝，合升也，故知禘為祭天之祭也。孔廣森認為此論據為諸申鄭學者所未言及也。孔此說有理可通。金鶚亦從此角度論說禘義：

> 《魯頌》「籩豆大房」毛傳：「大房，半體之俎也。」夫《魯頌》所謂秋而載嘗，此禘祫之大禘也。大禘而用房烝，則宗廟之祭必無烝矣。是知《周語》禘郊有全烝者，必圜丘之禘也。《楚語》禘郊祗曰牲，不言羊豕，是特牲也。宗廟言牛羊豕，是大牢也，可知此禘非宗廟之祭，若宗廟之禘，安得特牲乎？且禘之為字，從示從帝，帝謂天帝也，則圜丘祭天是禘之本義，宗廟之禘乃別取審諦之義。王肅見《爾雅》「禘大祭」與「繹又祭」連文，遂以禘為宗廟之祭；殊不思「繹又祭也」一句，乃為下文「周曰繹」、「商曰肜」、「夏曰復胙」三句提綱，本不與上文連，則禘為祭天明矣。〔註11〕

孫詒讓《周禮正義》引孔廣森及金鶚說，併案曰「金及孔說是也」〔註12〕。黃以周《禮書通故》亦認為《王制》「牛角繭栗牛角握」之別，乃天神、人鬼

〔註10〕孔廣森：《禮學卮言》卷二，《續修四庫全書》，第 110 冊，上海古籍出版社，2002 年，第 89 頁。

〔註11〕孫詒讓：《周禮正義》，中華書局，2013 年，第 1770～1771 頁。

〔註12〕孫詒讓：《周禮正義》，中華書局，2013 年，第 1772 頁。

之別,「郊禘之牲無異,此所謂禘非人鬼之祭矣。」〔註13〕。

二、申鄭「祭天以始祖配」之義

　　王肅認為,禘的受祭主體是作為始祖所自出者之人,是一位更早的遠祖。因而禘祭非祭天,禘的受祭主體是人不是天。唐代趙匡亦以為,帝王立始祖廟祭祀始祖,猶感未盡其追遠之義,故又追祀始祖所出之帝(人帝,非天帝)而配祭之,此之謂禘。以其祖配之者,趙匡以為「謂於始祖廟祭之,便以始祖配祭也」〔註14〕。孔廣森以「魯嘗僭天子之禘禮」的事實反駁此一說法,認為周本無是禮也:

> 魯嘗僭天子之禘禮樂矣,魯之視文王猶周之視帝嚳也。《明堂位》
> 曰:「季夏六月,以禘禮祀周公於太廟。」不祀文王益可信。俗儒所
> 云祭始祖之父於始祖廟者,周本無是禮矣。王者,自天受命,推所
> 自出本之於天,固無足怪,況大人履敏、鳦鳥命降,商周之興,實
> 由神感。諸儒乃疑祖之所自出不得為天,獨非陋歟!〔註15〕

按王肅等人禘禮觀,魯之禘祭當祭祀周文王,「魯之視文王猶周之視帝嚳也」,然孔廣森據《明堂位》記載「季夏六月,以禘禮祀周公於太廟」知魯禘禮祭祀周公,而不祀文王,因此相信周人原本就沒有所謂「祭始祖之父於始祖廟者」的宗廟禘祭之禮!孔此駁王之說邏輯可通,然魯禘禮祀周公,此「禘」非必是王肅等人禘禮觀之「禘」也。

　　王肅、趙匡等人以為,鄭玄所說「祖之所自出感生帝靈威仰」出自讖緯,甚妖妄,以此否定其「配祖以祭天」的大禘禮。孔廣森則認為王者自天受命,推所自出本之於天,固無足怪,故禘的受祭主體可以是天。孔說可通,王者自天受命推所自出本之於天,皆有經義可證,孔廣森所舉出《詩經》「大人履敏、鳦鳥命降」說就是商周之興,實由神感之證。周民族的始祖后稷就是其母姜嫄感五天帝之東方蒼帝之精氣而生。此說非荒誕不經,孔穎達疏云:「詩云『天命玄鳥』、『履帝武敏歆』,自是正義,非讖緯之妖說。」《儀禮》賈公彥疏亦認為,《生民》詩云「履帝武敏歆」,姜嫄履青帝大人跡而生后稷,即后稷

〔註13〕黃以周:《禮書通故》第2冊,中華書局,2007年,第620～621頁。
〔註14〕衛湜:《禮記集說》卷84,《景印文淵閣四庫全書》第118冊,臺灣商務印書
　　　　館,1982年,第750～751頁。
〔註15〕孔廣森:《禮學卮言》卷二,《續修四庫全書》,第110冊,上海古籍出版社,
　　　　2002年,第89頁。

感青帝所生。孔說於經有據，亦或本於此疏。孫星衍亦認為感生帝見於經文，孫申鄭難王曰：

> 《商頌·小序》言「《長發》，大褅也」。其詩云「帝立子生商」。考《商頌》即有玄王之號，又有帝立之說，則感生帝見於經文。《五經異義》云：《詩》齊、魯、韓，《春秋》公羊說，聖人皆無父，感天而生。古之神聖母，感天而生子，故稱天子。〔註16〕

故孔廣森說：「諸儒疑祖之所自出不得為天，獨非陋歟！」〔註17〕

第二節 「論郊」

鄭玄認為，大祭曰褅，褅為圜丘祭祀昊天之禮，郊為南郊祭祀上帝之禮，褅重於郊。王肅不同意鄭玄褅是圜丘祭天之大祭的看法，認為圜丘即郊、郊即圜丘，丘郊異名而同實，圜丘與郊是一，《周禮·大司樂》「冬至日祀天，於地上之圜丘」，《郊特牲》言「周之始郊，日以至」，知圜丘與郊是一也，所在言之，則謂之郊，所祭言之，則謂之圜丘。郊則圜丘，圜丘則郊，「以丘言之，本諸天地之性」〔註18〕。

一、主「褅郊非一」說

孔廣森力駁王說，主張郊是郊，褅是褅，褅郊非一。

首先，孔廣森認為禮之以郊名者，有六焉，此六郊，非一褅所能涵蓋，其六郊是：

> 正月上辛祈穀，一也；春祀蒼帝於東郊，二也；夏祀赤帝於南郊，三也，季夏祀黃帝亦於南郊，四也（漢禮赤帝位在丙巳之地，黃帝位在丁未之地）；秋祀白帝於西郊，五也；冬祀黑帝於北郊，六也。
> 〔註19〕

按：孔意郊祭如此之多，豈一圜丘之褅祭所能涵蓋，故知圜丘名褅不名郊，褅郊非一也。又《周官·司服》曰：「王祀昊天上帝，則服大裘而冕。祀五帝

〔註16〕孫詒讓：《周禮正義》，中華書局，2013年，第1745頁。
〔註17〕孔廣森：《禮學卮言》卷二，《續修四庫全書》，第110冊，上海古籍出版社，2002年，第89頁。
〔註18〕參見《禮記正義》卷三十五《祭法》引王肅《聖證論》。
〔註19〕孔廣森：《禮學卮言》卷二，《續修四庫全書》，第110冊，上海古籍出版社，2002年，第89頁。

亦如之。」《周官・小宗伯》曰：「兆五帝於四郊。」孔廣森認為上述經中祀五帝、兆五帝，皆祀（兆）於郊，亦皆謂之郊，自當異於圜丘之禘矣。故孔說六「郊」非一圜丘所能賅括，是也。

　　其次，孔廣森以秋祭天亦稱郊，證冬至之丘非郊。

　　《郊特牲》云「周之始郊日以至」、《周禮》云「冬至祭天於圜丘」，王肅據此認為「圜丘」與「郊」皆冬至日，故圜丘之禘與郊祭一也。對此，孔廣森以「秋祭天亦稱郊」證丘非郊也：

> 《魯頌》曰：「春秋匪解，享祀不忒，皇皇后帝，皇祖后稷。」鄭玄箋：「皇皇后帝，謂天也。」此秋亦祭天之證也；《春秋經》曰「九月辛丑用郊」，此秋祭天亦稱郊之證也〔註20〕。

按：以秋祭天亦稱郊，可證丘非郊，金鶚亦曾從丘、郊不同時這一側面論證了郊非圜丘：

> 鄭注《郊特牲》引《易說》云：「三王之郊，一用夏正」，是郊與圜丘不同月，郊非圜丘明矣。鄭說至當不易，而郊非圜丘更可知矣。〔註21〕

再次，孔廣森認為祭祀用卜亦是禘祭與郊祭非一的證據，《論郊》曰：

> 《周禮》「冬日至祀圜丘」，《曲禮》云「大享不問卜」，而《郊特牲》言郊用辛，《春秋》之郊專卜三，正是其與禘異矣。〔註22〕

《曲禮》云：「大享（饗）不問卜。」注云：「大饗五帝於明堂，莫適卜。」問卜、適卜皆指占卜擇定祭祀日期。孔廣森認為禘為大祭，不用卜，「冬日至祀圜丘」而已，而郊祭則用卜：《郊特牲》言『郊用辛』，《春秋》之郊『專卜三正』是其與禘異矣。」郊用卜，禘不用卜，故禘郊非一，禘郊有別也。孔謂此條證據諸儒亦鮮有提及。

　　按：孔此說未審。《郊特牲》：「郊之用辛也，周之始郊，日以至。」鄭玄注云：「郊天之月而日至，魯禮也。三王之郊一用夏正，魯以無冬至祭天於圜丘之事，是以建子之月郊天，示先有事也。用辛日者，凡為人君，當齊戒自新耳。」《春秋》之郊「轉卜三正」，因天子不卜郊，魯乃侯國，其郊禮非正，故

〔註20〕孔廣森：《禮學卮言》卷二，《續修四庫全書》，第110冊，上海古籍出版社，2002年，第90頁。

〔註21〕孫詒讓：《周禮正義》，中華書局，2013年，第1743～1744頁。

〔註22〕孔廣森：《禮學卮言》卷二，《續修四庫全書》，第110冊，上海古籍出版社，2002年，第90頁。

需卜。其時間與天子郊祀之不一，孔穎達疏曰：

> 三王之郊一用夏正者，證明天子之郊必用夏正。魯既降下天子，不
> 敢郊天與周同月，故用建子之月而郊天，欲示在天子之先而有事
> 也。……魯唯一郊，不與天子郊天同月，轉卜三正。〔註23〕

《郊特牲》「郊用辛」鄭玄注是「人君當齊戒自新」義，《春秋》之郊『專卜三
正』是魯禮之特例，皆不足為「郊用卜」之例證，故《春秋》魯禮郊「轉卜三
正」，不當是其與禘異之證據。王肅批評鄭玄混淆了周禮和魯禮，王肅認為：
「鄭玄又云周衰禮廢，儒者見周禮盡在魯，因推魯禮以言周事。若儒者愚人
也，則不能記斯禮也；苟其不愚，不得亂於周、魯也。」〔註24〕孔廣森於此
辯之未詳，考據欠審。

二、申鄭「五天帝」之說

《禮記》云：「王者禘其祖之所自出，以其祖配之。」鄭玄注曰：「王者之
先祖，皆感大微五帝之精以生，蒼則靈威仰，白則白招拒，黃則含樞紐，赤則
赤熛怒，黑則汁光紀。」據鄭玄的理解，天上有至上帝稱「昊天上帝」，其下
又有「大微五帝」五天帝，即注中所謂蒼、白、赤、黃、黑之稱者。古代聖王
皆其母感天帝（「五帝」）之精氣而生，周族始祖后稷就是其母姜嫄感五天帝
之東方蒼帝之精氣而生。此即所謂「感生說」。

王肅則認為「五帝非天」，五帝是五人帝：

> 五帝皆黃帝之子孫，各改號代變，而以五行為次焉。何大微之精所
> 生乎？天惟一而已，何得有六？孔子曰：「天有五行，木火金水及
> 土，四分時化育，以成萬物。其神謂之五帝。」是五帝之佐也，猶
> 三公輔王，三公可得稱王輔，不得稱天王，五帝可得稱天佐，不得
> 稱上天。而鄭云以五帝為靈威仰之屬，非也。〔註25〕

此為鄭王「五帝」說之異。孔廣森從鄭說，認為鄭玄的六天說是由昊天與五
方之帝構成的，天被區分為虛空之體的昊天上帝與隨其時方之位生成之神的
五帝兩個層次。孔廣森申鄭曰：

> 蓋舉其虛空之體則曰天，指其生成之神則曰帝，隨其時方之位則有

〔註23〕轉引《禮記正義》卷二十六，《郊特牲》第十一。
〔註24〕轉引《禮記正義》卷二十六，《郊特牲》第十一。
〔註25〕轉引《禮記正義》卷五十五，王肅《聖證論》。

五帝，語其造化之宰則仍一天。彼春之名青帝，夏之名赤帝，猶春

之為蒼天，夏之為昊天也。今五方之帝不得為上帝，則蒼天、昊天

之等亦非天乎？〔註26〕

按：鄭玄注經多涉緯書，這是經學史上為人所熟知的，孔廣森並不否認，但
上文孔未提及鄭玄所說「靈威仰、汁光紀、赤熛怒、含樞紐、白招拒」之名，
而以「青帝」「赤帝」等名之，似為鄭君諱也。孔廣森認為鄭「感生說」不
足為怪：「王者自天受命，推所自出，本之於天，固無足怪。」孔此申說亦
有據，古《尚書》曰：「元氣廣大曰昊天。」孔穎達《禮記·郊特牲》疏亦
云：「鄭氏謂天有六天，天為至極之尊，其體只應是一，而鄭氏以為六者，
指其尊極清虛之體，其實是一，論其五時生育之功，其別有五，以五配一，
故為六天。」金鶚云：「五帝為五行之精，佐昊天化育，其尊亞於昊天。《月
令》云：『春帝大皞，夏帝炎帝，中央黃帝，秋帝少皞，冬帝顓頊，此五天
帝之名也。」〔註27〕金說致確。

孔廣森認為五天帝之說，並不始於鄭說，在先秦五方天帝之祭即已存在：
「秦居西垂，周京在焉，《封禪書》有吳陽武畤、雍東好畤，並周人四郊之兆，
遺址灼然。」〔註28〕孔說是。《史記·封禪書》說，自古以雍州之地積高，乃
神明之奧，故古人於此地常立畤郊上帝，舊雍地之旁有吳陽武畤，雍東之地
當時亦有好畤，皆先秦祭祀五天帝之明證。孫詒讓《周禮正義》亦云：

五方天帝之祭，其說甚古。《月令》孔疏引賈、馬、蔡邕謂迎氣節即

祭大皞、句芒等，王肅本其說，遂謂五帝即五人帝，無所謂五天帝，

與古不合，必不足據。……五方天帝之祭，自秦襄公以來，史有明

文，則其說甚古，非鄭君肊定。〔註29〕

孫星衍也指出五天帝之說，不始於鄭，「靈威仰」之說亦不獨出於緯書：

五天帝之說，不始於鄭。靈威仰之屬亦不獨出於緯書。《史記》載秦

襄公祠白帝，宣公祠青帝，靈公祭黃帝、炎帝。〔註30〕

〔註26〕孔廣森：《禮學卮言》卷二，《續修四庫全書》，第110冊，上海古籍出版社，
　　　　2002年，第90頁。

〔註27〕孫詒讓：《周禮正義》，中華書局，2013年，第1429頁。

〔註28〕孔廣森：《禮學卮言》卷二，《續修四庫全書》，第110冊，上海古籍出版社，
　　　　2002年，第90頁。

〔註29〕孫詒讓：《周禮正義》，中華書局，2013年，第1429頁。

〔註30〕孫星衍：《六天及感生帝辨》，《問字堂集岱南閣集》卷五，中華書局，2006年，
　　　　第119頁。

第三節 「禘」的多義性與《論禘郊》之侷限

　　孔廣森《論禘》《論郊》輔翼鄭說，是對鄭說的申補，許多論證皆發前人所未發，於王肅等人的觀點辯駁甚力。然而從以上兩節內容分析可見，孔廣森禘郊論存在一些不足和侷限，並沒有從根本上駁倒王肅的禘郊觀，這與禘義在經文和鄭玄闡釋的多義性有關。由於禘義在經文和鄭注那裡的多義性與複雜性，後代儒家在理解禘、郊時產生了諸多困惑，在闡釋禘郊，特別是在彌縫鄭說時，難免出現許多矛盾的說法。

　　鄭玄解經大都是隨文求義，不能尋本討源，故其解釋「禘禮」之義有多種。在《祭法》中，鄭玄注「禘」是圜丘之祭，禘祭對象是天，所謂昊天上帝，以祖配之者乃帝嚳；而《大傳》「不王不禘」與《喪服小記》「不王不禘」之「禘」，鄭玄又注釋為《祭法》中的「郊」，所禘祭的對象亦是天，但非昊天上帝，而是感生帝靈威仰，配祭者則變為周之始祖后稷；鄭注《郊特牲》「禘」為「時祭之礿」，鄭注《詩經・雍》「禘」云：「大祭也，大於四時，而小於祫。」另外，鄭玄注「禘」中尚有宗廟之禘之義，其義亦不一，如注《祭統》《王制》則說「禘」是夏殷之時祭。同時，三禮當中，《周禮》主圜丘，而《禮記》主郊，由於鄭玄篤信《周禮》，往往以《周禮》為準而彌合其他禮經材料，因而形成了丘、郊不同且禘重於郊的看法。這些都體現了禘義在鄭玄解經那裡的多義性與複雜性。

　　王肅認為鄭玄是在名實上混淆了祭祖的禘祭與祭天的圜丘郊祭，《大傳》「王者禘其祖之所自出」，鄭玄以為此為禘祭后稷，而鄭玄前已以《禮記・祭法》中的「禘嚳」為「圜丘」，此又施之於祭后稷，前後矛盾，「是亂禮之名實也」〔註31〕，故王肅不信鄭說，提出異見曰：「禘是五年大祭先祖，非圜丘及郊也。郊則圜丘，圜丘則郊。」唐代趙匡亦認為，帝王立始祖廟祭祀始祖，猶感未盡其崇先追遠之義，故又追祀始祖所出之帝（人帝，非天帝）而配祭之，此之謂禘〔註32〕。雖然孔廣森提出了很多新的論據，但有些證據並不得力，考證亦不詳審，對於鄭玄這一邏輯上的缺陷孔廣森並未指出，故其禘郊論沒有從根本上駁倒王肅、趙匡等人的禘郊觀。

　　孫希旦《禮記集解》指出：「自鄭氏誤以《大傳》之禘為祭感生帝，於是

〔註31〕參見孔穎達《禮記正義》卷三十五「祭法」疏。
〔註32〕參見孔穎達《禮記正義》卷三十五「祭法」疏。

郊之說謬，而禘之說亦晦；禘之說晦，而祫之說亦混。」〔註 33〕孫詒讓亦云：

> 王肅難鄭，則以祖所自出為始祖，《祭法》之『禘』為宗廟大祭，以
> 嚳為后稷所自出，故禘嚳而以后稷配之，此經（《周禮》）圜丘則與
> 南郊為一祭，以稷配，即所謂郊稷也。二義牴牾，南北諸儒，申彼
> 絀此，迄無定論。〔註 34〕

夏炘《學禮管釋‧釋禘》認為禘必不祭天也，他搜集並採用二十五例經學文獻，詳細辯駁分析禮經中的「禘」義，指出眾文獻所載之「禘」「皆為宗廟之祭，無一語及祭天者」〔註 35〕。胡培翬亦認為「禘」為廟祭非祭天：「宗廟之祭，莫大於是也，皆說宗廟之事與祭天無涉。」〔註 36〕

　　現代學者研究表明，一些儒者主張的禘祭為祭天之禮，並不確切。迄今發現的西周金文中，並沒有禘祭是專門用於祭祀始祖的記載，其受祭對象都是近世祖先。劉雨《西周金文中的祭祖禮》認為：「西周金文中的禘祭全是對祖考進行祭祀的祭禮。禘祭舉行的時間有五月、六月、八月、九月，並不是在夏季舉行的時祭。」〔註 37〕董蓮池認為：「禘祭在殷與西周都以先祖先考為對象，以專祭為主，合祭偶或為之，都不用祭天；周禘只限祖考，只限於夏秋兩季。」〔註 38〕楊天宇先生《周人祭天以祖配天考》認為：「禘實為宗廟祭禮，與周人郊天配祖的制度無關。周人祀天正祭之禮，惟郊而已，更無大於郊之禘祭，祭法所謂禘嚳，實為宗廟祭禮，而非祭天配食制度。以始祖后稷配祭，是周代祭天禮的常制。」〔註 39〕後儒及近現代學者研究表明，王肅、趙匡等人關於禘郊之論顯然更接近歷史事實。

〔註 33〕孫希旦：《禮記集解》，中華書局，1989 年，第 351 頁。

〔註 34〕孫詒讓：《周禮正義》，中華書局，2013 年，第 1769 頁。

〔註 35〕夏炘：《學禮管釋》卷二，《續修四庫全書》，第 93 冊，上海古籍出版社，2002 年，第 50～52 頁。

〔註 36〕胡培翬：《禘祫問答》，《胡培翬集》，中央研究院中國文哲研究所，2005 年，第 378～380 頁。

〔註 37〕劉雨：《西周金文中的祭祖禮》，載《考古學報》，1989 年，第 4 期。

〔註 38〕董蓮池：《殷周禘祭探真》，載《人文雜誌》，1994 年，第 5 期。

〔註 39〕楊天宇：《周人祭天以祖配天考》，載《史學月刊》，2005 年，第 5 期。

第六章 《禮學卮言·禮服釋名》的
考證成就

　　《荀子·富國》篇曰：「禮者，貴賤有等，長幼有差，貧富輕重皆有稱者也。故天子袾裷衣冕，諸侯玄裷衣冕，大夫裨冕，士皮弁服。」《左傳·昭公九年》曰：「服以旌禮。」杜注：「旌，表也。」可見服飾與禮有密切的聯繫。周代社會等級制度森嚴，注重尊卑上下，禮服成為體現這一等級秩序的重要內容。周代禮服制度對後世等級服飾制度產生的深刻影響，這可從歷代《輿服志》中得到證明。

　　由於周代禮服制度具有重要意義，經學史上對於三禮服飾的研究，代不乏人，成就最大當屬有清一代，黃宗羲的《深衣考》、任大椿的《深衣釋例》及《弁服釋例》、江永的《深衣考誤》、宋綿初的《釋服》等皆為清代著名的禮服研究著述。《禮學卮言·禮服釋名》是孔廣森關於《周禮》冕弁裳服名製的專門之論。孔氏《禮服釋名》對《周禮》中《弁師》《司服》《內司服》經文中涉及到的五冕形制、旒就之數、大裘而冕、冕服十二章、玄冕裳刺黼、韋弁服、孤之服、玄端素端、王后之六服等內容，皆有所考論。孔廣森云：「《周禮》冕弁裳服之名製說者紛紜，猶多所闕滯，是以參互考訂匯而釋之。」〔註1〕

　　孔廣森在此篇末陳述自己此撰作之意時說：「雖統釋服名，然帶、裳、冠、舄之式色，多未見於篇者，或以經無明文即闕之，不敢妄說，或以注無疑義

〔註1〕孔廣森：《禮學卮言》卷二，《續修四庫全書》，第110冊，上海古籍出版社，2002年，第99頁。

即因之，不贅說也。」〔註2〕《禮服釋名》，考論謹嚴，撰寫體例與《論禘郊》《九廟辨》《五門考》等不同，《禮服釋名》先臚列《周禮》禮服相關經注，後加「案」語考證經文或鄭注所言及的禮服名物。其「案」的形式有的是開門見山，用一句話表明觀點，然後引用文獻論證自己的觀點；有的先引用文獻證據，逐步分析論證，得出結論，或再進一步引用文獻資料佐證其說。有些案語中只考論一個問題，有的則涉及多個禮服名製問題。一些重要問題或有廣泛爭議的問題往往用筆墨較多，有的問題考論較簡潔，甚至直接斷以己意。總體上看，孔廣森《禮服釋名》是對《天官·內司服》《春官·司服》《夏官·弁師》等經文考證及對鄭注賈疏的申補、訂正，因此《禮學卮言·禮服釋名》可視為是對《周禮》有關禮服經文的新疏。

第一節　「冕旒」與「冕服」

一、冕旒

《周禮·夏官·弁師》：「十有二就，皆五彩玉十有二。」鄭注曰：「此為袞衣之冕十二旒，則用玉二百八十八。」

孔廣森認為鄭說「與文皆不會」，此經已言「五冕皆五采繅十有二就」，則表明王之冕無不是有十二旒者矣，非僅袞衣之冕有十二旒也。孫詒讓從孔廣森說，其《周禮正義》云：「今依孔廣森定王五冕，並前十二旒，同用玉一百四十四，無增減之差也。」〔註3〕。錢玄《三禮通論》亦贊同孔說：「孔廣森《禮學卮言》卷二：『經言五冕皆五采繅十有二就，則王之冕無不十二旒者矣。』孔氏駁鄭玄說亦確。」〔註4〕

王之冕何以「十有二就」？孔據《春秋左傳》「周之王也，制禮上物不過十二」，知王之元服於是取數，冕為男子首服（元服），禮以冕別尊卑、辨上下，服有五，男子特重首服，故王之五冕皆當十有二就。如此公五冕則皆當九旒九就，侯伯四冕皆七旒七就，子男三冕皆五旒五就。

鄭注曰：「公之冕用玉百六十二。」百六十二，當是鄭玄通前後計之，鄭

〔註2〕孔廣森：《禮學卮言》卷二，《續修四庫全書》，第110冊，上海古籍出版社，2002年，第99頁。
〔註3〕孫詒讓：《周禮正義》，中華書局，2013年，第2531頁。
〔註4〕錢玄：《三禮通論》，南京師範大學出版社，1996年，第88頁。

玄意為冕前後有斿。孔廣森則認為王之冕皆十有二就者，是指冕前十二斿；冕前有斿、冕無後斿。《禮學卮言》曰：

> 《玉藻》「前後邃延」，唯見冠上覆前後出耳，不足為後延有斿之證。
> 《禮‧子張問入官》篇曰：「冕而前斿，所以蔽明。」於後無取，夏侯義是也。〔註5〕

《禮記‧玉藻》：「天子玉藻，十有二斿，前後邃延。」孔廣森以為「前後邃延」是冠上覆前後延伸突出的樣子，而不是前後有垂斿之貌，所以此句不足以證明冕後亦有斿；又《大戴禮記‧子張問入官》「冕而前斿，所以蔽明」一句，僅言及冕之前斿之蔽明功能，於後斿之有無、後斿之形貌皆無言，據此孔意似冕僅有前斿矣。大小夏侯說「唯前有斿」，其依據亦是《大戴禮記‧子張問入官》及東方朔《答客難》等所謂「冕而前斿，所以蔽明」語，故知孔廣森以夏侯義為是也。

　按：孔取夏侯義為是誤矣。鄭玄注曰：「前後邃延者，言皆出冕前後而垂也。」鄭玄注義明確，天子前後十二斿，皆出冕而垂也。《玉藻》此經文前三句中皆說斿，未提及冕字，故知下文「前後邃延」當承上延續說斿，十二斿前後垂貌，不當捨「斿」轉而說冕延之制，否則不合文法，冕延之狀與此處「玉藻」何關？捨「斿」而說冕延於意亦不諧也，故此「前後邃延」言冕前後有斿貌。曹元弼《禮經校釋》亦認為：「『前後邃延』者，言斿出延前後而垂，使其延覺深邃耳。」〔註6〕《後漢書‧志‧第二十九‧輿服》云：「冕皆廣七寸，長尺二寸，前圓後方，朱綠裏，玄上，前垂四寸，後垂三寸，繫白玉珠為十二斿。」此史傳有明文也。劉昭注《後漢書》訓「邃」為「垂」，垂、邃聲亦近〔註7〕，故《玉藻》『邃延』意為「垂延」可通，冕前後覆延有垂斿貌也。至於《大戴禮》及東方朔《答客難》言「冕而前斿，所以蔽明」，亦不足說明只有前斿而無後斿，此語僅強調前斿「蔽明」之用而已，此處不說「後斿」事，非無「後斿」之存在也。丁鼎先生認為《大戴禮記》等文獻記載的「冕而前斿，所以蔽明」之說「在邏輯上並不足以證明『冕無後斿』，因為這些文獻記

〔註5〕孔廣森：《禮學卮言》卷二，《續修四庫全書》，第110冊，上海古籍出版社，2002年，第93頁。

〔註6〕曹元弼：《禮經校釋》卷一，《續修四庫全書》，第94冊，上海古籍出版社，2002年，第121頁。

〔註7〕皮錫瑞：《今文尚書考證》卷24，《續修四庫全書》，第51冊，上海古籍出版社，2002年，第237頁。

載只是說明設置前旒的文化意義，而並非說『冕無後旒』」〔註8〕。

清末經學家皮錫瑞總結二說，認為當從歐陽「前後皆有旒」說為長，其《今文尚書考證》曰：

> 惟前後十二旒垂於延端，旒長各尺二寸，俛仰透迤如水之流，望之乃邈然而深耳。且前後有旒，其勢乃平；若無後旒，延既前俯後仰，俯者其勢易傾，更偏綴以一百四十四玉之重，拜跪之間，一俯首而前墜矣。是當從歐陽說為長。〔註9〕

古人冕旒之形制，前後有旒，不僅文獻可證，亦可以出土文物驗之。1971年文物考古者在山東省鄒城縣朱檀墓發掘出一件九旒冕。此冕為藤蔑編製成的圓筒冠狀骨架上面覆蓋一個木質長方形綖板，綖板前後各垂九旒，各旒皆有九粒五色玉珠貫穿。據《明史》記載，明親王只能用九旒、九珠，朱檀（1370～1389），是明朱元璋第十子，被封為魯王，諡「魯荒王」，其九旒冕正符合明代親王冠冕的定制。

二、冕服

（一）裘冕、玄冕服

1. 裘冕

《周禮·司服》曰：「王之吉服，祀昊天上帝，則服大裘而冕。」孔廣森認為此「祀昊天上帝」，是禘祭，冬日至大報天於圓丘，報本反始之大祭，此祭須至誠敬，尚潔質，故服大裘冕——黑羔之裘，玄衣不裼，冕而無旒。此服與禘祭潔質相稱，故非服袞冕之服。《郊特牲》云：「祭之日，王被袞以象天，戴冕璪十有二旒，則天數也。」此為服袞冕之服，王肅據此認為禘、郊一也，無圓丘之禘祭，郊唯一祀，故以此《郊特牲》郊天與《周禮》祀昊天上帝附會為一祀，強合裘、袞，謂「天子大裘以黼之，既至泰壇，王脫裘矣，服袞以臨」。孔廣森認為此《郊特牲》「被袞」乃上辛郊祀所服，與禘有異，郊祀與禘祭非一，故其服不同，王祀昊天不當服袞冕，王肅所說謬矣。孔廣森斥王肅曰：

〔註8〕丁鼎、于少飛：《「冕無後旒」說考論》，載《中國文化研究》，2015年春之卷，第91頁。

〔註9〕皮錫瑞：《今文尚書考證》卷24，《續修四庫全書》本第51冊，上海古籍出版社。2002年，第23頁。

王肅強相附合，託造《郊問》，既失至敬不文之義，且冬日脫裘，亦情事之不然。故先儒皆言《家語》王肅增加，非孔氏之舊也〔註10〕。

孔駁王甚是。孫詒讓《正義》申是義曰：

> 蓋自鄭誤謂大裘不襲袞，其服無章，冕又無旒，與鄭《特牲》文迕，王肅私定《家語・郊問篇》遂云「郊之日，天子大裘以黼之，既至泰壇，王脫裘矣，服袞以臨，燔柴。戴冕璪十有二旒」，《郊特牲》孔疏引《家語》作「臨，燔柴，脫袞冕，著裘」，皆臆造不經，不為要典。其以大裘為即黼裘，尤王肅之謬也。〔註11〕

2. 玄冕服

《周禮・司服》：「祭群小祀則玄冕。」注云：「玄者，衣無文，裳刺黼而已，是以謂玄焉。」賈從鄭說，亦認為玄冕衣無文，裳有一章刺黼而已，故曰玄冕服。

孔廣森不從鄭說，認為玄冕從其正名（從其冕名，冕之制，以麻衣延，玄表纁裏），非從其衣名（玄衣）命名，故玄冕服猶升黼於衣，衣上亦有文（畫），非僅裳上有刺黼。他引據《詩經》及《春秋左傳》以證其說：

> 冕之制，以麻衣延，玄表纁裏，故《弁師》言「王之五冕皆玄冕」。自希以上，各有取義，唯玄冕從其正名，非以玄衣故也。玄冕一章，猶升黼於衣，《詩》曰：「君子至止，黼衣繡裳。」此黼有在衣者，非玄冕之服而何？《春秋左傳》：「晉侯以黼冕命士會。」黼冕者，玄冕也。〔註12〕

按：孔廣森所說不為無徵，古書說黼黻在衣者甚多。《大戴禮記・五帝德篇》云：「黃帝黼黻衣，大帶，繡裳。」《晏子春秋・諫上篇》云：「景公黼黻之衣，素繡之裳，一衣而五采具焉。」《孟子・盡心》「及其為天子也，被袗衣，鼓琴」趙岐注曰：「袗，畫也。被畫衣，黼黻絺繡也。」故知孔說有據，鄭賈所謂玄冕服「衣上無畫」非也。

鄭注又云：「凡冕服皆玄衣纁裳。」孔廣森認為鄭說冕服皆纁裳亦不當，冕服不必皆纁裳也。孔舉《大戴禮》「端衣玄裳，絻而乘路者」，「絻」即「冕」

〔註10〕孔廣森：《禮學卮言》卷二，《續修四庫全書》，第110冊，上海古籍出版社，2002年，第94頁。

〔註11〕孫詒讓：《周禮正義》，中華書局，2013年，第1626頁。

〔註12〕孔廣森：《禮學卮言》卷二，《續修四庫全書》，第110冊，上海古籍出版社，2002年，第94頁。

字，此冕服為玄裳，非纁裳。又《顧命》「卿士邦君，麻冕蟻裳」，蟻名「玄
駒」，故玄裳謂之蟻裳，蟻裳者，邦君之正色，非纁裳也。孔廣森認為：

> 天子冕服，朱衣朱裳，諸侯冕服，玄衣玄裳，其上玄下纁者，唯大
> 夫耳，《喪大記》「大夫以玄赭」，益知玄衣赭裳乃大夫專之。〔註13〕

按：孔說冕服不必皆纁裳，頗有理據。《喪大記》以玄赭為玄纁，玄赭、玄纁
對文雖異，散言亦通。《尚書·顧命》云：「太保、太史、太宗彤裳。」《荀子·
國富論》：「天子祩裷衣冕，諸侯玄裷衣冕。」楊倞注云：「祩，古朱字，裷與
袞同。朱袞，以朱為質也。」此與孔說「天子冕服，朱衣朱裳。諸侯冕服，玄
衣玄裳」合，亦證冕服不必皆纁裳也。

（二）冕服之章

《虞書》曰：「予欲觀古人之象，日、月、星辰、山、龍、華蟲作繪，宗
彝、藻、火、粉米、黼、黻希繡。」此古天子冕服十二章。鄭玄變更《虞書》
序列，以龍文居首之衣為袞服，毳冕為虎蜼之章。賈疏申鄭曰：「鄭知登龍於
山者，周法皆以蟲獸為於章首，若不登龍於山，則當以山為章首，何得猶名
袞龍乎？明登龍於山，取其神也。若不登火於宗彝上，則毳是六章之首，不
得以毳是五章之首，故知登火於宗彝，取其明也。」《玉藻》「天子龍卷以祭」，
鄭注云：「龍卷，畫龍於衣，字或作袞。」又《詩·大雅·采菽》「玄袞及黼」，
鄭箋云：「玄袞，玄衣而畫以龍卷也。」是鄭玄以袞是卷龍之義。孔廣森認為
鄭賈此說值得懷疑：

> 袞衣，王者之服，唯上公以王者之後亦得服之，故於文從衣從公，言
> 公之上衣也。袞為正字，作卷者，假借字。鄭君乃以卷象龍首卷然，
> 遂升龍以為九章之首，又退宗彝於火下，欲使毳冕得取虎蜼為義，廣
> 森疑焉。荀子周人，而其書曰「天子山冕」，則袞冕首山不首龍矣。
>
> 《禮》有言龍袞者，自袞以下無龍章，故袞獨以龍名耳。〔註14〕

按：孔謂《玉藻》「天子龍卷以祭」之「卷」者，假借字而已，「袞」為正字，
與龍無關。袞衣，王者之服，公之上衣，（天子、上公及王者之後皆有之），
故袞字於文從衣從公，與「卷龍」無必然聯繫，袞衣非必有「龍」之衣，是

〔註13〕孔廣森：《禮學卮言》卷二，《續修四庫全書》，第110冊，上海古籍出版社，
　　　　2002年，第94～95頁。

〔註14〕孔廣森：《禮學卮言》卷二，《續修四庫全書》，第110冊，上海古籍出版社，
　　　　2002年，第94頁。

以「龍」在服章中並不必然列於首位，故孔廣森認為鄭玄升龍為袞服首章誤矣。孔廣森以《荀子・大略》有「天子山冕」語，說明天子袞冕亦有以山為首章者。此證據足證鄭說為誤，《說苑・修文篇》云：「士服黻，大夫黼，諸侯火，天子山龍」，天子服章為首山，次龍，證荀子「天子山冕」之說不孤，益知鄭玄升龍為袞服首章之誤。孔廣森又認為「毳冕五章自藻而下」。他以《釋名》「毳，芮也，畫藻文於衣，象水草之毳芮，溫暖而潔也」說明毳冕當畫藻文於衣，不當繪虎蜼文於衣為「虎蜼之章」。孔說可通。黃以周認為，「毳冕自藻、火以下五章。毳，藻文，亦見《釋名》」，他引劉熙載《釋名》此解曰：「劉氏此說，可以訂鄭之誤。毳衣五章，藻、火、粉米、黼、黻，《虞書》本文自順。」〔註15〕

孫詒讓亦認為鄭玄於《虞書》損益上下，更其等差，於經無文，「鄭以意定者之，欲以傅合卷龍虎蜼之義，殆不然也」，並引述孔廣森之說，案曰：「孔謂袞衣不首龍，則不必改《虞書》十二章之次，其說自通。」〔註16〕《周禮正義》總結服章眾說曰：

> 今依戴震、金鶚說，天子有十二章與九章之袞，又以孔廣森說，不改《虞書》十二章之次，則大裘之袞，衣裳皆從偶數，衣六章：日、月、星辰、山、龍、華蟲也；裳六章：宗彝、藻、火、粉米、黼、黻也。其九章之袞，衣五章：山、龍、華蟲、宗彝、藻也。裳四章：火、粉米、黼、黻也。皆不如鄭、賈所說。〔註17〕

第二節 「弁服」與「玄端」

一、弁服

（一）韋弁服

孔廣森認為，凡祠兵命將之事，謂之兵事，此兵事所服韋弁等，非必戰服也：

> 兵事謂凡祠兵命將之事，非必戰服也。《聘禮》「卿韋弁歸饔餼」，則韋弁固亦禮服。《詩》言「方叔率師」猶服其命服「蔥珩朱芾」，何

〔註15〕黃以周：《禮書通故》，中華書局，2007年，第88頁。
〔註16〕孫詒讓：《周禮正義》，中華書局，2013年，第1631頁。
〔註17〕孫詒讓：《周禮正義》，中華書局，2013年，第1632～1633頁。

必韎韋衣裳而後從武事也。此經有韋弁無爵弁，《雜記》「諸侯相
襚」，以爵弁服、皮弁服、朝服。子羔之襲也，皮弁一，爵弁一，
玄冕一，又皆別無韋弁。陳祥道說「韋弁即爵弁也」。韋言其質，爵
言其色。爵弁服緇衣，以帛為之。《周頌》曰：「絲衣其紑，戴弁俅
俅。」弁而衣絲者，爵弁也。士祭於君，爵弁。禮，絲衣以祭，布
衣以朝，古謂絲為純，故《冠禮》稱「爵弁純衣」，其裳纁裳，其屨
纁屨，黑絇繶純，其蔽膝曰韎韐。凡冕服名韍，弁服名韡，爵弁之
等，下於冕，尊於弁，特別謂之韐。王以爵弁韎韐為兵服，故曰「韎
韐有奭，以作六師」矣。〔註18〕

孔廣森以《周禮・司服》未言及爵弁，遂疑「韋弁」即爵弁，「韋」言其質，
「爵」言其色，爵弁服緇衣，以帛為之；其裳纁裳，其屨纁屨，其蔽膝曰韎
韐，故斷「王以爵弁韎韐為兵服」。

　　按：孔此說未審也。《儀禮・士冠禮》「爵弁服」，鄭注曰：「爵弁者冕之
次，其色赤而微黑，如爵頭然。或謂之緅，其布三十升。」《周禮・司服》「韋
弁」鄭注曰：「韋弁以韎韋為弁，又以為衣裳。《春秋傳》曰『晉郤至衣韎韋之
跗注』是也。」「韎韋之跗注」乃戎服之常也，此爵弁、韋弁明顯之異者也。
《釋名》曰：「以爵韋為之，謂之爵弁。韎韋為之，謂之韋弁。」韋弁、爵弁
二語分別明晰，不容相混。任大椿亦區別二者云：「韋弁為天子諸侯大夫兵事
之服，戎服用韋者，以韋革同類，服以臨軍，取其堅也。《晉志》韋弁製似皮
弁，頂上尖，韎草染之，色如淺絳。然則形狀似皮弁矣。」〔註19〕任大椿說
是也。孔廣森認為《司服》有韋弁無爵弁，遂疑韋弁即爵弁。孔說失之。賈《疏》
云：「爵弁之服，惟有承天變及天子哭諸侯乃服之。所服非常，故天子吉服不列
之。」此義頗得，此經非無爵弁，不列而已。又《儀禮・士冠禮》《士昏禮》《士
喪禮》有爵弁服，《聘禮》曰「君使卿韋弁歸饔餼」，又曰「夕夫人使下大夫韋
弁歸禮」，是則既有爵弁，又有韋弁明矣。安得以《司服》不載為疑也？

　　孔廣森又引《詩經》「韎韐有奭以作六師」證韎韐為爵弁之韡，謂「王以
爵弁韎韐為兵服」。然孔此說亦不足為據，《四庫提要》辨析曰：

　　　　《詩》「韎韐有奭，以作六師」，《箋》曰：「此諸侯世子也。除三年

<hr />

〔註18〕孔廣森：《禮學卮言》卷二，《續修四庫全書》，第110冊，上海古籍出版社，
　　　　2002年，第95頁。
〔註19〕孫詒讓：《周禮正義》，中華書局，2013年，第1635頁。

之喪，服士服而來，未遇爵命之時，時有征伐之事，天子以其賢，任為將軍。」《疏》曰：「將軍之時，猶未得命，由是仍服韎韐。」據此，則《經》云「以作六師」，蓋將受命為將軍，非已臨六師而以爵弁之韎韐為戎服也。〔註20〕

（二）皮弁服

孔廣森認為「皮弁」又可謂之「綦弁」、「騏弁」、「璂弁」，「璂」、「騏」、「綦」一也：

> 《毛詩》「其弁伊騏」，傳曰：「騏，騏文也；弁，皮弁也。」《顧命》「四人綦弁執戈」，綦弁者，皮弁。馬融本亦作騏，注云「青黑色」，非也，皮弁用白鹿皮。禮冠有綦組纓，佩有綦組綬，並以雜文為綦，綦弁亦取弁璂雜采文名之。《弁師》曰：「王之皮弁，會五采玉璂。」冕有旒，弁有璂，皆以組貫玉珠，垂而下之則為旒，綴而上之則為璂。璂施於會，會者，弁之縫中，所謂「會弁如星」者也。爵弁雖以弁名，形制猶略如冕，上有覆而不俯，無會璂之飾。是以皮弁獨名璂弁。璂、騏、綦一也。鄭君《鳲鳩箋》讀「騏」為「璂」，與《傳》「騏」文義實相會。〔註21〕

按：孔廣森釋義詳審。《顧命》「四人綦弁執戈」，孔安國《傳》曰：「綦文，鹿子皮弁。」故知騏弁、綦弁皆皮弁也。清夏炘《學禮管釋‧釋韋弁皮弁》認為：「皮弁亦以鹿皮之淺毛者為之，故皮弁又謂之綦弁。」弁有璂，璂施於皮弁之縫中，故皮弁獨名璂弁。鄭玄注「王之皮弁會五采玉璂」曰：「會，縫中也，璂讀如綦。綦，結也。皮弁之縫中，每貫結五采玉十二以為飾。詩云『會弁如星』，又曰『其弁伊騏』是也。」《詩‧曹風‧鳲鳩》「其弁伊騏」《傳》云：「騏，騏文也；弁，皮弁也。」任大椿云：「璂、騏、綦通，三字義相近。綦之從絲，璂之從玉，以絲貫玉故也。會弁如星，言會而璂可見也，其弁伊騏，言綦而會可見也。」〔註22〕孫詒讓曰：「讀璂為綦，義取於結；讀綦為璂，義取於玉；讀騏如字，釋為綦文，蓋謂弁色。」〔註23〕綜上可知，皮弁為璂弁，

〔註20〕江永：《儀禮釋例》，《四庫全書總目提要》，卷二十三，經部二十三（下）。

〔註21〕孔廣森：《禮學卮言》卷二，《續修四庫全書》，第110冊，上海古籍出版社，2002年，第95頁。

〔註22〕孫詒讓：《周禮正義》，中華書局，2013年，第2539頁。

〔註23〕孫詒讓：《周禮正義》，中華書局，2013年，第2539頁。

珤、騏、綦一也。

又，《郊特牲》「皮弁素積」，孔廣森解「素積」曰：「白布為裳，腰有辟積也。」〔註24〕然儒者於皮弁白布衣裳說頗有爭議。鄭玄注《司服》「皮弁服」曰：「十五升白布衣，積素以為裳。」戴震云：「皮弁服舊說曰其衣十五升布，此據諸侯朝服以為言，殆非也。《記》不云乎『以帛裹布非禮也』，然則皮弁服之衣以素明矣。」〔註25〕金鶚云：「皮弁服非特用於視朝聽朔，亦祭服也。皮弁既為祭服，豈有不用絲而用麻哉！天子朝服絲衣，諸侯朝服故用布衣，禮之等殺也。」〔註26〕黃以周云：「《士冠禮》《郊特牲》皆云『皮弁素積』，素句積句，素兼衣裳言，謂衣裳皆白繒，而裳有辟積也。」〔註27〕故知廣森皮弁服「白布為裳」之說未審也。

（三）冠弁服、弁絰服

1. 冠弁服

《周禮·司服》：「凡甸，冠弁服。」鄭玄注曰：「佃，田獵也。冠弁，委貌。其服緇布衣，亦積素以為裳，諸侯以為視朝之服。」孔廣森以為此「冠弁」乃「玄冠」，周之「委貌」也：

> 冠弁，玄冠也，夏曰毋追，殷曰章甫，周曰委貌。《續漢志》曰：「委貌以皁絹為之，制如覆杯。」《晉語》：「范文子退朝，武子擊之以杖，折委笄。」此侯國朝服用委貌之證。《雜記》所謂「大夫弁而祭於己」者，其冠弁歟？冠弁服與玄端同冠，而衣裳不同。〔註28〕

按：孔此說為是，聶崇義《新定三禮圖》曰：「諸侯朝服之玄冠，士之玄端之玄冠，諸侯之冠弁，此三冠實與周天子委貌形制相同。」〔註29〕《續漢書·輿服志》云：「委貌冠、皮弁冠同制，制如覆杯，前高廣，後卑銳。」孔廣森以《晉語》「武子擊杖折委笄」證侯國視朝之服用委貌，戴震亦據《晉語》武

〔註24〕孔廣森：《禮學卮言》卷二，《續修四庫全書》，第110冊，上海古籍出版社，2002年，第96頁。

〔註25〕孫詒讓：《周禮正義》，中華書局，2013年，第1639頁。

〔註26〕孫詒讓：《周禮正義》，中華書局，2013年，第1639頁。

〔註27〕黃以周：《禮書通故》，中華書局，2016年，第100頁。

〔註28〕孔廣森：《禮學卮言》卷二，《續修四庫全書》，第110冊，上海古籍出版社，2002年，第96頁。

〔註29〕聶崇義纂輯、丁鼎校說：《新定三禮圖》，冕服圖卷一，清華大學出版社，2006年，第87頁。

子事證彼朝服而有委笄，明其為弁制，疑朝服大夫以上委貌〔註30〕。

　　學者亦有以「冠弁」解「皮冠」者，如，《孟子‧萬章篇》「以皮冠」，趙岐注曰：「皮冠弁也。」孔廣森認為趙氏解「皮冠」為「冠弁」不當：

> 趙氏《孟子注》以冠弁當皮冠，非也。《左傳》責衛侯「不釋皮冠」，楚靈王「雨雪皮冠」，「右尹子革夕王見之，去冠」，皮冠可釋可去，則必別有一物加於冠上，若今雨帽矣〔註31〕。

皮冠若何？孔雖說皮冠若今雨帽制式，然未詳「玄冠」、「冠弁」與「皮冠」之關係，孫詒讓《周禮正義》對此有詳解：

> 皮冠蓋猶方相氏之蒙熊皮，凡王田服玄冠，而加以皮冠，不可云以冠加冠，故假弁以為稱，以弁本冠之大名，亦以皮冠舉首蒙之，與弁制略相似也。以弁加於冠上謂之冠弁服，猶下文以絰加弁上謂之弁絰服也。田事玄冠，上加皮冠，有所敬則釋之，猶兵事韋弁，上加冑，有所敬則免之矣。〔註32〕

孫說詳審。孔廣森申鄭注，謂冠弁乃玄冠，然其說未析，冠弁服，此王四時常田之服，蓋玄冠而加弁，即所謂「皮冠」。

2. 弁絰服

　　《周禮‧司服》：「凡弔事，弁絰服。」鄭注曰：「弁絰者，如爵弁而素加環絰，其服錫衰、緦衰、疑衰。諸侯及卿大夫亦以錫衰為弔服。《喪服小記》云：『諸侯弔必皮弁，錫衰。』則變其冠耳。」孔廣森與鄭說有異，孔認為弁絰有加爵弁者，是王之弁絰；有加皮弁者，是諸侯弁絰；庶人通以素委貌弔；弁絰而衰者，成服以後之弔服也；爵弁絰紂衣者，既小斂未成服，往哭則服之〔註33〕。

　　按：孔說確當。《檀弓》「天子之哭諸侯，爵弁絰紂衣」、《小記》「諸侯弔必皮弁錫衰」是也。《周禮‧典命》：「王為三公六卿錫衰，為諸侯緦衰，為大夫士疑衰，其首服皆弁絰。」凡弔事，王衰有錫衰、緦衰、疑衰，加環絰於衰。金榜云：

〔註30〕孫詒讓：《周禮正義》，中華書局，2013 年，第 1642 頁。
〔註31〕孔廣森：《禮學巵言》卷二，《續修四庫全書》，第 110 冊，上海古籍出版社，2002 年，第 96 頁。
〔註32〕孫詒讓：《周禮正義》，中華書局，2013 年，第 1641 頁。
〔註33〕孔廣森：《禮學巵言》卷二，《續修四庫全書》，第 110 冊，上海古籍出版社，2002 年，第 96 頁。

「弔者加絰與衰，咸視主人為節。未小斂，吉服而往。天子爵弁服，諸侯卿大夫皮弁服，士玄冠朝服。既小斂，天子爵弁加絰，諸侯卿大夫皮弁加絰，謂之弁絰；士則易玄冠為素委貌冠，加絰焉。主人既成服，則弔者亦衰而往。天子為三公六卿錫衰，為諸侯緦衰，為大夫士疑衰；諸侯卿大夫弔服錫衰，士弔服疑衰，其尊卑之差也。《檀弓》『天子之哭諸侯也，爵弁絰紂衣』，是天子與殯亦爵弁加絰，所謂王之弁絰，弁而加環絰者也。凡弔衰未有不絰者，故錫衰、緦衰、疑衰名為弁絰服。然則諸侯、卿大夫弔服，亦皮弁加絰明矣。天子、諸侯、卿大夫弁絰異等如此。士禮異者，於小斂改服素委貌。禮家舊說，士弔服素委貌冠朝服，此小斂後弔服也。爵弁為大夫祭服，天子以為弔服，蓋尊卑異禮。」〔註34〕

金說詳審，孫詒讓《周禮正義》引述金榜、孔廣森之說並申此義曰：

「金、孔說是也。經以弁絰為弔服者，其弁在天子即為爵弁，在諸侯則為皮弁，弁與常服同，但以加絰為異，故弁師云『王之弁絰，弁而加繯』，加，明非別為之弁也。於《檀弓》見王弔之弁絰，為爵弁加絰，於《喪服小記》見諸侯弔之弁絰，為皮弁加絰。記文甚明，無勞推測。……天子朝服皮弁，故弔服亦不用皮弁，而用素爵弁。今考弁絰衰，乃主人已成服後之弔服，其未成服已前弔服，則弁絰或爵弁，或皮弁，咸如其本服，不皆服衰也。」〔註35〕

二、玄端

（一）玄端

孔廣森認為，玄端者，玄冠端衣。《儀禮》「冠端玄」、《論語》「端章甫」、《左傳》「端委」、《穀梁傳》「委端」，皆謂此也。孔說合乎經注，鄭注《儀禮‧特牲饋食禮》「冠端玄」以為「玄冠玄端」，《論語‧先進篇》「端章甫」，何晏《論語集解》釋為「端，玄端也，衣玄端，冠章甫，諸侯以日視朝之服。」又《玉藻》《大戴禮記》公冠之「朝服」鄭、盧注，並釋為玄端。

《周禮‧司服》於「士服」之下云：「其齊服有玄端、素端。」鄭玄注云：「謂之端者，取其正也。謂士之衣袂，皆二尺二寸而屬幅，是廣袤等也。其祛

〔註34〕孫詒讓：《周禮正義》，中華書局，2013年，第1648～1649頁。
〔註35〕孫詒讓：《周禮正義》，中華書局，2013年，第1649～1651頁。

尺二寸。大夫以上侈之。侈之者，蓋半而益一焉。」如鄭所言，則唯士服當端制，大夫以上不復端也。孔廣森則認為鄭此說非是也：

> 鄭意唯士有端，非也。凡冕服皆正幅，故《荀子》曰：「端衣玄裳，絻而乘路。」《樂記》曰：「端冕而聽古樂。」《武王踐阼》篇：「王端冕，師尚父亦端冕。」〔註36〕

按：《荀子》「端衣」、《樂記》「端冕」、《武王踐阼》「端冕」，皆為王之冕服，皆正幅之證，孔說有據，玄端非士獨有，王公大夫皆有。冕服皆正幅，五冕皆玄端，「端」訓「正」，唐楊士勳說：「謂之玄端者，其色玄而制正幅無殺，故謂之玄端。」〔註37〕朝、祭、齊等服皆有端名，如端冕、端委之類。

關於侈袂，鄭玄認為，天子諸侯卿大夫，無論冕弁冠服，玄端服無不侈袂，惟士不侈袂。孔廣森不從鄭說，認為只有皮弁服、冠弁服才有侈袂，凡冕服則皆正幅：

> 唯皮弁冠弁服，乃有侈袂。廣森以為，吉事則冠冕之服端，弁服侈袂。《少牢饋食》「主婦被錫衣，侈袂」，知主人朝服亦侈袂也。凶事則喪服端，《雜記》曰：「端衰喪車皆無等。」弔服侈袂，《雜記》又曰：「凡弁絰，其衰侈袂。」凡端與侈袂，取其相變而已。〔註38〕

按：孔說凡冕服皆正幅，皮弁服、冠弁服才有侈袂，是也。孫詒讓認同孔廣森所說冕服皆正幅，但也指出弁服不必皆侈袂：

> 以經考之，冕服皆正幅，孔廣森所說固是，但弁服則不必皆侈袂，《雜記》弁絰，特其一端耳。委貌朝服，亦實不為弁制。凡諸服之侈袂，皆同服而特示別異，似與尊卑之等絕不相關。〔註39〕

（二）五冕皆玄端

《玉藻》：「諸侯玄端以祭，裨冕以朝。」鄭注曰：「端，亦當為『冕』字之誤也。裨冕以朝，朝天子也。裨冕，公袞，侯伯鷩，子男毳也。」孔廣森則認為「端」字不誤，此「玄端」猶言「端冕」，非冠端玄者也：

> 《玉藻》「諸侯玄端以祭」，五冕皆玄，其服皆端，玄端猶言端冕，

〔註36〕孔廣森：《禮學卮言》卷二，《續修四庫全書》，第110冊，上海古籍出版社，2002年，第98頁。

〔註37〕楊士勳：《春秋穀梁傳注疏》，卷七，僖公・起元年盡五年。

〔註38〕孔廣森：《禮學卮言》卷二，《續修四庫全書》，第110冊，上海古籍出版社，2002年，第98頁。

〔註39〕孫詒讓：《周禮正義》，中華書局，2013年，第1672頁。

即謂衰、鷩、毳之屬，彼兼五等諸侯言之，不得斥名何冕，故通謂
之玄端。〔註40〕

按：孔說正確，五冕皆玄，衰、鷩、毳之屬，其服皆端，此「玄端」兼五等諸
侯言之，不得斥名為具體的衰冕、鷩冕、毳冕等冕名，故通謂之「玄端」。又
此『玄端』文在「裨冕以朝」之上（《玉藻》「諸侯玄端以祭，裨冕以朝」），故
知玄端亦當為裨冕之類禮服，「祭」、「朝」貴賤不殊也。若如鄭玄所謂玄端為
玄冕，玄冕服衣無文，裳刺黼而已，則諸侯「祭」、「朝」之禮服貴賤懸殊矣，
故孔廣森知鄭君破「玄端」為「玄冕」非是也。盧辯亦認為此「玄端以祭」當
為「裨冕」以祭，《大戴記》盧注云：「鄭氏頓貶公侯，使一同玄冕以祭於己，
非其（等）差也。且諸侯專國，禮樂車服，王命有之，何獨抑其服乎？《玉
藻》曰：『玄端以祭，裨冕以朝。』孫炎云：『其祭先君亦裨冕矣。』孫說為
合。」〔註41〕孫詒讓引《大戴記》盧注併案曰：

盧從孫炎說，謂諸侯祭先君裨冕，即公衰冕，侯伯鷩冕，子男毳冕，
以遠尊得申上服，揆之禮意，其說較鄭為允。公羊昭二十五年何注
云：『禮，諸侯裨冕，以朝天子，以祭祖禰。』此亦謂諸侯朝祭同服
裨冕。何、孫義不可易也。〔註42〕

五冕皆玄冕，服名則通謂之玄端，孔謂「五冕皆玄通謂之玄端」是也。自天子
至於士，玄端皆玄裳也。諸侯玄端與玄冠（委貌冠）素裳相配。鄭注《玉藻》
「諸侯朝服」云：「朝服，冠玄端素裳也。」服玄端者無異裳，天子燕居時亦
服之，《玉藻》「卒食玄端而居」鄭注曰：「天子服玄端燕居也。」孫詒讓《周
禮正義》引金鶚說云：「玄端、素端是服名，非冠名，蓋自天子下達，至於士，
通用為齊服，而冠則尊卑所用互異。」〔註43〕故知孔說「五冕皆玄，通謂之
玄端」為是。

雖冕服皆為玄端服，但亦當有別，有玄冕之玄端，有爵弁之玄端，有玄
冠之玄端等，此孔廣森「五冕皆玄端」說未詳及也。《周禮正義》析之曰：

凡冕弁冠諸服，並繫冠為名，唯玄端素端是服名，非冠名，蓋自天
子下達於士，通用為齊服，而冠則尊卑所用互異，有玄冕之玄端，

〔註40〕孔廣森：《禮學卮言》卷二，《續修四庫全書》，第110冊，上海古籍出版社，
2002年，第97頁。
〔註41〕孫詒讓：《周禮正義》，中華書局，2013年，第1666頁。
〔註42〕孫詒讓：《周禮正義》，中華書局，2013年，第1666頁。
〔註43〕孫詒讓：《周禮正義》，中華書局，2013年，第1663頁。

有爵弁之玄端，有玄冠之玄端，有緇布冠之玄端。它服各自有常冠，故以冠名服，玄端則冠本無定，故專稱服名矣。天子諸侯大事齊，常用玄冕，小事齊則用玄冠。〔註44〕

第三節　論婦人之服制

一、分配婦人六服與男服對應差次

《周禮‧內司服》云：「掌王后之六服：褘衣、揄狄、闕狄、鞠衣、展衣、緣衣、素沙；辨外內命婦之服：鞠衣、展衣、緣衣、素沙。」孔廣森認為，依禮婦人從夫之服位，則婦服亦有九等，此經唯見婦人六服，是因為天地、山川、社稷之外祀等事，后夫人皆不參與，故不備其服。

孔廣森分配婦人之服與男子冕弁服之對應關係為：「褘衣視袞冕，揄狄視鷩冕，闕狄視毳冕，鞠衣視希冕，褖衣視玄冕，稅衣視爵弁，錫衣視冠弁，宵衣視玄端。」他分別引相關經注以證明此對應關係：引《禮記》「君袞冕立於阼，夫人副褘立於房中」（王服袞冕），證「褘衣視袞冕」；引鄭注「侯伯之夫人揄狄，子男之夫人闕狄」（侯伯鷩冕，子男毳冕），證「揄狄視鷩冕」、「闕狄視毳冕」；引鄭注「其夫孤也，則服鞠衣，孤之服，自希冕而下」證「鞠衣視希冕」；又據《喪大記》「復大夫以玄赬，世婦以褖衣」、《玉藻》「一命褖衣」，證「褖衣視玄冕」；並引《喪大記》「士以爵弁士妻以稅衣」、《雜記》「諸侯以褖衣冕服，爵弁服，夫人以稅衣揄狄，狄稅素沙」，狄比冕服，稅比爵弁服，證「稅衣視爵弁」；引《少牢饋食禮》「主婦被錫衣侈袂」，主人朝服布，主婦褖衣亦布，證「錫衣視冠弁」；引《特牲饋食》「主人冠端玄，主婦纚笄宵衣」，證「宵衣視玄端」也〔註45〕。

按：孫詒讓認為，孔說展衣以上差次甚當，褖衣等則未盡精析，其《周禮正義》云：

孔廣森分配男服，自鞠衣以上與鄭義同。褖衣視玄冕，稅衣視爵弁，亦依鄭玄《禮記注》義。《喪大記》之褖衣即此展衣，稅衣即此褖衣也。綜而論之，展衣以上，鄭玄所說差次甚當。其褖衣，依鄭玄《內

〔註44〕孫詒讓：《周禮正義》，中華書局，2013年，第1663頁。

〔註45〕孔廣森：《禮學卮言》卷二，《續修四庫全書》，第110冊，上海古籍出版社，2002年，第98～99頁。

司服》及《追師》注義，服次者視弁服、冠弁服，服緇茾者亦曰宵
衣，則視玄端服，並未盡精析。今依孔廣森說，參之禮經，蓋女子
次褖衣，視男子之爵弁、皮弁服；女子被錫衣，視男子之冠弁朝服；
女子緇茾宵衣，視男子之玄端服。宵衣即錫衣而以綃為領者，與褖
衣實不相同，此經無者，亦文不具也。〔註46〕

孫詒讓依孔廣森之說，並參之禮經，分配女子之服與男子之服差次為：女次
褖衣對應男爵弁皮弁服；女被錫衣對應男冠弁朝服；女緇茾宵衣對應男玄端
服，此差次與孔廣森說近同。黃以周不同意鄭注與孔說，認為鄭注尚未盡然，
孔說牽強附會，更不足信〔註47〕。

　　鄭玄注義的前後不一，以及行文中禮服對象未能精確區分，是造成禮家於
此對應差次爭議紛紜的重要原因。如，《內司服》「展衣」鄭注云：「展衣，以禮
見王及賓客之服。」《尚書大傳》「后夫人將侍於君前，釋朝服，襲燕服」，鄭注
云：「朝服，展衣。」《內則》「世子生，則君沐浴朝服，夫人亦如之」，鄭注云：
「諸侯夫人朝於君，次而褖衣也。」此《內則》注與《內司服》注及《大傳》
注義皆異。《追師》注云「后見於王，首服次」，然次、褖衣乃燕見之服，《內則》
明云朝服，則又與燕見之服相異矣。另，天子與諸侯，王國與侯國，大國與小
國，其公卿大夫與內外命婦服之等皆有差別，亦有魯國與宋國之特製，及攝盛
加命之說，故其男女禮服等差較為複雜，多非一二證據所能彰明之。

二、展衣、稅衣與女子首服

（一）展衣

　　鄭注《內司服》云：「展衣，以禮見王及賓客之服。」鄭箋《詩經·鄘風·
君子偕老》亦云：「展衣，此以禮見於君及賓客之盛服也。」孔廣森認為「王
以皮弁為朝服，后以展衣為朝服，取其色與皮弁素積相應」，故「展衣視皮弁」
〔註48〕。孫詒讓認同孔廣森此說，《周禮正義》引述孔說並按曰：「鄭玄之意
蓋當如孔廣森說，此注以展衣為後以禮見王及賓客之服，指常朝言之。賈后
疏引大傳注，謂后夫人朝服同展衣。」〔註49〕

〔註46〕孫詒讓：《周禮正義》，中華書局，2013年，第578～579頁。
〔註47〕黃以周：《禮書通故》，中華書局，2016年，第180～181頁。
〔註48〕孔廣森：《禮學卮言》卷二，《續修四庫全書》，第110冊，上海古籍出版社，
　　　　2002年，第99頁。
〔註49〕孫詒讓：《周禮正義》，中華書局，2013年，第584頁。

孔廣森認為展衣為白色。《詩》言「瑳兮瑳兮，其之展也」，《說文解字》曰：「瑳，玉色鮮白。」以玉之白喻衣之白，則知展衣白矣〔註50〕。孔解可通。水色既黑，褖衣象之；水生於金，褖衣上有展衣，則展衣象金色白。鄭司農亦云「展衣，白衣也」（鄭注《內司服》）。

（二）稅衣、褖衣

鄭玄見《雜記》《喪大記》稅衣之「稅」字作「褖」字，故定「褖」字為正字，《士喪禮》《玉藻》亦並作「褖衣」，故鄭注言「稅」為「褖」者甚眾，《內司服》注亦據以讀此經。孔廣森不從，認為「鄭讀稅、褖為一，近強合耳」〔註51〕。

《喪大記》「士以爵弁，士妻以稅衣」，《昏禮》「主人爵弁、女次純衣纁袡」，壻爵弁服純，故女稅衣亦純，「稅衣纁袡」即「純衣纁袡」，《小戴》言稅不言純，《儀禮》言純不言稅，可互相見。孔廣森推敲以上經文知稅衣即純衣，非褖衣〔註52〕。然孔此說證據不足，所析未審。純衣用絲，稅衣為常服，則不當為絲衣，盛世佐說：「純衣與褖衣制同而用絲，乃嫁時盛服，非常服也，其所以異於褖者，宵衣之制，其褒狹小，非侈袂也。」〔註53〕故知廣森說「稅衣即純衣」非是也，當從鄭注「稅褖為一」之說。阮元認為「稅衣作褖衣，與此注正合，稅褖皆聲相近。」〔註54〕

（三）女子首服

《少牢饋食禮》「主婦被錫衣侈袂」，鄭注云：「『被錫』讀為『髲鬄』，大夫妻尊，亦衣宵衣而侈其袂。」孔廣森認為「被」乃首服，不當連「錫」為讀，孔謂《詩》曰「被之僮僮」、「被之祁祁」，「被」者乃《追師》之「次」也。「副」、「編」、「次」（「被」）皆女子首服也，《禮服釋名》曰：

> 《追師》職首服，有副、編、次三等。《禮》每言副褘，知唯褘衣配
> 「副」。鄭曰：「副之言覆，所以覆首為之飾，其遺象若今步搖。」

〔註50〕孔廣森：《禮學卮言》卷二，《續修四庫全書》，第110冊，上海古籍出版社，2002年，第99頁。

〔註51〕孔廣森：《禮學卮言》卷二，《續修四庫全書》，第110冊，上海古籍出版社，2002年，第99頁。

〔註52〕孔廣森：《禮學卮言》卷二，《續修四庫全書》，第110冊，上海古籍出版社，2002年，第99頁。

〔註53〕黃以周，《禮書通故》，中華書局，2016年，第180頁。

〔註54〕孫詒讓：《周禮正義》，中華書局，2013年，第585～586頁。

揄狄以下皆「編」。鄭曰:「編列髮為之,若今假紒。」稅衣以下皆
「次」。鄭曰:「次,第髮長短為之,所謂髢髲。」宵緣則纚笄而已。
其等,男子弁而婦人次,男子冠而婦人纚笄。〔註55〕

按:孔廣森認為女子首服有副、編、次三等,「被」乃首服,不當連「錫」為
讀。孔說是。《詩》「被之僮僮」,「被之祁祁」,《唐韻》釋「被」為「皮義切,
音髲。覆也」。馬瑞辰《毛詩傳箋通釋》曰:「僮僮、祁祁,皆狀首飾之盛。」
被,首飾,取他人之髮編結披戴的髮飾,相當於今之假髮。敖繼公所解「被,
如被衿衣之被,謂之衣之也」〔註56〕非是。「被」者乃《追師》之「次」也,
鄭注《追師》曰:「次,次第髮長短為之,所謂髢髲。」「次」與「副」、「編」
皆《追師》之首服、首飾也。孔廣森認為《追師》女子首服有副、編、次三
等,其與自身禮服對應關係為:褘衣首服配副,揄狄以下首服皆編,稅衣以
下首服皆次,宵緣則首服纚笄而已。其與男子冠冕等差對應為:男子弁而婦
人次,男子冠而婦人纚笄。孔說是也,女子首服副、編、次等穿戴規範亦遵循
君臣相通和上下差等有別原則,女子次祿衣視男子爵弁皮弁服,女子纚笄宵
衣視男子玄端服。

〔註55〕孔廣森:《禮學卮言》卷二,《續修四庫全書》,第 110 冊,上海古籍出版社,
2002 年,第 99 頁。
〔註56〕敖繼公:《儀禮集說》,上海古籍出版社,2017 年,第 968 頁。

第七章 《禮學卮言》關於九廟與 五門的考證成就

第一節 「九廟辨」

　　《禮記‧王制》云：「天子七廟，三昭三穆，與太祖之廟而七。」鄭注曰：「此周制，七者，太祖及文王、武王之祧，與親廟四。太祖，后稷。」孔穎達認為周天子之所以七廟，因周文王、武王乃受命之王，受命之王不毀其廟，為二祧廟，並始祖廟（周之始祖后稷）及高祖以下四親廟，合為七廟，故為「七」也。鄭玄和孔穎達皆認為周天子七廟，西漢韋玄成、東漢班固、盧植、何休等人皆持此說，七廟為五廟（始祖廟加高祖以下四廟）之外加不毀之文、武二祧。

　　然劉歆、王肅等認為「三朝三穆」中不含文武。劉歆認為周文王、武王乃受命之王，為有「祖」、「宗」廟號的有功德的帝王，他們的宗廟世世不毀，是為不可遷毀的二祧廟，不在天子七廟常數中。常數七廟是指在世君主六世祖以下六廟並始祖廟后稷廟構成的七廟，在世帝王高祖之父及高祖之祖廟為二祧廟，與四親廟皆次第而遷，二祧並始祖廟后稷廟及高祖之父下之四親廟為七廟。因文王、武王為祖宗，二者為不遷不毀之廟，非二祧廟，不在「常廟之數」。劉歆此說如此遂使《王制》「三昭三穆」之數成為「四昭四穆」，廟數「廣而為九」。

一、九廟與七廟

　　「九廟說」與「七廟說」的關鍵在於文武二廟的安置問題。文武二廟在

七數之內,則天子七廟;文武二廟不在七數之內則天子九廟。諸儒對此聚訟紛紜,或延續韋、鄭諸儒之說立論,或遵循劉、王諸儒之論立說。秦蕙田《五禮通考》卷《宗廟制度》、毛奇齡《經問》、金鶚《求古錄禮說》、孫詒讓《周禮正義·春官·宗伯》、汪紱《參讀禮志疑》、萬斯同《廟制圖考》、陸隴其《讀禮志疑》等皆循劉歆、王肅說;孫星衍《問字堂集》「五廟二祧辨」、徐養原《頑石廬經說》「廟制辨」、黃以周《禮書通故》卷《宗廟禮通故》、任啟運《朝廟宮室考》等皆宗鄭說。

孔廣森亦宗鄭說,其《九廟辨》曰:

> 六廟不計文武,劉歆始創其說,新莽用之以立九廟,王肅申之,以難鄭君,後之儒者,咸以為歸,遂使《王制》「三昭三穆」之數溢而為四。荀卿「有天下者事七世」之文,廣而為九,其不然乎!其不然乎!周因殷禮,四廟遞遷,文武功德,宜百世祀,特為二祧,親盡弗毀。《祭法》云:「王立七廟,曰考廟、⋯⋯曰祖考廟,皆月祭之。遠廟為祧,有二祧,享嘗乃止。」此言為不易矣!韋元成《廟議》云:「周之所以七廟者,以后稷始封,文王、武王受命而王,是以三廟不毀,與親廟四而七。」漢儒近古,亦無異詞。〔註1〕

孔廣森認為劉歆始創九廟說,王肅用以難鄭,其說難以成立。文武為二祧廟,考廟、王考廟、皇考廟、顯考廟為四親廟,加祖考廟,是為天子七廟,文武二祧廟與祖考廟不毀,此七廟說漢儒無異詞,為不易之說也。孔廣森延鄭注、韋元成《廟議》說,又引《周禮》「隸僕掌五寢掃除糞灑之事,祭祀、修寢」力駁王肅「二祧不在七廟之內」之說:

> 《周官》:「隸僕掌五寢掃除糞灑之事,祭祀、修寢。」七廟皆後有寢,其祧則守祧掌之,故寢止言五,二祧不在七廟之外,信矣!⋯⋯屬王名胡,其仍孫釐王復名胡齊,周人以諱事神名,令六廟之親未盡,莊王不得以屬王之名名其子也,故知自莊王時,屬廟固已毀矣。且《記》云「周旅酬六尸」,又未聞兼文武為八尸也。〔註2〕

按:鄭注《隸僕》曰:「五寢,五廟之寢也。周天子七廟,惟祧無寢。」孔廣

〔註1〕孔廣森:《禮學卮言》卷二,《續修四庫全書》,第110冊,上海古籍出版社,2002年,第90頁。

〔註2〕孔廣森:《禮學卮言》卷二,《續修四庫全書》,第110冊,上海古籍出版社,2002年,第90~91頁。

森認為周天子七廟皆後有寢，隸僕掌五寢，其他二祧廟之寢則有守祧掌之，故此經只言五寢，知二祧廟在七廟之內矣。《禮器》曰「周旅酬六尸，一人發爵」，則周當有七尸，未聞兼文武為八尸，孔據此「旅酬六尸」證文武在七廟之內。《禮記正義》「周旅酬六尸」注疏載馬昭之說難王肅，馬昭亦認為按《喪服小記》王者立四廟，周尊后稷，宗文王、武王，則為七廟，若文、武二廟不列於七數，既不能享嘗，亦不能同祭，非禮也。由此證文武在七廟之內。然而馬、孔未知「旅酬六尸」乃文武未去祧前之禘祫六尸。對此，孫詒讓指出：「不知此（旅酬六尸）乃懿、孝以前禘祫之禮，其時文武未去祧，故止六尸。若孝王以後，二世室已立，則旅酬當有八尸矣。」〔註3〕二世室，即文武去祧後所立不遷之廟，孫詒讓認為周孝王之後天子廟制，二世室加上六親廟則旅酬當有八尸矣。至於孔廣森「周人以諱事神名，六廟之親未盡莊王不得以屬王之名名其子」之說，似無顯據。

又，《說文·示部新附》云：「祧，遷廟也。」二祧為遷廟，遷廟必有迭毀，非文武專屬。文武是受命之王，為祖宗，百代不遷，豈能迭毀？若依孔廣森「天子七廟、文武二祧在七廟數內」，則廟、祧為一，出現不遷廟與迭毀廟在意義上的矛盾。故有清代禮學家認為廟、祧非一，二祧之義當從王肅說。王肅謂二祧是王之高祖之父與祖廟，依次遞遷，非不遷不毀之廟也。王說是，許宗彥云：「《周禮》五廟二祧，五廟者，一祖四親。祧為遷廟，必非與寢廟同制。若祧猶是廟，何為別立此名？」〔註4〕金鶚亦云：「祧，遷廟也。大祖百世不遷，豈可以遷主所藏，遂名為祧乎？」許、金二說駁正甚力，鄭玄注《祭法》「遠廟為祧」、注《周禮》「遷主所藏曰祧」之義皆違經正文〔註5〕，失矣。由此知孔廣森七廟說對「祧」義定有誤解。

鄭玄七廟說未能注意區別天子與諸侯廟數之尊卑，此亦為諸儒以鄭說為非的原因。文武若不立廟，則當文武親盡後，天子親廟僅二昭二穆四親廟，與諸侯同為四親廟之數，何有尊卑之別？金鶚亦申王難鄭云：「自上而下，降殺以兩，百王不易之制也。若天子諸侯皆親廟四，何尊卑之無別乎！」孫詒讓《周禮正義》曰：「王肅則謂周本七廟，內涵二祧，文武別立廟，在七廟之

〔註3〕孫詒讓：《周禮正義》，中華書局，2013年，第1261頁。
〔註4〕許宗彥：《周廟祧考世室考》，《清經解》卷1255，《鑑止水齋集》，上海書店，2014年，第234頁。
〔註5〕參見《禮記·王制》孔穎達疏《禮記正義》卷12。

外。王是也。」〔註6〕許宗彥於此亦辨說甚詳：

> 韋玄成、鄭康成等皆以為文武為不遷之廟，既以文武為不遷之廟，
> 而周制止五廟，不得不以二祧當之。祧者遷廟，乃以為不遷之廟，
> 名實乖矣。況鄭謂二祧者，遷主所藏之廟，文武以親盡而為祧，凡
> 先王亦親盡而祧，其主亦藏於祧廟，是文武仍與凡先王等，豈為尊
> 禮乎？又鄭解祧云：「祧之言超也，超上去意也。」使文武長居二祧，
> 凡祧主皆藏祧廟，則何超上之有？〔註7〕

按：孔廣森七廟說不別天子與諸侯廟數之尊卑，以遷主所藏名為祧，天子諸
侯皆親廟四，名實相乖，故其說非審也。無論宗鄭說還是循王說，大多儒家
學者包括孔廣森在內，未能把七廟制或九廟制看做一個漸進演變的動態過程，
沒有對某些歷史階段的狀況做必要界定，對周天子廟制之數演變情況描述和
說明不足，不辨天子與諸侯廟數之尊卑，拘泥於文武二祧是否在七廟之數，
故其說多有牴牾處。

二、廟祧之昭穆

　　無論天子有七廟抑或有九廟，古人在建宗廟時，都面臨如何排列宗廟順
序的問題，以及廟中神主宗族墓冢的排列問題，這些問題都與昭穆制度密切
相關。昭穆制度是有關宗廟、廟中神主和宗族墓冢排列順序的一種制度，它
與宗廟、祭祀、墓葬都有密切的關係。昭穆制度中宗廟的排列，在很大程度
上表現為廟中神主如何排列的問題。

　　《周禮·春官·小宗伯》述小宗伯之職有「辨廟祧之昭穆」之責，鄭玄
《注》曰：「祧，遷主所藏之廟，自始祖之後，父曰昭，子曰穆。」孔穎達《疏》
曰：「自始祖之後，父曰昭，子曰穆者，周以后稷為始祖，特立廟不毀，即從
不窋（不窋，后稷之子）以後為數，不窋父為昭，鞠（不窋之子）子為穆。從
此以後，皆父為昭，子為穆，至文王十四世，文王第稱穆也。」鄭注孔疏皆謂
自始祖之後，父曰昭，子曰穆，廟祧之位皆先三昭，後三穆，從始祖之子不窋
算起，父為昭，子為穆，孫又為昭，依次類推。到文王時是第十四世，為穆，
武王第十五世，為昭。朱熹《四書章句集注·中庸章句》曰：「宗廟之次，左

〔註6〕孫詒讓：《周禮正義》，中華書局，2013年，第1259頁。
〔註7〕許宗彥：《周廟祧考世室考》，《清經解》卷1255，《鑑止水齋集》，上海書店，
　　　2014年，第233頁。

為昭，右為穆，而子孫亦以為序。」故昭穆是表明左右方位，辨廟祧次序，不以此為尊卑上下之別。

但孔廣森認為這種先昭後穆的做法不符合神道（地道）右者為尊之義，孔認為廟祧尊卑問題主要從祧主所處左右方位體現出來，神道尚右，右者為尊，就廟中而論，亦必以在右者為尊。昭，左也，穆，右也，故廟祧之位，當先三穆，後三昭。

> 《小宗伯》「辨廟祧之昭穆」注云：「自始祖之後，父曰昭，子曰穆。」今案，昭，左也；穆，右也。人道尚左，神道尚右，廟祧之位，當先三穆，後三昭。又《冢人》墓地，亦以昭穆為左右，而謂先昭後穆，得無於地道尊右之義尤未協歟？夫殷人上親，右宗廟左社稷；周人上尊，右社稷左宗廟，先儒之舊說也。廟與社並論，既以在右者為尊，則就廟中而論，亦必以在右者為尊，此理甚明。文王稱穆，武王稱昭，二祧並立，百世不毀。若以昭先穆，是終周之世，武常先於文矣。且昭主藏於武王廟，穆主藏於文王廟，是周之諸王，無不子先於父者矣。愚謂父昭子穆，蓋通始祖計之，據其生時世次，始祖為昭，始祖之子為穆，及其入廟，始祖居中，而始祖之子乃適以穆為四親首，故昭穆不異名，而左右已異尚，然經言「昭穆」不言「穆昭」者，唯據父昭子穆為正也。漢宗廟猶尚右，故《漢書》云：「皇后配食於左坐。」衛宏說：「右主八寸，左主七寸。右主，父也；左主，母也。」〔註8〕

按：孔廣森認為神道尚右，右者為尊，廟中必以在右者為尊，左昭右穆，故廟祧之位，當三穆在前，三昭在後。孔廣森以周制為例說明先昭後穆中存在的矛盾。周制文王稱穆，武王稱昭，二祧並立，百世不毀，若以先昭後穆順序，始祖左方二世、四世、六世，對應右方三世、五世、七世，左右對稱，則武王之位先於文王，出現子先於父者的情形。孔廣森據此推測，父昭子穆，大概是從始祖開始計，據其生時世次，始祖是昭，始祖之子為穆，及其入廟，始祖居中，則以穆為四親首。此說似能釋昭位先於穆位、子先於父之惑，亦符合神道（地道）右者為尊，體現尊卑之義。然此說於經史皆無顯據，以左右尊卑論廟祧之位次失之。又孔廣森是據人子入廟面向的角度為說，以人子入廟觀

〔註8〕孔廣森：《禮學卮言》卷三，《續修四庫全書》，第110冊，上海古籍出版社，2002年，第104頁。

之，左昭右穆；但若以始祖坐向而言，則右昭左穆，故孔說拘泥，黃以周《禮書通故》評析曰：

> 以周案：左昭右穆，據人子入廟助祭為文，若以始祖坐向而言，其父曰昭，居右，其子曰穆，居左。正合神道尚右之義。經言昭穆，不言穆昭，以此。其後子孫各以昭穆之班祔，自為尊卑，又不昭穆為尊卑，如新死者入昭穆，與其父並列為四親，豈亦可謂尊於穆廟乎？文王稱穆，武王稱昭，其舊版本如此，非周公欲先文王而穆之也。孔（廣森）說泥矣。〔註9〕

《宋史·禮志》何洵直云：「古者葬祔以其班，祫以其班，為尸及賜爵以其班，故昭常為昭，穆常為穆，廟次雖遷，昭穆之班，一定不移。夫文王、太王，其子對父，皆稱昭，武王、王季其子對父皆稱穆。其為子一也，對父或稱昭，或稱穆，知昭穆為定班，而廟次、世次未始異也。」〔註10〕何說義據明確。《周禮·春官·冢人》云：「冢人掌公墓之地，辨其兆域而為圖。先王之葬居中，以昭穆為左右。」此「昭穆」表示「左右」之義明矣。皇侃《疏》說禘祫禮云：「昭者，明也，尊父故曰明也。穆，敬也，子宜敬於父也。」孫詒讓批駁皇《疏》之說，曰：「昭穆者，所以辨廟祧之次序，並不以此為尊卑上下之別。凡廟及神位，並昭在左，穆在右。」〔註11〕父昭子穆，左昭右穆，不嫌乎卑，不嫌乎尊，誠如《周禮訂義》所言：

> 昭與昭為列而不嫌乎子加於父，穆與穆為列，而不嫌乎父屈於子，猶之賜爵，子與祖齒而不嫌乎卑先，父與孫齒而不嫌乎尊者後。猶之主立尸也，子無嫌乎南面而坐，父無嫌乎北面而立，此昭穆之辨不可易矣。〔註12〕

第二節 「五門考」

「三朝五門」制來自周禮，前儒對此「三朝五門」名製及順序有不同的詮釋。

〔註 9〕黃以周：《禮書通故》中華書局，2007 年，第 738 頁。
〔註10〕脫脫：《宋史禮志》，志第七十七，禮二十七，中華書局，1977 年。
〔註11〕孫詒讓：《周禮正義》，中華書局，2013 年，第 1436 頁。
〔註12〕王與之：《周禮訂義》，辨廟祧之昭穆，《欽定四庫全書》本，經部——77，卷三十二。

五門：

鄭司農認為王五門名稱與順序為：「外曰皋門，二曰雉門，三曰庫門，四曰應門，五曰路門。」

鄭玄更之為：「王五門：皋、庫、雉、應、路也」，雉門為中門，其外：庫門、皋門；其內：應門、路門。

三朝：

鄭司農認為外朝在路門外，內朝在路門內；鄭玄認為外朝在庫門外、皋門內，內朝有二，一在路門外，一在路門內。

賈疏認為外朝在大門外，《聘禮》云：「明日，賓拜於朝。」鄭注：「拜謝主君之恩惠於大門外。」賈疏曰：「諸侯外朝在大門外。」

孔廣森「五門三朝」說認為，王城皋門（郭門）門內之庭是為外朝，「皋」、「應」相屬，皋門之內即應門，天子亦有庫門，應門之內曰庫門，等等，孔說與前儒五門之說有諸多不同。

一、皋門與外朝、應門與兩觀

（一）皋門與外朝

孔廣森據《詩》「迺立皋門，皋門有伉，迺立應門，應門將將」及「《毛詩·綿》傳曰『王之郭門曰皋門，郭門即王城南門』」，認為王城郭門即皋門，皋門（郭門）門內之庭是為外朝：

> 郭門即王城南門，其門內之庭是為外朝。外朝九棘之下，有卿大夫治事之處，所謂「外有九室，九卿朝焉」者也。鄭注《尚書》云「卿之私朝在國門」者，亦以此。〔註13〕

按：孔廣森認為，外朝當在皋門門內，皋門門內之庭是為外朝，匠人營國，前朝後市，市朝皆在王宮之外，此外朝是懸法萬民觀、詢眾萬民造之地。孔說確是，《周禮·秋官·小司寇》：「小司寇之職，掌外朝之政，以致萬民而詢焉。」鄭注「外朝」曰：「朝在雉門之外者也。」依鄭玄「五門三朝之說」，外朝當在庫門之外，此云「在雉門外」，疑鄭玄誤沿先鄭五門雉門在庫門外之說，偶失

〔註13〕孔廣森：《禮學卮言》卷二，《續修四庫全書》，第 110 冊，上海古籍出版社，2002 年，第 91 頁。

刊易〔註14〕，故鄭注實以為皋門以內為外朝，與孔廣森說同。孫詒讓贊同孔說，其《周禮正義》引據孔廣森此論，併案曰：「孔說是也。」〔註15〕。

賈疏《聘禮》「賓拜於朝」認為「諸侯外朝在大門外。」賈疏誤矣。天子、諸侯外朝皆在大門內，無在大門外者，當如孔說「王城南門門內之庭是為外朝」（或皋門內或庫門內）。《正義》曰：

> 天子外朝在皋門內，則諸侯外朝亦當在庫門內矣。朝必有門，門與朝相對。若在庫門外，則朝不必有門。又朝必有廷，所謂朝廷也。廷必有門以限之，諸侯三朝亦宜有廷。若外朝在庫門外，是諸侯外朝獨無廷矣。無門無廷，何得謂之朝乎？外朝雖不常御，然亦君之朝廷，不可褻慢，故必在門內，設閽人以守之。乃置朝廷於門外，而無守禦，任民驅逐踐踏，褻慢不已甚乎？且路門外有朝，則雉門外亦宜有朝，乃越雉門而遠設於庫門外，此何意也？雉門有兩觀，月吉懸書，萬民得以觀象法者在此。而外朝為詢萬民而設，宜亦在此矣。〔註16〕

（二）應門與兩觀闕

先鄭與後鄭五門之順序，皆「皋、應」不相屬，而孔廣森則認為「皋、應」相屬，皋門之內即是應門：

> 廣森之聞也：昔太王邑於岐，「迺立皋門，皋門有伉，迺立應門，應門將將。」周人因之以為王者之制。而二鄭並言「皋」與「應」不相屬，夫豈其然？……皋門之內曰應門，門之左右，是設觀闕。〔註17〕

按：孔廣森據《明堂位》「庫門，天子皋門；雉門，天子應門」知天子王城皋門內是應門，皋、應相屬，皋門之內即是應門。孔說失之。《詩經》「迺立皋門，皋門有伉，迺立應門，應門將將」，是昔太王邑於岐時諸侯之門制，非後

〔註14〕孫詒讓曰：「鄭注『外朝』曰『朝在雉門之外者也』者，依後鄭五門三朝之說，三詢之外朝當在庫門之外，此云「在雉門之外」，與《閽人》《朝士》注不合，疑誤沿先鄭五門『雉門在庫門外』之說，偶失刊易也。《玉海‧禮儀》引《三禮義宗》謂天子三朝之外別有此三詢之朝，蓋為此注所誤。」參見孫詒讓《周禮正義》，中華書局，2013年，第2762頁。

〔註15〕孫詒讓：《周禮正義》，中華書局，2013年，第2763頁。

〔註16〕孫詒讓：《周禮正義》，中華書局，2013年，第2822頁。

〔註17〕孔廣森：《禮學卮言》卷二，《續修四庫全書》，第110冊，上海古籍出版社，2002年，第91頁。

來天子之王門之制。《明堂位》言諸侯庫門對應天子皋門，意即侯國城門為庫門，庫門如王城一門皋門；言諸侯雉門對應天子應門，乃指諸侯中門（二門雉門）對應天子中門（三門應門）。故天子王城「皋」與「應」並不相屬。

鄭玄引《春秋傳》「雉門災及兩觀」推魯禮以合天子，謂王門雉門設兩觀。孔廣森亦據《春秋經》「雉門災及兩觀」知諸侯兩觀於雉，則王之應門亦設兩觀闕。諸侯兩觀設置於雉門，雉門乃諸侯中門，則知王之中門（應門）亦設兩觀闕。孫詒讓認為孔說「兩觀當於應」是也，《周禮正義》云：

> 「孔廣森云：庫門，天子皋門；雉門，天子應門，《春秋經》書『雉門及兩觀災』，魯之兩觀於雉，知王之兩觀當於應。案：孔說是也。戴震、焦循說同。天子五門，惟應門為正門，故特設兩觀，其餘四門並為臺門一觀，魯無應門，故於雉門設兩觀，此魯禮不可以概天子之制也。」〔註18〕

按：孫詒讓認同孔說應門設兩觀，疑孫或未審孔廣森此應門與皋門相屬，非王之中門也。諸侯中門，雉門也；天子中門，應門也。《閽人》注「中門」云「若今宮闕門」，闕即兩觀也。

二、庫門與廟社、雉門與中門

（一）庫門與社稷宗廟

1. 天子有庫門

劉敞認為，天子無庫門。《天子五門議》云：「此經有五門之名，而無五門之實。以《詩》《書》《禮》《春秋》考之，天子有皋、應、畢，無庫、雉、路；諸侯有庫、雉、路，無皋、應、畢。天子三門，諸侯三門，門同而名不同。《明堂位》所言，蓋魯用王禮，故門制同王門，而名不同也。」〔註19〕孔廣森駁之曰：

> 《記》「王之郊也，獻命庫門之內」，《周書．作雒》亦有「應門庫臺」，天子臺門，故庫門謂之庫臺，而謂天子無庫門，廣森以為不可。

孔說有理，孫詒讓《周禮正義》引孔廣森此論併案曰：

> 「孔說是也。《郊特牲》正據天子郊禮言之，故上有『卜之日王立

〔註18〕孫詒讓：《周禮正義》，中華書局，2013 年，第 543 頁。
〔註19〕孫希旦：《禮記集解》，劉敞《天子五門議》，中華書局，1989 年，第 846～847 頁。

於澤』之文，《作洛》亦確是洛邑之制。《逸周書》逸文，說明堂制亦有庫門、雉門。可證天子本有庫、雉二門。二鄭之說，不可易也。」〔註20〕

2. 庫門內為宗廟社稷

孔廣森認為應門之內為庫門，庫門之內左宗廟右社稷，鄭玄以為宗廟在闕門內，誤矣。《禮學卮言》曰：

> 應門之內曰庫門，宗廟位其左，社稷位其右。《穀梁傳》曰：「禮，送女，父不下堂，母不出祭門，諸母兄弟不出闕門。」范武子注：「祭門，廟門也；闕，兩觀也，在祭門之外。」《禮運》曰：「昔者，仲尼與於蠟賓，事畢，出遊於觀之上。」內廟外觀，故以「出」言之。鄭君以為廟在闕旁，誤矣。徵諸《聘禮》先云「賓至於朝」，外朝也，然後云「公皮弁迎賓於大門內」，闕門內也。〔註21〕

按：前文已述，孔廣森以皋門之內為應門（二門），應門設兩觀闕，故可稱之「闕門」，應門（此闕門）之內為庫門（三門），庫門之內設宗廟。也就是說，不論孔廣森五門名稱如何，宗廟在天子五門之中門（三門）內也。此與鄭說不同。鄭玄以為廟社不在中門內，而在中門外。《周禮·春官·小宗伯》曰：「小宗伯之職，掌建國之神位，右社稷、左宗廟。」鄭注「神位」曰：「庫門內，雉門外之左右。」鄭玄「庫門」非中門，即此注認為社稷宗廟皆在中門外也（廟在闕旁）。孔廣森以《禮運》辯之，「出遊於觀之上」，即廟祭後出庫門至應門兩觀闕，故以「出」言之，證中門（即孔所謂庫門）內有宗廟，宗廟不在闕旁明矣。孔說可通。孫詒讓云：「今考諸侯三門，廟社當在雉門內、路門外。天子五門，廟社當應門內、路門外。鄭、賈謂在庫門內、雉門外，非也。」〔註22〕孫詒讓所說「應門內、路門外」當是在中門內，故其《周禮正義》案曰：

> 韋玄成據侯國三門言之，故云在大門內，大門內即中門外也。《獨斷》云：「宗廟、社稷皆在庫門之內，雉門之外。」《白虎通義社稷篇》云：「社稷在中門之外、外門之內何？尊而親之，與先祖同也。不置中門內何？敬之，示不褻瀆也。」戴震云：「天子諸侯君臣日見

〔註20〕孫詒讓：《周禮正義》，中華書局，2013年，第542頁。
〔註21〕孔廣森：《禮學卮言》卷二，《續修四庫全書》，第110冊，上海古籍出版社，2002年，第91頁。
〔註22〕孫詒讓：《周禮正義》，中華書局，2013年，第2822頁。

之朝，謂之內朝；在路門外庭，斷獄蔽忿及詢非常之朝，謂之外朝，在中門外庭。」《聘禮》「公出送賓及大門內」，《司儀》曰「出及中門之外」，廟在中門內明矣。〔註23〕

（二）雉門與天子中門

1. 雉門與治朝

孔廣森謂天子庫門之內曰雉門，治朝在雉門之內，路門之外，路門即中門。其《五門考》云：

> 庫門之內曰雉門。雉之言治也，以其近治朝名之。舊說《康王之誥》「應門之內」為視治朝，愚謂彼喪中變禮，未忍履先王常朝，故異其處耳。若以為即常朝之位，則治朝之在列者唯三公、孤卿大夫，王族，故士、虎士、僕右曷得於治朝見諸侯乎？治朝在雉門之內，畢門之外。〔註24〕

按：孔謂雉門因近「治朝」，故名之「雉門」。此說有據，《玉海·宮室》引《三禮義宗》云：「雉門，雉，施也，其上有觀闕以藏法，故以施布政教為名也。」〔註25〕孔廣森認為雉門之內治朝是常朝，是常朝則不僅三公、孤卿大夫可於此見諸侯，王族，故士、虎士、僕右亦可於此見諸侯。至於《康王之誥》謂「應門之內」為治朝，孔廣森認為這是喪中變禮，非常朝之設。《禮記·玉藻》：「君日出而視之，退適路寢聽政。」可見治朝與路寢在視聽朝政方面上是有聯繫的，治朝在雉門之內，與路寢近，因此治朝又叫「日朝」、「常朝」。

2. 天子中門

《周官·閽人》：「閽人掌中門之禁。」鄭注曰：「中門，於外內為中，若今宮闈門，王有五門，玄謂雉門，三門也。」孔廣森認為鄭玄以「雉門」解為「中門」不當，「中」非五門之「中」，「中」是「內」（猶如宮中、宮內也），中門是「內門」也：

> 畢門者，路寢之南門，故謂之路門。路門，中門也。中，非五門之中，猶言「內門」云爾。《周官》「閽人掌中門之禁」，注以「雉門」

〔註23〕孫詒讓：《周禮正義》，中華書局，2013 年，第 1423～1424 頁。
〔註24〕孔廣森：《禮學卮言》卷二，《續修四庫全書》，第 110 冊，上海古籍出版社，2002 年，第 91～92 頁。
〔註25〕孫詒讓：《周禮正義》，中華書局，2013 年，第 541 頁。

　　當之。閽人，內官之屬，雉門非所掌也。〔註26〕

孔廣森認為閽人屬內官，掌內門之禁，路門是天子路寢之南門，故謂路門為中門（內門）也，而雉門（三門）則非閽人所掌。孔此說可通，誠為一銳見也。孔說不孤，後來孫詒讓解「中門」亦有此義，《周禮正義》云：

　　此門（《閽人》「掌中門之禁」）實不專屬雉門，當兼庫雉應三門言
　　之。蓋五門以路門為內門，皋門為外門，餘三門處內外之間，故通
　　謂之中門，猶之治朝與三詢之朝，對燕朝言之，通稱外朝也。竊謂
　　天子五門，本皆有閽人，此獨言掌守中門之禁，以皋門內之外朝，
　　三詢觀法之地，嘉實肺石所在，萬民皆得出入，其守禁較寬，又有
　　師氏同守之，非閽人所專司。唯庫門以內三門，廟社府庫及官府次
　　舍羅列其間，地居要近，閽人專掌其守禁，故經特舉中門言之，非
　　謂中門之外，遂非閽人所守也。〔註27〕

〔註26〕孔廣森：《禮學卮言》卷二，《續修四庫全書》，第110冊，上海古籍出版社，
　　　　2002年，第92頁。
〔註27〕孫詒讓：《周禮正義》，中華書局，2013年，第542～543頁。

第八章 《禮學卮言‧三禮雜義》的名物制度考證成就

　　《周禮雜義》《儀禮雜義》《小戴禮記雜義》為《禮學卮言》第三、四、五卷。《三禮雜義》當是孔廣森研讀三禮的讀書劄記，以考辨名物制度為主，兼及小學訓詁等其他內容。孔廣森《三禮雜義》考辯名物制度，闡明經注之旨，多以申明、補足、駁正鄭注賈疏為務，故可把此《禮學卮言‧三禮雜義》看做孔廣森對《三禮》部分經注之新疏。

第一節　《三禮雜義》的體例與內涵特徵

　　乾嘉時期學者研讀禮經多有作劄記者，三禮學文獻中有諸多此類文獻，以《周禮》學為例，張羲年《周官隨筆》、范爾梅《周禮劄記》、李光地《周官筆記》、朱亦棟《周禮劄記》、汪德鉞《〈周官〉偶記》、胡秉虔《周官小識》等書皆為此類著述。這些劄記形式的禮學著述內容也多為名物度數考證之作，雖未如專著嚴謹，箋注也未必全面，但其中不乏獨到見解。孔廣森《三禮雜義》亦是如此，《三禮雜義》作為孔廣森讀三禮的讀書劄記，共有八十餘條考論和讀禮心得。

　　孔廣森按照三禮經文先後為序，依次標舉經文中有所考證辯駁的名物、制度或其他訓詁詞句等作為為條目名稱各為之說。各條目標題名稱在《禮學卮言》一書前面目錄裏有所呈現，但正文裏面未再標識。如，《周禮雜義》目錄裏有標題名稱「制其幾方千里」，對應的正文中沒有此標題名稱，而是直接

從《漢書地里志》「洛邑與宗周通封畿短長相覆千里」及臣瓚注展開考論。

《禮學卮言·周禮雜義》的考論條目名稱如下：

王齊日三舉、豆脯、夏頒冰、王及后之服屨、廣輪之數、制其畿方千里、凡民訟以地比正之、職人、裏布屋粟夫家之徵、畛、凡糞種、人二鬴下也、接盛、脹膰之禮、琥、辨廟祧之昭穆、及葬共其裸器遂貍之、柏席、死於兵者不入兆域、凡樂圜鍾為宮、祭祀先卜、九筮、以封四衛、隸僕掌五寢、士師受中、凡諸侯之邦交歲相問、璧以帛琮以錦、萬之以眠其匡也、輪人為蓋、凡冒皷必以啟蟄之日、倨句一矩有半、春以功等，共計三十二條。這些標題顯然是按照《天官》《地官》《春官》《夏官》《秋官》《冬官》等相關內容的先後順序排列。

《禮學卮言·儀禮雜義》按照十七篇先後順序考論條目如下：

主人爵弁纁裳緇袘、婦疑立於席西、質、諸公、燕禮主人、遭喪將命於大夫、聘禮志、十六斗曰藪、賓卒食會飯、候氏裨冕釋幣於禰、方明、至尊、為人後者為其父母、有嫡子者無嫡孫、女子子嫁者未嫁者、無服之殤以日易月、弟長也、夏祝商祝、橆用斂衾、鮮獸、明齊溲酒、祔、眉壽胡壽等共二十三條。

《禮學卮言·小戴禮記雜義》大致按《禮記》49篇先後順序，考論條目如下：

立視五巂、泣血三年、葬於北方北首、使焉曰寡君、小國二卿皆命於其君、三分去一、六尺四寸為步、祭先脾、大饗帝、各以其方色與其兵、無介語可也、周公踐阼、冠娶妻必告練祥則告、夫人在房、社、周之始郊日以至、濫、奏而食、犧象、為父母妻長子禫、祔於其妻、大夫有私喪之葛、下大夫之虞也牷牲、君拜寄公國賓、士不虞筐、郊冥、壇墠有禱焉祭之、客出以雍徹以振羽、義者宜也、儒行、致知在格物等共三十一條。孔廣森置《中庸》《儒行》《大學》於《小戴禮記雜義》篇末。

從以上所列內容可以看出，孔廣森《三禮雜義》主要內容亦是針對三禮名物制度進行考證，其八十餘條考證與考論中，非名物制度考論者僅寥寥幾例，如「義者宜也」「致知在格物」等，其餘諸條大都以名物制度考論為主。考論篇幅大小不一，有的短小精悍，僅幾十字，有的長篇大論，多則近千字。孔廣森善於辨析禮制名物，其考證細緻精密，實事求是，在考證名物制度的過程中，往往新見迭出，勝義紛呈，解決了許多禮學問題。

前儒解經多循漢唐舊疏體例，經注兼釋，經文之下，全引鄭注；疏解之文，或疏通經文，或詳細詮釋鄭注，所釋經注皆標起訖。孔廣森《雜義》疏解考論之例則不盡然，既有先引經注，後加以考論的形式，也有開頭不引經注，而從其他經史文獻相關該問題的論述說起的形式。各條疏解考論的行文方式自由靈活，沒有統一格式，體現了三禮讀書劄記解經不拘一格的特點。如「制其畿方千里」條：

> 《漢書・地里志》云：「洛邑與宗周通封畿，短長相覆千里。」臣瓚注：「西周方八百里，八八六十四；東周方六百里，六六三十六，合之為千里也。」……然《大司徒》「制其畿方千里」則所謂「方千里」者，唯據洛陽而言，是東都固自有千里矣。〔註1〕

此條似以讀史傳而引出對禮經（《周禮・大司徒》「制其畿方千里而封樹之」）之考論。又如：《小戴禮記雜義》「三分去一」條：

> 《商子》曰：「地方百里者，山陵處什一，藪澤處什一，谿谷流水處什一，都邑谿道處什一，惡田處什二，良田處什四。」可引以證明「山陵、林麓、川澤、溝瀆、城郭、宮室、塗巷三分去一」之語。〔註2〕

此條似以讀子書《商君書》引出對經注的考證。《禮記・王制》：「方百里者，為田九十億畝。山陵、林麓、川澤、溝瀆、城郭、宮室、塗巷，三分去一其餘六十億畝。」《商子》言都邑谿道惡田處占什三，可證《王制》「三分去一」之數。

《三禮雜義》輔翼鄭注明顯，諸條目多數以經文之下引鄭注之說，然後或申或駁進行考辨；也有不列注疏，直接就經句中禮學問題展開議論者，看似無申駁對象，實則亦是針對鄭注或賈疏而考論；還有一些條目是孔廣森徑解經意以補鄭注賈疏之闕者。

唐人在對儒家經典進行疏通闡發時，往往不突破原注，孫詒讓《周禮正義略例》有云：「唐疏例不破注。」梁啟超亦有「疏家例不破注」之說，但事實上，無論孔疏抑或賈疏，都未真正循此一原則。呂友仁先生認為：「『疏不

〔註1〕孔廣森：《禮學卮言》卷三，《續修四庫全書》第 110 冊，上海古籍出版社，2002 年，第 100～101 頁。

〔註2〕孔廣森：《禮學卮言》卷五，《續修四庫全書》第 110 冊，上海古籍出版社，2002 年，第 116 頁。

破注』說乃以偏概全，與實不符。」〔註3〕後儒解經雖亦有個別泥古保守，強為鄭注彌縫之弊，但大都能於鄭注有所突破，推動了經學向前發展。孔廣森治學實事求是，不尚墨守，不泥「疏不破注」之成見。從《雜義》諸條內容看，有對鄭注的申明闡發，有對鄭注的補足、附注，但更多的是對鄭說的駁正、訂正，其駁注之例運用較多。

三禮學的最大特色就是對名物度數的重視，凡是治三禮的學者，都特別重視通過儀文器數，以求禮意，也就是所謂的由器明道。姚際恒曰：「言義理者，稍軼於中正之矩，即旁入二氏，是反不如言器數者之無弊也。夫言器數而誤，則止於一器一數，言義理而誤，則生心害政，發政害事，其患有不可勝言者矣。」〔註4〕清代諸儒汲汲於禮制、名物之考證論辨，皆基於此理念。鄭注對名物制度的解釋中，亦有不正確之處，故孔廣森於鄭注名物制度駁正亦頗多著力。孔廣森《三禮雜義》依注說經，其目的在於考辯名物制度，闡明經注之旨，以申明、補足、駁正鄭注賈疏為務，故可把此《禮學卮言·三禮雜義》看做孔廣森對《三禮》部分經注的新疏。《雜義》圍繞鄭注進行考證，其名物制度考論大致有以下幾種情況：申明鄭注對名物制度的考釋；補足鄭注對名物制度的考釋；駁正鄭玄對名物制度的解釋；徑解名物制度以補鄭注賈疏之闕者。

《雜義》除了在考證禮制名物等方面取得了較大的成就外，在考訂文字、解釋詞義、明確句讀、疏通經文等訓詁實踐中也取得了一定的成就。（《雜義》對三禮之訓詁見後文《禮學卮言》考禮方法論。）

第二節 《雜義》申補鄭玄名物制度之說

一、申明鄭玄名物制度之考釋

鄭注文辭簡奧，其解名物制度之說，有的需疏通證明，其義乃顯，故孔廣森於此述明，申暢其說，或引相關禮學文獻佐證其說，以明鄭玄注義。凡文中標示「申鄭之說也」、「注說是也」、「可證也」、「與鄭背矣」等字樣的疏通考證例證，都可認為是申述鄭玄注義之例，今略舉其例，並加按語評議。

〔註3〕呂友仁：《孔穎達〈五經正義〉注疏關係十六字說》，載《歷史文獻研究》，
　　　2016 年，第 2 期。
〔註4〕姚際恒：《儀禮通論》，中國社會科學出版社，1998 年，第 6 頁。

（一）申鄭名物訓詁之說

1. 見於《小戴禮記雜義》者

「犧尊」注云：「以沙羽為畫飾，象骨飾之。」此「沙」字音「莎」，古讀「犧」如「莎」。「犧」從「義」聲，「義」從「義」聲，「義」從「我」聲，與「莎」相近。《周禮》作「獻尊」。鄭君說：「『郁齊獻酌』，『獻』讀為『摩莎』之『莎』，齊語，聲之誤也。」然則「獻」、「義」同音，皆為「莎」，故《毛詩傳》曰：「犧尊，有沙飾也。」訓詁之學，音義相將，其來舊矣。《禮》有「象觚」，以象骨飾觚，則「象尊」以象骨飾尊，益無疑也。王肅創謂犧作牛形，象作象形，又託齊大夫子尾嫁女器以為證，而《博古圖》因之，偽範膚鼎，紛然競出。肅於《詩》皆中毛難鄭，至「犧尊」，鄭與毛同，則並毛亦不信，其故為曲說以與鄭乖反如此。〔註5〕

按：此條為申鄭駁王。《禮記·禮器》「犧尊」注云：「以沙羽為畫飾，象骨飾之。」鄭玄讀『沙』為『娑』，是將『犧』音訓為『沙』、『娑』，故將『犧尊』解釋為飾鳳凰圖形之尊。孔廣森認為鄭說無疑，引《周禮》《毛詩傳》等力申之。《毛詩傳》將「犧」字音訓為「沙」「娑」，「犧尊」釋為飾鳳凰之尊。然王肅於「犧尊」有異解，《詩經·閟宮》「白牡騂剛，犧尊將將」，《疏》引王肅注謂「犧尊以犧牛為尊，象尊、尊為象形也，二尊形如牛象而背上負尊」，是王肅把「犧尊」作為牛形酒尊。王肅之說歷來為群儒所諷，謂其說為臆想。然從眾多的出土銅器來看，飾鳳鳥紋之器幾乎遍及於青銅禮器，而先秦經籍中並無犧字與他器之名聯用者，故「犧」字不當音訓為「沙」、「娑」，應讀如本字，『犧』字作『牛』解。阮諶《三禮圖》云：「犧尊飾以牛，象尊飾以象，於尊腹之上畫為牛象之形。」〔註6〕阮諶雖釋犧為牛，但他認為犧尊只是飾牛形於器腹，其說乃望文生義。王肅釋「犧尊」為犧牛形尊，於史於物均相印證。上海博物館收藏有一件春秋青銅犧尊，此尊作水牛形，牛頸及脊背上有三穴，中間一穴套有一鍋形器，可以取出，牛腹中空，頸及後脊空穴的器蓋已遺失，牛尾殘缺。從其構造來看，此青銅犧尊是一溫酒器：牛背上的鍋形器可以容

〔註5〕孔廣森：《禮學卮言》卷五，《續修四庫全書》，第110冊，上海古籍出版社，2002年，第120頁。

〔註6〕孔穎達：《毛詩正義》卷二十，《十三經注疏》上冊，中華書局，1980年，第616頁。

酒，牛頸及後脊上的空穴可以注水於尊腹以溫酒，所以犧尊就是「刻為犧牛之形，用以為尊」的酒器，尊，同「樽」。故王肅解「犧尊為犧牛形尊」非曲說，孔廣森此申鄭駁王說未申也。

2. 見於《周禮雜義》者：

> 《地官‧牛人》《春官‧肆師》兩見「職人」之文，注並讀「職」為「枳」。蓋古文字少，別無「枳杙」之「枳」字也。《國語》曰「牧協職」，可證此「職人」之義。〔註7〕

按：《周禮‧地官‧牛人》：「凡祭祀，共其享牛、求牛，以授職人而芻之。」鄭玄注：「職，讀為枳。枳，謂之杙，可以繫牛。枳人者，謂牧人、充人與？」《周禮‧春官‧肆師》：「大祭祀，展犧牲，繫於牢，頒於職人。」鄭玄注：「職讀為枳。枳，可以繫牲者。此職人，謂充人及監門人。」此即孔廣森所謂「鄭玄於《周禮》兩處職人皆讀為枳」者。孔廣森以《國語》「牧協職」訓詁鄭注可通，「牧協職」意為牧人掌管從事畜牧之民，故職同枳，枳，可以繫牲者，枳人者謂牧人。段玉裁云：「以職為枳，同音假借字也。」〔註8〕

（二）申明鄭玄名物形制之說

1. 見於《儀禮雜義》者：

> 《覲禮》：「方明之狀方四尺，設六色：東方青，南方赤，西方白，北方黑，上玄下黃。設六玉，上圭下璧，南方璋，西方琥，北方璜，東方圭。」鄭君謂：「設玉者，刻其木而著之。」蓋方明所以依神，主道也。《春秋傳解詁》曰：「主狀正方，穿中央，達四方。」然則主六面皆穿孔，孔中著玉焉。著之者，若今言嵌也。《中山經》曰：「桑封者桑主也，方其下而銳其上，而中穿之加金。」此古主之遺象，云「中穿之」，與何邵公說合，加金設玉，事亦同矣。〔註9〕

按：孔廣森以《春秋傳解詁》《中山經》申鄭「設玉」之說，認為方明如主狀，正方，六面皆穿孔，「刻其木而著之」乃方明所以依神，主道也。孔此說未審

〔註7〕孔廣森：《禮學卮言》卷三，《續修四庫全書》，第110冊，上海古籍出版社，2002年，第101頁。

〔註8〕段玉裁：《周禮漢讀考》卷二「以授職人」條，《續修四庫全書》第80冊，上海古籍出版社，2002年。

〔註9〕孔廣森：《禮學卮言》卷四，《續修四庫全書》，第110冊，上海古籍出版社，2002年，第111頁。

也。黃以周駁孔廣森曰：「孔㢲軒以方明有主道，遂謂方明如主狀，正方，六面皆穿孔，恐未必然。」〔註10〕胡培翬《正義》云：「方明，以方四尺之木為之，上下四方，共有六面。設六色者，每面各設一色，以象其神。設六玉者，每面各設一玉，以為之飾。」〔註11〕胡培翬亦未言方明六面穿孔嵌玉，僅說六面綴玉為飾而已。又，經言「主」與「主道」多與喪祭、宗廟祭祀有關，方明主道則未必然也。宗廟祭祀是以「主」為祖先「精氣」之所藏、靈魂之所依附的，方明不與宗廟祭祀，不可言有主道也。故孔此申鄭之說未審。

2. 見於《周禮雜義》者：

《司几筵》：「柏席用萑黼純，諸侯則紛純，每敦一幾。」鄭司農云：「柏席，迫地之席，葦居其上。或曰柏席，載黍稷之席。」蓋或說是也。「敦」本盛黍稷器名。《士虞禮》曰：「饌黍稷二敦於階間西上，藉用葦席。」《特牲饋食》曰：「盛兩敦陳於西堂，藉用萑。」是此之柏席矣，唯士直措敦於席，人君尊，席上有幾，几上庪敦耳。「柏」讀當如今之「箔」，《玉篇》始有其字。古或通作「薄」，此經則借作「柏」也。〔註12〕

按：《司几筵》「柏席用萑黼純」，鄭玄注引鄭司農云：「柏席，迫地之席，葦居其上。或曰柏席，載黍稷之席。」孔廣森認同鄭司農「柏席，載黍稷之席」之說，「蓋或說是也」。孔廣森據《士虞禮》「饌黍稷二敦於階間西上藉用葦席」與《特牲饋食》「盛兩敦陳於西堂藉用萑」認為「敦」本盛黍稷器名，敦下即是此之柏席，士措敦於席；人君席上有幾，敦置几上。清王引之《經義述聞‧周官下》曰：「柏者，槨之借字，鄭注以柏為槨字磨滅之餘，非也。槨、柏聲相近，故二字相通。此經迫地之席並稱筵，筵上加席乃稱席，故知柏席不可稱迫地之席。」〔註13〕箔，古音在並母鐸韻，與柏聲近韻同，柏、箔讀音有假借的可能。箔有「席、簾」義，後世謂萑葦所織者曰「箔」。「萑」，似葦而小。經中「柏」與「席」連用，且用「萑」，故此處「柏席」可能是「箔席」，經則借作「柏」也。

〔註10〕黃以周：《禮書通故》，中華書局，2007年，第1287頁。

〔註11〕胡培翬：《儀禮正義》，江蘇古籍出版社，1993年，第1315頁。

〔註12〕孔廣森：《禮學卮言》卷四，《續修四庫全書》，第110冊，上海古籍出版社，2002年，第104頁。

〔註13〕王引之：《經義述聞》第九卷，《周官》（下），清道光刻本。

（三）申明鄭玄制度之說

1. 見於《儀禮雜義》者

> 《傳》云：「女子子成人者，有出道降旁親，及將出者，明當及時也。」
> 案：鄭君讀法與經意傳意皆協，但「及時」之說理尚未安。此未嫁
> 逆降者，蓋以貴降也，何以言之？經例，行於大夫已上曰嫁，行於
> 士庶人曰適人。然則未嫁者，未嫁於大夫也。凡未許人或許適士而
> 未行，皆通言在室耳。唯許嫁大夫而未行者，乃別謂之未嫁。故《傳》
> 說之曰：「成人而未嫁。」著「成人」者，明其已許嫁也。婦人外成，
> 既許嫁大夫，雖未行，固已貴矣，是以有逆降之法。經言女子子未
> 嫁者，唯此及《齊衰三月章》為曾祖父母二事。曾祖父母至尊也，
> 雖許嫁大夫不得以貴降，彼舉未嫁以包在室許大夫者，猶不降許士
> 者，可知矣。世父母、叔父母、姑姊妹，旁親也，故許嫁大夫得以
> 貴降。此舉未嫁以殊在室，必許大夫者然後逆降則許士者無逆降可
> 知矣。〔註14〕

按：孔謂鄭注「及將出者明當及時也」之「及時」一說理尚未安，認為此未嫁
逆降者，蓋以貴降也。孔廣森認為，許嫁大夫而未行者，乃別謂之未嫁，婦人
外成，既許嫁大夫，雖未行，固已貴矣，是以有逆降之法。孔說合禮經之義。
「按經文常例，女子子在室之服，與昆弟同，則未嫁者為世父母、叔父母、姑
姊妹亦應服齊衰不杖期。但《大功章》明文指出，女子子未嫁者為世父母、叔
父母、姑姊妹服大功九月，未嫁而降，與常例相悖。這一問題前代禮家爭論
紛紜，主要是針對鄭注中所云錯簡問題及逆降理論而發。」〔註15〕凌廷堪《禮
經釋例》亦闡釋此禮義曰：

> 凡女行於大夫已上曰嫁，行於士庶人曰適人，此經例也。上經《齊
> 衰三月》章「女子子嫁者，未嫁者為曾祖父母」，《傳》曰：「嫁者，
> 其嫁於大夫者也，未嫁者，其成人而未嫁者也，何以服齊衰三月，
> 不敢降其祖也」，與此傳正同。詳傳意，未嫁者謂許於大夫而未嫁
> 者，蓋「尊尊」之意。故鄭君此注亦引《齊衰三月》章以證之，其

〔註14〕孔廣森：《禮學巵言》卷四，《續修四庫全書》，第 110 冊，上海古籍出版社，
2002 年，第 112 頁。
〔註15〕陳倩：《〈喪服〉女子「出嫁不降」考辨》，載《中國文化研究》，2003 年，
第 2 期。

義甚明，後儒昧於此義，故有「逆降旁親」之疑。蓋尊尊之意，鄭
君而後，知此者鮮矣。〔註16〕

凌氏之尊尊說同孔氏之「以貴降」義同。胡培翬認為孔廣森與凌廷堪並言逆
降為貴貴尊尊之義，皆足以申明鄭注，《儀禮正義》曰：

此及為曾祖父母條，一言其降旁親，一言其不降正親，無論已嫁未
嫁皆然，故連言嫁者未嫁者。然未嫁而逆降旁親，必其許嫁於大夫，
而年在及笄以上者，故經言嫁，不言適人。而傳亦俱以嫁者嫁於大
夫未嫁者成人而未嫁釋之也。注言將出者當及時，正以明傳成人之
義，其引《齊衰三月章》為曾祖父母條作比例，亦正以傳釋此經與
彼，文同，足明經言嫁之旨，注之與傳，豪無不合。至盛氏言逆降
重昏姻之時，褚氏言逆降在請期之後，孔氏（孔廣森）及《釋例》
言逆降為貴貴尊尊之義，胡氏言逆降義本經傳，皆足以發明注說，
此鄭義之灼然昭著者也。〔註17〕

2. 見於《小戴禮記雜義》者

《禮器》：「君在阼，夫人在房。」注云：「天子諸侯有左右房。」案
《荀子》曰：「五祀，執薦者百人，侍西房。」然則人君之祭，豆籩
在右房。《諸侯遷廟禮》：「脯醢，陳於房中。」盧景宣注亦曰：「房，
西房也。夫人薦豆籩，當就右房取之。」故《記》以夫人在房為象
月生於西矣。《祭統》言「夫人副褘立東房」者，謂尸未入之先，位
東房以俟事，當文之下《正義》有說。〔註18〕

按：《禮器》云：「君在阼，夫人在房。」鄭玄注曰：「天子諸侯有左右房。」
孔疏云：「卿大夫以下唯有東房。」注疏以為夫人在房為在西房，天子諸侯有
左右房，卿大夫以下唯有東房。孔廣森申鄭說，認為人君（天子、諸侯）是左
右房之制，引《荀子》《諸侯遷廟禮》及盧景宣注以申鄭說。《祭統》言「夫人
副褘立東房」，孔廣森認為此時是尸未入，婦人先位東房以俟事，若尸入後，
婦人之位則在西房，故亦不悖鄭玄所說。

需要說明的是，孔廣森此條申鄭之說，僅申鄭注人君左右房之說，未言

〔註16〕凌廷堪：《禮經釋例》，2016 年，江西人民出版社，第 180～181 頁。
〔註17〕胡培翬：《儀禮正義》，1993 年，江蘇古籍出版社，第 1511 頁。
〔註18〕孔廣森：《禮學卮言》卷五，《續修四庫全書》，第 110 冊，上海古籍出版社，
　　　　2002 年，第 118 頁。

及大夫士有無左右房的問題，其《儀禮廟寢宮室異制圖說》對此有較詳細考論。孔廣森認為人君（天子、諸侯）是左右房之制，大夫士之廟乃左右房，其寢則東房西室，以降於君。孔廣森關於大夫士廟寢宮室說較為清楚，曹元弼認同孔廣森大夫「士之廟乃左右房，其寢固東房西室」之說：

> 後人不深考注文，而妄議鄭言大夫、士東房西室之非，又不深考經文，而謂大夫、士廟、寢皆左右房。《爾雅》曰室有東西廂，曰廟無東西廂，有室曰寢，此寢廟之異有明文者也。大夫、士之廟乃左右房，其寢固東房西室，以降於君耳。〔註19〕

二、補足鄭玄名物制度之說解

　　孔廣森《雜義》在疏解三禮時，於鄭注名物制度不足或缺失之處常常續補之。《雜義》對鄭注之補，可分為二：一是補鄭玄未注之缺。鄭玄注三禮時，並非對所有經文中的名物制度都一一作注，孔廣森在疏解和考論相關經文時，於鄭玄未出注之處，常常給予必要的補充解釋和考證；二是補鄭注疏解之不足。鄭注名物制度有不少注釋內容較為簡潔，也有一些注釋不甚明瞭，不利於理解。孔廣森在疏解時能補充經、注之義，完善其說，若有相關材料和觀點，則補其缺，並述明之，這種做法，亦屬補注。今略舉其例，並加以按語評議。

（一）補鄭注未注之缺

1. 見於《小戴禮記雜義》者

> 「五廟之孫，祖廟未毀，雖為庶人，冠、取妻必告，死必赴，練、祥則告。」注云：「赴，告於君也。」今推尋經著「祖廟未毀」句之意似謂冠、取妻必告於廟也，非直以日月告君而已。《昏義》曰：「婦人先嫁三月，祖廟未毀，教於公官，教成祭之。」嫁子猶然，況昏冠乎？蓋君使有司為告於所自出之廟。《春秋左傳》所謂「圍布几筵，告於莊共之廟而來」是也。《毛詩》「取妻如之何，必告父母」，傳曰：「必告父母廟。」《白虎通》說：「取妻不先告廟者，非是練、祥。」則告之告謂致祭肉也。〔註20〕

〔註19〕曹元弼：《禮經校釋》，《續修四庫全書》，第 94 冊，上海古籍出版社，2002年，第 155～156 頁。

〔註20〕孔廣森：《禮學卮言》卷五，《續修四庫全書》，第 110 冊，上海古籍出版社，2002 年，第 118 頁。

按：鄭注於此經僅言「赴，告於君也」，「告」則無注解。孔疏亦未解釋。後儒多以「以日月告君」解釋「告」義，或謂「同族互相通告之義」〔註21〕。《昏》《冠》以日月告君，經注皆有明解。《曲禮》「故日月以告君」者，既男女須辨，故婦來，則書取婦之年、月、日、時，以告國君也。鄭注《周禮》凡取判妻入子者，媒氏書之以告君，謂此也」，引《媒氏職》證必書告君也。然孔廣森認為，此經「必告」，非僅有告君之義，亦有告廟之義。孔廣森引據《昏義》證之，《昏義》曰：「婦人先嫁三月，祖廟未毀，教於公宮，教成祭之。」則嫁女應有告祭。嫁女猶如此，況昏冠之禮豈無告廟之舉？故孔廣森認為此經「冠取妻必告」，是「君使有司為告於所自出之廟」。此經強調「祖廟未毀」，下文又有此句重複，似「必告」當與祖廟相關，必告之「告」當為「告廟」也。《毛詩》「取妻如之何，必告父母」傳曰：「必告父母廟。」故孔說「告」有「告君」「告廟」義可通。然有學者謂「告」為「同族互相通告」〔註22〕則非也。

2. 見於《儀禮雜義》者

> 《喪服傳》三言「至尊」而意各有當。「君至尊」也，是對父至尊為言，方喪三年同之於父。夫至尊也，是對妻至親為言，親者則期，尊者則三年也。諸侯為天子，《傳》曰：「天子至尊也。」又以見天子尊絕於上，唯諸侯乃得如父服服之，自余陪臣庶民並不敢同斬衰，所以釋經「諸侯為」三字，而大夫總衰之義已包其中矣。古人文簡而深有如此者。〔註23〕

按：《喪服傳》三言「至尊」，鄭注皆未著意，孔補說其意，認為三言「至尊」而意各有當。「父」，《傳》曰：「為父何以斬衰也？父至尊也。」「君」，《傳》曰：「君至尊也，天子諸侯及卿大夫有地者，皆曰君。」「妻為夫」，《傳》曰：「夫至尊也。」「妾為君」，《傳》曰：「君至尊也。妾謂夫為君者，不得體之，加尊之也，雖士亦然。」此為三言「至尊」者也。何以為至尊？《喪服四制》曰：「資於事父以事君而敬同，貴貴尊尊，義之大者也。故為君亦斬衰三年，以義制者也。」故曰君至尊也，是對父至尊為言，方喪三年同之於父。《曲禮》云：「君天下曰天子。」天下所尊，故曰至尊，天子尊絕於上，諸侯得如父服服之。

〔註21〕楊天宇：《禮記譯注》，上海古籍出版社，2004年，第258頁。

〔註22〕楊天宇：《禮記譯注》，上海古籍出版社，2004年，第258頁。

〔註23〕孔廣森：《禮學巵言》卷四，《續修四庫全書》，第110冊，上海古籍出版社，2002年，第111頁。

《喪服小記》曰：「與諸侯為兄弟者服斬。」其他陪臣庶民並不敢同斬衰，「諸侯為」三字明矣。夫至尊也，是對婦人為夫而言，婦人以父服服之，故曰至尊。女子在家以父為天，適人則以夫為天，故在家為父服斬衰，適人則降其父服為期，而為夫服斬衰也，此亦家無二尊之義也。孔此補說可謂備矣。

3. 見於《小戴禮記雜義》者

「士不虞筐」注云：「未聞。」盧植舊有解，疏又不載，竊疑《周官·司巫》「祭祀則共匽主」，「匽」，筐也。《禮》「喪主於虞，吉主於練」，大夫以上虞而作主，於是有筐以盛之，士無主，故不虞筐矣。〔註24〕

按：《禮記·喪服大記》：「君裏椁虞筐，大夫不裏椁，士不虞筐。」鄭注云：「裏椁之物，虞筐之文，未聞也。」孔廣森補鄭說，認為虞筐者乃大夫以上虞祭時，以筐以盛主，士無主，故在虞祭不以筐盛主。然據上下文，此「士不虞筐」當與棺椁有關，而非關木主，故孔補鄭說不當。吳澄曰：「言君之椁有物裏之，而又有虞筐，大夫雖不裏椁，而猶有虞筐也。士則並虞筐亦無。」〔註25〕諸侯之椁有襯裏，亦置匡子，大夫之椁沒有襯裏，士之椁連匡子都沒有。俞樾《群經平議》曰：「筐，當為匡，古字同也。……學者不知筐、匡之同字，故莫得其解耳。」〔註26〕「筐」同「匡」，「筐當」即「匡當」，用以限定所制對象形狀、大小的框架，而非關木主盛放。

（二）補鄭注之不足

1. 見於《周禮雜義》者

《大宗伯》：「以脤膰之禮親兄弟之國，以賀慶之禮親異姓之國。」互文也。《春秋左傳》曰：「王使宰孔賜齊侯胙。」又曰：「宋，先代之後也，於周為客，天子有事，燔焉。」是異姓亦有脤膰。其兄弟之國當有賀慶，益可知矣。且歸脤，雖諸侯於異姓大夫通有之，故子以膰俎不至，去魯。《論語》嘗記「祭於公，不宿肉」云。〔註27〕

〔註24〕孔廣森：《禮學卮言》卷五，《續修四庫全書》，第110冊，上海古籍出版社，2002年，第121頁。

〔註25〕徐乾學：《讀禮通考》卷九十六，喪具二，《欽定四庫全書》，經部，禮類，儀禮之屬。

〔註26〕俞樾：《群經平議》，禮記三，《續修四庫全書》，第178冊，上海古籍出版社，2002年。

〔註27〕孔廣森：《禮學卮言》卷三，《續修四庫全書》，第110冊，上海古籍出版社，2002年，第103頁。

按：《大宗伯》「以脤膰之禮親兄弟之國，以賀慶之禮親異姓之國」，鄭注曰：
　　「脤膰，社稷宗廟之肉，以賜同姓之國，同福祿也。兄弟，有共先王者。
以賀慶之禮，親異姓之國。異姓，王昏姻甥舅。」孔廣森認為此經句互文見
義也，脤膰之禮親兄弟之國，亦以之親異姓之國；賀慶之禮親異姓之國，亦
以之親兄弟之國。《春秋左傳》曰：「王使宰孔賜齊侯胙。」齊侯，當時於周
為客，敬齊侯，比之賓客；又「宋，先代之後也，於周為客，天子有事，燔
焉」，孔據此知是異姓亦有脤膰之禮，其兄弟之國當有賀慶，益可知矣。孔
申補鄭注甚析，脤、膰對文則別，散文則通是也。其實賈疏中亦有此義，賈
疏云：

> 「兄弟之國，謂同姓諸侯，若魯、衛、晉、鄭之等，凡受祭肉者，
> 受鬼神之祐助，故以脤膰賜之，是親之同福祿也。僖公二十四年，
> 『宋成公如楚，還，入於鄭。鄭伯將享之，問禮於皇武子，對曰：
> 「宋，先代之後也，於周為客，天子有事脤膰焉，有喪拜焉。」』是
> 二王后及異姓有大功者，亦得脤膰之賜，是以《大行人》直言『歸
> 脤膰以交諸侯之福』。不辨同姓異姓，是亦容有非兄弟之國亦得脤膰
> 也。……言賀慶者，謂諸侯之國有喜可賀可慶之事，王使人往，以
> 物賀慶之，可施及異姓之國，所以親之也。雖主異姓，其同姓有慶
> 賀可知，故舉異姓包同姓也。是以《大行人》云『賀慶以贊諸侯之
> 喜』，不別同姓異姓，則兼同姓可知。」〔註28〕

2. 見於《儀禮雜義》者

> 大遣奠俎有「鮮獸」。《特牲》《少牢》《饋食》俎實皆以臘獸。據《左
> 傳》曰「唯君用鮮」，則大夫、士不得通用鮮獸明矣。此士遣奠乃偶
> 用之者，一則取變吉也，一則以士攝盛而用五俎，須別於大夫之五
> 俎。去君位遠，轉得用鮮不嫌，亦沐梁之意也。〔註29〕

按：大遣奠俎有鮮獸，見《既夕禮》「魚臘鮮獸，皆如初」。鄭注「鮮，新殺
者，士臘用兔」，則知此鮮獸為新殺之兔。知「士」用之者，賈疏釋曰：「(《既
夕禮》)鄭《目錄》……名《士喪禮》下篇也。」《左傳‧襄公三十年》曰：「豐
卷將祭，請田焉。弗許，曰：『唯君用鮮，眾給而已。』」則大夫士不得通用鮮

〔註28〕鄭玄、賈公彥：《周禮注疏》，上海古籍出版社，2010年，第673～674頁。
〔註29〕孔廣森：《禮學卮言》卷四，《續修四庫全書》，第110冊，上海古籍出版社，
　　　　2002年，第114頁。

獸。士遣奠用鮮與「唯君用鮮」不合，對此鄭注賈疏未說明。孔廣森認為原因有二：一則取變吉，一則以士攝盛而用，去君位遠，用鮮不嫌。所謂「沐粱之意」，《禮記·喪大記》：「君沐粱，大夫沐稷，士沐粱。」士可與君同，皆用其米取其汁而沐也。此細節後儒亦少有闡釋。孔說可通，胡培翬《儀禮正義》全錄孔說〔註30〕，以孔說為是。

3. 見於《小戴禮記雜義》者

> 《玉藻》曰：「奏而食。」《淮南子》曰：「瞽鼓而食，奏雍而徹。」《荀子》亦曰：「曼而饋，代睪而食，雍而徹。」曼，萬舞也。「代睪」當為「伐皋」，「睪」即「皋」字，說見《五門考》。「瞽鼓」，《考工記》謂之「皋鼓」。《周官·大司樂》：「王大食，三侑，皆令奏鍾鼓。」《禮》有「金奏肆夏」，《詩》曰「奏鼓簡簡」，《書》曰「瞽奏鼓」，凡言奏者皆謂伐鍾鼓也。《左傳》稱「向巢每食擊鍾」。古者卿大夫食猶有奏，故曰「大夫無故不徹縣」。〔註31〕

按：《玉藻》曰：「奏而食。」鄭注曰：「奏，奏樂也。」奏何樂器？鄭說不詳。孔廣森謂「凡言奏者皆謂伐鍾鼓也」，並以《淮南子》《大司樂》《左傳》等說為證。《淮南子》曰：「瞽鼓而食，奏《雍》而徹，已飯而祭灶。」此為奏鼓也。《周官·大司樂》：「王大食三侑皆令奏鍾鼓。」《荀子》曰：「曼而饋，代睪而食，《雍》而徹乎五祀。」曼，由十幾人合奏一種音樂；代，當為「伐」，敲擊。睪，「皋」之俗字，通「鼛」，大鼓。此皆鍾鼓之樂也。「金奏肆夏」注：「以鍾鼓者，先擊鍾，次擊鼓以奏九夏。」《左傳正義·哀公十二年》曰：「左師每食擊鍾。聞鍾聲，公曰：『夫子將食。』既食，又奏。」故孔說「凡言奏者皆謂伐鍾鼓」審矣。

第三節 《雜義》駁正鄭玄名物制度之說

鄭玄注名物制度有未盡確者，孔廣森則或採擇各家精義以訂正鄭說，或下己意以駁正其注，必求其是而後已。《三禮雜義》駁正鄭說名物制度達到40餘條之多，是本《雜義》的主要內容和最大新意所在。段熙仲云：「不以禮許

〔註30〕胡培翬：《儀禮正義》，1993年，江蘇古籍出版社，第1883頁。
〔註31〕孔廣森：《禮學巵言》卷五，《續修四庫全書》第110冊，上海古籍出版社，2002年，第119～120頁。

人，亦不以人廢言。釋而不敢違經，已嫌泥古；解注而不許違鄭，勢成佞鄭。立宗主而不得立異同，學術何以能發展？」〔註32〕駁正鄭氏之說，推陳出新，就是孔廣森對傳統經學「疏不破注」原則的挑戰，充分體現了孔廣森宗守鄭注卻不宥鄭說的實事求是的治學態度。

《三禮雜義》有關駁鄭內容主要集中在駁正鄭玄關於名物與制度的解釋。駁正鄭注名物制度有兩種情況，一是直言其解「似不必然」「此言不然」「誤也」「非也」「注似失經意」「疑非理也」等，明辯其非；另一種情況是不明說鄭《注》名物度數之誤，不從鄭說，另立新說或列異文於其下。駁鄭說者，有的先列鄭《注》再下案語，有的不列鄭注直接辯駁考論，斷以己見。當然孔廣森駁鄭，有鄭說名物制度不誤而孔說反致誤者亦不少見。本節分為駁正鄭氏關於名物解釋與駁正鄭氏關於制度的闡釋兩大類，分別《周禮雜義》《儀禮雜義》《小戴禮記雜義》中不同的內容進行例舉評議。

一、駁正鄭玄名物之考釋

禮制之行，必假於物，名物不可不知，三禮名物必當精究。鄭氏注禮，重視名物之解釋，有對名物名稱與種類的辨析，有對名物形制的考釋，也有對名物施用的說解。孔廣森《禮學卮言》駁鄭名物之說，也從名物得名、名稱演變、名實關係、名物形制及價值功用等角度分別進行辯駁考論，訂正鄭氏名物之說解。茲分別《周禮雜義》《儀禮雜義》《小戴禮記雜義》，約舉數例，並做評議。

（一）駁正鄭說名物之用

1. 見於《周禮雜義》者

「輪人為蓋」，注云：「蓋者，主為雨設也。乘車無蓋。」此言不然。車上設蓋，陰則御雨，晴則蔽日。道右掌前道車，王下則以蓋從。《春秋左傳》「衛侯出奔，使華寅肉袒執蓋」，又「齊侯賜厥無存犀軒直蓋」，是五路皆有蓋明矣。《左傳》「笠轂」注云：「兵車五蓋，尊者則邊人執笠，依轂而立。」亦未知是否。〔註33〕

〔註32〕段熙仲：《胡氏〈儀禮正義〉釋例》，見段熙仲點校《儀禮正義》卷首，江蘇古籍出版社，1993年。
〔註33〕孔廣森：《禮學卮言》卷三，《續修四庫全書》，第110冊，上海古籍出版社，2002年，第108頁。

按：《周禮‧考工記》「輪人為蓋」，鄭說蓋「主為雨設」。孔廣森認為車上設蓋，陰則御雨，晴則蔽日，非「主為雨設」也，且蓋非固定於車上，王下則以蓋從，不專為雨而用蓋也。孔駁鄭之說是也。《周禮‧夏官‧虎賁氏》：「道右掌前道車，王下則以蓋從。」《史記‧商鞅傳》：「五羖大夫勞不坐乘，暑不張蓋。」是蓋兼以蔽日之證。鄭又言乘車無蓋，孔謂此言不然也。《春秋左傳》云「衛侯出奔，使華寅肉袒執蓋」「齊侯賜敝無存犀軒直蓋」，孔廣森據此認為五路皆有蓋也。《大戴禮記‧保傅》云：「以蓋圓象天，為路車之制。」是路車有蓋。《史記‧晏子列傳》云：「晏子御擁大蓋，策四馬。」《說苑‧臣術篇》云：「田子方遇翟黃，乘軒車，載華蓋。」〔註34〕並乘車有蓋之證。此路蓋、華蓋等亦皆不必為避雨而設也。此條明言鄭注之非，是從名物用途考論以駁鄭說。

2. 見於《儀禮雜義》者

> 《鄉射禮》：「凡侯，天子熊侯，白質。諸侯麋侯，赤質。大夫布侯，畫以虎豹，士布侯，畫以鹿豕。凡畫者丹質。」案：此質謂侯中受矢之處。《毛詩》：「發彼有的。」傳曰：「的，質也。」《考工記》曰：「利射革與質。」《荀子‧勸學》曰：「質的張而弓矢至焉。」蓋獸侯有質，猶皮侯有鵠、採侯有正矣。天子熊皮為侯，白塗中以為質；諸侯麋皮為侯，赤塗中以為質；凡大夫士皆布侯而但畫為獸象，丹塗中以為質，於大夫士獨言布侯，明君之獸侯亦真獸皮為之，所別於皮侯者，在質與鵠耳。〔註35〕

按：《鄉射禮》：「凡畫者，丹質。」鄭注：「賓射之侯，燕射之侯，皆畫雲氣於側以為飾，必先以丹採其地，丹淺於赤。」賈疏云：「必先以丹採其地者，欲畫此五色、三色雲氣時，必先用丹采此地，乃於其上畫雲氣也。」鄭注賈疏皆以質為地（底色）。孔廣森不從鄭賈說，認為此質謂「侯中受矢之處」。他以《毛詩》《考工記》《荀子勸學》所說為證。孔駁正鄭說為是，胡培翬認同孔說，《儀禮正義》析曰：

> 注以畫為畫雲氣，凡畫者總天子諸侯大夫士而言，丹質謂丹採其

〔註34〕劉向：《說苑》，說苑卷二，臣術篇，四部叢刊本。
〔註35〕孔廣森：《禮學卮言》卷四，《續修四庫全書》，第110冊，上海古籍出版社，2002年，第109頁。

地。非也。考經文於熊侯曰白質，麋侯曰赤質，則丹質者，自謂大
夫士之布侯也。大夫與士同為布侯，則同為丹質。而虎豹鹿豕又皆
以畫，故以凡畫者統之。質，謂其識射之處也。此注多誤，後儒故
多駁之。〔註36〕

胡培翬《正義》以孔廣森駁鄭之說為是，全引其《卮言》「質」條為證〔註37〕。
此為從名物之用駁正鄭說。

（二）駁正鄭說名物歸類

1. 見於《周禮雜義》者

《爾雅》曰：「木豆謂之豆，竹豆謂之籩，瓦豆謂之登。」是登、籩
通有豆名，故《臘人》「共豆脯」，以籩為豆。《大戴記》「豆之先太
羹」，即以登為豆。後鄭疑脯非豆實，破字為羞，似不必然。〔註38〕

按：此條為孔廣森不列鄭注直接辯駁考論，斷以己見。《周禮‧天官‧臘人》：
「凡祭祀共豆脯。」鄭注曰：「脯非豆實，豆當為羞，聲之誤也。」孔廣森認
為此經「豆脯」之稱無誤，「脯」字不當破字為「羞」。破字，古時注疏訓詁字
義的一種方法，用本字來改讀古書中的假借字。孔說正確。以鄭賈之義，濡
物盛於豆，脯為乾肉當盛於籩，豆實不當為脯，故「脯」字應為「羞」字。然
《爾雅‧釋器》云：「木豆謂之豆，竹豆謂之籩，瓦豆謂之登。」是籩亦可稱
為豆，登、籩通有豆名。《大戴記》「豆之先太羹」即以登為豆，濡物盛於豆。
《禮記‧王制》：「天子諸侯無事，則歲三田，一為乾豆，二為賓客，三為充君
之庖。」鄭玄注：「乾豆，謂臘之以為祭祀豆實也。」此「豆脯」不必破字為
「羞」之證也。《內則》有「脯羹」之說，亦證脯可為豆實。此為從名物名稱
與歸類作考論，明言鄭說之非並訂正其說。

2. 見於《儀禮雜義》者

《燕禮》「主人」注云：「宰夫也。天子膳夫為獻主。」此鄭君據《燕
義》「使宰夫為獻主」之文而說也。但《記》所云宰夫實即膳夫。《文
王世子》曰：「公與族燕，膳宰為主人。」膳夫有膳宰之稱，故通謂
之宰夫，亦或謂之太宰。《檀弓》曰：「蕡也，宰夫也，非刀匕是供。」

〔註36〕胡培翬：《儀禮正義》，江蘇古籍出版社，1993年，第637頁。

〔註37〕胡培翬：《儀禮正義》，江蘇古籍出版社，1993年，第637頁。

〔註38〕孔廣森：《禮學卮言》卷三，《續修四庫全書》，第110冊，上海古籍出版社，
2002年，第100頁。

《青史氏之記》曰：「太宰荷升，而不敢煎調。」〔註39〕

按：《燕禮》曰：「賓升自西階，主人亦升自西階。」鄭注云：「主人，宰夫也。宰夫，大宰之屬，掌賓客之獻飲食者也。天子膳夫為獻主。」賈疏云：「知主人是宰夫者，案《禮記・燕義》云『使宰夫為獻主』是也。云『宰夫，大宰之屬』者，案《天官》云『大宰卿一人，小宰中大夫二人，宰夫下大夫四人』，云『天子膳夫為獻主』者，案《膳夫職》云『王燕飲酒則為獻主』是也。」孔廣森認為鄭注賈疏之說非是，《禮記・燕義》所云「使宰夫為獻主」之「宰夫」實即「膳夫」。孔說為是，可訂正鄭注賈疏名物歸屬之失。胡培翬亦認為注及疏引《周禮》解「宰夫」，甚誤，《儀禮正義》云：

> 《周禮》宰夫為大宰之考，職掌較尊。王燕飲酒，則膳夫為獻主，不使宰夫。諸侯亦當使膳宰為獻主。文王世子云：「公與族燕，膳宰為主人。」此其證也。蓋周公設官，天子有宰夫，又有膳夫。諸侯亦有宰夫，而稱膳夫為膳宰。春秋時，宰夫官廢，《左傳》所云「宰夫將解黿」之類，皆指為膳宰。而《周禮》之宰夫職無聞焉。鄭注《周禮》「膳夫」引《燕義》「使宰夫為獻主」，以宰夫職釋膳宰，皆由後世膳宰通稱宰夫，不能辨別，遂誤合為一，不知諸侯別自有宰夫也。〔註40〕

（三）駁正鄭玄名物形制的解釋

1. 見於《周禮雜義》者

> 大祭祀有「接盛」。接者，新陳相接之意也。魯人之祭也，周公盛，魯公熹，群公廩。新穀純曰盛，下陳上新曰熹，雜之曰廩。接者，其熹是歟？〔註41〕

按：《周禮・地官・廩人》：「大祭祀，則共其接盛。」鄭注曰：「接讀為『一扱再祭』之扱，扱以授舂人舂之。」孔廣森不從鄭說，認為「接者，新陳相接之意也」，意為米物新陳相接盛滿於器。《公羊十三年傳》曰：「魯人之祭也，周公盛，魯公熹，群公廩。」孔謂此「盛」者，新穀滿其器；「熹」者，

〔註39〕孔廣森：《禮學卮言》卷四，《續修四庫全書》，第110冊，上海古籍出版社，2002年，第109頁。

〔註40〕胡培翬：《儀禮正義》，江蘇古籍出版社，1993年，第686頁。

〔註41〕孔廣森：《禮學卮言》卷三，《續修四庫全書》，第110冊，上海古籍出版社，2002年，第103頁。

謂下故上新，裁可半平；「廩」者，米物摻雜之。據此，孔疑「接」為「魯公熹」之「熹」，米物下陳上新、新陳相接之意。然孔此說未審。《周禮·地官·舂人》：「舂人，掌共米物。祭祀，共其齋盛之米。」由此看，祭祀供齋盛之米者非廩人供之，而由舂人供之。賈疏云：「此粗米與舂人舂之，當須扱與舂人。」《廣雅釋詁》云：「扱，取也。」謂「扱」取穀粟於倉以授舂人也。阮元《校勘記》云「按陸本，則『共其』二字為衍」，則「大祭祀則接盛」意為祭祀由廩人扱此米物與舂人舂之。錢玄《三禮辭典》亦云：「接盛，自倉中取新穀授舂人舂之，以供大祭祀之用。」〔註 42〕故鄭必讀「接」為「一扱再祭」之「扱」，無取於「接」義者是也。此條為鄭說無誤，孔說反致誤者也。

2. 見於《小戴禮記雜義》者

> 《內則》有「涼」，以《周禮》「六飲」校之，「涼」即「涼」也。本
> 注謂「以諸和水」。考《管子》曰「冬日之不涼，非愛冰也，夏日之
> 不煬，非愛火也」，《呂氏春秋·節喪》篇「鍾鼎壺濫」，注亦云「以
> 冰置水漿於其中為濫」，則「濫」近《小招》所謂「凍飲」者。〔註43〕

按：《內則》諸飲有「濫」：「飲：重醴，稻醴清、糟，黍醴清、糟，粱醴清、糟或以酏為醴，黍酏，漿，水，醷，濫。」鄭注云：「濫，以諸和水也。以《周禮》六飲校之，則濫，涼也。」孔廣森不從鄭說，認為「濫」義與《小招》所謂「凍飲」（寒涼之飲）近，《小招》（《楚辭·招魂》）云：「挫糟凍飲，酎清涼些。」孔說可通，可為一解。《周禮正義》對此評析曰：

> 孔廣森據此以證「涼濫」為寒涼之飲，但依王注，則彼為涼酒，然
> 依鄭說，則「濫」無厚薄之齊，與酒迥異也。……諦審《內則》注
> 意，濫則以乾蓛漬水成味，故云以諸和水，此與寒粥及糗飯雜水異，
> 孔合為一，非鄭旨也。綜校許、鄭諸說，蓋涼本為寒飲，故《呂氏
> 春秋·節喪篇》高誘注云「以冰置水漿於中為濫」，是飲本宜寒，而
> 涼濫又六飲中之最寒涼者，其味雜和眾物，唯意所欲。故或寒粥，
> 或糗飯雜水，或以諸和水，三者雖不同物，以其並是寒水雜和米物，

〔註42〕錢玄：《三禮辭典》，江蘇古籍出版社，1998 年，第 733 頁。
〔註43〕孔廣森：《禮學卮言》卷五，《續修四庫全書》，第 110 冊，上海古籍出版社，2002 年，第 119 頁。

故同得涼稱。鄭二禮注似歧義，而實可互相備也。許鄭並以涼為和

水，與酒不同。〔註44〕

黃以周《禮書通故》亦有云：「孔廣森說『濫』近《小招》所謂『涷飲』者，

與惠半農同，別備一義。」〔註45〕

二、訂正鄭玄制度之闡釋

鄭玄三禮注，雖於經文有訓詁，於名物有解說，但大多內容是對古代制度的考論和闡釋，是以制度解說為重點。然鄭玄生於炎漢之末，時勢推移，文獻不足，古禮難言，故鄭注說禮制，亦難免有誤。孔廣森《三禮雜義》駁正鄭氏禮制說解之誤，或歸納凡例以解之，或引述史書故事以駁之，或差約經文以解之，或直述其禮以解之，或推原其故以解之，或以漢況周以說之，或以禮之文質隆殺說之，等等，其駁正制度內容有飲食之制、喪服之制、喪葬之制、祭祀之制、聘禮之制等。茲各舉數例並加以評析。

（一）駁鄭玄祭祀之說

1. 見於《周禮雜義》者

《龜人》：「祭祀先卜。」讀當於「祭」字絕之，謂祭之日則祀先卜，

與《司爟》云「凡祭祀，則祭爟」同義。祭必貞卜，故有報焉爾。

〔註46〕

按：《春官·龜人》曰：「上春釁龜，祭祀先卜。」鄭注曰：「玄謂先卜，始用卜筮者。言祭言祀，尊焉天地之也。」賈疏云：「今此先卜，是人，應曰享，而云祭祀，與天地同稱，故云尊焉天地之也。」孔廣森認為鄭注賈疏皆非是，「祭祀先卜」讀當於「祭」字絕之，謂祭之日，則祀先卜。孔以《司爟》為據證之。孔讀當是，鄭注賈疏碩博謂「尊焉天地」，經本無此義也，因釁龜，而特為此祭，不是祭祀天地，亦不得比之天地。《司爟》「凡祭祀，則祭爟」，《說文·火部》：「爟，取火於日，官名。」賈疏曰：「祭爟，謂祭先出火之人也。」此與《龜人》「祭，祀先卜」同義例：謂祭，應先祀始用卜筮者，猶《校人》云「夏祭，先牧」之例也。此以明句讀駁鄭賈禮制之說。

〔註44〕孫詒讓：《周禮正義》，中華書局，2013年，第369頁。

〔註45〕黃以周：《禮書通故》，中華書局，2007年，第997頁。

〔註46〕孔廣森：《禮學卮言》卷三，《續修四庫全書》第110冊，上海古籍出版社，

2002年，第105～106頁。

2. 見於《小戴禮記雜義》者

「其妻為大夫而卒，而後其夫不為大夫，而祔於其妻，則不易牲。妻卒而後夫為大夫，而祔於其妻，則以大夫牲。」注謂：「此始來仕無廟者。」案：祔必以其昭穆，夫尊豈有下祔於妻者？且既無祖廟，又安得有妻廟？蓋祔於其妻者，直謂祔祭此妻，與《雜記》「練冠祔於殤」文義同矣。大夫妻死至葬，中間數月，容有黜陟，故記其禮之變如此。〔註47〕

按：經言：「其妻，為大夫而卒，而後其夫不為大夫，而祔於其妻，則不易牲。妻卒而後夫為大夫，而祔於其妻，則以大夫牲。」鄭注曰：「妻為大夫，夫為大夫時卒。不易牲，以士牲也。此謂始來仕無廟者，無廟者不祔，宗子去國，乃以廟從。」孔廣森認為鄭說誤矣，以其昭穆而祔祭，豈有以夫之尊下祔於妻者，何況既無祖廟，則無妻廟，所以所謂祔於其妻者，是說祔祭此妻之意。孔說誠是。朱彬《禮記訓纂》曰：「陸農師曰：『祔於其妻，即是祔於其祖，蓋妻未有不祔於祖姑者，鄭氏謂『始來仕無廟者』誤矣。」〔註48〕金榜曰：「喪之祔祭也，使鬼有所歸，故雖朋友主喪，亦必為之虞祔，不繫於有廟無廟。此經承上『婦祔於祖姑』者言之。祔於其妻，即此祔於祖姑是也。變言『其妻』者，緣上『其妻為大夫而卒』立文，皆對夫之辭。」〔註49〕諸說皆可證孔駁鄭之說為是。

3. 見於《小戴禮記雜義》者

《祭法》注「殷人宜郊契」之語不然。禹之鯀郊，善則歸親之義，蓋以其鄣洪水、死民事為功也。冥勤其官而水死，與鯀功同，故商郊以冥代之，非私其祖也。《逸書》有《夏社》篇，殷人滅夏，欲遷其社，不可，乃但易鯀於郊，廢柱於稷而已。《孝經》曰：「昔者周公郊祀后稷以配天。」明尊祖配天，周公創制，故特以是稱其達孝。若以周例殷，謂宜郊契，則以夏例殷又宜郊主癸，三王不襲禮之謂何？傳曰：「宋祖帝乙。」《禮運》曰：「宋之郊也，契也。」宋以微子帝乙之長子，改而祖帝乙，始更推契配天，不郊冥耳。〔註50〕

〔註47〕孔廣森：《禮學卮言》卷五，《續修四庫全書》，第 110 冊，上海古籍出版社，2002 年，第 120 頁。

〔註48〕朱彬：《禮記訓纂》，中華書局，1996 年，第 514 頁。

〔註49〕朱彬：《禮記訓纂》，中華書局，1996 年，第 514 頁。

〔註50〕孔廣森：《禮學卮言》卷五，《續修四庫全書》，第 110 冊，上海古籍出版社，2002 年，第 121 頁。

按：《祭法》云：「有虞氏禘黃帝而郊嚳，祖顓頊而宗堯。夏后氏亦禘黃帝而郊鯀，祖顓頊而宗禹。殷人禘嚳而郊冥，祖契而宗湯。」鄭注曰：「有虞氏以上尚德，禘、郊、祖、宗，配用有德者而已。自夏已下，稍用其姓代之，先後之次，有虞氏、夏后氏宜郊顓頊，殷人宜郊契。」孔廣森不從鄭說，認為鄭注「殷人宜郊契」之說不然。他認為冥勤其官而水死，與鯀功同，故商郊以冥代之，只是到了後來，宋以微子為帝乙之長子，故改而祖帝乙，開始推契配天，不郊冥。楊復亦有此說：「冥，契六世孫也，冥勤其官而水死，其功烈與先聖並稱，故殷人以冥配天也。《禮運》曰：『杞之郊也，禹也，宋之郊也，契也。』與此不同，杞、宋以先代之後，統承先王，修其禮物，而有所改更。」〔註51〕孔廣森認為鄭玄之所以認為殷人宜郊契，是以周例殷，故謂宜郊契；但宋雖殷人之後，推契配天，不郊冥，但不足為「殷人宜郊契」之證。

（二）駁正鄭玄封國制度說

鄭注《巾車》「四衛」云：「四方諸侯守衛者，蠻服以內。」賈疏申之曰：「此四衛，非謂在衛服者。以其諸侯非同姓，與王無親，即是庶姓，在四方六服已內衛守王。《大司馬》以要服為蠻服，故云蠻服以內也。」孔廣森不從鄭、賈說，認為「四衛」乃四方衛服之國，非在蠻服以內守衛者也。孔廣森認為，以衛言者，舉其中也，「革路條繆五就」為子男之車，而彩服、衛服、要服，蓋子男所封，此四方衛服之國含彩服、衛服、要服，據此推斷以衛言者，乃「舉其中也」，此四衛諸侯國確為子男所封之彩服、衛服、要服，皆為四方衛服之國，而非守衛者在蠻服以內也（要服為蠻服，故云），孔廣森舉《呂氏春秋》《禹貢》等以申此義曰：

> 《呂氏春秋》曰：「王者之封建也，彌近彌大，彌遠彌小。海上有十
> 里之諸侯。」是故男服以內近則鮮子男；采服以外遠則無侯伯。《禹
> 貢》曰：「二百里男邦，三百里諸侯。」言小國在內，大國在外也。
> 至周而大國在內，小國在外，亦王者相變之義。……侯服、甸服、
> 男服，皆侯伯所封；采服、衛服、要服，蓋子男所封。以衛言者，
> 舉其中也。夷服、鎮服、蕃服，則下文木路以封蕃國是已。他經邦、
> 國多通稱，《周禮》乃有「大曰邦、小曰國」之別，《康誥》「侯、甸、

〔註51〕參見衛湜《禮記集說》108 卷，清《通志堂經解》本。

　　男、邦、采、衛」,「侯、甸、男」獨言邦者,或亦以此三服多大國

　　之故乎?〔註52〕

按:孔說可通。《書‧禹貢》曰:「甸服外五百里侯服:百里采,二百里男邦;三百里諸侯。」蔡沉《集傳》注曰:「男邦,男爵小國也。」〔註53〕陳經《尚書詳解》曰:「男爵小國其外三百里為諸侯,自此以往,皆諸侯大國,次小國也。故必先埰地,次男邦,乃及諸侯,先小後大。」〔註54〕《書》云「侯、甸、男、衛」,於男服之外,止舉衛服,明以衛賅括采、要二服。《康誥》「侯、甸、男、邦,采、衛」,於男、採之間,繫以「邦」字,明男服以內,公侯伯為成國,與采服以外不同也。孫詒讓《正義》亦認為鄭注賈疏「以此四衛概括六服」之說殊未析,其《正義》認為孔(廣森)說是,俱採孔說〔註55〕。

(三)駁正鄭玄聘禮之說

1. 見於《周禮雜義》者:

　　《大行人》:「凡諸侯之邦交歲相問也,殷相聘也,世相朝也。」注
　　云:「殷,中也。久無事,又於殷朝者,及而相聘也。」今案:殷之
　　為中,如「中年考校」之「中」,謂間一歲也。假令甲聘,丙又聘,
　　間一歲,則涉三年矣。《聘義》曰:「天子制諸侯,比年小聘。三年
　　大聘。」歲問者,比年也。殷聘者,三年也。《朝事義》述此文曰:
　　「使諸侯世相朝,交歲相問,殷相聘。」然則古讀「凡諸侯之邦」
　　絕句,「交」義下屬,言每歲皆交相問也,中年皆交相聘也。禮尚往
　　來,往而不來非禮也,來而不往亦非禮也,故言交也。聘問相施報,
　　世朝則小國朝大國而已,故不言交也。〔註56〕

按:《大戴禮記‧朝事》篇曰:「使諸侯世相朝,交歲相問,殷相聘,以習禮考義。」此句與此《周禮‧大行人》有文意不合處,前儒皆未加詳辨。孔廣森以

〔註52〕孔廣森:《禮學卮言》卷三,《續修四庫全書》第110冊,上海古籍出版社,
　　　　2002年,第106～107頁。

〔註53〕蔡沉:《書經集傳》卷之二,《景印文淵閣四庫全書》,第58冊,臺灣商務印
　　　　書館,1982年,第39頁。

〔註54〕陳經:《尚書詳解》,《景印文淵閣四庫全書》,第59冊,臺灣商務印書館,
　　　　1982年,第113頁。

〔註55〕參見孫詒讓《周禮正義》,中華書局,2013年,第2158頁。

〔註56〕孔廣森:《禮學卮言》卷三,《續修四庫全書》,第110冊,上海古籍出版社,
　　　　2002年,第107頁。

《大戴》古讀為是，否定鄭氏以來《大行人》「諸侯之邦交」「交」字下絕句之讀，改以「凡諸侯之邦」絕句，「交」義下屬」為正。其所著《大戴禮記補注》曰：「謂『交歲相問』者，猶言每歲交相問也。《大行人》云：『凡諸侯之邦，交歲相問也。』今誤讀『交』絕之。」〔註57〕他認為「交」義是「相互來往」，統攝下文「歲相問，殷相聘」，「每歲皆交相問也，中年皆交相聘也」，「交」字含有「禮尚往來」之義。禮尚往來，往而不來非禮也，來而不往亦非禮也，故言交也。孔廣森認為「世相朝」僅言大國立新君，小國來朝；而大國不必朝小國，所以不言「交」；但「問禮」和「聘禮」則是有來有往，故「交」統言下文的「歲相問」與「殷相聘」。孔廣森以「交歲相問、殷相聘」為句讀，調和《周禮》與《大戴禮記》的矛盾，以「聘、問相施報」來解釋聘禮和問禮中「交」的含義，其說有新意，可為一說。但後來王引之等禮家多否定孔說，《經義述聞》云：

> 孔說非也。《記》文本作「然後使諸侯交歲相問、殷相聘」而無「世相朝」三字。「交」字上屬諸侯為句，「諸侯交」即《大行人》所謂「諸侯之邦交」也。下文曰：「故天子之制，諸侯交，歲相問、殷相聘。」亦以諸侯交連讀而無「世相朝」之文，是其明證。不言「世相朝」者，案上文既言諸侯朝覲之禮，乃曰：「是故一朝而近者三年、遠者五年，有德焉。禮樂為之益習、德行為之益脩、天子之命為之益行。」其下即曰：「然後使諸侯交歲相問、殷相聘，以習禮、考義、正刑一德以崇天子。故曰朝聘之禮者所以正君臣之義也。」朝聘之禮，統上文言之，謂諸侯朝於天子及諸侯使人聘於諸侯，皆有君臣之義。〔註58〕

王樹枏贊同王引之駁孔之說，其《孔氏〈大戴禮記補注〉校正》亦駁孔曰：

> 朝聘之禮，所以正君臣之義也。若諸侯世相朝，則為兩君相見不得謂之君臣矣。後人不達，遂取《大行人》篇內「世相朝」三字加於交字之上。不唯亂其句讀，且與下文君臣之義不合。孔氏不能釐正而曲為之說，且謂《大行人》「凡諸侯之邦交」句讀為誤，其失甚矣！今案王說「交」字屬上讀是。〔註59〕

〔註57〕孔廣森：《大戴禮記補注》，中華書局，2013年，第225頁。
〔註58〕王引之：《經義述聞》，《續修四庫全書》，上海商務印書館，1998年，第557頁。
〔註59〕孔廣森：《大戴禮記補注》，王樹枏《孔氏〈大戴禮記補注〉校正》，中華書局，2013年，第469頁。

按：孔廣森所說主要依據是《大戴記·朝事篇》，孫詒讓《正義》認為「凡諸侯之邦交」，自是以「邦交」總目「問」「聘」「朝」三事，《大戴記》此句似西漢禮家誤讀，抑或傳寫訛誤，不足取證〔註60〕。故孔氏駁鄭之說雖有新意，但其證據未審也。

2. 見於《儀禮雜義》者

《聘禮》：「遭喪將命於大夫，主人長衣練冠以受。」舊注：「遭喪謂主國君薨，夫人、世子死也。此三者皆大夫攝主人。」案：上經已云「遭夫人世子之喪，君不受，使大夫受於廟」，此申言「將命於大夫」，於文為複。若君薨則就殯宮，將命於柩前，又不當大夫為主，注似錯矣。「遭喪，將命於大夫」者，謂遭主國有喪，而行問卿大夫之禮也。主人即所問之卿大夫也。衰麻非所以接弁冕，故長衣練冠以受，雖遭喪不廢問卿大夫者使者之義，無留其君之命也。〔註61〕

按：孔廣森認為鄭注「似錯矣」，上面經文中已有君使大夫受命之意，此處又有「將命於大夫」，於文重複，似不應當，故此「將命於大夫」的含義應不同於上文。「遭喪將命於大夫」，將命者，使者行聘問於卿大夫，以傳達使者君之命也；主人，即所問之卿大夫也，雖遭喪，亦不廢行問卿大夫之禮、使者之義。胡培翬亦認為：「上未言將命及受之之服，故總言以補之。遭喪自兼三者之喪言。」〔註62〕孔廣森此說新異，然未有深入考證，僅直述其禮以駁鄭氏之說。胡培翬認為孔說可存參，故《儀禮正義》全引孔廣森此說以附注〔註63〕。

（四）駁正鄭玄喪葬說

見於《周禮雜義》者：

《鬱人》：「及葬，共其裸器，遂狸之。」裸器言埋，則亦從葬者也，似非如注所云「遣奠之彝與瓚埋於祖廟階間」也。《檀弓》曰：「夏后氏用明器，殷人用祭器，周人兼用之。」此裸器，正葬所用之祭器。不言廞者，人器也；其言廞者，鬼器也。〔註64〕

〔註60〕孫詒讓：《周禮正義》，中華書局，2013年，第2990頁。

〔註61〕孔廣森：《禮學卮言》卷四，《續修四庫全書》第110冊，上海古籍出版社，2002年，第109～110頁。

〔註62〕胡培翬：《儀禮正義》，江蘇古籍出版社，1993年，第1120頁。

〔註63〕胡培翬：《儀禮正義》，江蘇古籍出版社，1993年，第1120頁。

〔註64〕孔廣森：《禮學卮言》卷五，《續修四庫全書》第110冊，上海古籍出版社，2002年，第104頁。

按：此為駁正鄭注喪葬之制。《周禮・春官・鬱人》：「及葬，共其祼器，遂貍之。」鄭注曰：「遣奠之彝與瓚也，貍之於祖廟階間，明奠終於此。」孔廣森認為此處所言祼器，亦從葬者埋之於墓，而非如鄭注所說埋於「祖廟階間」也。孔說近是。《檀弓》曰：「夏后氏用明器，殷人用祭器，周人兼用之。」周人兼用，則亦可用祭器，孔據《檀弓》知此祼器乃葬時所用之祭器。《校人》云：「大喪飾遣車之馬，及葬，埋之。」與《郁人》文例同，則此祼器亦或從葬者埋之於墓也，故孔說可通也。此條為據祼器之用，以禮證禮，以駁正鄭說。孫詒讓以孔說為是，其《正義》亦引孔廣森此說駁鄭注〔註65〕。

（五）駁正鄭玄喪服說

見於《儀禮雜義》者：

> 「無服之殤，以日易月。」舊有二解，而皆不甚通。鄭康成謂生一月者哭之一日，假令周七歲，便當哭八十四日。夫逾月而葬，葬而卒哭，成人之喪，猶或如此。而猥令連旬之外，累月之餘，區區孩童，哀慟不已，疑非理也。馬融、王肅謂如其本服之月數以為哭之日數，則如緦麻之長殤已不在服限，豈七歲以下猶有哭日？愚案：此《傳》發在子、女子子之長殤、中殤條下，似唯據子、女子子等期服親屬言之。蓋本服期者，長、中殤降大功，下殤降小功，又下當降緦麻，但轉小轉殺不足成服，止制三日哭而已，是為以哭之日易緦之月也。至大功之下殤既降在緦麻，其不及下殤者即自不服，不服則亦不哭，故不待言矣。〔註66〕

按：《儀禮・喪服》云：「不滿八歲以下，皆為無服之殤。無服之殤，以日易月。」鄭注「以日易月」以為「生一月者哭之一日」。孔廣森疑鄭此說非理也。馬融等謂「如其本服之月數以為哭之日數」，孔廣森更斥之為「漫無輕重，殊失三殤遞降之本意」。孔廣森認為「無服之殤，以日易月」唯據子、女子子等期服親屬言之，本服期者，長、中、下殤降大功、降小功及以下降緦麻，轉小轉殺不足成服者，「止制三日哭而已，是為以哭之日易緦之月也」。孔說至確，胡培翬《儀禮正義》認為孔此駁鄭之說最精：「諸儒互相詰難，然駁鄭者，沈、

〔註65〕孫詒讓：《周禮正義》，中華書局，2013 年，第 1493～1494 頁。
〔註66〕孔廣森：《禮學卮言》卷四，《續修四庫全書》，第 110 冊，上海古籍出版社，2002 年，第 113 頁。

孔（孔廣森）最精，馬、鄭二說，俱有難從。」〔註67〕

（六）駁正鄭氏禮用時間（時令）

1. 見於《周禮雜義》者

> 《韗人》：「凡冒鼓必以啟蟄之日。」注：「啟蟄，孟春之中也。」漢始以驚蟄為正月中，雨水為二月節，故鄭君云然。然啟蟄與驚蟄似當有異。《夏小正》「二月，剝魚鱐以為鼓也」，則冒鼓當以二月。《月令》「孟春之月，蟄蟲始振」，所謂驚蟄也。仲春之月，日夜分，蟄蟲咸動，啟戶始出，乃此經啟蟄之日也。《說文解字》曰：「鼓，春分之音。」〔註68〕

按：《周禮‧韗人》：「凡冒鼓必以啟蟄之日。」鄭注曰：「啟蟄，孟春之中也。」孔廣森認為啟蟄與驚蟄不同，啟蟄之日當在二月，而不在孟春之中。《禮記‧月令》：「仲春之月，是月也，日夜分，雷乃發聲，始電，蟄蟲咸動，啟戶始出。」孔以此認為仲春之月是啟蟄之時日。又《月令》：「孟春之月，蟄蟲始振。」孔據此認為孟春之月是驚蟄時節。《夏小正》「二月，剝魚鱐以為鼓也」及《說文解字》「鼓，春分之音」，孔據之證經中啟蟄之日冒鼓當在二月，而不在孟春之中，故認為鄭玄「啟蟄為孟春之中」是以漢法況周事（因漢始以驚蟄為正月中，雨水為二月節），誤以驚蟄為啟蟄。孔此說未審，鄭玄所說不誤，錢大昕云：

> 「古以啟蟄為正月中，雨水為二月節。《夏小正》『正月啟蟄』，《春秋傳》『啟蟄而郊』杜云『啟蟄，夏正建寅之月，祀天南郊』，《月令》『孟春之月，蟄蟲始振，仲春之月始雨水』皆其證也。漢改啟蟄曰驚蟄，避景帝諱，而中節次第無改。《律曆志》注稱『驚蟄今曰雨水，雨水今曰驚蟄』者，乃東漢所改，班氏紀之於史耳。」〔註69〕

錢說是也，《月令》注云：「漢始以驚蟄為正月中，雨水為二月節。」「啟蟄之日」鄭注「啟蟄，孟春之中」與三統曆合，自是古法〔註70〕。

2. 見於《周禮雜義》者

> 《梓人》：「張皮侯而棲鵠，則春以功。」舊讀「春」為「蠢」，今謂

〔註67〕 胡培翬：《儀禮正義》，江蘇古籍出版社，1993 年，第 1485 頁。

〔註68〕 孔廣森：《禮學卮言》卷三，《續修四庫全書》，第 110 冊，上海古籍出版社，2002 年，第 108 頁。

〔註69〕 孫詒讓：《周禮正義》，中華書局，2013 年，第 3303 頁。

〔註70〕 孫詒讓：《周禮正義》，中華書局，2013 年，第 3303 頁。

當如字讀。功，貢也。《射義》曰：「諸侯歲獻貢士於天子，天子試之於射宮。」《小行人》：「令諸侯春入貢。」於春貢之時，因貢教士，漢計偕仿此意，乃張皮侯而大射。《三朝記》：「天子以歲二月為壇於東郊。」與諸侯之教士射，是其事也。《漢五行志》曰：「春而大射，以順陽氣。」《東京賦》曰：「春日載陽，合射辟雍。」古者大射本在春，審矣。《鄉射禮》注曰：「今郡國行此禮以季春。」〔註71〕

按：《周禮·梓人》：「張皮侯而棲鵠，則春以功。」鄭注曰：「『春』讀為『蠢』。蠢，作也，出也。天子將祭，必與諸侯群臣射，以作其容體。」孔廣森認為，舊讀「春」為「蠢」，今謂當如字讀，功，貢也。孔說甚是。此經「春」當如字讀，鄭破字為「蠢」，非經義也。《漢書·五行志》「春而大射，以順陽氣」，春日射以振作其容體也；《東京賦》「春日載陽，合射辟雍」者，大射張皮侯而棲鵠在春日也。《三朝記》「天子以歲二月為壇於東郊」，為壇教士射於歲二月，是在春日矣。金鶚亦證「春以功」之「春」當讀如字：「春以功，蓋大射在春，而以較諸侯群臣之有功與否也。《文王世子》云：『春秋教以禮樂。』春時陽氣舒和，尤善於秋，故大射必於春也。《白虎通·鄉射篇》云：『天子所以親射何，助陽氣達萬物也。』春陽氣微弱，恐物有窒塞不能自達者，射自內發外，貫堅入剛，象物之生，故以射達之也。」〔註72〕孔、金讀「春」如字甚是，大射在春。

〔註71〕孔廣森：《禮學卮言》卷三，《續修四庫全書》，第110冊，上海古籍出版社，2002年，第108頁。
〔註72〕孫詒讓：《周禮正義》，中華書局，2013年，第3398頁。

第九章　《禮學卮言・周禮鄭氏注蒙案》的禮學成就

　　比擬漢制是鄭玄《三禮注》的突出特點，鄭玄《三禮注》每每稱述漢禮、漢律、漢事等比況說解周代制度、風俗、事類、名物等。如，《禮記・曲禮下》「君天下曰天子」，鄭玄注云：「今漢於蠻夷稱天子，於王侯稱皇帝。」《禮記・王制》「獄成辭，史以獄成告於正，正聽之」，鄭玄注云：「正，於周鄉師之屬，今漢有正平丞，秦所置。」此為鄭注以漢制況周制的情況。清儒陳澧云：「鄭注三禮，以漢制況周制。以後代之官況古官，以後代之事況古事，其來遠矣。先鄭以此法注周禮，後鄭因之，所舉漢制愈多。古語則以後世之語通之，古官古事則以後世之官後世之事況之，其義一也。古地理亦以今地名釋之，即是此法。此乃注經一定不易之法也。漢法依古而來，所謂繼周百世可知也。周法無文，則約漢法以況之。」〔註1〕孔廣森《禮學卮言》亦云：「顨軒竊見鄭君注儀禮，多引漢法，以況周事。」〔註2〕

　　鄭玄《三禮注》，舉漢法為況者，於《周禮》經中之制稱述尤多，如《周禮・天官・宮正》「凡邦之事蹕」，鄭《注》曰：「宮正主禁絕行，若今時衛士填街蹕也。」《司市》「質劑」注：「若今下手書，言保物要還矣。」《槁人》「槁人掌共外內朝宂食者之食」鄭注曰：「宂食者，謂留治文書，若今尚書之屬，諸直上者。」孔廣森認為鄭注以漢比況周事，但賈疏於此大都略而不說，僅

〔註1〕李雲光：《三禮鄭氏學發凡》，華東師範大學出版社，2012 年，第 735～736 頁。
〔註2〕孔廣森：《禮學卮言》卷六，《續修四庫全書》，第 110 冊，上海古籍出版社，2002 年，第 130 頁。

以「鄭見當時有之」、「故舉漢法以況之」、「（鄭）以漢禮器制度而知也」等一語帶過，或雖有說之，但不夠詳審，或有疏解反致乖錯者亦不鮮見。之所以出現這些情況，孔廣森認為是由於賈公彥等人忽視古史，對於有關史籍過於疏陋造成。《禮學巵言》云：「良由治經者，專習箋訓，鮮復旁涉史籍，昔顏之推譏博士不知漢有韋玄成、魏有王粲，亦學古之病也。」因此，孔廣森另旁求於史，「每紬兩漢紀傳及衛宏、應劭之書，時與注事足相證明」〔註3〕，以申明、補足、辨正鄭《注》所引漢法，尋其合理之解說，補賈疏「略而不說，或說而反錯」之不足。

孔廣森《周禮鄭氏注蒙案》於每條中摘錄鄭注中所引漢法，然後詳引《漢書》《漢志》《漢律》等史書文獻相關材料申明之，發明鄭義，補賈疏之不足或未及。清代著名學者周中孚評價孔廣森此《周禮鄭氏注蒙案》云：「其書（周禮鄭氏注蒙案），可補王氏《漢制考》、惠氏《禮說》之闕。」〔註4〕《蒙案》申補鄭注賈疏較為詳審，故可補王應麟《漢制考》於鄭注所引漢法考述之不足。因《周禮鄭氏注蒙案》主要以鄭《注》所引漢法為考論對象，一切以申明、補足、辨正鄭《注》所引漢法為要務，故與其他各卷相比，有一定的獨立性，因此本書把《周禮鄭氏注蒙案》發明鄭注以漢法況周制的情況作為一項獨立內容進行專章研究。

第一節　《蒙案》對鄭注「漢法況周」的申補

一、指明鄭玄約（暗）引漢法之處

《周禮》鄭注引漢法，多以「今」、「今世」、「若今」、「若今時」、「今有」字明言之，亦間有稱「漢者」者，亦有的直接引證《史記》《漢書》《漢律》等文獻資料；也有不稱「今」「漢」，直接據漢法而言者。引漢法標誌不明顯，則需要辯析、指明。《蒙案》於鄭玄注禮引漢法不明言或暗引之者，賈疏又未曾言及者，孔廣森俱揭示之，或明言其「此約漢法言之」。茲舉例說明：

1. 《周禮・天官・宮伯》「授八次八舍之職事」

鄭司農云：「庶子衛王宮，在內為次，在外為舍。」鄭康成不從先鄭，注

<hr />

〔註3〕李雲光：《三禮鄭氏學發凡》，華東師範大學出版社，2012年，第735～736頁。
〔註4〕周中孚：《鄭堂讀書記》，《續修四庫全書》第924冊，上海古籍出版社，2002年，第63頁。

曰：「衛王宮者必居四角四中，於徼候便也。次，其宿衛所在。舍，其休沐之處。」孔廣森認為鄭此注為約漢法言之，四角四中，即《西京賦》所謂「衛尉八屯者」也〔註5〕。

　　按：孔揭示此注為舉漢法是也。《文選‧西京賦》：「衛尉八屯，警夜巡晝。」薛綜注云：「衛尉帥吏士周宮外，於四方四角立八屯士，士則傅宮外向為廬舍，晝則巡行非常，夜則警備不虞也。」薛綜注所云當為漢制，與此注四角四中之制正相似。

2. 《司裘》「大喪，廞裘，飾皮車」

　　鄭注曰：「鄭司農云淫裘，陳裘也。玄謂廞，興也，若《詩》之興，謂象似而作之。凡為神之偶衣物，必沾而小耳。」孔廣森認為鄭此注亦為以漢況周之法，「偶衣物」當為漢時之語，賈疏亦未指出此是以漢法比況，王應麟《漢制考》亦未收錄此條。孔廣森《蒙案》曰：

> 《司裘》「廞裘」注：「偶衣物。」蒙案：偶，寓也，謂作假物，寄寓其象。《史記》：「見木偶人與土偶人相與語。」《索隱》音「寓」。《韓延壽傳》曰：「賣偶車馬下裏偽物者，棄之市道。」《漢郊祀》有「木寓龍一駟，木寓車馬一駟」，「寓車馬」即「偶車馬」也。《郊祀歌》「鸞路龍鱗」即謂寓作者，匡衡奏罷南北郊「寓龍馬」之屬，故此一句改曰「涓選休成」〔註6〕。

按：孔廣森引《史記》《漢書》《郊祀歌》、匡衡《奏》，證「偶衣物」皆漢時之物，是漢人常說之語，故知鄭以「偶衣物」比況周禮「廞裘」之類。孫詒讓《周禮正義》亦謂孔廣森「偶衣物」所引證解釋為是〔註7〕。

3. 《司爟》：「季春出火，民咸從之。季秋內火，民亦如之。」

　　鄭玄注引鄭司農云：「以三月本時昏心星見於辰上，使民出火；九月本黃昏心星伏在戌上，使民內火。」賈疏云：「三月諸星復在本位，心星本位在卯，三月本始之昏，心星時未必出現卯南，九月本始之黃昏，心星未必伏在戌上，皆據月半後而言。」孔廣森認為此注亦以漢法比況。賈疏未明言此義，其疏

〔註5〕孔廣森：《禮學卮言》卷六，《續修四庫全書》第 110 冊，上海古籍出版社，2002 年，第 124 頁。

〔註6〕孔廣森：《禮學卮言》卷六，《續修四庫全書》第 110 冊，上海古籍出版社，2002 年，第 124～125 頁。

〔註7〕孫詒讓：《周禮正義》，中華書局，2013 年，第 510 頁。

解亦有誤。孔廣森《蒙案》曰：

> 《司爟》「季春出火」注：「三月本。」蒙案：《月令》注云：「辰角見，九月本也；天根見，九月末也。」然則月本猶言月初。古語有以月初為本、月終為末者。《夏小正傳》「一則在本，一則在末」是也。有以月初為朝、月終為夕者，《荀子》「月朝卜日，月夕卜宅」是也。〔註8〕

按：孔廣森認為，月本猶言月初，三月本則三月初。孫詒讓《正義》云：「孔（廣森）說是也。星見曰昏，星伏曰黃昏者，上昏謂定昏是也。定昏在黃昏後，見淮南子天文訓。賈疏謂見伏皆據月半後，與月本之言不合。」〔註9〕《荀子·禮論》：「月朝卜日，月夕卜宅。」楊倞注曰：「月朝，月初也。」故孔謂月本、月朝皆有月初之義。孔謂「古語有以月初為本、月終為末者」，然此古語非必是漢時語，其所引證者，《月令》《夏小正傳》《荀子》亦不全為漢時書，故孔廣森以此作為以漢比況之例恐未審。

二、補賈疏於「漢法」略而不說者

鄭玄《周禮注》以漢法況周制者，為文大多極簡約，比擬周制之義未足顯明，賈疏於此又略而不說。對於賈疏略而不說者，孔廣森《周禮鄭注蒙案》揭示鄭所引漢法，並廣引《漢書》等史書有關史料加以申補、評析，以發明鄭注之義，補賈疏之闕。《蒙案》諸條多為此類，茲舉幾例述之如下：

1. 《小宰》「七曰聽賣買以質劑」

鄭玄注引鄭司農曰：「質劑，謂市中平賈，今時月平是也。」鄭注簡要，賈疏於鄭注「今時月平」略而不說。孔廣森申補曰：

> 《漢律》：「平價一月得錢二千」見《溝洫志注》，所謂「月平」也。揚子《法言》曰：「一鬨之市，必立之平。」蓋市價以時貴賤，故每月更平之。《景武功臣表》：「梁期侯任當千坐賣馬一匹，賈錢十五萬，過平，臧五百以上免。」〔註10〕

〔註8〕孔廣森：《禮學卮言》卷六，《續修四庫全書》，第110冊，上海古籍出版社，2002年，第128～129頁。

〔註9〕孫詒讓：《周禮正義》，中華書局，2013年，第2398頁。

〔註10〕孔廣森：《禮學卮言》卷六，《續修四庫全書》，第110冊，上海古籍出版社，2002年，第126頁。

按：孔申補是也。《說文》刀部云：「劑，齊也。齊平義相近。」《新唐書・食貨志二》：「稅物估價，宜視月平，至京與色樣符者，不得虛稱折估。」孫詒讓曰：「月平者，漢時市價蓋每月評定貴賤，若今時朔望為長落也。《漢書・食貨志》載王莽令諸司市常以四時中月實定所掌為物上中下之賈，各自用為其市平，即此月平也。」《周禮正義》全引孔廣森此說，謂孔說是也〔註11〕。

2. 《鄉大夫》「其舍者，……服公事者、老者、疾者皆捨」

鄭司農云：「服公事者，謂若今吏有復除也。老者，謂若今八十、九十復羨卒也。」賈疏曰：「皆若今者，並舉漢法況之。」孔廣森《蒙案》曰：

> 《漢書》高帝詔曰：「吏二千石，入蜀漢定三秦者，皆世世復。」惠帝詔曰：「吏六百石以上，父母妻子與同居，及故吏嘗佩將軍、都尉印將兵及佩二千石官印者，家唯給軍賦，他無有所與。」所謂「吏有復除」也。武帝建元元年，令民年八十復二算，九十復甲卒。賈山上文帝《至言》曰：「陛下即位，禮高年，九十者一子不事，八十者二算不事。」所謂「復羨卒」也。〔註12〕

按：賈疏簡略，孔說詳審。復除，謂免除賦役。《漢書・元帝紀》：「以用不足，民多復除，無以給中外繇役。」賈山上文帝《至言》「九十者一子不事，八十者二算不事」者，即《通典》所謂：「一子不事，蠲其賦役。二算不事，免二口之算賦也。」〔註13〕意指滿九十歲老人，可免去家中一個成年兒子的賦役，八十歲以上老人，可以免除家庭中兩個人的算賦。孫詒讓《周禮正義》疏「若今吏有復除老者復羨卒」引孔廣森案語所引漢史料證之〔註14〕。

3. 《庖人》「庖人共祭祀之好羞」

鄭玄注：「謂四時所為膳食，若荊州之鯑魚，青州之蟹胥，雖非常物，進之孝也。」賈疏曰：「鄭見當時有之。」賈疏雖亦指出此亦鄭引漢法以況周事，但於「蟹胥」等皆未作解釋。孔廣森《蒙案》謂「蟹胥」出自《釋名》：「蟹胥，取蟹藏之，使骨肉解之。胥，胥然也。」〔註15〕

〔註11〕孫詒讓：《周禮正義》，中華書局，2013年，第173頁。
〔註12〕孔廣森：《禮學卮言》卷六，《續修四庫全書》，第110冊，上海古籍出版社，2002年，第125頁。
〔註13〕班固：《漢書》卷五一，《賈山傳》，中華書局，1962年，第2335～2336頁。
〔註14〕孫詒讓：《周禮正義》，中華書局，2013年，第844～845頁。
〔註15〕孔廣森：《禮學卮言》卷六，《續修四庫全書》，第110冊，上海古籍出版社，2002年，第124頁。

按:《釋名》,東漢劉熙撰,《釋名》與《爾雅》《方言》《說文解字》被視為漢代四部重要訓詁學著作,孔廣森此蒙案非關史籍,但據前四部訓詁書闡釋「若荊州之鯷魚,青州之蟹胥」之說,當是引漢法以況周事。

三、糾賈疏有說反致乖錯者

賈疏於鄭注以今況古的情況能領會,亦能以漢況周的方法闡釋經注,但有闡釋不當甚或錯誤者,孔《蒙案》多能糾賈疏之謬。茲舉其例:

1. 《宰夫》「書其能者與其良者而以告於上」

鄭注曰:「良猶善也。上謂小宰、大宰也。鄭司農云:若今時舉孝廉、賢良方正、茂才異等。」賈疏云:「異等者,四科不同,等級各異,故云異等。」孔廣森認為賈氏謬說,《蒙案》曰:

> 異等亦辟舉之名。漢元封五年詔令州郡察吏民有茂才異等,應劭曰:「異等者,超等軼群,不與凡同也。」《急救篇》曰:「宦學諷詩孝經論,春秋尚書律令文,治禮掌故砥礪身,知能通達多見聞,名顯絕殊異等倫。」〔註16〕

按:異等亦辟舉之名,孔解異等之義正確。鄭司農「若今舉孝廉、賢良方正、茂才異等」者,如《漢書本紀》武帝元光元年,初令郡國舉孝廉;文帝二年,詔舉賢良方正能直言極諫者;武帝元封五年詔,令州郡察吏民有茂才異等。故漢時確有孝廉、賢良方正、茂才異等者之薦舉,孝廉、賢良方正、茂才異等三者,並漢時薦舉之目。

2. 《敘官》:「世婦:每宮卿二人,下大夫四人,中士八人,女府二人,女史二人,奚十有六人。」

鄭注曰:「世婦,後宮官也。王后六宮。漢始大長秋、詹事、中少府、大僕亦用士人。女府、女史,女奴有才知者。」賈疏曰:「此經不言奄,故鄭亦不言奄,其實是奄可知,是以賈、馬皆云奄卿也。然鄭云漢始大長秋,亦見周時用奄之義也。」孔廣森認為,賈逵、馬融舊說世婦為奄卿,故鄭君辨之,言漢初皇后宮官尚用士人,則周宮卿是士人,非奄可知,賈公彥以為鄭玄以漢況周「見周時用奄之義」,正與鄭注之義相反矣!孔廣森引《後漢書》《王制》中其說:

〔註16〕孔廣森:《禮學卮言》卷六,《續修四庫全書》,第110冊,上海古籍出版社,2002年,第124頁。

《後漢·宦者傳》曰：「漢興，仍襲秦制，置中常侍官，然亦引用士人，以參其選。中興之初，宦官悉用奄人，不複雜調它士。」然鄭引漢法以說此經則非也，官以婦名，不但施諸士人不可，即施諸奄人亦不可，愚謂此等必諸臣之妻老而有德者，選令治宮廟之內禮，卿之妻即命為宮卿，大夫之妻為宮大夫，士之妻為宮士。《王制》曰：「唯世婦命於奠繭，其他則皆從男子。」正謂此世婦也。后妃獻繭於太廟，時命世婦與君因祭，而命卿大夫者同禮。下文「女府」、「女奚」，冠以女字，而卿大夫之等不言者，正因號稱世婦，其必非男子無疑耳。〔註17〕

按：世婦為何有諸卿名，孔廣森認為：「諸臣之妻老而有德者，選令治宮廟之內禮，卿之妻即命為宮卿，大夫之妻為宮大夫，士之妻為宮士。」夫人無爵，從夫之爵也，正謂此世婦也。沈夢蘭認為：「此閹人所謂命婦，亦云卿大夫士者，婦人無爵，從夫之爵也，鄭注謂如漢之大長秋，是以男子官世婦矣。或疑奄人為之，亦非。周官奄人，至上士止也。」〔註18〕故知說世婦為奄卿，非也。鄭玄知周宮卿世婦非奄人，故以「漢始大長秋、詹事中、少府、太僕亦用士人」況之。漢大長秋、詹事中、少府皆男性官職，孔廣森雖認同鄭說周宮卿世婦非奄人，但也指出鄭以「大長秋、詹事中、少府」況周世婦宮卿不妥：「官以婦名，不但施諸士人不可，即施諸奄人亦不可。」孔說甚辯。

3. 《大司徒》「以保息六，養萬民，……五曰寬疾，六曰安富」

鄭注「寬疾」曰：「若今癃不可事，不算卒，可事者，半之也。」賈公彥疏：「漢時癃病不可給事，不算計以為士卒。若今廢疾者也。『可事者半之也』者，謂不為重役，輕處使之，取其半功而已，似今殘疾者，是其寬饒疾病之法。」孔廣森認為癃，可事者也，非今殘疾者，賈附會為說致誤。孔廣森《蒙案》駁之曰：

《漢律》「高不滿六尺二寸已下為罷癃」，但以人𨺗矮者通謂之癃。若有廢疾者別謂之癃不可。事其可事者，雖不服戎，猶任城道之役。

《食貨志》曰：「常有更賦，罷癃咸出。」謂癃可事者也。〔註19〕

〔註17〕孔廣森：《禮學卮言》卷六，《續修四庫全書》，第110冊，上海古籍出版社，2002年，第127頁。

〔註18〕孫詒讓：《周禮正義》，中華書局，2013年，第1264頁。

〔註19〕孔廣森：《禮學卮言》卷六，《續修四庫全書》，第110冊，上海古籍出版社，2002年，第125頁。

按：孔廣森認為漢時癃其可事者，雖不服戎，猶任城道之役。孔解說有據。漢時已成丁而身材矮小者亦稱「罷癃」，裴駰《史記集解》引《三國魏如淳》注曰：「高不滿六尺二寸以下為罷癃。」司馬貞《史記·索隱》云：「罷癃謂背疾，言腰曲而背隆高也。」是漢時但以人矲矮者通謂之癃。腰曲背隆者，其身高必矲矮，故也可稱為癃病之人，然未必為廢疾而不能任事者。孫詒讓《周禮正義》認為：「孔（廣森）說是也。『算卒』即《漢書·昭帝紀》之『更賦』。……此云不算卒，即不出更賦。可事半之，謂出更賦之半也。」〔註20〕

4.《內司服》鄭注「今世有圭衣者，蓋三翟之遺俗」

賈疏曰：「漢時有圭衣，刻為圭形綴於衣，是由《周禮》有三翟別刻繒綴於衣，漢俗尚有，故云三翟遺俗也。」賈疏亦認為「漢俗尚有三翟遺俗」，但其說漢時「圭衣」為「刻為圭形綴於衣」，而孔廣森引《後漢輿服志》等漢史資料釋圭衣如「後垂交輸、上廣下狹」之「刀圭」形制，而非有刻圭形繒綴於衣，《蒙案》曰：

> 《後漢輿服志》曰：「自皇后以下，皆不得服諸古麗圭襂閨緣加上之服。」謂「圭襂」，即圭衣也。《江充傳》：「衣紗縠禪衣，曲裾，後垂交輸。」如淳曰：「交輸割正幅，使一頭狹若燕尾垂之，兩旁見於後。賈逵謂之衣圭。」《釋名》云：「婦人上服曰袿，其下垂者上廣下狹，如刀圭也。」〔註21〕

按：賈疏漢時圭衣形制之說有疏漏，未若孔廣森解說精審。《後漢·輿服志》曰：「自皇后以下，皆不得服諸古麗圭襂閨緣加上之服。」「圭襂」即圭衣也。皇后所服「麗圭襂閨緣」為「重繒」，即多層襈；襞積為襈，襞積為衣料折疊形成的褶皺，可見「圭襂」之服為重繒厚練即多層襈的袍服，而非賈疏所謂「別刻圭形繒綴於衣」者也。孔廣森所說「如刀圭」者有據，《漢書·江充傳》云「充衣紗衣，曲裾後垂交輸」，《漢書補注》曰：「如淳注：『交輸，割正幅使一頭狹若燕尾，垂之兩旁見於後。是《禮·深衣》續衽鉤邊，賈逵謂之衣圭。』蘇林注：『交輸，如今新婦袍，上掛全幅繒，角割，名曰交輸裁也。』師古曰：『如、蘇二說皆是也。』」〔註22〕「交輸裁」是相對於正裁的一種裁剪法，取

〔註20〕孫詒讓：《周禮正義》，中華書局，2013年，第748頁。

〔註21〕孔廣森：《禮學卮言》卷六，《續修四庫全書》，第110冊，上海古籍出版社，2002年，第125頁。

〔註22〕班固著，王先謙補注：《漢書補注》，上海古籍出版社，2008年，第3574頁。

正幅布帛斜割之，即斜裁。漢時「袿袍」即採用「交輸裁」，使衣裾尖銳如燕尾，繞襟時燕尾垂於兩旁，見於身後。賈逵所謂的「衣圭」即為後垂交輸的燕尾狀衣裾。雲夢西漢墓出土立俑的袍裾「狹若燕尾，垂之兩旁」，與文獻描述相符。《釋名‧釋衣服》曰：「婦人上服曰袿，其下垂者，上廣下狹，如刀圭也。」四川新津縣出土的東漢石棺上有一身女性穿著大腋廣袖袍服，袍服垂裾上廣下狹狀如刀圭，隨人體伏動。這身上廣下狹的袍服與《釋名》《漢書》等文獻中記載的圭衣形制相符〔註23〕。綜上可知孔廣森引漢史資料釋圭衣如「刀圭」形制以駁賈疏「有刻圭形繪綴於衣」之說可謂精審。

第二節　《蒙案》可補王應麟《漢制考》之闕

孔廣森《周禮鄭氏注蒙案》卷首曰：「蓋王氏（王應麟）《漢制考》、惠氏《周禮古義》多已徵引矣。然猶拾其遺餘，得若干事，輒識錄之，補二家之闕焉。」〔註24〕周中孚亦認為孔廣森此《蒙案》「可補王氏（王應麟）《漢制考》之闕」〔註25〕。

王應麟《漢制考》四卷，「《周禮》漢制考」獨佔兩卷（卷一、卷二），篇幅字數也明顯多於其他兩卷，可見其對《周禮》鄭注「以漢制況周制」內容的重視。王應麟《漢制考》約 300 餘條，每條摘錄鄭玄以漢況周的相關注文，若賈疏有釋，則具列其後。王於鄭注賈疏之後往往有按語，引史書或申補鄭說或駁正賈疏。《四庫提要》評價王應麟《漢制考》曰：「撫採漢儒經注及《說文》諸書，所載鉤稽排纂，以補其遺，頗足以資考證，具有依據，較南宋末年諸人侈空談而鮮實徵者，其分量相去遠矣。」〔註26〕

王應麟《漢制考》（《漢制考》卷一、卷二）雖然發覆鄭注以漢況周之例 300 餘條，但難免有遺漏；其《周禮》漢制考雖名為「考」，但其書諸多條目僅摘錄鄭注賈疏以見比況周制而已，而於鄭注比況周制之義多無申證與闡發；

〔註23〕參見周方、卞向陽《羅桂徐轉紅袖揚：關於古代袿衣的幾個問題》，《絲綢》，2018 年，第 6 期。

〔註24〕孔廣森：《禮學卮言》卷六，《續修四庫全書》，第 110 冊，上海古籍出版社，2002 年，第 123 頁。

〔註25〕周中孚：《鄭堂讀書記》卷六，《續修四庫全書》第 924 冊，上海古籍出版社，2002 年，第 63 頁。

〔註26〕紀昀：《欽定四庫全書總目》，中華書局，1997 年，第 1080～1081 頁。

有的引漢史傳或漢代制度申鄭補鄭者，亦欠詳審。孔廣森《周禮鄭氏注蒙案》於鄭玄「況漢」注文，廣徵博引，考論詳審，其《蒙案》諸條可補王氏《漢制考》未及或未備之闕。

一、補《漢制考》未錄鄭注以漢法況周者

孔廣森《周禮鄭注蒙案》舉鄭注以漢況周之例 47 條，其中有 8 例為《漢制考》所無，分別是《宮伯》「授八次八舍之職事」注「四角四中」、《司裘》「廞裘」注「偶衣物」、《遂師》「抱磨」注「磨者適歷執綍者名也」、《司爟》「季春出火」注「三月本」、《野廬氏》「舟車擊互」注「車有轘轅坻閣」、《掌客》「車三秅」注「讀為秅秭麻荅之秅」、《輈人》「顧典」注「率尺所一縛」、《弓人》「紾而昔」注「讀為抮縛之抮」，以上諸條可補《漢制考》未收錄之闕。茲舉例述之：

1. 《周禮·宮伯》「授八次八舍之職事」

鄭玄注《周禮·天官·宮伯》「授八次八舍之職事」注曰：「衛王宮者必居四角四中於徼候便也。」此注王應麟《漢制考》未載錄。孔廣森認為此注亦約漢法言之，鄭注「四角四中」之制與（漢）四方四角立八屯之制（宮苑四周所設的八衛所）相似，他引張衡《西京賦》「衛尉八屯」為證〔註27〕。孔說近是，薛綜注「衛尉八屯」曰：「衛尉帥吏士周宮外，於四方四角立八屯士，士則傅宮外向為廬舍。」（《西京賦》薛綜注）

2. 《周禮·野廬氏》「車有轘轅坻閣」

《周禮·秋官·野廬氏》云：「車有轘轅坻閣。凡道路之舟車擊互者，敘而行之。」鄭玄注：「舟車擊互，謂於迫隘處也。車有轘轅、坻閣，舟有砥柱之屬。其過之者，使以次敘之。」賈疏於鄭注「轘轅」、「坻閣」之屬均言之不詳。孔廣森《蒙案》認為此注為以漢況周之例，轘轅，「漢時屬河南尹緱氏縣」；坻閣，即劍閣棧道也〔註28〕。孔說可通，轘轅是東漢末險要通道，上有轘轅關，為漢置八關之一；坻閣，《蜀志》有載：「建興十一年治斜谷邸閣。」（「坻」與「邸」同）。《劍閣銘》云：「南通邛僰，北達褒斜。」故

〔註27〕孔廣森：《禮學卮言》卷六，《續修四庫全書》，第 110 冊，上海古籍出版社，2002 年，第 124～125 頁。
〔註28〕孔廣森：《禮學卮言》卷六，《續修四庫全書》，第 110 冊，上海古籍出版社，2002 年，第 129 頁。

「轅轅」、「柢閣」，皆是稱述漢地名以況周事者。此注《漢制考》亦未載。

3. 《掌客》「車三秅」

《周禮・秋官・掌客》「牢十車，車三秅。」鄭注「秅」謂「讀為秅秭麻荅之秅。」賈疏未言「秅秭麻荅」若何。孔廣森疑鄭注「秅秭麻荅」為出自漢時《急就篇》之類小學文中的句子。孔廣森《蒙案》曰：

> 《說文解字》曰：「五稷為秭，二秭為秅。」荅，小豆也。麻荅皆禾屬，故以秅秭計之。此未見所出，然與《急救》相類似，古小學文也。漢時小學有《蒼頡》《博學》《爰歷》《凡將》《急就》諸篇，今唯《急就》尚存。檢《爾雅》注，引《倉頡篇》「考妣延年」及《顏氏家訓》引「漢兼天下」云云，則《蒼頡》四言也。《文選注》引《凡將篇》「黃潤纖美宜制禪」，則《凡將》七言也。〔註29〕

按：鄭玄「秅秭麻荅」一語未見所出，孔廣森疑此為漢時語況周時語，或出自漢時《急就篇》之類小學文中的句子。漢時古小學文有《蒼頡》《博學》《爰歷》《凡將》《急就》諸篇等。《急就篇》，西漢史游編撰，其文三言、四言、七言，均有韻。「秅秭麻荅」四言，不出自《急救篇》與七言《凡將篇》，則或出自其餘三種《蒼頡》《博學》《爰歷》乎？孫詒讓《周禮正義》引述孔說，並按曰「孔說是也」〔註30〕。

二、補《漢制考》錄注疏而無考論者

鄭注有比況周事者，王應麟《漢制考》有錄，但僅摘錄鄭注賈疏於條下以見，於注疏皆無考證和闡發。孔廣森《蒙案》中約有 26 條申鄭之說可補王氏諸條漢制考述之闕。茲舉例如下：

1. 《小宗伯》「肄儀為位」

「肄儀為位」，注謂「若今時肄司徒府也」〔註31〕。王應麟於此注無考論評述。孔廣森《蒙案》疏曰：

> 《史記・淮南王傳》：「諸侯王列侯會肄丞相諸侯議。」言因肄儀會丞相府而議也。後哀帝定三公官，以丞相為司徒，司徒府中有百官

〔註29〕孔廣森：《禮學卮言》卷六，《續修四庫全書》，第 110 冊，上海古籍出版社，2002 年，第 129 頁。

〔註30〕孫詒讓：《周禮正義》，中華書局，2013 年，第 3087 頁。

〔註31〕王應麟：《漢制考》卷二，《景印文淵閣四庫全書》，史部第 609 冊，臺灣商務印書館，1982 年，第 799 頁。

大朝會殿，故肄儀者就焉。熹平四年詔：「群臣會議司徒府，其位：
公，殿下東面；侍中、郎將、大夫、千石、六百石重行北面；校尉
南面；議郎、博士西面。」《楊惲傳》：「太僕戴長樂嘗使行事肄宗廟，
還，謂掾史曰：「我親面見受詔，副帝肄。」服虔曰：「兼行天子事，
先肄習威儀也。」注援漢況周，容肄儀時亦宗伯攝王事。〔註32〕

按：孔引據漢史料解說肄儀之義詳實。賈疏云：「言王有會同、軍旅、甸役之
事，皆有禱祠之法。云『肄儀為位』者，數者禱祠，皆須豫習威儀乃為之，故
云肄儀也。」賈疏未言明「今時（漢時）肄儀司徒府」若何？孔廣森引《史記
淮南王傳》「會肄」況之：西漢時肄儀者在丞相府，哀帝定三公官，以丞相為
司徒，司徒府中有百官大朝會殿，故肄儀者就焉。鄭注所謂「今時」當在哀帝
定三公官之後，如孔廣森後文附識「熹平四年詔」所云。孫詒讓贊同孔說，其
《正義》全引此說。

2. 《司稼》「出斂法」

《司稼》「出斂法」注：「斂法者，豐年從正，凶荒則損若干。今十傷二
三，實除減半。」王應麟《漢制考》云：「疏舉法以況義，謂漢時十分之內傷
二分三分，餘有七分八分在。實除減半者，謂就七分八分中為實在，仍減去
半不稅，於半內稅之，以凶荒所優饒民可也。」〔註33〕王應麟此僅述及注疏
之文，未引史實考論。孔廣森《周禮鄭氏注蒙案》引漢史料疏云：

《前漢成帝紀》曰：「郡國被災十四已上，毋收田租。」《後漢》和
帝永元四年詔：「郡國秋稼，為旱蝗所傷其十四已上，勿收田租，芻
槁有不滿者，以實除之。」不滿即謂傷十分之二三者，就其餘見減
半稅之也。至安帝永初七年，蝗災傷稼十五已上，乃得勿租，是則
漢之末造，征斂稍稍重矣。〔註34〕

按：孔廣森據《前漢書》《後漢書》漢時稼十傷二三減半稅，十四以上則不收
田租之史料記載，知鄭注賈疏況漢法之說為實。然亦有例外，故孔廣森舉至
安帝永初七年，蝗災傷稼十五以上田租才得不收之例，說明漢末征斂比以前

〔註32〕孔廣森：《禮學卮言》卷六，《續修四庫全書》，第110冊，上海古籍出版社，
2002年，第127頁。

〔註33〕王應麟：《漢制考》卷一，《景印文淵閣四庫全書》，史部第609冊，臺灣商務
印書館，1982年，第797頁。

〔註34〕孔廣森：《禮學卮言》卷六，《續修四庫全書》，第110冊，上海古籍出版社，
2002年，第126頁。

稍重，十傷五以上乃得勿斂矣。

3.《司常》「各有屬」

《司常》「九旗之物名各有屬」注曰：「屬，謂徽識也。《大傳》謂之徽號，今城門僕射所被及亭長著絳衣，皆其舊象。」疏曰：「引今漢法，欲見古有此物遺及漢時也。」《漢制考》俱摘此注疏，但皆無考論〔註35〕。孔廣森考證此「徽識」詳實，可補王氏《漢制考》之闕。《蒙案》曰：

> 城門僕射所被者，即《東京賦》「戎士介而揚揮」，薛綜注「揮」為「肩上絳幟如燕尾者也」。善曰：「《左氏傳》廚人濮曰『揚徽者，公徒也』，徽與揮，古字通。《說文解字》曰：「徽，幟也，以絳徽帛著於背。」，又曰：「褚，卒也。卒衣有題識者也。」《廣雅》曰：「亭父更褚，卒也。」轉相證明，是漢時亭卒褚衣亦有徽識。〔註36〕

4.《司服》「奠衣服」

《司服》「奠衣服」注：「坐上魂衣也。」疏：「《守祧》云：『遺衣服藏焉。』至祭祀之時，則出而陳於坐上。」《漢制考》於此注摘錄無考〔註37〕。賈疏所說《守祧》之義，亦無關漢制。孔廣森《蒙案》以《漢大喪儀》《賈誼傳》疏「奠衣服今坐上魂衣」曰：

> 《漢大喪儀》：「尚衣奉衣登容根車，詣陵。奉衣就幄坐，太祝進醴，獻如禮。既葬，容根車遊載容衣，藏於便殿。」此鄭所謂「魂衣」矣。周之奠衣服亦藏於寢，其事又相類。《賈誼傳》：「植遺腹，朝委裘。」孟康曰：「委裘若容衣，天子未坐朝，事先帝裘衣也。」〔註38〕

按：奠衣服亦稱容衣，《漢大喪儀》「既葬容根車遊載容衣」是也。《漢書・賈誼傳》：「植遺腹，朝委裘，而天下不亂。」顏師古注引孟康曰：「委裘，若容衣，天子未坐朝，事先帝裘衣也。」帝位虛設，唯置故君遺衣於座而受朝，稱為委裘。《漢大喪儀》《賈誼傳》、顏師古注所記述皆漢時事也。

〔註35〕王應麟：《漢制考》卷二，《景印文淵閣四庫全書》，史部第609冊，臺灣商務印書館，1982年，第805頁。

〔註36〕孔廣森：《禮學卮言》卷六，《續修四庫全書》，第110冊，上海古籍出版社，2002年，第128頁。

〔註37〕王應麟：《漢制考》卷二，《景印文淵閣四庫全書》，史部第609冊，臺灣商務印書館，1982年，第801頁。

〔註38〕孔廣森：《禮學卮言》卷六，《續修四庫全書》，第110冊，上海古籍出版社，2002年，第124～125頁。

5.《冢人》「丘封之度」

王應麟《漢制考》云：

> 《冢人》「丘封之度」注：「王公曰丘，諸臣曰封。《漢律》曰：列侯墳高四丈，關內侯已下至庶人各有差。」疏：「周禮丘封高下樹木之數無文，以漢法況之也。」〔註39〕

王應麟《漢制考》於《冢人》「丘封之度」注疏未做任何考論，「各有差」若何，皆不詳。孔廣森《蒙案》申述鄭注以漢法況周之義：

> 《漢書》：「朱雲為墳五墳，自以廢為庶人，從庶人之制也。」由此推之，蓋關內侯墳高三丈五尺。漢時關內侯比古附庸，故韋玄成降爵關內侯，作詩自劾責曰：「婧彼車服，黜此附庸。」中二千石已下，至比二千石銀印青綬者，墳三丈（比古卿）；千石已下至比六百石銅印黑綬者墳二丈五尺（比古大夫）；四百石已下至比二百石銅印黃綬者，墳二丈（比古士）；下至庶人一丈五尺。似皆以五尺為差。〔註40〕

按：關內侯是爵位名，漢二十等爵位中第十九等，僅低於徹侯（即列侯，亦稱通侯），有其號，但無封國，故漢時關內侯比古附庸。《漢書》所說朱雲為墳一丈五尺，是從庶人之制，可知漢時庶人墳高不過一丈五尺，又《漢律》云「列侯墳高四丈」、「關內侯已下至庶人各有差」，孔廣森據此推斷列侯、關內侯以下至庶人墳高尺度皆以五尺為差，故詳列古（周）時卿大夫士以爵等為丘封之等差：列侯墳高四丈；關內侯墳高三丈五尺；古卿墳高三丈；古大夫墳高二丈五尺；古士墳高二丈；庶人墳高一丈五尺。孔此條申鄭「各有差」之義詳實，可補王氏漢制未考之闕。

6.《槁人》「掌共外內朝冗食」

《周禮‧槁人》：「槁人掌共外內朝冗食。」注：「冗食者，謂留治文書，若今尚書之屬，諸直上者。」王應麟《漢制考》於此經文「外內朝」注有所考論闡發〔註41〕，對「冗食者若今尚書之屬」則未有考論。孔廣森《蒙案》認為，漢時尚書散屬，號冗官，《漢書‧申屠嘉傳》「外壖垣，故冗官居其中」是

〔註39〕 王應麟：《漢制考》卷二，《景印文淵閣四庫全書》，史部第609冊，臺灣商務印書館，1982年，第801頁。

〔註40〕 孔廣森：《禮學卮言》卷六，《續修四庫全書》，第110冊，上海古籍出版社，2002年，第127頁。

〔註41〕 王應麟：《漢制考》卷一，《景印文淵閣四庫全書》，史部第609冊，臺灣商務印書館，1982年，第797～798頁。

也，官無常員，其給食亦無常例，乃謂之宂食〔註42〕。

按：孔說宂食者之義是也，在官府服公事之人以事留外內朝者，官供其食，以其為散吏，故謂之宂食也。公卿大夫等皆官有常員，以事留宮中，給食有常例，非槀人所掌。宂，散也，顏師古注《漢書・申屠嘉傳》「宂官居其中」曰：「宂，謂散輩也，如今之散官。」孫詒讓《正義》亦引孔此說，以孔說為是〔註43〕。

三、補《漢制考》考證漢法史料之不足

王應麟《周禮》漢制考 300 餘條，對所載錄鄭注賈疏引漢史料作考論者約 50 餘條而已，其中多有引據史料亦不夠充分者。孔廣森《蒙案》廣引眾書以申補鄭義，故《蒙案》可補王氏《漢制考》申補鄭注史料之不足。茲舉三例。

1. 《外饔》「饗士庶子」

王應麟《漢制考》云：

> 《外饔》「饗士庶子」注：「士庶子，衛王宮者。若今時之饗衛士矣。」
> 《王尊傳》曰：「正月行幸曲臺，臨饗，罷衛士。」如淳曰：「諸衛士更盡得代去，故天子自臨而饗之。」《和熹鄧后紀》舊事「歲終當饗遣衛士」，《蓋寬饒傳》「歲盡交代上臨饗罷衛卒」是也。〔註44〕

孔廣森《蒙案》除了引用《漢書・王尊傳》《後漢書・和熹鄧后紀》史料外，還廣引衛宏、《漢儀》注、《續漢志》《周禮古義》等史料以申以漢鄭況周之義：

> 《王尊傳》曰：「正月行幸曲臺，臨饗，罷衛士。」衛宏言：「常以正月五日也。」惠定宇《周禮古義》曰：「前漢饗衛士於曲臺，後漢於平樂觀。」《漢儀》注云：「民年二十三為正，一歲為衛士，一歲為材官、騎士。」而《續漢志》：「饗遣故衛士儀：饗賜作樂，觀以角抵，樂闋罷遣，勸以農桑。」是西漢衛士，歲盡交代，更給郡國為材官，東漢即遣歸農桑，與初時異矣。《和熹鄧后紀》：

〔註42〕孔廣森：《禮學卮言》卷六，《續修四庫全書》，第 110 冊，上海古籍出版社，2002 年，第 126～127 頁。
〔註43〕孫詒讓：《周禮正義》，中華書局，2013 年版，第 1242 頁。
〔註44〕王應麟：《漢制考》卷一，《景印文淵閣四庫全書》，史部第 609 冊，臺灣商務印書館，1982 年，第 786 頁。

「舊事，歲終當饗遺衛士。太后以陰陽不和，軍旅數興，詔饗會勿設戲作樂。」〔註45〕

按：孔申說鄭注詳審。孫詒讓《周禮正義》「《外饔》」疏亦引孔廣森此蒙案史料為證〔註46〕。

2. 《小司徒》「大比」

王應麟《漢制考》俱錄「大比」注疏後按語曰：「《後漢皇后紀》曰：『八月算民』。《漢儀》注曰：『八月初為算賦。』」〔註47〕孔廣森《蒙案》於此注則廣引《後漢皇后紀》《禮儀志》《管子・度地篇》及鄭眾之說申鄭義曰：

《後漢皇后紀》曰：「八月算民。」《禮儀志》曰：「仲秋之月，縣道皆案戶比民，年始七十者，授之以玉杖。」鄭司農曰：「謂年七十，當以王命受杖者，今時亦命之為王杖。餔之糜粥。八十、九十禮有加賜。」《管子・度地篇》曰：「常以秋歲末之時，閱其民，案家人比地，定什伍口數，別男女大小。」是周法校比亦以秋月。〔註48〕

按：孔廣森引用史料申明鄭說比王說詳實。漢制，每縣設戶曹，掌戶口之政，於每年八月案比戶口（戶口調查）。《後漢書・孝安帝紀》李賢注引《東觀漢紀》說：「方今八月案比之時，謂案驗戶口，次比之也。」《張遷碑》亦有「八月算民不煩於鄉，隨就虛落存恤高年」之說。出土文獻關於八月算民的記載和史書基本一致。張家山漢簡記載：「八月書戶。……恒以八月令鄉部嗇夫、吏、令史相雜案戶，戶籍副臧（藏）其廷。」〔註49〕即指八月鄉吏調查戶籍並將戶籍副本收藏縣廷之事。

3. 《宰夫》「掌官敘以治敘」

王應麟《漢制考》「治敘次序官」條曰：

注：「治敘次序官中，如今侍曹伍伯傳吏朝也。」疏：「漢時五人為

〔註45〕孔廣森：《禮學卮言》卷六，《續修四庫全書》，第110冊，上海古籍出版社，2002年，第124頁。

〔註46〕孫詒讓：《周禮正義》，中華書局，2013年，第280頁。

〔註47〕王應麟：《漢制考》卷一，《景印文淵閣四庫全書》，史部第609冊，臺灣商務印書館，1982年，第792頁。

〔註48〕孔廣森：《禮學卮言》卷六，《續修四庫全書》，第110冊，上海古籍出版社，2002年，第125頁。

〔註49〕參見《張家山漢簡〈二年律令〉釋文補遺》，載《簡帛研究2004》，廣西師範大學出版社，2006年。

伍。伯，長也，是五人之長。言傳吏朝者，傳在朝群吏諸官事務於

朝也。胥為什長亦然。故舉漢法況之也。」〔註50〕

王應麟僅列出鄭注賈疏。孔廣森《蒙案》認為賈說失之。孔廣森引《後漢·宦者曹節傳》《宋書·百官志》等證「伍伯」本作「五百」，為漢唐以來官府小吏走卒的稱呼，「傳吏朝」亦非如賈氏所解，《蒙案》曰：

《後漢·宦者曹節傳》「越騎營五百」注曰：「今俗呼行杖人為五百

也。」《宋書·百官志》云：「舊說古君行師從，卿行旅從。旅，五

百人也。今縣令以上古之諸侯，故立四五百以象師從旅從，依古義

也。」韋昭云：「五百，字本為伍伯。伍，當也。伯，道也。使之導

引當道伯中，以驅除也。周制五百為旅。」《司服》注曰：「今時伍

伯緹衣，古兵服之遺色。」侍曹謂伍伯當日者，《文王世子》注云：

「如今小史值日。」陳遵為公府掾史，曹事數廢，西曹以故事適之，

侍曹輒詣寺舍白遵。是侍曹之法，有事當傳告也。〔註51〕

按：孔說是也。《後漢書·輿服志》：「車前伍伯，公八人；中二千石、二千石、六百石皆四人。」〔註52〕伍伯，漢在公卿以下官府中多有設置，為門下之職，主掌車輿前導引、護衛及行杖等以供職事。孔廣森引《漢書》陳遵故事說明「有事當傳告」為伍伯值日者侍曹之法，非如賈說「傳吏朝者，傳在朝群吏諸官事務於朝也」。孫詒讓認同孔廣森駁賈疏之說，《周禮正義》引述之併案曰：

孔說是也。《三國志·杜瓊傳》云：「自漢以來，名官盡言曹，吏言屬

曹，卒言侍曹。」是侍曹即隨侍曹吏之卒也。鄭言此者，以傳吏朝與

次序官中事相類，故舉以為證，非況胥為什長。賈說失之。〔註53〕

〔註50〕王應麟：《漢制考》卷一，《景印文淵閣四庫全書》，史部第609冊，臺灣商務印書館，1982年，第784頁。

〔註51〕孔廣森：《禮學巵言》卷六，《續修四庫全書》，第110冊，上海古籍出版社，2002年，第123～124頁。

〔註52〕范曄：《後漢書·輿服志》29，中華書局，1965年，第3650頁。

〔註53〕孫詒讓：《周禮正義》，中華書局，2013年，第1637頁。

第十章 《禮學卮言》的學術宗旨與考證方法

　　黃宗羲云：「大凡學有宗旨，是其人之得力處，亦是學者之入門處，故講學而無宗旨，即有嘉言，是無頭緒之亂絲也。學者而不能得其人之宗旨，即讀其書，亦猶張騫初至大夏，不能得月氏要領也。」〔註1〕欲知孔廣森其書其學，必先明其治學之宗旨。

第一節　孔廣森《禮學卮言》的學術宗旨

　　孔廣森生活在乾隆年間，正值乾嘉考據學風興盛之時。孔廣森幼年習經時已受父兄影響，進行過訓詁考據的訓練，及弱冠登第，宦遊京師，在號稱漢學大本營的四庫館校書，自然又受漢學學風薰染，得漢學考據風氣之先。他矢志漢學，並將它作為自己一生的治學方向。

一、孔廣森宗漢儀鄭的思想傾向

　　孔廣森推崇東漢經學大師鄭玄之學，他在《禮學卮言・蒙案》卷末說：

> 《商子》有言：「先聖人為書而傳之後世，必師受之，乃知所謂之名，不師受之而人以其心意議之，至死不能知其名與其意。」蒙生今日，雖有志於鄭學，師受云乎，意議云乎？〔註2〕

〔註1〕黃宗羲：《明儒學案發凡》，《黃宗羲全集》第七冊，浙江古籍出版社，2012年，第5頁。

〔註2〕孔廣森：《禮學卮言》卷六，《續修四庫全書》，第110冊，上海古籍出版社，2002年，第130頁。

這段話表達了對鄭玄的一種「予私淑諸人也」的崇敬之情。張舜徽先生曾說，清代二百六十餘年的學術界，特別是乾嘉學者，都圍繞了許鄭之學努力用功，凡是探討文字的，便以許慎的《說文解字》為依據；研究經學的，便奉鄭玄的群經注說為宗主。……道、咸以下，治學道路已變化，但是宗尚許鄭的學術氣氛，從來沒有輕淡過。所以我們說有清一代的學術界，完全為許鄭之學所籠罩了，也不失之誇大，有些學者為「鄭盦」，為「鄭龕」、為「儀鄭堂」、為「許鄭學廬」，都充分體現了學者們傾慕許鄭之情〔註3〕。張舜徽先生提到的「儀鄭堂」，就是孔廣森所築的「儀鄭堂」。孔廣森生性淡泊，不戀官場，辭官回家後，築堂於其居，杜門裏足，耽於著述，並為自己所居住的讀書屋命名曰「儀鄭堂」，「自庶幾於康成」〔註4〕。此舉見出其於鄭玄之學的仰慕崇敬之情。

由於戴震與孔家的姻婭關係，孔廣森早年就曾問學於戴震，後來遊學京師，師從戴震，治學方面受戴震影響很大。戴震認為治學要「由字以通其詞，由詞以通其道」，研究經學首先要從考據學下手，要具備六書、九數、制度、名物等方面的精深知識。孔廣森認為當代（乾隆時期）能重興鄭學者當屬戴震，他接受和服膺戴震的學術思想和治學方法，精研小學訓詁、六書九數之學，勤勉治經。他的《經學卮言》，是對《周易》《尚書》《詩經》《爾雅》《論語》《孟子》《春秋左氏傳》七部經書文本進行文字訓詁、校勘。他還著有數學專著《少廣正負術》，撰寫《詩聲類》，參與校注戴震的《聲韻考》，撰述三禮學著作《禮學卮言》，並完成《大戴禮記》補注。

就《禮學卮言》而言，孔廣森治禮以鄭玄為宗，疏解經文，往往先列鄭玄注文，而後或申或補，或加以訂正，或闡以己說。孔廣森書中屢屢尊稱鄭玄為「鄭君」「康成」，搜檢《禮學卮言》全書稱「鄭君」處有40處之多，如《世室明堂解》「東箱西箱」條曰：「《觀禮》幾俟於東箱，鄭君以為觀於文王之廟，文王廟制如明堂，東箱即左個也。」〈周禮雜義〉「《草人》糞種之法」條曰：「《禹貢》『田賦有上中下』，鄭君曰：『一井上上出九夫稅，下下出一夫稅。』」其考禮析論中，亦多次表明對鄭注的肯定：「鄭君去古未遠，說有師承！」可見其推許鄭注，輔翼鄭學，實是出於誠心。

清代漢學者，多不喜宋學與宋儒，認為宋儒說經空疏，廣森亦然。《禮

〔註3〕參見張舜徽《鄭學叢著》前言，《鄭學叢著》，齊魯書社，1984年。
〔註4〕趙爾巽：《清史稿》，卷四八一《孔廣森傳》，中華書局，1977年版，第13207頁。

學卮言》中，有許多考論中表現出他對宋儒和宋學的鮮明態度。如，《儀禮雜義》「祔」條云：「宋元諸儒遂謂『祔者祔主於其祖之廟』，失之愈遠矣！」《小戴禮記雜義》「踐阼」條云：「宋人因莽事，並疑此踐阼之文，陋儒之見耳！」《論禘》云：「自康成學微，王肅說起，滋以趙匡之謬響，重以宋人之迂疎，遂以禘為祭廟，非祭天。抑何不信古之甚也！」孔廣森《小戴禮記雜義》「儒行」條云：

> 《儒行》一篇，皆賢者過之之事，宋儒謂非夫子語，豈其然哉。儒
> 行云者，固言儒者之行，未嘗目為時中之至行也。至於道途不爭險
> 易之利，冬夏不爭陰陽之和，殆亦和之至者歟！見利不虧其義，雖
> 分國如錙銖，殆亦清之至者歟！東漢士君子，於儒行多有其一節；
> 宋以後往往以不肖者之不及，貌為中庸，而其流弊，志行畏葸，識
> 見淺近，遂至去凡人間不能以寸。〔註5〕

清李慈銘以此稱孔廣森平生頗惡宋儒，其言痛快，足以起屙砭廢。

《禮學卮言》第六卷《小戴禮記雜義》最後一條「致知在格物」，是全書唯一出現的一次「朱子」名，但孔廣森在此條中對朱熹「致知在格物」的權威解釋提出了懷疑和異議：「上文皆曰欲、曰先，此變言在明，非於致知之外別有格物之功也，朱子『格致補傳』，前人已有疑之者。」〔註6〕

從《禮學卮言》治禮選擇內容範圍看，孔廣森主要考論《三禮》中宮室、衣服、軍乘、祿田、學制、宗法、祭祀等內容，這是乾嘉漢學治經考據所特別重視的內容。漢儒經學與宋儒經學之分野在於，一主於故訓，一主於義理。戴震認為義理不可捨經而空憑胸臆，必求之故訓：「故訓明則古經明，古經明則賢人聖人之義理明，而我心之所同然者乃因之而明。義理非他，存乎典章制度者也。故為學，先求之於古六書、九數，繼乃求之於典章制度；以古人之義釋古人之書，不以己見參之，不以後世之意度之。」〔註7〕孔廣森《禮學卮言》中極少離開名物度數考禮、議禮，對《禮記》中的《大學》《中庸》等宋人熱衷的篇目內容涉及不多。《小戴禮記雜義》最後涉及《儒行》一篇，這也

〔註5〕孔廣森：《禮學卮言》卷五，《續修四庫全書》，第110冊，上海古籍出版社，2002年，第122～123頁。

〔註6〕孔廣森：《禮學卮言》卷五，《續修四庫全書》，第110冊，上海古籍出版社，2002年，第122頁。

〔註7〕戴震：《戴東原文集·題惠定字先生授經圖》，《續修四庫全書》，第1480冊，上海古籍出版社，2003年，第345頁。

是《禮學卮言》中較少出現的非名物度數的考釋內容。在「儒行」條中孔廣森對宋儒向來標榜的修身之道頗有微詞，認為宋以後所稱賢者，多失之不及，他們大都「志行畏葸，識見淺近」〔註8〕。

作為孔廣森鄉試的座主，姚鼐對孔廣森為這位門生的才華極為欣賞。姚鼐學宗朱子，曾期許和勸勉孔廣森要志於「聖門顏閔之學」（宋學），姚鼐曰：

> 「昔者聖門顏、閔無書，有書傳者或無名，蓋古學者為己而已。以撝約之才，……雖說經精善猶末也！」〔註9〕

然孔廣森矢志鄭學，不為所動，他說：

> 「若其溯高密之徽風，追不其之逸躅，足使冀州畔援，折敬伊人，應劭宏通，願為弟子。……世無孔子，亦當游夏者流，第之宋儒，不在張程以下！」〔註10〕

孔廣森崇漢儀鄭，在修身治學方面，已心志篤定，自信十足。

又，乾隆三十八年左右，孔廣森與其師姚鼐兩人曾書信討論過有關「禘禮」問題。宋儒以禘祭為宗廟大祭，否定鄭玄禘為祭天大祭之說。宋儒認為圜丘之禘即為郊祭，丘郊為一。孔廣森認為宋儒不信古甚矣，力駁宋人之禘說〔註11〕。姚鼐則以為宋儒之說未嘗不是漢人之義，只不過宋儒所說其義未顯著或未標立其名而已，讀經當以明經義於心而已，不必義主鄭氏，或為己名標異於人而辯，姚鼐曰：

> 「承教禘說，其論甚辨，而義主鄭氏則愚以為不然。……若期異於人以為己名者，皆陋儒也。撝約以為然乎？」〔註12〕

因孔廣森對宋儒和宋學沒有好感，故對乃師姚鼐的說法並不以為然。孔廣森敬重姚鼐道德文章，並未因此改變自己對宋儒的看法和自己致力於漢學的學術決心。

〔註8〕孔廣森：《禮學卮言》卷二，《續修四庫全書》第 110 冊，上海古籍出版社，2002 年，第 122 頁。

〔註9〕姚鼐：《儀鄭堂記》，《惜抱軒文集》卷一四，《續修四庫全書》，第 1453 冊，上海古籍出版社，2003 年，第 110 頁。

〔註10〕孔廣森：《上座主桐城姚大夫書》，《駢儷文》卷二，《續修四庫全書》，第 1467 冊，上海古籍出版社，2003 年，第 374 頁。

〔註11〕孔廣森：《禮學卮言》卷二，《續修四庫全書》，第 110 冊，上海古籍出版社，2002 年，第 89 頁。

〔註12〕姚鼐：《復孔撝約論禘祭文》，《惜抱軒文集》卷六，《續修四庫全書》，第 1453 冊，上海古籍出版社，2003 年，第 46～47 頁。

孔廣森宗鄭，有時也不免彌縫鄭說，這也是可以理解的。如孔廣森對鄭玄六天說的辯護。鄭玄的大微之精、靈威仰、赤熛怒、含樞紐、白招拒、汁光紀五天帝說，實出自緯書，是漢人的讖緯思想，其說怪妄，自屬荒謬，毋庸深辨。然孔氏為之辯護曰：「蓋舉其虛空之體則曰天，指其生成之神則曰帝，隨其時方之位則有五帝。令五方之帝不得為上帝，則蒼天、昊天之等亦非天乎？」再如，孔廣森認為，《大傳》「禮不王不禘，王者禘其祖之所自出，以其祖配之」與韋元成「言始受命而王，祭天以其祖配，而不為立廟，親盡也」之說為周秦儒者相承之正說，鄭注因之，皆無異詞焉〔註13〕。孔此說欠審，不符合歷史事實。據孫詒讓統計，唐以前就此問題有不同看法的就有二十一家，連鄭玄當時就曾說儒家關於「禘祫」論說通俗各異，「訩訩爭論，從數百年來矣」，如此何來「周秦儒者相承之正說，鄭注因之無異詞焉」？孔廣森《禘郊論》中崇鄭斥王、抑宋色彩明顯，在考論中諸如「王肅謬說」「趙匡謬嚳」「宋人迂疏」「俗儒」「陋儒」「謬之甚也，妄之甚也！」「抑何不信古之甚也！」等傾向性色彩較強的語句屢有出現，其崇漢儀鄭思想傾向洞若觀火。

二、治禮宗鄭，輔翼鄭學

《禮學卮言》是孔廣森的三禮學著作。三禮學之所以稱為三禮學，我們認為應有以下三個方面的特點。首先，三禮學研究範圍應限於《周禮》《禮儀》《禮記》三禮經中所涉及的禮學問題，大至三代禮樂、宗廟社稷、朝聘冠昏，小至屨絢帶飾、髮髻冒綴，細大不捐，囊括無遺。從經文出發，以對經文（字、詞、句、篇及其中涉及的名物度數）訓詁考論為特徵。其次，治禮宗鄭。鄭玄遍注《三禮》，使《三禮》之書合為一家之學，故有「禮即鄭學」、「《三禮》之學萃於北海」之說，研究三禮，不可外康成之注，「學禮而不從鄭氏豈非人慾入室而不由戶乎？」〔註14〕當然，為學誠不當無宗主，然而亦不可偏私，囿於門戶之見，「三禮學非一成不易於鄭氏也」〔註15〕，治三禮之學，申鄭、補鄭皆為宗鄭，駁鄭、訂鄭亦皆為宗鄭、皆為輔翼鄭學。其三，旁徵博引，經史互證，三禮互通，特別是能在《周禮》《儀禮》《禮記》等三《禮》範圍內，彼此互引，互證互詮，以禮說禮，以經證經，貫通自洽，自成禮學體系。符合上

〔註13〕孔廣森：《禮學卮言》卷二，《續修四庫全書》，第110冊，上海古籍出版社，2002年，第89頁。
〔註14〕李雲光：《三禮鄭氏學發凡》，華東師範大學出版社，2012年，第2頁。
〔註15〕李雲光：《三禮鄭氏學發凡》，華東師範大學出版社，2012年，第2頁。

述研究範式的研究才可以稱做「三禮學」。

作為清代乾隆時期的一部典型的三禮學著作，孔廣森《禮學卮言》符合這三個特點：

首先，《禮學卮言》所考論近二百餘個禮學問題，皆《周禮》《儀禮》《禮記》三禮中的問題。《禮學卮言》中《周禮雜義》《儀禮雜義》《小戴禮記雜義》《周禮鄭注蒙案》等四卷內容自不必說，第一、二卷專題考論中，《廟寢宮室異制說》所論為《儀禮》之廟寢宮室異制，皆由經文相關內容起論，以經文為考論起點；《禮服釋名》亦是《周禮》中的《弁師》《司服》《內司服》三官職掌之禮服釋名；《世室明堂》《九廟辨》《論禘》《論郊》《五門考》《辟雍四學考》等考論的取材均未溢出三禮經文內容之範疇。

其次，《禮學卮言》在考證理念和方法上，能以經證經，以禮說禮，旁徵博引，經史互證，特別是能在《周禮》《儀禮》《禮記》三禮範圍內，或本經自證，或彼此引證。如或以《禮記》證《儀禮》、證《周禮》，或以《儀禮》《周禮》說《禮記》；或以《周禮》證《儀禮》，或以《儀禮》證《周禮》；或《周禮》自證，或《儀禮》自證。具體說來，如《儀禮廟寢宮室異制說》解說《儀禮》宮室之制，故在考證時，多引本禮（本經《儀禮》）材料以探討廟寢之結構與形制，同時，也大量引用《周禮》《禮記》來佐證其說。由於考論古禮，故引證文獻多以古為尚，既能博引《詩》《書》《春秋》等五經文獻，又旁徵《孟子》《荀子》等諸子之書，還引證《史記》《漢書》等史書，以經史、諸子證禮。《禮學卮言》其他各禮學考論內容無不體現這一特色。具體相關論述詳見下文治禮方法、治禮特色等。

第三，《禮學卮言》治禮宗鄭，專事輔翼鄭學。

禮是鄭學，三禮之學，始自鄭玄盡注三禮。《三禮鄭氏學發凡》云：「夫後人所讀三禮之書，是鄭氏所校定者也，所賴以解三禮者，亦不能外鄭氏注釋也，然則學禮而不從鄭氏，豈非欲入室而不由戶乎？」〔註16〕「鄭康成遍注三禮，集禮學之大成，後世治三禮之學者，捨鄭氏殆莫能得其塗轍矣。」〔註17〕惠士奇認為說禮則必以鄭氏為宗（惠士奇《禮說》）。孔廣森《禮學卮言》全書無論專題研究還是隨文疏解，大多是圍繞鄭注展開考論和評析。《禮學卮言》全書六卷，第一、二卷為專題禮學考論，分別是廟寢異制說、明堂辟

〔註16〕 李雲光：《三禮鄭氏學發凡》，華東師範大學出版社，2012年，第2頁。
〔註17〕 李雲光：《三禮鄭氏學發凡》，高序，華東師範大學出版社，2012年。

雍解、論禘、論郊、五門考、九廟辨、禮服釋名等；第三、四、五、六卷分別
是《周禮雜義》《儀禮雜義》《小戴禮記雜義》《周禮鄭氏注蒙案》。《禮學卮言》
第一、二卷雖不載經文，惟標舉其有所考辯者各為之說，但也矚意鄭注，與
鄭注聯繫密切，可以說也是圍繞鄭注而作。這些專題禮論有不同情況，《世室
明堂圖解》說是依循《周禮·冬官·匠人》「夏侯氏世室」經文，圍繞鄭注，
斟酌其他文獻解析明堂制度，考證其形制規模。《禮服釋名》依循《周禮》中
的《弁師》《司服》《內司服》等經文，考證五冕形制、旒就之數、大裘而冕、
冕服十二章、玄冕、韋弁服、孤之服、玄端素端、王后之六服等，撰寫體例亦
是先臚列《周禮》相關經文，經文後引鄭注孔疏，後加「案」語考證論說制度
名物。《廟寢異制圖說》則條分縷析對宮室門、戶、牖、楯、序、夾、階等名
目的具體考證，因是對《儀禮》宮室的考察，所以亦多圍繞《儀禮》一經的鄭
注進行研究，展開考論。《論禘》《論郊》是孔廣森就《禮記·祭法》與《周
禮》《儀禮》等有關禘郊祭祀的考證析論，是以鄭玄王肅之爭為焦點展開的考
論。《五門考》《九廟辨》等亦依據相關鄭注而展開論說。後四卷各卷考辨之
條目皆以《三禮》經文次序編之，基本上是條列注疏於前，以己意疏解於後，
內容多圍繞鄭注加以考論，或申或補，或駁或糾。《周禮鄭注蒙案》集合各種
漢代史書資料對鄭氏注以漢況周的情況作補充或訂正，專事輔翼鄭學明顯。
通觀全書一至六卷，《禮學卮言》治禮屬意鄭注，屢有卓見特識，其治禮宗鄭，
專事輔翼鄭學之特點不難理解也。細繹孔廣森全篇之禮學考論，其輔翼鄭學
之例大約有：申明鄭說、補足鄭說、駁正鄭說、逕解禮義等。

申明鄭說者，鄭注正確，或有隱晦者、未顯者，則引經據典，補釋推闡，
詳加申之，使注義之奧旨得以抉發顯揚。如《廟寢宮室異制說》「北堂」條曰：

> 《昏記》曰：「婦洗在北堂，直室東隅。」《注》云：「北堂房中半以
> 北。」案：半者為自後楯下中分之。《毛詩·伯兮傳》曰：「背北堂
> 也。」其義取房南向，堂北向，相背然〔註18〕。

孔廣森徵引鄭注，以「案」的形式申明鄭注，「半者為自後楯下中分之」，鄭注
僅言「房中半以北」為北堂，何處為房半之界限，孔謂後楯為界，中分之，房
中後楯以北則為北堂，北堂之義彰明矣。又以《毛詩伯兮傳》補釋鄭注，補鄭
君注所未備也。

〔註18〕孔廣森：《禮學卮言》卷一，《續修四庫全書》，第110冊，上海古籍出版社，
2002年，第81～82頁。

再如，《築氏》「為削」注：「今之書刀。」賈公彥疏：「漢時蔡倫作紙，蒙恬作筆。古者未有紙筆，則以削刻字，至漢時雖有紙筆，仍有書刀，是古之遺法。」今之「書刀」若何，賈說雖不謬，但說不具體，亦無書證申明。孔廣森《蒙案》申之曰：

> 《釋名》曰：「書刀，給書簡札有所刊削之刀也。」《漢書音義》晉
> 灼曰：「舊時蜀郡工官作金馬書刀者，似佩刀形，金錯其拊。」如淳
> 曰：「作馬形於刀環內，以金鏤之。」〔註19〕

駁正鄭說者，鄭君注義有違失、疏誤，詳為考證辨駁，別是非，明折衷，並斷以己意，以為駁正注義。如《周禮・司服》「祭群小祀則玄冕」，鄭注云：「玄者，衣無文，裳刺黼黻而已，是以謂玄焉。」鄭注以為玄冕之服，乃上衣無文，下裳刺黼黻之服也，故曰玄冕服。孔廣森不從鄭說，認為「玄冕從其冕名，冕之制，以麻衣延，玄表纁裏，非以玄衣（從其衣名）故也，玄冕一章，猶升黼於衣，衣上有文。鄭注又云：「凡冕服皆玄衣纁裳。」孔廣森駁鄭說，認為冕服不必皆纁裳也，他引《大戴禮》《顧命》《喪大記》《荀子》等證其冕服不必皆纁裳之說〔註20〕。

孔廣森三禮之學，不囿於門戶之見，《禮學卮言》無論申補駁正，均圍繞鄭注而發，申鄭、補鄭、駁鄭、訂鄭皆為宗鄭，對鄭注的篤守與背離，是為了發展鄭注、完善鄭注，故治禮宗鄭、輔翼鄭注，誠為孔廣森《禮學卮言》一書之靈魂。

第二節 《禮學卮言》的考證方法

考證古代禮制、儀文、宮室、服飾、器物、度數等是清儒治禮的主要方法。孔廣森《禮學卮言》治禮重在考證。

明人陳第《毛詩古音考》總結三種考證方法曰：「於是稍為考據，列本證、旁證二條。本證者，《詩》自相證也，旁證者，採之他書也。二者俱無，則宛轉以審其音，參伍以諧其韻。」〔註21〕此考證方法為顧炎武所贊同並加以提

〔註19〕孔廣森：《禮學卮言》卷一，《續修四庫全書》，第 110 冊，上海古籍出版社，2002 年，第 130 頁。

〔註20〕孔廣森：《禮學卮言》卷二，《續修四庫全書》，第 110 冊，上海古籍出版社，2002 年，第 94 頁。

〔註21〕陳第：《毛詩古音考》，毛詩古音考自序，中華書局，1991 年，第 1 頁。

倡，逐漸為後世乾嘉諸儒考經考史所繼承。其中本證法、旁證法兩條最為清人考據派所推崇。漆永祥先生《乾嘉考據學研究》在論及本證法、旁證法時說：「在治經上就是以經解經、以經證經；在訓詁中就是以字考經、以經考字；在求古韻上就是以《詩經》用韻為證稱『本證』，以先秦兩漢他書韻文為證稱『旁證』；而在校勘中，則是用本書材料互校為『本校』，用他書材料勘校為『他校』，等等。」〔註22〕乾嘉學者重視以經證經、以他書證經（他書特指先秦兩漢之書），這與他們的思想觀念是密不可分的。首先，他們認為：「十三經皆先聖遺言，其義本可相通者多。」〔註23〕其次，他們堅信，先秦兩漢之書，其產生時代與經典接近，較後世所出之書可靠可信。清人經史考證還使用其他方法。郭康松《清代考據學研究》將清代考據學的考據方法分為邏輯論證法、數學考據法、調查觀察法。項楚、羅鷺《中國古典文獻學》認為：「本證法、旁證法、理證法是考證學的基本方法，歸納法、演繹法和數學考證法也是常見的考證方法。」〔註24〕

　　結合諸種考證方法的分類和特點，分析孔廣森《禮學卮言》的考禮內容及其方法運用，我們認為孔廣森《禮學卮言》的具體的考禮方法可歸納為「訓詁釋經」「以經證經」「以史（子）證禮」「數學考據證禮」「禮例歸納法」「理證法」「闕疑法」等等。以上這些方法中，無論「訓詁釋經」「以經證經」「以史（子）證經」還是「歸納禮例」「數學考據證禮」「理證法」等都蘊含著考證學的基本邏輯推理方法和理念，即歸納和演繹。當然，在實際考證訓釋過程中，孔廣森往往綜合交叉運用這幾種考證方法。

一、訓詁釋禮

　　清代學者治經重視「以字考經」，認為無小學自然無經學。顧炎武治學倡導讀《九經》自考文始，考文自知音始，惠棟治學強調審音識字，乃知其義。錢大昕云：「六經皆載於文字者也，非聲音則經之文不正，非訓詁則經之文不明。」〔註25〕從小學訓詁入手，審音識字，細究經文字、詞、句、篇以通經義，是清人乾嘉考據學最基本、最首要的考證方法。

〔註22〕漆永祥：《乾嘉考據學研究》，中國社會科學出版社，1998年，第103頁。

〔註23〕江藩：《經解入門》卷四，華東師範大學出版社，2010年，第71頁。

〔註24〕項楚、羅鷺：《中國古典文獻學》，中國人民大學出版社，2013年，第175頁。

〔註25〕錢大昕：《潛研堂文集》卷24，《小學考序》，江蘇古籍出版社，1997年，第378頁。

　　孔廣森精通音韻學，其治經往往根據文字假借、聲類通轉的道理，並結合《說文》《釋文》《釋名》等小學語料（清人認為《說文》《爾雅》最為近古，故訓詁多始於此）進行經文訓詁，考證名物制度。黃以周《喪禮通故》云：「訓詁不明，有害禮意。」〔註26〕孔廣森《禮學卮言》對某些經文語詞的訓詁詮釋體現出其師戴震由字詞通經意的鮮明小學色彩和治學風格，其禮學訓詁考論常有耳目一新的感覺。孔廣森《禮學卮言》之撰，根柢在訓詁小學，其以訓詁釋禮法主要體現為以辨別古今文字、形聲相訓、審音識字、正其句讀、調整經文、推演經意等幾種形式，茲分別舉例述之。

（一）形聲相訓

1. 《弓人》「紾而昔」注：「讀為抮縳之抮。」

　　孔廣森據揚雄《八十一家更》「軫轉其道」知「抮縳」或是「軫轉」，以其形聲相訓詁，認為「軫轉」又即「輾轉」之音變，又從形義關係入手，認為以轉輪喻，字則從「車」，以卷帛喻，字或從「糸」，故「軫轉」又可為「縳卷」，意為縑素布帛等緊卷後擰出層層差次紋理貌狀，所謂「牛角文理有似此者」〔註27〕。

2. 《弁師》「玉璂」注：「讀如薄借綦之綦。」

　　鄭注「薄借」之意難解。孔據文字假借、聲類通轉之理，謂「薄借」即「不借」聲之轉也。孔引《喪服傳》經注之說「繩菲今之不借」為證，並參照《說文》解「綥」字云「不借綥」、《急就篇》「裳韋不借為牧人」、《釋名》「不借言賤易有不假借人也」、《廣雅》「不借，履也，其紟謂之綦」等眾多小學語料加以考察，以佐證其申鄭之說〔註28〕。

3. 《大司徒》「廣輪之數」注：「輪，從也。」

　　孔廣森認為地以南北為從，「輪」之義猶「運」義，當如《越語》「廣運百里」（韋昭注）之「運」義也，《越語》「廣運百里」韋昭注：「東西為廣，南北為運。」孔以其形聲相訓詁，「運」聲近「隕」，《毛公》訓「幅」曰：「幅，廣也。」訓「隕」為「均」，此聲同之證，幅、隕相稱，東西稱幅，南北稱隕，

〔註26〕黃以周：《禮書通故》，中華書局，2007 年，第 437 頁。

〔註27〕孔廣森：《禮學卮言》卷四，《續修四庫全書》，第 110 冊，上海古籍出版社，2002 年，第 130 頁。

〔註28〕孔廣森：《禮學卮言》卷四，《續修四庫全書》，第 110 冊，上海古籍出版社，2002 年，第 129 頁。

隕有「從（縱）」之義，恐彼「均」字正當讀作「運」，故「廣輪之數」可解為「廣運之數」〔註29〕。

4.《中庸》：「義者，宜也。」

孔廣森認為「宜」字當為「誼」，今時所謂「義」為「誼」，《漢書》「仁義」之「義」皆作「誼」，從古文也。孔廣森認為凡小學皆以其形聲相訓詁，「仁」字從「人」，「誼」字從「宜」，故此《記》曰：「仁者，人也。誼者，宜也。」《春秋繁露》云：「以仁安人，以義正我。故仁之為言人也，義之為言我也。」此則今文字訓始以「義」代「誼」矣〔註30〕。

（二）辨古今字、假借字以釋之

1.《鄉射·記》注曰：「是制五架之屋也。正中曰棟，次曰楣，前曰庪。」

孔廣森認為，庪，一名阿，今文「阿」為「庪」，《昏禮》「賓升西階，當阿」〔註31〕。

2.《玉藻》「君子之居，恒當戶」

孔廣森認為，居，坐也，此「居」字合從古文《孝經》作「凥」字〔註32〕。

3.《內司服》「諸服皆以素沙為裏」

孔廣森謂「沙」即「紗」也，古今字〔註33〕。

4.《匠人》「夏后氏世室」

孔廣森謂世室者，明堂之中室，《洛誥》曰：「王入太室，祼」，太室猶世室也。《春秋》「世室屋壞」《左傳》為「太室」。古者世、太字多通假，若太子即世子、太叔亦云世叔〔註34〕。

〔註29〕孔廣森：《禮學卮言》卷四，《續修四庫全書》第110冊，上海古籍出版社，2002年，第122～123頁。

〔註30〕孔廣森：《禮學卮言》卷五，《續修四庫全書》，第110冊，上海古籍出版社，2002年，第122頁。

〔註31〕孔廣森：《禮學卮言》卷四，《續修四庫全書》，第110冊，上海古籍出版社，2002年，第80頁。

〔註32〕孔廣森：《禮學卮言》卷四，《續修四庫全書》，第110冊，上海古籍出版社，2002年，第84頁。

〔註33〕孔廣森：《禮學卮言》卷四，《續修四庫全書》，第110冊，上海古籍出版社，2002年，第98頁。

〔註34〕孔廣森：《禮學卮言》卷四，《續修四庫全書》，第110冊，上海古籍出版社，2002年，第85頁。

5. 《內司服》「揄狄」鄭注：「侯伯之夫人揄狄，子男之夫人闕狄」

孔廣森認為「狄」皆當為「其之翟也」之「翟」，古「翟」、「狄」字通。《韓詩》亦作「狄」〔註35〕。

6. 《司几筵》「柏席」，鄭司農云：「柏席，或曰柏席，載黍稷之席。」

孔廣森認為鄭司農說「柏席，載黍稷之席」是也，《士虞禮》曰：「饌黍稷二敦於階間西上，藉用葦席。」《特牲饋食》曰：「盛兩敦陳於西堂，藉用萑。」孔據此知柏席是載黍稷之席，士直措敦於席，「柏」當讀如今之「箔」，古或通作「簿」，此經則借作『柏』也〔註36〕。

（三）正其句讀以釋之

1. 《匠人》「四旁兩夾窗白盛」

孔廣森認為鄭讀「窗」為句者非也，當讀為「四旁兩夾，窗白盛」，「四旁」猶四方也，四方各有兩夾，即所謂左右個也，「窗」與「白盛」連讀〔註37〕。

2. 《龜人》「祭祀先卜」

孔廣森讀「祭祀先卜」於「祭」字絕之，謂祭之日則祀先卜，與《司爟》云「凡祭祀，則祭爟」同義，祭必貞卜，故有報焉爾〔註38〕。

3. 《文王世子》「無介語可也」

孔廣森認為當讀「無介」絕之，《學中尚論》說：「雖微其禮，猶於旅也，語可。」此「語可」與《文王世子》同〔註39〕。

4. 《禮記・郊特牲》「郊之用辛也」

孔廣森據《春秋傳》「郊曷用？郊用正月上辛」認為「郊之用辛也」句讀應為「郊之用（絕），辛也」，言郊之所用日，是辛日也；認為「周之始郊日以至」句讀應為：「周之始（絕），郊日以至。」孔廣森認為此乃七十子後學者所

〔註35〕孔廣森：《禮學巵言》卷四，《續修四庫全書》，第110冊，上海古籍出版社，2002年，第98頁。

〔註36〕孔廣森：《禮學巵言》卷四，《續修四庫全書》，第110冊，上海古籍出版社，2002年，第104頁。

〔註37〕孔廣森：《禮學巵言》卷四，《續修四庫全書》，第110冊，上海古籍出版社，2002年，第86頁。

〔註38〕孔廣森：《禮學巵言》卷四，《續修四庫全書》第110冊，上海古籍出版社，2002年，第105～106頁。

〔註39〕孔廣森：《禮學巵言》卷四，《續修四庫全書》，第110冊，上海古籍出版社，2002年，第118頁。

記，時當周末，故追言周之始時圓丘之郊日以冬至〔註40〕。

（四）以字形相似釋之

《考工記》曰：「六尺有六寸與步相中也。」《王制》曰：「今以周尺六尺四寸為步。」孔廣森認為，篆文「亖」「卯」相似，《王制》此四寸亦六寸之誤：下言「古者百里當今百二十一里六十步四尺二寸二分」，三百步為里，計八尺之步，百里凡二十四萬尺，以六尺六寸之步除之，適得百二十一里餘六十三步四尺二寸，大數相符。（《記》「六十」下脫「三」字，衍「二分」二字。）若以六尺四寸為步，則較古步正少五分之一，故注云：「以此計之，古者百里當今百二十五里。」鄭君亦致疑於此也。〔註41〕

（五）以互文釋之

《大宗伯》「以脤膰之禮親兄弟之國，以賀慶之禮親異姓之國」孔廣森認為此經互文也。孔廣森引《春秋左傳》證此為互文：《春秋左傳》曰：「王使宰孔賜齊侯胙。」又曰：「宋，先代之後也，於周為客，天子有事，膰焉。」證異姓當有賀慶之禮，亦有脤膰之禮，其兄弟之國當有脤膰之禮，亦有賀慶之禮，故此句為互文見義〔註42〕。

（六）審經文文次與脫文以釋之

1. 審經文文次

《儀禮·喪服》：「大夫之妾為君之庶子，女子子嫁者、未嫁者；為世父母、叔父母、姑姊妹。」

《喪服》此處經文有錯簡問題，經、傳、注亦混在一起，後儒爭議頗多。孔廣森案曰：

> 此不辭，即實為妾遂自服其私親，當言其以見之。《齊衰三月章》曰：「女子子嫁者、未嫁者為曾祖父母」經與此同，足以見之矣。傳所云「何以大功也？妾為君之黨服，得與女君同」文爛在下耳。（言當作「大夫之妾為君之庶子」，傳曰「何以大功也，妾為君之黨服，得

〔註40〕孔廣森：《禮學卮言》卷四，《續修四庫全書》，第110冊，上海古籍出版社，2002年，第119頁。

〔註41〕孔廣森：《禮學卮言》卷四，《續修四庫全書》，第110冊，上海古籍出版社，2002年，第116頁。

〔註42〕孔廣森：《禮學卮言》卷四，《續修四庫全書》，第110冊，上海古籍出版社，2002年，第103頁。

與女君同」即順晰矣。）女子子成人者，有出道降旁親及將出者，明當及時也。」此一段注內「下言」至「親也」二十一字，今本混入傳文，故備錄之。〔註43〕

2. 審脫文以釋之

《禮記·檀弓下》：「仕而未有祿者，君有饋焉曰獻，使焉曰寡君。」

孔廣森據《儀禮·士相見禮》注引作「使焉曰寡君之老」，認為《禮記·檀弓》今本似脫「之老」二字：

> 《玉藻》曰：「上大夫曰下臣，擯者曰寡君之老。」言雖未有祿，若以君命使，則擯者亦稱寡君之老，不敢自異於臣也。《疏》以為此未有祿者出使自稱其君曰寡君。或以為君使人於未有祿者之所將命曰「寡君」，皆由未審脫文致滋異說。〔註44〕

二、以經證禮

清代乾嘉學者考證三禮重視廣徵博引，而且以經為尚，以古為尚。「以經證經」，是指從經書中尋找證據來考證經書經意的方法。孫星衍云：「古人解經之例有三，一曰守師說，一曰以經解經，一曰以字解經。」〔註45〕馬瑞辰《毛詩傳箋通釋·例言》云：「考證之學，首在以經證經，實事求是。」〔註46〕郝懿行、焦循等更是主張「窮經以經為主」，把「以經證經」「以經解經」看成「經學之大要」〔註47〕。注重本經互證與諸經參證，是乾嘉考據學家認為最可靠、最穩妥、最能接近原著書者本義的方法。

孔廣森《禮學卮言》以經證經，就是以經證禮，以五經證三禮，這是「以經證經」方法的重要體現。「以經證禮」作為禮學考證方法在《禮學卮言》中的表現，分為兩種情形：一是以禮證禮，一是以它經釋禮。作為三禮學研究專著，以禮證禮，是指用三禮《周禮》《儀禮》《禮記》來證禮、考禮；以

〔註43〕孔廣森：《禮學卮言》卷四，《續修四庫全書》，第110冊，上海古籍出版社，2002年，第112頁。

〔註44〕孔廣森：《禮學卮言》卷四，《續修四庫全書》，第110冊，上海古籍出版社，2002年，第116頁。

〔註45〕孫星衍：《〈五經異義駁義〉及〈鄭學四種〉》序，《孫淵如外集》卷二，北平圖書館排印本，1932年。

〔註46〕馬瑞辰：《毛詩傳箋通釋》，例言，中華書局，1989年。

〔註47〕漆永祥：《乾嘉考據學研究》，中國社科院出版社，1998年，第103頁。

它經釋禮是指用三禮之外其他儒家經典釋禮，如用《春秋》《尚書》《詩經》《周易》等經釋禮證禮。

（一）以禮證禮

以禮證禮，即在《周禮》《儀禮》《禮記》三禮的範圍內，自證或互證，以本經證本經，引彼禮證此禮。孔廣森在禮學考證時，先是本禮相證，或以《儀禮》證《儀禮》，或以《周禮》證《周禮》，或以《禮記》證《禮記》，本禮證據不足，則引它禮以證。三禮不足證禮，再援引其他經典文獻佐證。本禮相證，以禮證禮，三禮互證，此亦稱之為「本證法」，是《禮學卮言》使用的最基本的方法，也是《禮學卮言》說禮的重要特點。

1. 本禮自證

（1）《士冠禮》「執以待於西坫南」

《士冠禮》「執以待於西坫南」注云：「坫，在堂角。」孔廣森引《喪禮》「饌於東堂下」及注云「凡在堂東西堂下者，南，齊坫」申鄭東西二坫在堂角之義〔註48〕。此為以《儀禮·士喪禮》證《儀禮·士冠禮》。《儀禮廟寢宮室圖說》專門考證《儀禮》之宮室結構形制，故孔廣森首先引《儀禮》以相證。

（2）《士昏禮》「席於北墉下」

《士昏禮》「席於北墉下」注云：「室中北牆下。」孔廣森以《冠禮》「陳服於房中西墉下」、《聘禮》「西夾六豆，設於西墉下」、《士喪禮》「祝負墉南面」證房室南牆外見於堂者亦名墉也〔註49〕。此以《儀禮·士冠禮》《儀禮·士喪禮》證《儀禮·士昏禮》，本禮自證自足。

（3）《士冠禮》云：「直東塾」

孔廣森認為《儀禮》門堂有東西四塾，廟、寢門堂四塾同制，《廟寢宮室異制說》曰：

> 《士冠禮》云：「舉鼎陳於門外，直東塾。」又云：「具饌於西塾。」
> 《注》：「西塾，門外西堂也。」又云：「擯者玄端，負東塾。」《注》：
> 「東塾，門內東堂，負之北面。」《士虞禮》云：「羞燔俎在內西塾

〔註48〕孔廣森：《禮學卮言》卷一，《續修四庫全書》，第 110 冊，上海古籍出版社，2002 年，第 82 頁。

〔註49〕孔廣森：《禮學卮言》卷一，《續修四庫全書》，第 110 冊，上海古籍出版社，2002 年，第 81 頁。

上。」又云：「陳三鼎於門外之右，匕俎在西塾之西。」《注》：「塾
有西者，是室南鄉。」〔註50〕

此為引《儀禮》之《冠禮》《虞禮》諸禮及注為證者，審是《儀禮》廟、寢所同。

（4）《周禮‧巾車》「革路龍勒，條纓五就，以封四衛」

《周禮‧巾車》「以封四衛」鄭玄注云：「四方諸侯守衛者，蠻服以內。」孔廣森認為此《巾車》「革路龍勒，條纓五就」，當為子男之車，他引《周禮‧大行人》證之，《大行人》：「子男五命，樊纓五就。」孔廣森認為：「不云『封子男』而云『四衛』者，言四方衛服之國也。」〔註51〕此為以本經自證，以《周禮》證《周禮》。

2. 以它禮相證

（1）《司几筵》「柏席」

《周禮‧司几筵》：「柏席用萑黼純，諸侯則紛純，每敦一幾。」孔廣森認為鄭司農「柏席，載黍稷之席」之說為是，他引《儀禮‧士虞禮》「饌黍稷二敦於階間西上，藉用葦席」與《儀禮‧特牲饋食》「盛兩敦陳於西堂，藉用萑」證此柏席是載黍稷之席，並以此說明鄭注「以柏為『梀』字磨滅之餘」乃非也〔註52〕。此為以《儀禮》釋《周禮》。

（2）《小行人》「合六幣，璧以帛琮以錦」

《周禮‧小行人》「合六幣，璧以帛琮以錦」，孔廣森認為，《周禮》六幣，帛先於錦，考之禮典，皆大事用帛，小事用錦：

> 如《聘禮》：享以束帛，私覿以束錦。《公食大夫》：侑以束帛，大夫
> 相食，侑以束錦。《冠禮》：醴賓，酬以束帛。《昏禮》：饗從者，酬以
> 束錦。大氐古人尚純，於幣亦然。錦有雜文，斯次帛之下矣。〔註53〕

此條為以《儀禮》諸禮證周禮大事用帛，小事用錦，故璧以帛、琮以錦也。

〔註50〕孔廣森：《禮學卮言》卷一，《續修四庫全書》，第 110 冊，上海古籍出版社，2002 年，第 79 頁。

〔註51〕孔廣森：《禮學卮言》卷三，《續修四庫全書》第 110 冊，上海古籍出版社，2002 年，第 106～107 頁。

〔註52〕孔廣森：《禮學卮言》卷三，《續修四庫全書》，第 110 冊，上海古籍出版社，2002 年，第 104 頁。

〔註53〕孔廣森：《禮學卮言》卷三，《續修四庫全書》，第 110 冊，上海古籍出版社，2002 年，第 107 頁。

（3）《韗人》「冒鼓」

《周禮·韗人》「凡冒鼓必以啟蟄之日。」注：「啟蟄，孟春之中也。」孔廣森認為啟蟄與驚蟄似當有異。孔廣森引《禮記·月令》「孟春之月，蟄蟲始振」、「仲春之月，是月也，日夜分，雷乃發聲，始電，蟄蟲咸動，啟戶始出」、《禮記·夏小正》「二月，剝魚鱓以為鼓也」證經中啟蟄之日冒鼓當在二月，而不在孟春之中〔註54〕。此為以《禮記》證《周禮》。

（4）《士昏禮》「疑立」

《儀禮·士昏禮》「婦疑立於席西」，孔廣森認為「疑」當作《士相見》篇「不疑君」之「疑」解，引《士相見》「不疑君」、《鄉飲酒》「賓西階上疑立」及《周禮》「不正其主面，亦不背客」為據，認為此乃《儀禮》「婦疑立」之道〔註55〕。此為《儀禮》《周禮》互證。

（5）《燕禮》「主人」

《儀禮·燕禮》「主人」注云：「宰夫也，天子膳夫為獻主。」孔廣森認為鄭玄根據《燕義》「使宰夫為獻主」之文而說，而《禮記·燕義》所云宰夫實即膳夫，孔廣森引《文王世子》「公與族燕，膳宰為主人」與《檀弓》曰「賁也，宰夫也，非刀匕是供」以證此說，認為膳夫有膳宰之稱，故通謂之宰夫〔註56〕。此為以《禮記》證《儀禮》。

（二）以他經證禮

在佐證材料上，以《詩》《書》《易》《春秋》諸經與《三禮》互相參乎發明，觸類旁通，是乾嘉學者廣泛使用的求證方法，也是孔廣森《禮學卮言》使用的一個考禮方法。據統計全書引《詩》說禮達十七處，徵引《春秋》類文獻說禮達五十多處，徵引《尚書》《周易》等亦多達十餘處之多。

1. 以《詩》證禮

《詩經》與宗周禮樂文明關係極為密切。學界認為《周頌》《魯頌》等頌詩為周代宗廟祭祀樂歌，《周頌》對應西周中後期的周王室祭祖所用禮樂，與

〔註54〕孔廣森：《禮學卮言》卷三，《續修四庫全書》，第110冊，上海古籍出版社，2002年，第108頁。

〔註55〕孔廣森：《禮學卮言》卷四，《續修四庫全書》，第110冊，上海古籍出版社，2002年，第109頁。

〔註56〕孔廣森：《禮學卮言》卷四，《續修四庫全書》，第110冊，上海古籍出版社，2002年，第109頁。

《周禮》《禮記》的某些禮制儀式相關。《大雅》《小雅》類作品與《儀禮》「鄉飲酒禮」「燕禮」和「大射儀」等有關，如《召南》《騶虞》可證「鄉射禮」和「大射儀」。孔廣森《禮學卮言》重視以《詩》證禮、探禮，書中多見其引用《詩經》《韓詩》及《毛詩傳》考證三禮。據統計全書引《詩》及《毛傳》說禮達二十餘處。茲舉例如下：

（1）以《詩》說《儀禮》宮室之制

《儀禮·聘禮》：「及廟門，大夫揖入。」《注》曰：「入者，省內事也，既而俟於寧。」孔廣森認為此「寧」即《詩》所謂「俟我於著」之「著」，並引《詩經·東方之日》「在我闥兮」、《韓詩》「門屏之間曰闡」，證「著」有「寧」之意〔註57〕。

（2）以《詩》證《周禮》軍乘之數

《周禮·夏官·敘官》「萬二千五百人為軍」，不言其車數。天子六軍，孔廣森認為古者車戰，故賦輿之法以乘為主，軍乘卒伍數若何，經不言，孔以《詩經·采芑》「其車三千」、《閟宮》「公車千乘」考之，認為軍蓋五百乘，乘蓋二十五人〔註58〕。

按：《小雅·采芑》是《詩經》中描繪周宣王大將方叔為威懾荊蠻而演軍振旅的場景，故其軍乘是周天子之軍乘，天子（王）六軍，「其車三千」，故孔廣森推知每軍五百車乘。又兵車稱四馬一車為一乘，「萬二千五百人為軍」，則推知每乘二十五人明矣。孔廣森以詩考禮，頗被稱許，但《詩經》的車乘數字描述，多有文學色彩，不一定準照現實制度的實錄。據《左傳》所言各國車數，與一軍五百乘均不符合，正如錢穆說：「其實詩人嘴裏的三千車乘，不一定準照現實制度的數字。城濮之戰，晉三軍皆出，何以只七百乘？鞌之戰，經郤克力爭，增為八百乘，那時也是三軍。楚薳賈說子玉過三百乘，不能以入，全不像五百乘為一軍的痕跡。直至春秋晚世，昭公八年，魯蒐於紅，革車千乘。定公九年，夷儀之救，在中牟者有千乘。其時各國車乘之眾，遠過春秋之初期，然也不見五百乘一軍的痕跡。」〔註59〕

〔註57〕孔廣森：《禮學卮言》卷一，《續修四庫全書》，第110冊，上海古籍出版社，2002年，第79頁。

〔註58〕孔廣森：《禮學卮言》卷二，《續修四庫全書》，第110冊，上海古籍出版社，2002年，第92頁。

〔註59〕錢穆：《周官著作時代考》，載《燕京時報》，1932年，第11期。

（3）以《詩》解《儀禮》人物身份

《儀禮‧覲禮》「侯氏裨冕釋幣於禰。墨車裨冕，偏駕不入王門」，孔廣森推測，此經「侯氏」大概是世子始嗣身份，以尚未有王命，故此時從大夫之車服，因新嗣禰位，故稱「釋幣於禰」。《詩經‧大雅‧韓奕》：「韓侯入覲，以其介圭，入覲于王。王錫韓侯，淑旂綏章。」《韓詩內傳》：「諸侯世子三年喪畢，上受爵命於天子。」孔廣森引據此《詩經》所載，認為《詩經》所說「合於此經之事」〔註60〕。

（4）以《詩》證《周禮》玄冕之制

《周禮‧春官‧司服》「祭群小祀則玄冕」鄭注云：「玄者，衣無文，裳，刺黻而已，是以謂玄焉。」孔廣森認為鄭說非是，玄冕之名，非以玄衣名也，玄冕之衣非無文，其上亦有繡黻，他引《詩經‧終南》「君子至止，黻衣繡裳」證之。鄭注此經又云：「凡冕服皆玄衣纁裳。」孔廣森認為冕服並非皆玄衣纁裳，他據《采菽》之詩「王賜諸侯，玄袞及黼」，證明諸侯冕服並非僅有纁裳，玄裳乃邦君（諸侯）之正色，玄衣纁裳，唯大夫耳〔註61〕。

（5）以《詩》證《周禮》公卿大夫命服

《周禮‧春官‧典命》言衣服之數皆如命數：「王之三公八命，其卿六命，其大夫四命。其衣服亦如之。」孔廣森推斷公卿大夫冕服命與章數，並以《詩》及《左傳》為證：

> 《詩》曰：「豈曰無衣？六兮。」《左傳》：「鄭伯賜子產次路，再命之服。」則服章有以偶者矣。蓋三公八命，袞而八章；孤卿六命，鷩而六章；大夫四命，毳而四章。《大車》之篇「毳衣如菼」「毳衣如璊」，其《傳》曰：「天子大夫四命，其出封五命，如子男乘其大車，檻檻然服毳冕以決訟。」是言大夫有毳冕者也。且王之士亦當有冕：上士三命服亦三章；中士二命服亦二章；下士一命服亦一章〔註62〕。

〔註60〕孔廣森：《禮學卮言》卷四，《續修四庫全書》，第110冊，上海古籍出版社，2002年，第111頁。

〔註61〕孔廣森：《禮學卮言》卷三，《續修四庫全書》，第110冊，上海古籍出版社，2002年，第94～95頁。

〔註62〕孔廣森：《禮學卮言》卷二，《續修四庫全書》，第110冊，上海古籍出版社，2002年，第97頁。

按：《無衣》云：「豈曰無衣？六兮。」傳云：「天子之卿六命，車旗衣服以六為節」，王朝卿似自有六章之衣。又《詩‧大車》篇有「毳衣如菼」、「如璊」，知王臣大夫有毳冕。

2. 以《春秋》釋禮

《史記‧太史公自序》曰：「《春秋》者，禮義之大宗也。」《春秋》之文通於禮經者多矣。《左傳》記載了當時諸侯國之間的征伐、會盟、婚喪、聘問等禮事，《穀梁傳》《公羊傳》對諸侯禮儀制度亦有述及和解說，《春秋》三傳足以輔翼經說，故《禮學卮言》多採其說。另《何氏春秋傳解詁》《呂氏春秋》也是研究先秦禮制的重要文獻，《禮學卮言》也多見稱引。據不完全統計《禮學卮言》全書徵引《春秋》類文獻說禮多達五十處之多。孔廣森著有《春秋公羊傳通義》，是清代第一部問世的公羊學著作，是其最負盛名經學的代表作，孔廣森發揮東漢何休《解詁》之義，自創「三科九旨」義例體系，闡發孔子制作《春秋》宗旨。張之洞高度評價《春秋公羊傳通義》：「《春秋公羊傳》，只讀孔廣森《公羊通義》。國朝人講《公羊》者，唯此書立言謹慎，尚無流弊。」〔註63〕由於孔廣森對《春秋》經傳的熟稔，故能嫻熟徵引經傳之文以證禮說禮，切中肯綮，考證有力。

（1）以《春秋》釋《周禮》田賦之等

古者治地皆以九等，故有「田賦有上中下」（《尚書》）之說。鄭君曰：「一井上上出九夫稅，下下出一夫稅。」孔廣森引《春秋左氏》釋此古者「治地以九等」之義：

> 《春秋左氏》說：「衍沃之地，九夫為井。隰皋九夫為牧，二牧而當一井；原防九夫為町，三町而當一井；偃豬九夫為規，四規而當一井；疆潦九夫為數，五數而當一井；淳鹵九夫為表，六表而當一井；京陵九夫為辨，七辨而當一井；藪澤九夫為鳩，八鳩而當一井；山林九夫為度，九度而當一井。」〔註64〕

按：《周禮‧草人》：「騂剛用牛，赤緹用羊，……輕褐用犬。」鄭玄注《大司徒》：「以土均之灋，辨五物九等，制天下之地徵。」「五物九等」即引此

〔註63〕張之洞：《勸學篇》內篇，《續修四庫全書》，第953冊，上海古籍出版社，2002年，第55頁。

〔註64〕孔廣森：《禮學卮言》卷一，《續修四庫全書》，第110冊，上海古籍出版社，2002年，第102～103頁。

騂剛、赤緹、墳壤、渴澤、咸瀉、勃壤、埴壚、彊㯺、輕㯺之屬當之。

（2）以《春秋》證《周禮》冕旒之數

《周禮‧夏官‧弁師》：「弁師，掌王之五冕。皆玄冕朱裏，延，紐，五采繅，十有二就。」孔廣森據此經知則王之冕旒皆有十二旒。而鄭玄注則認為此經所說僅為衰衣之冕，孔廣森不從鄭說，以為鄭玄之義皆與經文不相會。他引《春秋左傳》「周之王也，制禮上物不過十二」，證明王之元服即冕服皆取數於此，五冕含衰衣之冕皆十二旒〔註65〕。

（3）以《春秋》證《周禮》禮服之制

《玉藻》曰：「諸侯玄端以祭。」孔廣森認為此玄端猶言端冕，即謂衰、鷩、毳之屬，鄭玄破「玄端」為「玄冕」，疑諸侯祭於已不得申其上服（鷩、毳諸服），此說非也。孔廣森引《春秋》及《左傳》駁之曰：

> 《周官》晚出，或以鷩毳諸服名不經見為疑，然《春秋》「許男新臣卒」，《左傳》曰：「凡諸侯薨於朝會，加一等，死王事加二等，於是有以衰斂。」許男本毳衣，故加二等而後衰，是五等不得同冕，足以明焉。侯伯之服，以鷩為上，然而曰「王錫韓侯，玄衰赤舄」者，則加賜之也，乃所謂襃衣也。〔註66〕

（4）以《春秋》證《儀禮》婦人長幼之稱

《儀禮‧喪服子夏傳》曰：「娣姒婦者，弟長也」。孔廣森認為「娣」從「弟」而訓「長」者，猶「亂」乃為「治」，故此娣婦當為長婦，姒婦當為幼婦。孔廣森引《春秋左氏傳》以證此說：

> 《春秋左傳》：「聲伯之母不聘，穆姜曰：『吾不以妾為姒』。」叔向之嫂亦稱向妻為長叔姒，並以稚婦為姒婦，合於此傳。禮，夫人坐以夫之齒。賈氏欲強合《爾雅》《左傳》，乃云「娣姒，計己年大小，不計夫年」，竊恐非是。〔註67〕

〔註65〕孔廣森：《禮學卮言》卷二，《續修四庫全書》，第110冊，上海古籍出版社，2002年，第93頁。

〔註66〕孔廣森：《禮學卮言》卷一，《續修四庫全書》，第110冊，上海古籍出版社，2002年，第97頁。

〔註67〕孔廣森：《禮學卮言》卷二，《續修四庫全書》，第110冊，上海古籍出版社，2002年，第113頁。

三、以史證禮與以子說禮

（一）以史證禮

經史「體不相沿，用實相資」（蘇洵語），清人章學誠在其《文史通義》亦謂六經皆史。以史證經，即從史學的角度對經典進行研究，以史料中時間、地理、人物、名物制度等歷史要素，與經注所載相參證。《三禮》在漢代以後被奉為禮經，是「經」，亦是「史」。以史證禮，即以史書相關資料考證、申補、辨誤和訂正三禮之經文及注疏。以史證禮，既需要紮實的史學功底，又需要深厚的經學基礎。孔廣森博通經史，沈覽妙解，又精通六書、九數，具備以史證禮、解禮的深厚而紮實的學術功底。統計《禮學卮言》全書引《史記》《漢書》《後漢書》等歷史著述文獻數量和頻次極多，僅《周禮鄭氏注蒙案》就引《漢書》達 30 餘條。孔廣森引史證禮說禮，亦以古為尚，引書以唐之前史書為主，以《漢書》《史記》等信史的記載為最多。

1. 引《漢書》證《儀禮》宮室之制

《儀禮》：「宰胥薦脯醢，由左房。」鄭注云：「人君左右房，大夫、士東房西室。」孔廣森引《漢書·晁錯傳》「家有一堂二內」，認為「二內」，即兩內室，證大夫、士堂後一房一室，即東房、西室，此正是「二內」之謂，故知大夫士非左右有房也〔註68〕。

2. 引《史記》《漢書》證《周禮》輿地圖

> 《大司徒》「土地之圖」注：「司空郡國輿地圖。」蒙案：《匡衡傳》
> 有初元元年郡圖。《補三王世家》曰：「御史奏輿地圖。」漢初地圖
> 藏御史大夫府，元壽二年定三公官，以御史大夫為司空，故更名「司
> 空郡國輿地圖」矣。〔註69〕

按：《周禮·地官·大司徒》：「大司徒之職，掌建邦之土地之圖與其人民之數。」鄭注曰：「土地之圖，若今司空郡國輿地圖。」賈疏曰：「至後漢乃有司空郡國地圖。輿者，車輿，其前牙曲。地形不可正方，故云輿地圖也。」孔廣森認為土地之圖即輿地圖，前漢即有之，他引《漢書·匡衡傳》與《史

〔註68〕孔廣森：《禮學卮言》卷一，《續修四庫全書》，第 110 冊，上海古籍出版社，2002 年，第 78 頁。

〔註69〕孔廣森：《禮學卮言》卷二，《續修四庫全書》，第 110 冊，上海古籍出版社，2002 年，第 101 頁。

記‧三王世家》證之〔註70〕。孔此引證是也。王應麟曰：「武帝元狩六年，御史大夫奏輿地圖，請所立國名，立齊、燕、廣陵三王，淮南王安與左吳等按輿地圖部署兵所從入。《疏》謂後漢乃有，蓋考之未詳也。」〔註71〕

3. 以《漢書》證《周禮》「屯」之義

> 《饗師》「前後之屯」注：「鄭大夫讀屯為課殿。」蒙案：上上考為
> 「最」，下下考為「殿」。《蕭育傳》「會課，育第六，而漆令郭舜殿」
> 是也。「殿」從殳尸聲，《說文》以為「臀」字是古音，殿如臀，故
> 「屯」得讀從之。〔註72〕

按：賈疏云：「鄭大夫讀屯為課殿」者，未知鄭大夫所讀更出何文。或謂當時俗有課殿之語，故讀從之。云『今書多為屯，從屯』者，謂故書之內為殿者少，為屯者多，以多言之，宜從屯。」鄭大夫所讀出何文，孔廣森認為當出東漢諸史料記載及時人所言。《漢書‧蕭育傳》為證：「後為茂陵令，會課，育第六。而漆令郭舜殿，見責問，育為之請。扶風怒曰：『君課第六，裁自脫，何暇欲為左右言？』」漢時朝廷對官吏定期考課，政績最差的稱「課殿」。孔以此為證，說「殿」義可通。《漢書‧兒寬傳》：「後有軍發，左內史以負租課殿，當免。」胡三省注曰：「課下下曰殿。」與廣森所謂「下下考為殿」義同。

4. 以《漢書》證《周禮》之計吏

> 《掌皮》「會其財齎」注：「齎，計吏。」蒙案：《文翁傳》曰：「買
> 刀布蜀物，齎計吏以遺博士。」〔註73〕

按：《周禮‧天官‧掌皮》「歲終，則會其財齎」，鄭注曰：「予人以物曰齎。今時詔書，或曰齎計吏。」賈疏曰：「漢時考使謂之計吏，有詔賜與之則曰齎。」孔廣森以《文翁傳》解鄭說「齎計吏」，《漢書‧循吏傳‧文翁》云：「減省少府用度，買刀布蜀物，齎計吏以遺博士。」意為以刀布蜀物給計

〔註70〕孔廣森：《禮學卮言》卷二，《續修四庫全書》，第110冊，上海古籍出版社，2002年，第125頁。

〔註71〕王應麟：《漢制考》卷一，《景印文淵閣四庫全書》，史部第609冊，臺灣商務印書館，1982年，第791頁。

〔註72〕孔廣森：《禮學卮言》卷二，《續修四庫全書》，第110冊，上海古籍出版社，2002年，第125頁。

〔註73〕孔廣森：《禮學卮言》卷二，《續修四庫全書》，第110冊，上海古籍出版社，2002年，第125頁。

吏，使計吏持之賜博士，以遣之也。故孔廣森「齎計吏」之意與賈說不同。孔說較賈說長。孫詒讓《周禮正義》曰：「計吏即上計吏，齎計吏乃以賜物畀計吏，使持與所賜之人，非即賜計吏也。賈《疏》『有詔，賜與之則曰齎』失考。」〔註74〕

5. 以《漢書》證《周禮》旅師之軍興

> 《旅師》「平頒其興積」注：「軍興。」蒙案：漢言軍興，猶今言軍需也。《司馬相如傳》曰：「廢軍興制。」《趙廣漢傳》曰：「乏軍興。」〔註75〕

按：《禮學卮言》指海叢書本「興」作「典」，誤。鄭玄注「興」曰：「縣官徵聚物曰興，今云軍興是也。」孔廣森舉《史記・司馬相如傳》「廢軍興制」與《漢書・趙廣漢傳》「乏軍興」證鄭玄所況。孔謂「漢言軍興，猶今言軍需也」，其「今」為明清之季。鄭以漢況周，孔說則以清況漢。

6. 以《漢書》證《周禮》小祝書銘

> 《小祝》「置銘」注：「銘，書死者名於旌，今謂之柩。」蒙案：《薛宣傳》：「池陽舉廉吏王立，未及召，死，以府決曹掾書立之柩，以顯其魂。」此疏釋鄭意云：「漢時謂銘為柩。」然則彼言書柩者，即是書銘矣。〔註76〕

按：賈疏云：「生時無旌旗，故用緇長半幅，長一尺。云『書名於末』者，書死者名於䞓末之上云『曰某氏某之柩』。」孔廣森認為書柩即是書銘。《漢書・薛宣傳》曰：「縣所舉廉吏獄掾王立，家私受賕，而立不知，殺身以自明。立誠廉士，甚可閔惜！其以府決曹掾書立之柩，以顯其魂。」孔以此《薛宣傳》並賈疏知書柩即書銘。王立生時無旌旗，故當用緇布書其名於其上，云某氏某之柩。此或為「書立之柩」乎？

7. 以《漢書》證《周禮》出賦之制

《周禮・地官・大司徒》「五曰寬疾」，鄭注「寬疾」謂「若今癃不可事不算卒，可事者半之」，孔廣森認為人矲矮者通謂之癃，廢疾者不可別謂之癃，

〔註74〕孫詒讓：《周禮正義》，中華書局，2013年，第512頁。
〔註75〕孔廣森：《禮學卮言》卷六，《續修四庫全書》，第110冊，上海古籍出版社，2002年，第126頁。
〔註76〕孔廣森：《禮學卮言》卷六，《續修四庫全書》，第110冊，上海古籍出版社，2002年，第128頁。

他引《漢書·食貨志》「常有更賦，罷癃咸出」證癃不是廢疾之人，癃者可從事城道之役〔註77〕。

8. 引《後漢書》《宋書》等證《周禮》職官之義

《周禮·春官宗伯·敘官》「世婦：每宮卿二人」注：「漢始大長秋、詹事中、少府、太僕亦用士人。」孔廣森認為此世婦非如賈、馬舊說為奄卿之屬，此官以「婦」命名，說明此官非士人，更非奄人可當，必是選令「諸臣之妻老而有德者治宮廟之內禮」也，卿之妻為宮卿，大夫妻為宮大夫，士妻為宮士，此為世婦之義。《後漢·宦者傳》曰：「漢興，仍襲秦制，置中常侍官，然亦引用士人，以參其選。中興之初，宦官悉用奄人，不複雜調它士。」孔廣森引《後漢·宦者傳》以證其說〔註78〕。

（二）以子說禮

對於六經來講，先秦子書與其時代相當，子書文字音形義與六經接近，其所載名物制度與史實與六經內容有很多可以相互參照的地方。以子書可以佐證史實，可以校訂脫訛，可以旁通音訓，故諸子書成為證經、證史的重要他證或旁證，倍受清儒重視，以子證經成為乾嘉考據學中一個重要方法。孔廣森《禮學卮言》以子證禮方法的運用也較突出，主要引據子書有《荀子》《孟子》《淮南子》《論語》《墨子》《韓非子》《白虎通義》《獨斷》等。

荀子是先秦儒家禮學思想的集大成者，《荀子》一書，有比較系統完備的禮學、禮治思想。王先謙《荀子集解序》稱「荀子論學論治，皆以禮為宗」，可以說，荀學即是禮學。葉德輝在總結「以子證經」的方法時說：「以子證經，《韓非子》《淮南子》為《春秋左氏》義，《白虎通德論》為《春秋》禮義，《荀子》、蔡邕《獨斷》為《禮》義。此其彰明較著者。」〔註79〕從《禮學卮言》考禮引用率上看出，孔廣森看重《荀子》一書中有關禮制與禮義的記載與闡發，孔廣森《禮學卮言》引用《荀子》達16處之多，超過《論語》《孟子》等子書（其徵引《孟子》近十處），亦超過對其他儒經諸如《尚書》《周易》等的徵引。

〔註77〕孔廣森：《禮學卮言》卷六，《續修四庫全書》，第110冊，上海古籍出版社，2002年，第125頁。

〔註78〕孔廣森：《禮學卮言》卷六，《續修四庫全書》，第110冊，上海古籍出版社，2002年，第127頁。

〔註79〕徐珂編：《清稗類鈔》，第八冊「經術類」，中華書局，1986年，第3806頁。

1. 以《荀子》證禮

（1）《禮服釋名》「享先王則袞冕」

《周禮‧司服》：「享先王則袞冕。」孔廣森認為袞衣，乃王者之服，「袞」字中有「公」，此服當為公之服，上公以王者之後亦得服之。鄭君乃以「袞」（卷）字象龍首上卷貌，遂升「龍」以為王服九章之首，並損益上下，更改《虞書》十二章等差之次。孔廣森認為鄭玄這種更易安排於經無文，「乃以意定之」，其合理性值得懷疑。孔廣森認為荀子乃周人，其說當有據可信，故舉《荀子‧大略》「天子山冕」說明「袞冕首山不首龍」，袞衣不首龍，則不必改《虞書》十二章之次。〔註80〕

（2）《儀禮雜義》「《聘禮志》」

《荀子‧大略》云：「《聘禮志》曰：『幣厚則傷德，財侈則殄禮。』禮云禮云，玉帛云乎哉！」孔廣森認為此《荀子‧大略》所云為先秦文獻稱引《儀禮》之例：

> 荀子引《聘禮志》曰「幣厚則傷德，財侈則殄禮」，與今《聘禮記》「多貨則傷於德，幣美則沒禮」文意大同，蓋《志》即《記》也。《儀禮》《孝經》皆孔氏遺書，而先秦之文稱引絕罕，嘗見《呂氏先識覽》引《孝經》「高而不危，所以長守貴也；滿而不溢，所以長守富也。富貴不離其身，然後能保其社稷而和其民人」三十八字亦特識之。〔註81〕

（3）《儀禮雜義》「食會飯」

《公食大夫禮》「賓卒食會飯」，謂之「會飯」者，播飯於會而食之。會，器蓋，《儀禮‧士虞禮》：「命佐食啟會。」簠簋相將，簋有會，則簠亦有會。賈疏認為「稻粱無會」，孔廣森認為不然，引《荀子》證之：

> 疏云「稻粱無會」，豈其然乎？《荀子‧禮論》曰：「食先黍稷而飯稻粱。」明黍稷先設而不飯也，唯飯簠粱者，以公所親設重之。《記》曰「簠有蓋冪」，凡食齊視春時，既啟會，恐其寒，故冪之。黍稷不

〔註80〕孔廣森：《禮學卮言》卷二，《續修四庫全書》，第110冊，上海古籍出版社，2002年，第94頁。

〔註81〕孔廣森：《禮學卮言》卷四，《續修四庫全書》，第110冊，上海古籍出版社，2002年，第110頁。

飯，即無冪耳。注以為初時食稻粱，此時食黍稷，似失經意。〔註82〕

（4）《小戴禮記雜義》「社」

> 《鼓人》掌六鼓之用，「以雷鼓鼓神祀，以靈鼓鼓社祭」，可見地示
> 之大無過於社者矣。《春秋傳》曰：「天子祭天，諸侯祭土。」土即
> 社也。《荀卿》有言：「郊止天子，社至諸侯，道及士大夫。」此謂
> 尊天而親地也，尊統於上，親逮於下，其義然也。諸侯雖立社，或
> 當無日至大祭。〔註83〕

孔廣森認為，社，后土也，《周官》所謂「大示」也。地示之等三，而以社稷
為首，「地示之大無過於社者」，社地位尊崇，故引《春秋》《荀子》等以證天
子諸侯尊天而親地之義。

2. 以其他諸子書證禮

（1）以《論語》證禮

《儀禮》侯國之禮，而有諸公。孔廣森舉《論語》「顓臾是社稷之臣」證
明附庸可與卿大夫序列，可以「公」稱：

> 《論語》曰：「顓臾是社稷之臣。」則附庸固有臣道，其可與卿大夫
> 齒，必也。然視卿大夫純臣者，有間矣。故愚謂以「公」稱「附庸」
> 則可，以「公」稱孤卿則不可。〔註84〕

按：《儀禮》侯國之禮而有諸公，舊說以為大國得置四命之孤，然亦一人耳，何
得以「諸」言之，況且即使有「孤」之國，其君爵亦不過上公，而其臣亦曰諸
公，似非別嫌明微之義。孔廣森意諸侯皆有附庸，周制列國之卿當小國之君，
所屬附庸或可與國內諸臣同與飲燕，此諸公，可能是附庸之君。孔說可通。

（2）以《孟子》證禮

a. 《禮記》「葬於北方北首」

《禮記》：「葬於北方、北首。」孔廣森認為葬於北方，為之幽也，北首，
是因為柩首所向北方，猶前首也。《孟子·離婁下》：「齊人之東郭墦間之祭者
乞其餘。」孔廣森以《孟子》「東郭墦間」之說，證古亦有不葬北方者，喪事

〔註82〕孔廣森：《禮學卮言》卷四，《續修四庫全書》第110冊，上海古籍出版社，
　　　　2002年，第110～111頁。
〔註83〕孔廣森：《禮學卮言》卷五，《續修四庫全書》，第110冊，上海古籍出版社，
　　　　2002年，第110～111頁。
〔註84〕孔廣森：《禮學卮言》卷五，《續修四庫全書》，第110冊，上海古籍出版社，
　　　　2002年，第109頁。

枢首必各雖其所向，非必北首。（《孟子》「東郭墦間」，說明可葬東方，喪事枢首或可東向矣。）孔廣森認為今人葬南方者亦北首的做法，是誤會《禮記》「葬於北方、北首」之意，應當「葬於南方、南首」為是〔註85〕。

b.《周禮》「裏布屋粟夫家之征」

孔廣森認為，《載師》「夫家」，力役之征也；「屋粟」，粟米之征也；「裏布」，布縷之征也。《孟子》所言「粟、布、力役之征」〔註86〕此之謂也，亦是《國語》所言之「田賦」：

> 若宅皆毛，田皆耕，民皆勤職事，此等原無所取之，有軍旅之出則征之，無則已者，故趙氏《孟子章句》曰：「國有軍旅之事，橫與此三賦。」此與《國語》及《賈疏》所引古《周禮》說皆合，不可易也。〔註87〕

（3）以《墨子》證禮

《雜記》曰：「期之喪十一月而練，十三月而祥，十五月而禪。」妻喪禪期亦兼得三年之稱，孔廣森引《墨子》以證：

> 《墨子》曰：「君與父母、妻、後子死，三年喪服。」後子者，為父後之子，即長子也，是妻喪禪期兼得三年之稱也。蓋有二十五月之三年，有十五月之三年，亦猶大功有七月、九月之異耳。二十五月之三年，其降也禪期。十五月之三年，其降也不禪期（妻）。〔註88〕

按：孔廣森認為有練有祥有禪，故亦通稱三年，假令遭喪於甲年之末，除禪於丙年之首，前後已涉三年。

（4）以《管子》《淮南子》等說禮

經傳言五兵之名、五兵之用多有差異。《周官》「司兵掌五兵、五盾」，先鄭云：「五兵者，戈、殳、戟、酋矛、夷矛。」《禮記隱義》云：「東方用戟，南方用矛，西方用弩，北方用盾，中央用鼓。」《管子》云：「東方兵尚矛，南

〔註85〕孔廣森：《禮學卮言》卷五，《續修四庫全書》，第110冊，上海古籍出版社，2002年，第116頁。

〔註86〕《孟子·盡心下》：」有布縷之征，粟米之征，力役之征。君子用其一，緩其二，用其二而民有殍，用其三而父子離。」

〔註87〕孔廣森：《禮學卮言》卷三，《續修四庫全書》，第110冊，上海古籍出版社，2002年，第102頁。

〔註88〕孔廣森：《禮學卮言》卷四，《續修四庫全書》，第110冊，上海古籍出版社，2002年，第119～129頁。

方兵尚戟，西方兵尚劍，北方兵尚鹵盾。」揚子云：「以木為矛，金為鉞，火為戈，水為盾，土為弓矢。」《淮南子》云：「春兵矛，夏兵戟，季夏兵劍，秋兵戈，冬兵鎩。」孔廣森參互經傳及《管子》《淮南子》、揚雄等諸說，認為：

> 《周官》五兵之外，別有五盾，《穀梁》五兵之下，更言五鼓，明諸
> 家數盾與鼓者皆非矣。凡五兵，長以衛短，短以救長，當從此為正。
> 其方位，蓋弓矢居中（用揚雄、徐邈說）。戛屬東方（戛以木為之，
> 而無刃，當配木行也），戟屬南方（用《周書》《皇覽》《管子》《淮
> 南》、徐邈說），戈屬西方（《淮南》說），矛屬北方。矛獨有二者，
> 亦龜蛇兩象並行兼祀之義。〔註89〕

四、數學考證與禮例歸納

（一）數學考證釋禮

　　孔廣森既是著名的經學家，也是一位數學家，他善於通過推算演繹，對許多與數理相關的禮學問題進行考證，這是孔廣森禮學的一個具有顯著特色的方法——數學考證釋禮法。數學考證法是指用數學運算或數學統計的方法進行考證，數學考證法往往與邏輯推理結合使用〔註90〕。綜觀孔廣森的大部分著作，以六書九數為工具進行經學方面考證的不在少數。孔廣森三禮學研究亦多使用此方法。《周禮》《禮記》中涉及許多古代倨句、音律、田賦等數術問題，特別是《考工記》一篇的內容，多涉及精密的算術，如輪、蓋的周經、柯、欘、倨句尺度，禮經中對這些知識言之不詳，前儒於此解釋又十分疏闊，今人讀之如讀天書，一頭霧水，若以古之算法推演或以今之西法數學公式或術語輔佐解釋，則容易被理解，讓人易對經文或注義瞭然。戴震《策算》一書是乾隆年間的基礎數學的最重要的著作，主要介紹的西洋納貝爾籌算方法，戴震自己說過：「凡學九章者必發軔於此。」孔廣森讀過戴震的數學著作，並著有《少廣正負術內篇》《勾股難題》等數學著述。作為戴震的弟子，他對三禮中所蘊含某些涉及籌算的禮學問題有意採用古今數學方法加以推演、分析和闡發，往往別出勝解，讓人瞭然和信服。

〔註89〕孔廣森：《禮學卮言》卷三，《續修四庫全書》第110冊，上海古籍出版社，2002年，第117～118頁。
〔註90〕項楚、羅鷺：《中國古典文獻學》，中國人民大學出版社，2013年，第180頁。

　　《禮學卮言》以算數考禮者近 20 條，如《儀禮廟寢宮室圖解》「阼階西階」「東序西序」；《世室明堂圖解》「堂修二七廣四修一」「五室三四步四三尺」「門堂三之二室三之一」「堂修七尋堂崇三尺」「周人明堂度九尺之筵」等條；《周禮雜義》「制其畿方千里」「倨句一矩有半」「裏布屋粟夫家之征」「人二鬴下也」「凡樂圜鍾為宮」等條；《周禮鄭氏注蒙案》「《保氏》九數」、《冢人》「邱封之度」、《司稼》「以年之上下出斂灋」等條，《小戴禮記雜義》「立視五巂」「三分去一」「六尺四寸為步」條，《儀禮雜義》「十六斗曰籔」等，諸條考證皆有數學考證，其中以考《周禮》名物制度為最多。茲舉其例如下：

1. 《周禮》「制其畿方千里」

> 五等分土，《周官》與《孟子》亦小異大同。何以言之？古者公侯百里，積方萬里。周之公五百里，當古二百五十里，積方六萬二千五百里。其食者半，實封三萬一千二百五十里，開方一百七十六里有奇，唯此稍大耳。周之侯四百里，當古二百里，積方四萬里，其食者三之一，實封一萬三千三百三十餘里，開方一百十五里有奇，與古百里相近。古伯七十里，積方四千九百里。周之伯三百里，當古百五十里，積方二萬二千五百里。食者三之一，實封七千五百里，開方八十六里有奇，與古七十里相近。子國五十里，積方二千五百里。周之子二百里，當古百里，積方萬里，食者四之一，實封二千五百里，與古正同。至男國百里，即古之五十里，而食者四之一，實封二十五里，視古反為小也。〔註91〕

按：孔廣森認為古者，夏殷之時也，古者一里為周時二里，古者百里為漢世一百二十里。故周時尺步比夏殷之時增大，至漢時，里數尺步又有所縮少，接近於古制。由於周因夏禮，本經尺步或有以古者之度數為文，《記》又多為漢博士所記，以漢制況周制亦不鮮見，故文獻中關於尺步里數多有混淆。孔廣森以「五等分土」之說，通過數學演繹，推算公侯伯子男實封之地面積之大小差異，說明《考工記》《司馬法》《孟子》諸書所言里步數，已非周禮之里步矣，以此證明所謂「制其畿方千里」非指東西二京相覆千里，而是說僅東都洛邑其畿就有千里之大也。

〔註91〕孔廣森：《禮學卮言》卷三，《續修四庫全書》，第 110 冊，上海古籍出版社，2002 年，第 100～101 頁。

2.《儀禮》「阼階西階」

　　《周書‧明堂》曰：「階博六尺三寸。」以明堂東西九仞（六丈三尺）
　　推之，階廣恒居堂廣十之一歟？〔註92〕

按：《明堂‧月令》「明堂東西九仞」，東西九仞即東西六丈三尺。《周書‧明堂》曰：「階博六尺三寸。」孔廣森據此推算，明堂階寬恰好是明堂東西寬度的十分之一，以此明堂階寬類推，則《儀禮》廟寢阼階、西階之博可能亦是前堂之廣的十分之一。此尺寸大約能容兩人並立，與禮經中有司立於階左端東面相授，賓立於階之中面南而受之，階至少有二人之廣的情形吻合。

3.《禮記》「立視五巂」

　　《曲禮》曰：「立視五巂」，舊說以為輪周五轉，蓋幾十丈。案：《荀
　　子》曰：「立視前六尺而大之。六六三十六，三丈六尺。」此遠視之
　　節也。然則十丈過於遠矣。巂，古度名，其數無考，若據三十六尺
　　而五分之，則巂者九跠歟？〔註93〕

按：《曲禮》「立視五巂」注云：「立，平視也，巂猶規也。謂轉輪之度。」陸德明釋文：「巂，本又作「巂。」車輪轉一周為巂。一周丈九尺八寸地。」賈疏曰：「巂，規也。車輪一周為一規，乘車之輪，高六尺六寸，徑一圍三，三六十八，得一丈八尺，又六寸。為一尺八寸，總一規為一丈九尺八寸。五規為九十九尺。六尺為步，總為十六步半，在車上所視，則前十六步半地。」以陸德明釋文，一規得一丈八尺又六寸，五規則近十丈，以賈疏所云，五規亦有十丈，故孔廣森認為過於遠矣。孔廣森據《荀子》「立視前六尺而大之，六六三十六，三丈六尺」，認為遠視之節是三丈六尺，立視五巂，輪周五轉的最大距離當亦是三丈六尺。古度名「巂」其數無考，他推測巂度數大約是三十六尺的五分之一，即所謂「巂者九跠」。

（二）禮例歸納法

　　曹元弼認為：「治經莫急於求例，五經皆然。」讀古人書，必先明其義例，讀書先通其例，可以說是僅次於「審音識字」之外考據學另一重要方法。江藩云：「凡一書必有本書之大例，有句例，有字例。學者讀時，必先知其例之

〔註92〕孔廣森：《禮學卮言》卷三，《續修四庫全書》，第110冊，上海古籍出版社，2002年，第79～80頁。

〔註93〕孔廣森：《禮學卮言》卷三，《續修四庫全書》，第110冊，上海古籍出版社，2002年，第116頁。

所存,斯解時不失其書之文體。……學者欲讀其書,宜先知其例;書例既明則其義可依類而得矣。」〔註94〕清代乾嘉學者認識到治經須明其義例的重要性,把歸納經書通例當作治學的重要方法之一。三禮之學紛繁複雜,以凡例統攝方可彌綸紛紜,使得經文與經義相得益彰,釋禮之說更為清晰明確,於是禮學研究中有了歸納禮例的治禮方法。清儒治禮,發明凡例的名目很多,如「釋例」、「凡例」、「發例」、「疑例」等,有的雖未明標「凡」「例」二字,但亦有發凡起例之意。就禮書而言,有江永《儀禮釋例》、凌廷堪《禮經釋例》、任大椿《深衣釋例》、廖平《禮經凡例》等。凌廷堪的《禮經釋例》尤精於凡例之學。凌廷堪曰:「《儀禮》十七篇,禮之本經也。其節文威儀,委曲繁重,驟閱之如治絲而棼,細繹之皆有經緯可分也。乍觀之如入山而迷,徐歷之皆有途徑可躋也。經緯途徑之謂何?例而已矣。……其宏綱細目必以例為主。」〔註95〕凌廷堪明確其取「例「原則是:「今但據見於經文及注者,取以為例;經注無文者,不敢為之說也。」〔註96〕

孔廣森《禮學卮言》考證名物制度之舊說,抉隱探微,歸納禮例,把難解的經文與經注之意歸納為簡易明晰的禮例,駕繁馭簡,闡明禮義,特識銳見迭出。試釋其例如下:

> 凡言「盡階,不升堂」者,在前楣之外,當簷下。(見《廟寢宮室異制解·中堂》)

今按:禮經中多有此「盡階,不升堂」之記載。如,《儀禮·公食大夫禮》:「眾人騰羞者,盡階,不升堂。」「宰右執鐙,左執蓋,由門入,升自阼階,盡階,不升堂。」《儀禮·士喪禮》:「管人盡階,不升堂,受潘,煮於垼,用重鬲。」《儀禮·鄉射禮》:「笙一人拜於下,盡階,不升堂。」《禮記·曾子問》:「大祝裨冕,執束帛,升自西階,盡等,不升堂。命毋哭。」「盡階,不升堂」,盡階,即盡等,已登上臺階,但未進入堂內。升堂,可理解為進入堂內。「所謂盡階不升堂者,當是盡其廉下之等,而不踐廉以升堂也。」〔註97〕堂之界以楣為限,不升堂,說明在屋堂以南,前楣之外,兩階之上,屋簷之下,尚有一狹窄地帶,這一區域不稱為堂(孔廣森認為「棟以南至前楣為堂」,則前楣外

〔註94〕江藩:《經解入門》卷六,第四十六,華東師範大學出版社,2010年,第164頁。
〔註95〕凌廷堪:《凌廷堪全集》卷一序,黃山書社,2009年,第1～3頁。
〔註96〕凌廷堪:《凌廷堪全集》卷一序,黃山書社,2009年,第1～3頁。
〔註97〕程瑤田:《儀禮經注疑直》卷二,《程瑤田全集》,黃山出版社,第3冊,2008年,第549頁。

不屬「堂」）。既不稱之為堂，則此一地帶當有它稱，其稱若何，《喪大記》疏：「堂廉，堂基南畔廉棱之上也。」禮經所言「堂廉」，是指正堂堂南側階上這一邊緣地帶，所謂「廉棱之上」區域，清儒多稱此處為「廉」。孔廣森在《廟寢宮室異制解‧中堂》亦稱此處為廉，且把此廉分為三處：兩階之間曰內廉，西階以西曰西廉，東階以東曰東廉。既已盡階，為何又屢言「不升堂」？孔廣森《禮學卮言》未做考論，彭林先生認為：「但凡『盡階不升堂』者，身份或者在儀式中承擔的角色都比較低微，如《鄉飲酒禮》之『一人拜』者，是四位吹笙者中年長的一位，屬樂工之類；其餘諸例，均是如此。堂乃主人與賓行禮的特定場所，除萬不得已的情況，其他人等不得升堂。」〔註98〕此說從行禮者角色和身份角度較好地解釋了禮例「盡階不升堂」之禮義，可補孔廣森說禮之不足。

《禮學卮言》其發凡之例約二十餘條，散見於每篇考禮析論中，諸多「凡例」茲錄之如下：

凡言「盡階，不升堂」者，在前庪之外，當簷下。（《儀禮廟寢宮室異制圖說》）

凡在寢者，不言夾室。廟有夾室，寢無夾室。（《儀禮廟寢宮室異制圖說》）

凡房室之牆，皆名墉。（《儀禮廟寢宮室異制圖說》）

鄭君據彼文凡釋房外皆為房戶西。（《儀禮廟寢宮室異制圖說》）

婦人位在北堂，凡自房入室必由。（《儀禮廟寢宮室異制圖說》）

凡宮中之門，西出、北出者通謂之闈。（《儀禮廟寢宮室異制圖說》）

凡廟寢兩序之外，必有東堂西堂，其後有室，謂之夾室。明堂之有左右個，猶廟寢之有東西堂。（《儀禮廟寢宮室異制圖說》）

《儀禮》用牲合升，有四冠之醮也，婚之共牢也，醢饋也，喪之斂奠也，而皆用特豚。自餘凡成牲者，則皆胖升。《論禘》

市朝皆在王宮之外，凡民之出入城者，得由於朝。（《五門考》）

凡祠兵命將之事，非必戰服也。（《禮服釋名》）

其蔽膝曰韍韐。凡冕服名韍，弁服名韐，爵弁之等，下於冕，尊於弁，特別謂之韐。（《禮服釋名》）

凡諸侯各君其民，世其土，服其命服，有不純臣之義。（《禮服釋名》）

凡冕服皆正幅。（《禮服釋名》）

〔註98〕彭林：《儀禮堂廉堂深考》，載《中國史研究》，2018年，第2期，第43頁。

凡端與佟袂，取其相變而已。（《禮服釋名》）

凡三角形不正句股者，今曰鈍銳，古曰倨句。（《周禮雜義》）

凡三角必有三邊，其兩斜邊謂之大腰小腰。（《周禮雜義》）

凡大夫士皆布侯而但畫為獸象，丹塗中以為質。（《儀禮雜義》）

凡食齊視春時，既啟會，恐其寒，故冪之。（《儀禮雜義》）

凡為後所以降其本屬一等者，禮有服必廢祭。（《儀禮雜義》）

凡適子孫所以加服者，為其承宗廟之重也。（《儀禮雜義》）

凡未許人或許適士而未行，皆通言在室耳。（《儀禮雜義》）

凡酒滌之為修，溲之為酏。（《小戴禮記雜義》）

凡五兵，長以衛短，短以救長，當從此為正。（《小戴禮記雜義》）

凡言奏者皆謂伐鍾鼓也。（《小戴禮記雜義》）

凡父母，妻、長子並有三年之義，雖持重於大宗者不貳斬。（《小戴禮記雜義》）

凡有喪服者，聞遠兄弟之喪，各服其服而往，無服則不往，哭之。（《小戴禮記雜義》）

凡牛羊豕牷者，皆名牷牲。（《小戴禮記雜義》）

凡禘郊宗祖報此五者，國之典祀也。（《小戴禮記雜義》）

《禮學厄言》有的禮例也不加「凡」、「例」字，但有「諸禮……皆」、「必」等字樣，亦多為發凡之例。如：

《儀禮廟寢宮室異制圖說》「房戶西」條：「諸禮言戶東、戶西者，皆室戶，其房戶必冠『房』以別之」。孔說為是，寢與廟行禮以室為核心域，故室戶專得戶名，禮經凡言戶者，皆指室戶，若是房戶，則必加房字以區別，如《士昏禮》云「尊於房戶之東」。經中有的以一「房」字代指房戶，《有司徹》「司宮取爵於篚，以授婦贊者於房東」，鄭注：「房東，房戶外之東。」《昏記》「母南面於房外，女出於母左」，此經文中「房」，即房戶，「房外」則具體指房戶西。

五、理證法與闕疑法

（一）理證法

理證法指沒有文獻資料和實物遺跡等證據，僅用推理進行考證的方法。陳垣《通鑒胡注表微·考證》說：「考證貴能疑，疑而後能致思，思而後能

得理，凡無證而以理斷之者，謂之理證。」〔註99〕孟子曰：「盡信書則不如無書。吾於《武成》取二三策而已矣。仁人無敵於天下，以至仁伐至不仁，而何其血之流杵也。」在沒有其他證據的條件下，孟子直接用邏輯推理證明《尚書》『血之流杵』之不可信，所用的就是理證法。《禮學卮言》中有些考論沒有出具證據，僅用邏輯推理進行考證，此為孔廣森運用的考禮理證法。茲舉例說明：

1. 《儀禮廟寢宮室異制圖說》「門堂四塾」

「案：士大夫不為臺門，門堂無階，然其基必少崇於庭，故經每以『塾上』言之。」〔註100〕

按：人君宮室大門為臺門，士大夫廟寢大門非臺門之制，非臺門則無上門堂之階。雖然無階，但門堂地基理當稍高於中庭地面，如此不至卑之於人君之制過甚，亦合宮室建築之常理，故禮經以『塾上』言門堂（門堂有東西塾），有門堂之基高於庭之義。

2. 《儀禮廟寢宮室異制圖說》「北牖」

「廟則唯天子之清廟太室乃有達鄉，人臣無之。蓋廟室正中納光，寢室偏西，其當西堂之北者，必幽暗，故為北窗以助明也。」〔註101〕

孔廣森從堂室採光角度論證寢室北牖之有、廟室北牖之無，此說有理可通。

3. 《周禮雜義》「人二鬴下也」

《廩人》：「人四鬴，上也。人三鬴，中也。人二鬴，下也。」注云：「此皆謂一月食米也。六斗四升曰鬴。」案：《漢食貨志》曰：「一夫挾五口，治田百畝，歲收畝一石半，為粟百五十石。食人月一石半，五人終歲，為粟九十石。歲有上、中下孰，上孰其收自四，中孰自三，下孰自倍。」此經「月食二鬴」者，為粟一石二斗八升，尚未能及月一石半，故謂之下歲矣。〔註102〕

〔註99〕項楚、羅鷺：《中國古典文獻學》，中國人民大學出版社，2013年，第178頁。

〔註100〕孔廣森：《禮學卮言》卷一，《續修四庫全書》，第110冊，上海古籍出版社，2002年，第79頁。

〔註101〕孔廣森：《禮學卮言》卷一，《續修四庫全書》，第110冊，上海古籍出版社，2002年，第80頁。

〔註102〕孔廣森：《禮學卮言》卷二，《續修四庫全書》，第110冊，上海古籍出版社，2002年，第103頁。

按：此為孔廣森據史料記載數據推理《周禮》「二鬴」為「下歲之食」。《周禮‧廩人》曰：「人四鬴，上也。人三鬴，中也。人二鬴，下也。」此統計民每口一月所食米之數也。孔廣森據《漢書‧食貨志》「食人月一石半」，推斷經「人二鬴」為月食粟，但「二鬴」不足中年常法，故謂之為「下歲之食」矣。孔說是也。《注》六斗四升曰鬴，二鬴則一石二斗八升。賈疏云：「人四鬴上也，上謂大豐年也；人食三鬴中也，謂中豐年；人食二鬴下也，謂少儉年。此雖列三等之年，以中年是其常法。」

（二）闕疑法

孔廣森《禮學卮言》考證三禮還運用闕疑之法。主動闕疑亦是實事求是的一種治學態度和方法。治禮既不能奉經注為聖典，不敢懷疑，又不能委曲為說，汗漫為解。對那些深奧、難以窺測或不易把握、眾說並存者，不能輕率立論，也不能牽強附會解釋者，闕疑是一種積極的解經辦法。闕所不知，庶幾不至有大謬矣。闕疑釋文形式則用「疑為」「疑有」「疑或」「或曰」「或為」「豈歟」「未詳孰是」「闕以待知者」等等。孔廣森《禮學卮言》在考證三禮時有多處運用了這種闕疑方法，表現了一種理性精神和實事求是的治學態度。茲舉例說明：

1.《周禮鄭氏注蒙案》「《車人》羊車」

> 《車人》「羊車」注：「定張車。」蒙案：《書大傳》曰：「主夏者張，
> 張為鶉火，南方之中。」定張車豈即司南車歟？〔註103〕

按：《周禮‧考工記‧車人》：「羊車二軻有參分車之一。」鄭玄注曰：「羊，善也。善車，若今定張車。」賈公彥疏：「後鄭雖舉當時漢法以曉人，漢世去今久遠，亦未知定張車何所用，但知在宮內所用，故差小為之，謂之羊車也。」羊車何以稱為「定張車」無確考。《尚書大傳》曰：「主夏者張，張為鶉火，南方之中。」孔廣森據此《大傳》之說疑定張車為司南車。定，指定；張，南方。故「定張車」或可理解為「指南車」（司南車），此說亦可通。

2.《小戴禮記雜義》「主人爵弁纁裳緇袘」

> 《冠禮》曰：「爵弁服緇帶。」《昏禮》曰：「主人爵弁纁裳緇袘。」
> 考「袘」字《說文》作「袉」，引《論語》「朝服袉紳」，然則「袘」

〔註103〕孔廣森：《禮學卮言》卷六，《續修四庫全書》，第 110 冊，上海古籍出版社，2002 年，第 130 頁。

　　亦紳帶之名，「緇袘」其即「緇帶」歟？〔註104〕

按：此亦為闕疑之法一例，孔此闕疑釋文可謂有疑而有定，「緇袘」即「緇帶」。但《士冠禮》言「爵弁服」，「纁裳、純衣、緇帶」，此處但言「緇袘」，不言「緇帶」，顯然「袘」與「帶」並非一物，「緇袘」不當疑為「緇帶」。鄭注曰：「不言衣與帶而言袘者，空其文，明其與袘俱用緇。袘，謂緣。以緇緣裳，象陽氣下施。」賈疏亦認為「袘」即「緣」，曰：「雲以緇緣裳，象陽氣下施者，男陽女陰，男女相交接，示行事有漸，故以衣帶上體同色之物下緣於裳也。」吳廷華曰：「《士冠禮》爵弁服，纁裳、純衣、緇帶……。此但言緇袘者，蓋彼此見義也。注以空其文，明與衣帶同色，鑿矣。」〔註105〕《昏禮》服或別有一「袘」物，即「緣」也，與衣、帶同色，象陽氣下施，施及於陰，以標示婚禮也。鄭注賈疏與吳廷華所說似更合理。

〔註104〕孔廣森：《禮學卮言》卷五，《續修四庫全書》，第110冊，上海古籍出版社，2002年，第109頁。

〔註105〕胡培翬：《儀禮正義》，江蘇古籍出版社，1993年，第8～9頁。

第十一章　孔廣森《禮學卮言》治禮
特色與不足

　　在明清鼎革之際以至乾嘉時期，清儒以古為式，不拘成說，不避繁難，由器明道，展開了禮學考證的工作。孔廣森治學時期正是乾隆年間，《禮學卮言》的撰述與乾嘉考據之風盛行以及清代禮學勃興有密切關係，以考據為特色的《禮學卮言》深深烙上了這個時代印記。禮是鄭學，鄭康成於三禮「探賾靡不舉，六藝既該通」〔註1〕，孔廣森治學宗鄭，欲溯高密之徽風，矢志達至鄭玄一樣精奧博通的學術境界。由於堅持實事求是的治學態度，且博涉「制數」之學，故其三禮之學專門深入，精奧博通，考證多出銳見、勝解。

第一節　實事求是，不尚墨守

　　實事求是乾嘉考據學風，也是清儒治經基本態度。汪中主張，為考古之學惟實事求是，不尚墨守（《述學·與巡撫畢侍郎書》）。阮元在自陳其治學宗旨時說：「余之說法，推明古訓，實事求是而已，非敢立異也。」〔註2〕作為戴震弟子，孔廣森治經研禮受戴震影響很大。實事求是戴震的治學標準，他主張義理不可捨經而空憑胸臆，必求之故訓：「由聲音文字以求訓詁，由訓詁以尋義理，實事求是，不偏主一家，亦不過騁其辭，排擊前賢。」〔註3〕孔廣

〔註1〕顧炎武：《述古》，《顧亭林詩文集》詩集，卷四，1983 年，第 384 頁。
〔註2〕阮元：《揅經室集自序》，《揅經室集》，中華書局，1993 年。
〔註3〕錢大昕：《嘉定錢大昕全集》，江蘇古籍出版社，1997 年，第 672 頁。

森服膺戴震學術理念，他發揚戴震實事求是、無徵不信的治學精神，於三禮考證既非空憑臆斷，亦不拘泥於漢宋門戶之見，而是採擇其善，不尚墨守，務從其是。

一、凡立一義必憑證據

梁啟超在《清代學術概論》中盛讚清代考據學者有「科學的研究法」「科學的研究精神」，他總結乾嘉「實事求是」的學風說：

> 一、凡立一義，必憑證據；無證據而以臆度者，在所必擯。二、選擇證據，以古為尚。以漢唐證據難宋明，不以宋明證據難漢唐；據漢魏可以難唐，據漢可以難魏晉，據先秦西漢可以難東漢。以經證經，可以難一切傳記。三、孤證不為定說。其無反證者姑存之，得有續證則漸信之，遇有力之反證則棄之。四、隱匿證據或曲解證據，皆認為不德。五、最喜羅列事項之同類者，為比較的研究，而求得其公則。六、凡採用舊說，必明引之，勦說認為大不德。七、所見不合，則相辯詰，雖弟子駁難本師，亦所不避，受之者從不以為忤。……十、文體貴樸實簡潔，最忌言有枝葉。〔註4〕

梁啟超認為當時學者，以此種學風相矜尚，自命為「樸學」。清代考據學者無徵不信，孤證不立的嚴謹治學態度影響到孔廣森《禮學卮言》的撰寫。

孔廣森《禮學卮言》不尚空言，凡立一義，不做泛泛議論，必憑證據。其大部分考論援引例證多在三條以上，多者達八、九條之多。孤證不為定說，姑存之、闕疑之。援引證據，以古為上，以經為尚，其考證語言不蔓不枝，樸實簡潔而謹嚴。

如，《周禮·小宗伯》「肆儀」注曰：「若今時肆司徒府也。」孔廣森認為鄭注此乃援漢況周，故引《史記》《漢書》等材料證之。孔廣森先引《史記》「諸侯王列侯會肆丞相諸侯議」，後又連引三則史料：一是「哀帝定三公官，以丞相為司徒，司徒府中有百官大朝會殿，故肆儀者就焉」；二是《後漢書·志第二》「熹平四年詔」群臣會議司徒府情形；三是《漢書·楊惲傳》肆習威儀之說。孔以此四則史料證鄭注「肆儀若今時肆司徒府」之義（見《周禮鄭注蒙案》）。

又如，《世室明堂圖解》「四阿重屋」條，孔廣森認為四阿乃屋上四角為飛簷也，阿下當有室設。凡立一義，必憑證據，他列出八條證據：

〔註4〕梁啟超：《梁啟超論清學史二種》，復旦大學出版社，1985年，第39頁。

　　一證：《逸周書》曰：「乃位五宮：太廟、宗宮、考宮、路寢、明堂，咸有四阿、反坫、重亢、重廊。」

　　二證：鄭注《儀禮》云：「坫在堂角。此四阿之下，即堂之四角。」

　　三證：馬融《西第頌》曰：「陽馬承阿。」

　　四證：「反坫出尊、崇坫康圭」者，蓋在其上焉。

　　五證：裴頠云：「漢氏作四維之個。」則於堂坫增建四室。

　　六證：聶氏《三禮圖》繪九室明堂並接四角為之。

　　七證：孔晁之徒以反坫為外向室者，或亦本於此。

　　八證：《東京賦》「八達九房」，薛綜注云：「堂後有九室。」

　　孔廣森所舉此八條證據，以古為尚，《逸周書》、馬融《西第頌》、鄭注《儀禮》、孔晁、裴頠之說、《東京賦》薛綜注，皆先秦、漢魏文獻，僅一條聶氏《三禮圖》屬後世宋代文獻。凡採用舊說，孔廣森必明引之，都表明出自何典或何人所說。上述幾條羅列證據皆屬「事項之同類者，為比較的研究」，以證實其考論觀點的可信度。

二、說禮不為門戶所囿

　　清代經學研究以實事求是為宗旨。《禮學卮言》可以說主要是圍繞鄭注展開的三禮學研究。鄭玄遍注三禮，後世尊禮學為鄭學，鄭玄之於禮學，具有極其崇高的地位。孔廣森雖十分崇敬鄭玄，認為鄭君去古未遠，學有師承，但並非迷信鄭玄、泥鄭佞鄭而曲為彌縫。《禮學卮言》擺脫以往疏家曲護鄭注之侷限，以樸學精神，採取求是的態度，就事論事，靠證據論斷，對鄭注或申或補，或駁或訂，多有創發。

　　孔廣森《禮學卮言》若遇鄭注有誤之處，他會在鄭注之後或加「廣森謂」「廣森疑」，或加「似不必然」「似不當」「似非」「不必」「不當」，或在各考論文字出現「於經無文」「非經義」「似非如注所云」「舊說似非」等語，或加「未知鄭意同否」「臆見於此，終當疑事無質」等。也有的考論徑為糾謬，斷以己意，皆不曲為彌縫和迴護。孔廣森雖有儀鄭、尊鄭之志，但更有堅持實事求是的治學態度和精神，此正是梁啟超所謂：「所見不合，則相辯詰，雖弟子駁難本師，亦所不避。」〔註5〕《禮學卮言》明確駁鄭、訂鄭者、以鄭說為非、不從鄭說者，數量頗多，前文評析中已大都指出，各卷中皆有可見，有駁正

〔註 5〕梁啟超：《梁啟超論清學史二種》，復旦大學出版社，1985 年，第 39 頁。

鄭注訓詁者，有駁正鄭注解釋名物制度者，茲舉數例：

1. 《世室明堂解》「堂修二七、廣四修一」

> 堂修二七者，每一面之堂其深十四步也。廣四修一者，謂堂之廣與四堂之修若一也。然則四堂各方十四步，全基方四十二步，以六尺之步，計之為二百五十二尺。鄭君以十四步遂為堂室之通基，而又自覺其隘，乃疑《記》是假令之數，誤矣。〔註6〕

按：此條明確說鄭注「誤矣」。孔廣森認為，「堂修二七」者，是指明堂每一面堂長度十四步，「廣四修一」是指堂寬與四堂之修相等，非鄭所謂「其廣益以四分修之一則堂廣十七步半」者也，故謂鄭注以十四步為堂室通基有誤。

2. 《儀禮雜義》「祔」

> 祔，祭名也，其意以為卒哭之後生事畢而鬼事始。自內出者，無四不行，自外至者，無主不止，乃從其昭穆而祔之。故祔祭即於殯宮行之，而不必至皇祖之廟。鄭君說「祔祭於廟，既祭，反主於寢」，已非喪事有進無退之義，而宋元諸儒遂謂「祔者祔主於其祖之廟」，失之愈遠矣。大夫三廟，適士二廟。然中一以上皆得祔於高祖，若祔必在廟，高祖無廟，於何祔之？〔註7〕

按：此條言鄭與宋元諸儒之說皆失矣。孔廣森謂鄭注「祔」義違喪事有進無退之義遠矣，他認為諸祖父之主，各藏於其家之廟，當祔之時，既不可載己主而往就其廟，亦必無遷他人之主而來就殯宮，祔祭不設所祔之主。

3. 《小戴禮記雜義》「小國二卿皆命於其君」

> 《王制》曰：「小國二卿皆命於其君。」《王度記》曰：「子男三卿，一卿命於天子。」鄭以《王制》為誤。然二者或亦義各有當。《周禮》「六命賜官」，官謂卿之命於天子者，若晉荀偃自稱「官臣」是也。子男五命，未合賜官，蓋有加等乃得立三卿，而一卿命於天子耳。〔註8〕

〔註6〕孔廣森：《禮學卮言》卷一，《續修四庫全書》，第110冊，上海古籍出版社，2002年，第85頁。

〔註7〕孔廣森：《禮學卮言》卷四，《續修四庫全書》第110冊，上海古籍出版社，2002年，第114～115頁。

〔註8〕孔廣森：《禮學卮言》卷五，《續修四庫全書》第110冊，上海古籍出版社，2002年，第116頁。

按：此條為孔廣森不從鄭說，訂正鄭說。《王制》：曰「大國三卿，皆命於天子；次國三卿，二卿命於天子，一卿命於其君；小國二卿，皆命於其君。」《白虎通義》卷三《禮·王度記》曰：「子男三卿，一卿命於天子。」鄭玄據此以《王制》為誤，鄭注曰：「命於天子者，天子選用之，如今詔書除吏矣。小國亦三卿，一卿命於天子，二卿命於其君，此文似誤脫耳，或者欲見畿內之國二卿與？」孔廣森不從鄭說，認為二者或亦義各有其當，小國有加等乃得立三卿，而一卿命於天子。孔說可通。孫希旦認為：「命於天子者，謂天子加以爵命，若周定王以黻冕命晉士會為大傅是也。此惟言小國二卿皆命於其君，不言一卿命於天子者，文省也。」〔註9〕小國亦三卿，二卿命於國，一卿命於天子，只是子男有加等乃得立三卿，朱彬《禮記訓纂》轉引邵萬宗曰：「大國欲其權不侔上，故三卿皆命於天子，小國欲其權足以制下，故二卿皆命於其君，次國則處於大小國之間，故二卿命於天子，一卿命於其君。」〔註10〕

　　孔廣森既能尊崇鄭玄，也敢於指正其誤、其非，並提出自己的見解加以駁正。雖然駁鄭、不從鄭說者、訂鄭者數量頗多，然孔廣森並非專與康成立異，亦非以臆見解經，這些考論，孔廣森皆考證有據，立論精審，實事求是。

　　孔廣森治禮雖矢志於漢學，但並不惟漢學是真，泥於門戶之見。他對宋元人許多立論新穎、考辨精詳的禮學成就亦認可，並加以採擇。如《周禮雜義》「凡兵事韋弁服」條，他採用陳祥道「韋弁即爵弁也。韋言其質，爵言其色」之說。《儀禮雜義》「娣姒」條：「娣姒婦者，弟長也。」鄭注曰：「長婦謂『稚婦』為『娣婦』，娣婦謂『長婦』為『姒婦』。」孔謂此本《爾雅》，然「弟長」之「長」《釋文》云「本亦作『娣』」，敖繼公《儀禮集說》卷十一曰：「娣，長也」，釋娣婦之為長婦也。廣森謂當從「作娣之本」而用敖繼公說。可以看出，孔廣森治學實事求是，並不受漢宋門戶之囿，而是擇善而從，採納作為宋元儒者的陳祥道、敖繼公等人之經說，闡釋禮義，訓詁詞語，辨正前儒經注是非得失。

　　正是有著「惟求其是」的治學態度和精神，孔廣森雖宗漢崇鄭，但不為漢學宋學門戶之見所囿，不偏主一家，而是博採眾家，擇善而從，考禮證禮。這是一種不尚墨守、實事求是的治學態度和精神，此實為孔廣森《禮學卮言》治禮之一大優點和特色。

〔註9〕孫希旦：《禮記集解》，中華書局，1989年，第321頁。
〔註10〕朱彬：《禮記訓纂》，中華書局，1996年，第171頁。

第二節　精奧博通，多出勝解

　　諸家皆謂孔廣森聰明特達、穎悟超人，其禮學考論精奧博通，多出銳見勝解。著名漢學家孫星衍讚歎孔廣森曰：「為三禮及《公羊春秋》之學，或自道其所得，穎悟絕人。」〔註11〕周中孚《鄭堂讀書記》稱讚孔廣森《禮學卮言》：「其書蓋非精研鄭學不能如此之精博也。」〔註12〕李慈銘《越縵堂讀書記》贊孔廣森《禮學卮言》「精奧通博，多出名解」〔註13〕。張舜徽亦謂孔廣森「禮學尤精奧博通，多出神解」，其《儀鄭堂駢儷文敘錄》曰：「其學出於戴震，卻能自為家法，所著書如《公羊通義》《大戴禮記補注》皆嚴謹簡潔，不愧專門。《禮學卮言》尤精奧博通，多出神解。」張舜徽尤其盛讚孔廣森在大師迭起的乾隆時代，「以少壯之年並起，學問堪稱精深，著述卓然可傳」〔註14〕。

一、考證精奧

　　精奧，是指孔廣森禮學考論專門而深入，具有精審、精深、精粹等特色。治三禮者，或注釋全書，或僅解疑釋滯，或僅作專題考論。《禮學卮言》不像《周禮注疏》《儀禮注疏》《禮記正義》《禮書》《儀禮集釋》《禮記集說》等採用疏注體、通釋體形式，而是採用讀書劄記的形式，解疑釋滯。這種考證三禮形式不受體例限制，不拘一格，靈活多樣。《禮學卮言》書中內容形態雖非單一，有專題考論，亦有對鄭注賈疏的申補駁正，但總體上是以考辨考證名物制度、文字訓詁為主，故孔廣森《卮言》其書之撰，非有意圓成一個有意義的禮學體系或闡發自己的禮學思想，而是把注意力更多地聚焦於考據三禮名物制度。乾嘉時期許多禮學著述採用這種體裁，如江永《禮記訓義擇言》、金榜《禮箋》、金鶚《求古錄禮說》、程瑤田《儀禮喪服文足徵記》等皆以其名物制度考論作為其書內容主體和探討重點。

　　《禮學卮言》從形式上看，卷帙不多。各條考論，篇幅亦不大，短小精粹，簡要不繁，絕無長篇大論；從內容上看，《禮學卮言》前兩卷是專題考論，對禮學史上主要議題有所涉及，如禘郊問題、宮室異制問題、明堂辟雍問題、

〔註11〕孫星衍：《儀鄭堂遺文序》，《儀鄭堂文》卷二，中華書局，1985年，第23頁。
〔註12〕周中孚：《鄭堂讀書記》卷六，《續修四庫全書》第924冊，第63頁。
〔註13〕李慈銘：《越縵堂讀書記》，由雲龍輯，虞雲國整理，遼寧教育出版社，2001年，第76頁。
〔註14〕張舜徽：《王文簡公文集》補編敘錄，《清人文集別錄》，中華書局，1963年，第246頁。

禮服問題、廟制問題等，內容專門而深入，這也是當時禮學爭論的焦點問題。
這些禮學專題論述雖然篇幅不長，但每篇都能抓住該禮學問題的關鍵，考證
切中肯綮，論據精準堅實，立論精到嚴謹，考證深入，探邃本源，絕無泛泛而
談的膚淺言說，「雖多屬小篇，但大率都極精銳」（梁啟超語）。後四卷（《三禮
雜義》與《周禮鄭氏注蒙案》）中的新疏亦考論精審，要言不煩，絕非俗儒淺
陋之說。鄭玄注《禮》質簡難明，舊疏文往往冗長繁瑣，意反晦澀。孔廣森深
明鄭《注》體例，因而在疏解鄭《注》方面，力避孔《疏》賈《疏》之失，其
《三禮雜義》新疏行文簡明扼要，論據清楚堅實。疏解經注中肯透闢，結論
精粹，銳見迭出，絕無唐孔《疏》賈《疏》枝蔓蕪纍之弊。

（一）考證專門精深，切中肯綮

　　《禮學卮言》考證三禮，具有專門精深的特點，其能把握三禮學關鍵問
題，考證切中肯綮。

　　《禮學卮言》專題考論第一篇是《儀禮廟寢宮室異制說》，孔廣森所以選
擇《儀禮》廟寢宮室作為其《禮學卮言》開篇研究對象是有深意的。三禮之學
乃禮經之學，而《儀禮》為禮之本經，清代禮學復興，首先是《儀禮》學的復
興，此禮經學中的重要內容莫過於首先辨明廟寢宮室之形制。據萬斯大言：
「古人之禮，行於廟者十七，行於寢者十三。」若不明古人宮室，則於其間器
物陳設之處、行禮之處所及位次皆茫然莫辨，遑論禮義之探討？所以孔廣森
治三禮首先從此廟寢宮室處著手，故開篇首先探討宮室問題。廟寢宮室問題
中，人君廟寢左右房、大夫士左右房，歷來為學者所聚訟，是禮學史上一個
重要和關鍵議題。孔廣森由此議題切入，另闢蹊徑，他首先從《儀禮》本經宮
室廟寢異制角度進行分析和考證。何以如此？後世禮家所論《儀禮》廟寢宮
室東西房時，常常溢出於《儀禮》本經，言《儀禮》廟寢之制時，往往不能分
別尊卑等差，以為自天子至士大夫廟寢同制；言大夫士廟寢房室制，又常從
人君（天子諸侯）廟寢宮室角度考論，亦不能於廟、寢分別視之，故大夫士廟
寢視同一制，言廟時又統言寢，言寢時又統言廟，宮室形制格局難免牽混，
所得出的結論不符合《儀禮》廟寢宮室房制真實情況。孔廣森從《儀禮》本經
考察宮室制度，注意到人君與士大夫宮室之尊卑等差導致的廟寢異制情況，
特別區分了大夫士廟與寢的不同建制來做考證。他從尊卑降殺角度，提出「寢
之視廟，宜有殺矣」，故大夫士廟寢異制，廟有左右房，寢只有東房西室，以
降於君，如此其結論才更能貼近和反映《儀禮》宮室真實面貌。這種內容和

把握和考證，體現出孔廣森說禮具有「專門」而又「精到」的特色。

再如其禮服、音律、田賦等其他三禮內容的考論，亦有此種「專門」而又「精到」的特色，前文章節中已多有評述，此不贅述。

（二）考證精審綿密，如老吏斷獄

禮學素稱難治，所謂累世不能通其學，當年不能究其禮。孔廣森治禮不避繁難，考證精審，如老吏斷獄。下面以其《儀禮》宮室研究為例說明之。

《儀禮》本經文辭古奧，儀節非常繁密，大有難讀之苦，而且禮經中並沒有專門宮室形制的介紹，只是在敘述行禮過程中，偶而透露相關宮室結構名稱和大致位置。孔廣森依據《儀禮》經文透漏的關於宮室的蛛絲馬蹟，參稽經記注疏以及其他子書、史傳等文獻，不避繁難，詳實探析和考證《儀禮》宮室結構、形制與尺度。其廟寢宮室研究特意分為廟、寢兩個部分，先廟後寢，分別考證論述。廟、寢宮室皆依次考證門、塾、房、室、戶、牖、楹、序、夾、階等宮室整體與部分結構的同形、異制情況，既有考證，又有分析和比較，還專門繪製《廟宮室圖》《寢宮室圖》輔以說明，門庭戶牖、堂階房室，昭昭佈列，其異制情形亦洞若觀火，其用功可謂艱深細緻，非深於三禮宮室之制不能若此也。

孔廣森宮室考證，極為重視經文細節，一字一句，皆詳審之，通過比較同一禮節在不同語境下的細微差別，往往發現文字後面被人忽略的含義，以此推斷出行禮者所處位置的房室結構情形。如廟寢宮室之「側戶」，《春秋左傳》：「姜入於室，與崔子自側戶出。」孔廣森據此知側戶當有設，但經於「側戶」無明文，諸儒著述亦鮮言及之。孔廣森細繹《儀禮》經文之意，認為《儀禮》行禮婦人之位在北堂，凡自房入室必由一側戶，若無此側戶，婦人入室必經房戶出，經過堂，再進室戶，過為迂遠，故側戶設此處似有必要。《特牲饋食禮》：「主婦適房，祭酒，啐酒，入，卒爵。」孔廣森認為此經文要言不煩，主婦去北房，未說其出室戶，東折，經堂又進房戶；入，亦不言其南出房戶，西折，經堂後復進室戶之過程，孔廣森認為這非是省文之故，是因有側戶之便，故主婦可於室與房之間便利出入。此句經文與《少牢饋食》「主婦洗於房中，出酌，入戶，西面拜，獻戶」辭繁不殺相比，孔廣森宜信側戶當有設之。側戶其位置在何處，孔廣森認為在北堂與室之間的牆墉，北堂與室可由此穿越，不必繞遠。《荀子》曰：「子貢觀於魯廟之北堂，九蓋皆斷。」楊倞注「九」當為「北」，《家語》作「北蓋」，蓋音盍，戶扇也。孔廣森據

此認為，北蓋，即北戶門扇也，北堂無門戶，則此門扇必屬北堂西壁之側戶也。

孔廣森精通三禮，心知其意，以《春秋左傳》「側戶」想見《儀禮》宮室可能之情狀，細讀經文，比較經文繁簡用筆，聯繫上下文語境，並參互史子文獻資料做分析考證，推測側戶設置因由與大致位置，心思可謂縝密周到，分析考證精奧，真如老吏斷獄。

（三）六書九數之用，益顯考證精奧

《三禮》許多名物度數和禮制問題的考證需要精通古代天文、曆算等知識才能演算推理得出結論，這些在中國古代的經學思想體系裏，都屬專門之學，正如戴震所說：「不知少廣、旁要，則《考工》之器不能因文而推其制。」〔註 15〕孔廣森《禮學卮言》中就涉及到許多內容比較艱深的禮學問題。孔廣森是數學家、音韻學家，具備古代天文曆算知識、音律知識，精通六書、九數、制度等學問，在治禮中能夠運用這些知識和技術，通過嚴謹演繹、推理、歸納，把繁難的禮學問題考證出來，並以簡練精粹的語言深入淺出地表述出來。

《王制》曰：「今以周尺六尺四寸為步。」孔廣森認為篆文「六」與「四」相似，只有一劃之差，孔據《周禮·考工記》「六尺有六寸，與步相中也」，知《王制》「周尺六尺四寸」為訛誤，當六尺有六寸為步。此為從六書角度考辯論證。孔廣森又從里步尺寸換算的角度進一步對此進行證明，認為古制一步是八尺，一里三百步，故一百里三萬步，等於二十四萬尺。如果以《王制》一步六尺四寸來除二十四萬尺，所得為一百二十五里，反而與《王制》的「百二十一里六十步四尺二寸二分」之說相矛盾；但如果以六尺六寸來除，則所得正好與《王制》之說相合，故漢制一尺即是六尺六寸無疑，此說也同時證明《考工記》記載是正確的。

又如，《周禮雜義》「倨句」條：

> 《考工記》曰：「半矩謂之宣，一宣有半謂之欘，一欘有半謂之柯，一柯有半謂之磬折。」所以名磬折者，與《周髀經》「折矩以為句廣股修」之「折」同義。假令股為句，鼓為股，求其弦，唯三尺二寸有奇。鼓二十七寸，自乘得七百二十九寸。股十八寸，自乘得三百

〔註15〕戴震：《戴震全集》，第 5 冊，清華大學出版社，1997 年，第 2587～2588 頁。

二十四寸。兩冪冪合，而得千有五十三寸。平方開之，即弦，今以

四尺觸其弦，乃侈其下，而成倨句矣。〔註16〕

今按：此條孔廣森實際用勾股原理，計算弦之長度。股鼓即勾股，所謂兩直
角邊，自乘即平方，股、鼓平方之和，即「兩冪冪合」，冪合之數開平方所得
之數為直角斜邊尺度，即所謂弦之尺度，既而「以四尺觸其弦，侈其下」，則
成磬之倨句也。

此外，《禮學卮言》語言不蔓不枝，要言不煩，極為精粹，其論斷乾脆有
力且合情合理，結論多銳見勝解，此亦是孔廣森禮學「精奧」特色的表現。顧
遷《清代禮學考證方法》認為：「清人所著禮書，有的是注疏全書，有的僅隨
文解釋疑難，這是清儒禮書的主流和典型代表。還有一類是離經的單篇文字，
解疑釋滯，可稱精銳之兵，如金榜《禮箋》、金鶚《求古錄禮說》、黃以周《禮
說》、孔廣森《禮學卮言》就屬此類禮學著作。」〔註17〕孔廣森《禮學卮言》
屬三禮類著作的「精銳之兵」，此語亦是對該書「精奧」特點的形象評價。

二、治禮博通

博通，即是指通經，治經上要做到博涉、綜貫、融通。王引之認為：「不
能通諸經，亦不能說一經。」〔註18〕乾嘉學者特別強調要做通儒，對通學的
要求是乾嘉學者所共有的追求。清代學者汪中論學，認為學者有通與不通者
之別，嘗言漢唐以後所服膺者僅六人，分別是顧炎武、胡渭、梅文鼎、閻若
據、惠棟和戴震；對於當時學人，汪中認可的有錢大昕、金曰追、江聲、江
藩、莊述祖、程瑤田、金榜、劉台拱、邵晉涵、孔廣森和盧文弨等人，以他們
為海內通人〔註19〕。張舜徽《清人文集別錄》認為，博而能專，專而能博者，
不獨揚州學者諸如王念孫、王引之、汪中、焦循、阮元、劉師培等人，還包括
了孔廣森、王錫闡、錢塘、程瑤田、陳壽祺等諸儒〔註20〕。孔廣森《禮學卮
言》於精奧之外，更求博通之道，其博通主要體現在以下三個方面：

〔註16〕孔廣森：《禮學卮言》卷三，《續修四庫全書》，第 110 冊，上海古籍出版社，
　　　　2002 年，第 108 頁。
〔註17〕顧遷：《清代禮學考證方法》，南京大學博士論文，2011 年，第 5 頁。
〔註18〕羅振玉輯：《高郵王氏遺書》，南京：江蘇古籍出版社，2000 年，第 203 頁。
〔註19〕汪中著、李金松校箋：《述學校箋·附錄》，中華書局，2014 年，第 915 頁。
〔註20〕張舜徽：《王文簡公文集》補編敘錄，《清人文集別錄》，中華書局，1963 年，
　　　　第 232 頁。

（一）會通三禮

《禮學卮言》的「博通」體現在治禮方法上，首先是會通三禮。孔廣森特別注重以禮說禮，三禮互證。在繁縟複雜的禮文和注疏文獻中，孔廣森嫻熟運用本禮自證，三禮互證之法：或以《周禮》證《儀禮》，或以《儀禮》證《周禮》，或以《禮記》證《周禮》《儀禮》，或以《周禮》《儀禮》證《禮記》等。三禮之中，互相徵引，貫通其說，此亦三禮學的一個重要特點。雖然孔廣森能博採經史，六書九數無不涉獵，但在考證禮學問題時，大多首先證之以禮，以禮證禮，在《儀禮》《周禮》《禮記》中尋找證據支持，證據不足，再尋求其他經史材料來佐證。由於對三禮已熟稔在心，融會貫通，故在《禮學卮言》考論中，三禮互證方法應用最多，最為得力。孔廣森《廟寢宮室異制解》中單純用三禮互證，甚或僅用本禮自證的考證最多，可見孔廣森對此考禮原則和方法的倚重。

如其《廟寢異制》「戶西」條，舊說以「戶牖之間」為客位，孔廣森則認為室外之中，偏東而近於戶乃賓席所在位。他先列《冠禮》《昏禮》《燕禮》《大射》《有司徹》並「筵於戶西」而不云「戶牖之間」等證，又以《聘禮》「夕幣，君朝服出門左南鄉」、鄭注《禮器》云「人君尊東」證「朝位恒在左」；又據《曲禮》「古之君子行不中道，立不中門，居不中席」之說，再加上「明堂之制戶居中，左右夾窗，然亦設斧依於戶牖之間，益信當依而立非正中矣」之證，明雖人君無正中而南面者，況於大夫士乎，故客位必戶西而非戶牖之間。此勝解特識，非通於三禮者不能至此也。

（二）博採眾書，以古為尚

孔廣森《禮學卮言》不僅注重以禮說禮，三禮互證，還能以經說禮、以史證禮、以子釋禮，或者綜合交叉運用以上諸方法。孔廣森通達古禮，熟稔經典，嫻熟自如，考證文獻信手拈來，舉一隅而反三，考證多出勝解，令人擊節。

孔廣森《禮學卮言》徵引文獻廣博，除了儒家十三經之外，引證資料還有《大戴記》《孝經》《說文解字》《荀子》《韓非子》《史記》《漢書》《後漢書》《楚辭》《文選》等史部、子部、集部諸種文獻。可謂廣徵博引，形成了淹博而貫通的學術特色。各卷引書情況統計如下：

（括號中數字為徵引次數）

	所引書名及引用頻次
《儀禮廟寢異制圖說》	《爾雅》（6）、《尚書》（3）、《詩經》（3）、《儀禮疏》（3）、《禮記正義》（2）、《儀禮釋宮》（2）、《漢書》（1）、《夏小正傳》（1）、《大戴禮記》（1）、《孝經》（1）、《春秋左傳》（1）；《逸周書‧明堂》（1）、《明堂議》（1）、《太平御覽》（1）、《毛詩》（1）、《韓詩》（1）、《家語》（1）、《書‧大傳》（1）、《釋名》（1）、《〈釋名〉注》（1）、《逸禮》（1）、《說文解字》（1）、《上林賦》（1）
《世室明堂圖解》《辟雍四學解》	《逸周書》（3）、《盛德記》（2）、《明堂月令》2、《春秋》（2）、《左傳》（2）、《尚書》（1）、《詩經》（1）、《易》（1）、《易傳》（1）、《大戴禮記》（1）、《禮記正義》1、《春秋繁露》（1）《呂氏春秋》（1）、《明堂議》（1）、《管子》（1）、杜預《注》（1）、《三朝記》（1）、《逸禮》（1）、《五經異義》（1）、《小爾雅》（1）、馬融《西第頌》（引《後漢書》）（1）《魏書》（1）、聶崇義《三禮圖》（1）、張衡《東京賦》（1）、司徒馬宮《明堂議》（1）
《五門考》《九廟辨》	《左傳》（3）、《逸周書作雒》（2）、《尚書》（1）、《毛詩》（1）、《春秋》（1）、《古文尚書》（1）、《穀梁傳》（1）、《尚書鄭注》（1）、《荀子》（1）、《東觀漢記》（1）、韋元成《廟議》（1）、《呂氏春秋》（1）、《顏氏家訓》（1）
《論禘郊》	《春秋》（3）、《國語》（3）、《毛詩》（1）《逸禮》（1）《公羊傳》（1）《緯書》（1）《史記封禪書》（1）
《軍乘考》	《詩經》（2）、《左氏春秋》（2）、《春秋》（1）、《毛傳》（1）、《國語》（1）、鄭箋《詩經》（1）、《春秋傳解詁》（1）、《司馬法》（1）、《管子》（1）、《禮記正義》（1）
《禮服釋名》	《詩經》（7）、《春秋左傳》（5）、《毛傳》4、《尚書》（4）、《大戴禮記》（3）、《論語》（2）、《尚書大傳》（1）《魯詩》（1）、《春秋》（1）、《韓詩》（1）、《國語》（1）、《家語》（1）、《釋名》（1）、《爾雅》（1）、鄭玄《駁異義》（1）、《孟子注》（1）、《三禮圖》（1）、《續漢輿服志》（1）、《毛詩傳箋》（引《太平御覽》）（1）、《子虛賦》（1）、《東都賦》（1）
《周禮雜義》	《國語》（8）、《左傳》（7）、《毛詩》（5）、《漢書》（5）、《尚書》（4）、《管子》（3）、《周易》（2）、《爾雅》（2）、《大戴禮記》（2）、《國語注》（2）、《夏小正》（2）、《司馬法》（2）、《戰國策》（2）、《公羊傳》（1）、《史記》（1）、《三朝記》（1）、《論語》（1）、《孟子》（1）、《荀子》（1）、趙岐《孟子章句》（1）、《莊子》（1）、《楚辭》（1）、《三禮圖》（1）、《玉篇》（1）、《呂氏春秋》（1）、《說文解字》（1）、臣瓚《〈漢書〉注》（1）、《漢律》（1）、《東京賦》（1）

《儀禮雜義》	《說文解字》(3)、《論語》(2)、《詩經》(3)、《毛詩傳》(3)、《荀子》(4)、《五經異義》(1)、《國語》(1)、《爾雅》(1)、《小爾雅》(2)、《大戴禮》(4)、《管子》(1)、《漢書》(1)、《左氏春秋》(4)、《禮記隱義》(1)、《韓詩內傳》(1)、《春秋傳解詁》(1)、《山海經》(1)、《降服辨》(1)、《釋文》(3)、《呂氏春秋》(2)、《孟子章句》(1)、《周禮古義》(1)、《獨斷》(1)、《讀禮通考》(1)、《春秋公羊經》(2)、《唐韻正》(1)、《詩經正義》(1)
《小戴禮記雜義》	《荀子》(6)、《論衡》(1)、《詩經》(2)、《尚書》(2)、《孟子》(1)、《逸禮‧王度記》(1)、《商子》(1)、《五經異義》(2)、《說文解字》(1)、《管子》(1)、《文子》(1)、《素問》(1)、《難經》(1)、《史記》(1)、《禮記隱義》(1)、《穀梁傳》(1)、《管子》(1)、《淮南子》(1)、《周書》(1)、《御覽》(1)、《書大傳》(1)、《後漢志》(1)、《樂元語》《司馬法》(1)、《學中尚論》(1)、《春秋傳公羊傳》(3)、《韓非子》(1)、《漢書》(1)、《春秋左傳》(2)、《白虎通》(1)、《大戴禮記》(1)、《學禮質疑》(1)、《孝經》(1)、《呂氏春秋》(1)、《楚辭》(1)、《毛詩傳》(2)、《博古圖》(1)、《韓詩傳》(1)、《詩經正義》(1)、《墨子》(1)、《戰國策》(1)、《禮記正義》(1)、《皇武子》(1)、《春秋繁露》(1)
《周禮鄭氏注蒙案》	《漢書》(30)、《後漢書》(8)、《說文解字》(7)、顏師古《漢書注》(5)、《史記》(4)、《漢律》(3)、《廣雅》(3)、《周禮賈疏》(3)、《左傳》(3)、《漢儀》(2)、《三國志》(3)、張衡《東京賦》(2)、薛綜注《東京賦》(2)、《急就篇》(2)、《釋名》(2)、《續漢志》(2)、《宋書》(2)、《荀子》(1)、《淮南子》(1)、《漢志》(1)、《漢書儀》(1)、《書大傳》(1)、《法言》(1)、《太玄》(1)、《論衡》(1)、《後漢紀》(1)、《凡將篇》(1)、《漢書音義》(1)、《呂氏春秋》(1)、《毛詩序》(1)、《夏小正傳》(1)、《風俗通義》(1)、《西京賦》(1)、《晏子春秋》(1)、《禮記正義》(1)、《少儀正義》(1)、《郊祀歌》(1)、《禮儀志》(1)、《管子》(1)、《海島經》(1)、《文選注》(1)、《上計律》(1)、《鄴中記》(1)、《顏氏家訓》(1)、張載《劍閣銘》(1)、《周禮古義》(1)

《禮學卮言》博採眾書，其引書情況與特點說明如下：

1. 該表未列《周禮》《儀禮》《禮記》。孔廣森《禮學卮言》以禮證禮，三禮互證，是最主要的考證方法。如《儀禮廟寢宮室說》多以《儀禮》證《儀禮》，《儀禮》本經不足證，則援引《周禮》《禮記》。

2. 《禮學卮言》六卷幾無宋人著述引證，說明孔廣森著《禮學卮言》時對宋學沒有好感。孔廣森對當朝的禮家著作亦極少徵引，所見僅金榜、惠士奇、徐乾學、等幾例，江永、戴震等學者的禮學著作皆絕少徵引。雖不見徵引當朝學者，但孔廣森禮學深受當時乾嘉考據學風影響，特別是受戴震禮學影響很大，前文已備述。

3. 《周禮鄭氏注蒙案》主要徵引《漢書》《後漢書》《史記》等史傳材料，以申證鄭玄《周禮》注「以漢況周」的說法，駁賈疏之失，專事輔翼鄭注明顯。

4. 《禮學卮言》引書眾多，可謂博採經史，其引書以漢唐之上為主，對當朝的禮家著作亦絕少徵引，可見其治禮崇漢，以古為尚。《禮學卮言》因其專意發明古禮，引書以漢唐之上為主，故而醇美精湛，能使人把握經義源頭與先王製作的用意。

（三）博涉「制數」之學，於經真正會通

要想真正做到通儒，於經真正有所會通，還有「若干事」，戴震說：「至若經之難明，尚有若干事，儒者不宜忽置不講。僕欲究其本始，為之又十年，漸於經有所會通，然後知聖人之道，如懸繩樹槷，毫釐不可有差。」〔註21〕這「若干事」即是傳統學問統稱的「制數」之學。只有博涉這些學問，才能「漸於經有所會通」，然後知聖人之道。戴震認為要達到通經的學術境界，必須具備六書、九數、音律、制度、名物等方面的精深知識。作為戴震弟子，孔廣森是經學家，亦是乾隆年間的數學家，研究過戴震數學專著，自己也著有《少廣正負術》內篇三卷、外篇三卷，《勾股難題》一卷。孔廣森亦是音韻學家，著有《詩聲類》一二卷、《聲類分例》一卷。孔廣森對古音律也有深入研究。從孔廣森的解經方法來看，由於他通曉六書九數、音律、名物制度之學這「若干事」，才使他能「於經真正有所會通」，故能在禮學研究中，左右逢源，會通眾說，多出勝解特識。

如孔廣森《周禮雜義》「凡樂圜鍾為宮」條，這是一篇專門的古代音樂律呂方面的考論，非通古音律難以言說也。孔廣森用「三分損益」講明十二律的產生及各律之間的細微差別。按三分損益法生律的次序，求上方五度音之律，古代稱為「下生」；求下方四度之律，古代稱為「上生」。從一律出發，下生 5 次，上生 6 次，便可得出十二律。有些文獻只有生律方法而無具體數據，

或有數據但這些數據於生律方法不盡相符。孔廣森生律方法計算了十二音的數據：黃鐘九寸、林鐘六寸、太蔟八寸、南呂五寸三分強、姑洗七寸一分強、應鐘四寸七分強、蕤賓六寸三分強、大呂四寸二分強、夷則五寸六分強、夾鐘三寸七分半弱、無射五寸弱、小呂三寸三分強〔註22〕。孔廣森所說律呂之數值與《宋書音律列表》數據接近。

孔廣森還對前儒罕言的「十六律」做了解釋，對「四清」的形成機制進行了闡發：大呂八寸四分強，夾鐘七寸半弱、中呂六寸六分強，三管皆在半黃鐘以下，太高則近滛，故倍而用之，與半黃鐘共為四清。此四清加十二律，於是十六律立焉〔註23〕。此篇音律考論堪稱精奧，亦表明孔廣森博涉「制數」之學，於經真正會通。

再如，《聘禮記》「十六斗曰籔」

《聘禮記》：「十六斗曰籔，十籔曰秉，二百四十斗，四秉曰筥，十筥曰稯，十稯曰秅，四百秉為一秅。」案：《說文解字》引此經云「二百四十斤為秉，四秉曰筥」，以下文同，則許叔重所讀《儀禮》斗字為斤。《五經異義周禮說》有「軍旅之歲，一井九夫，百畝之賦，出禾二百四十斛，芻秉二百四十斤，釜米十六斗」，其說本於《國語》「田一井，出稯禾秉芻缶米」，彼以缶米為十六斗，則缶即此之籔也。以秉芻為二百四十斤合於《說文》「以稯禾為二百四十斛」，是秉乃六斛矣。《考工記》曰「庾實二觳」，司農注「觳受三斗，梓人一獻而三酬，則一豆矣」，後鄭讀「豆」為「斗」，蓋《旅人》「豆實三而成觳」，先鄭亦讀豆為斗，故云「斛受三斗」。古「升斗」之字或作斞，因變為豆，非四升之豆也。觳亦非十斗之斛，同音而所容實異。三斗為觳，六斗為庾，十庾為秉，秉六斛，二百四十斤也。四十秉為稯，稯二百四十斛，九千六百斤也。諸家說斗、斛、斤，稱皆不同。《漢書》以十兩為升，六斤四兩為斗說，《左氏》者，以十斗為石，一石百二十斤，則一斗十二斤（詳《喪大記正義》）。此許重叔以二百四十斤之秉為六斛，則又每斛四十斤矣。據《小爾雅》

〔註22〕孔廣森：《禮學卮言》卷三，《續修四庫全書》，第110冊，上海古籍出版社，2002年，第105頁。

〔註23〕孔廣森：《禮學卮言》卷三，《續修四庫全書》，第110冊，上海古籍出版社，2002年，第105頁。

「石四謂之鼓」，鼓四百八十斤也。〔註24〕

今按：此條孔廣森據《說文》《小爾雅》《左傳》《國語》《漢書》中記載的古代計量單位的如斤、升、斗、稷、斛、石、鼓等文獻，對《周禮》《儀禮》涉及豆、斛、觳、秉、籔、稷等量等進行數學換算，疏通了名目繁多的計量單位之間的關係，有助於理解禮經食禮、田賦等禮制的具體細節和禮義。若非博涉制數之學，通曉諸多量度換算關係，必不能如此清晰疏通經說制數矣。

博通者，廣博通達也。博而能專，專而能博，精博然後通達無礙也，如此學者誠為通儒也，孔廣森治經治禮精奧博通，堪稱通儒。東漢鄭玄遍注三禮、遍注群經，以古文經學為主，兼採今文經學之長，融會為一，以其豐富的著述成就了後世所推崇的「鄭學」，鄭玄堪稱通儒，鄭學亦稱「鄭氏學」「通學」。孔廣森勠力鄭學，欲溯高密之徽風，矢志達至鄭玄一樣精奧博通的學術境界。孔廣森是經學家，其《經學卮言》《禮學卮言》《大戴禮記補注》《公羊春秋經傳通義》涵蓋了《詩》《書》《易》《周禮》《儀禮》《禮記》《春秋左傳》《論語》《孟子》等經書內容；孔廣森《詩聲類》《經學卮言·爾雅卷》《少廣正負術》等是六書、九數之學，是通經的「制數」之學。這些研究著述正是孔廣森治學專精與通博結合，追求戴震提出的「淹博」、「識斷」、「精審」〔註25〕通儒境界的體現。

三、多出勝解

孔廣森堅持實事求是的治學態度，不尚墨守，治禮專門深入，精奧博通，故能多出銳見、勝解。李慈銘《越縵堂讀書記》贊「孔顨軒氏《禮學卮言》六卷精奧通博，多出名解」，張舜徽亦贊孔廣森《禮學卮言》「尤精奧博通，多出神解」。曹元弼稱其「《禮學卮言》考禮精審，解疑釋滯，多有勝意」。眾皆謂廣森禮學多出神解、特識、勝解、名解、勝意者，意謂孔廣森考禮論禮目光敏銳，切中肯綮，有新意、有創見，論據新穎而紮實、立論精審，結論堅實，考證角度獨特，另闢奇徑，不落窠臼，不同於俗儒之陋說，識見獨特，往往令人耳目一新，擊節讚歎。孔廣森《禮學卮言》解決了許多疑難問題，有的考證使禮學史上的千年疑惑，煥然冰釋。茲舉例說明：

〔註24〕孔廣森：《禮學卮言》卷三，《續修四庫全書》，第110冊，上海古籍出版社，2002年，第110頁。

〔註25〕戴震：《與是仲明論學書》，張岱年主編《戴震全書》（六），黃山書社，1995年，第371頁。

1. 《世室明堂圖說》對《周禮‧考工記》「四旁兩夾窗白盛」的考證

「四旁兩夾窗白盛」此經文歷來儒家學者包括鄭玄注釋皆讀『四旁兩夾窗』為句，孔廣森謂此讀為非。他讀「四旁兩夾」為句，句讀為「四旁兩夾，窗白盛」。他認為，四旁是四堂之旁，四旁各有兩夾，兩夾即所謂「左右個」，是一堂兩旁夾室之義也。兩夾室亦可稱之為兩堂，猶廟寢有夾室，夾室前有東西堂。孔廣森讀「窗白盛」為句（前儒句讀「兩夾窗，白盛門」），「窗白盛」者，孔據《大戴禮記》「赤綴戶」證之，意為以白飾窗（或以蜃灰堊窗）也，非鄭玄注所解釋為「以蜃灰堊牆，飾成宮室」之意。眾禮家對廣森此見解皆不吝讚譽，孫詒讓贊孔廣森此考論「其說甚是」，阮元贊曰：「孔廣森『四旁兩夾』為句，『窗白盛』為句，此為特識！」〔註26〕王國維亦高度評價孔廣森這一禮學銳見：

> 古夾、個兩字音義皆同，《書‧顧命》及《考工記》之夾，即《月令》之個也。《考工記》此句自漢以來皆讀「四旁兩夾窗」為句，孔廣森《禮學卮言》始讀「四旁兩夾」為句。證以《大戴禮》之「赤綴戶」也，其讀確不可易。〔註27〕

2. 孔廣森對《禮記‧玉藻》「君子之居，恒當戶」的考證

孔廣森訓「當」為「對」，據古文《孝經》「居」作「凥」字，訓「居」為「坐」。孔廣森認為，室戶牖皆南向，戶在東。若戶開（向室內推門，而非向堂而開），則其扉必背負室之東牆矣。又，室內有「奧」，坐者主奧，「奧」在西南角，奧與戶（負東墉之門）正相對，此即《檀弓》所謂云「當戶而坐」，故《玉藻》「君子之居，恒當戶」，意為君子閒居，室內坐西朝東，坐向正對（開向室內）負東墉之門扉，而非坐北朝南也。此說可謂識見獨特，令人耳目一新。

3. 《小戴禮記雜義》對「周之始郊日以至」的考論

> 「郊之祭也，迎長日之至也。」舊注以長日為春分，固未安。或遂以此為《周禮》「圓丘」，亦非。此《記》實述魯郊，魯《春秋》卜郊恒先周正孟春，《記》說其義以為建子之月日短至，自是而有養日祭之，迎其始也。周人冬日至祀天，本謂之禘，以寅月祈穀南郊，

〔註26〕阮元：《揅經室續》下冊，臺北世界書局，1964 年，第 9 頁。
〔註27〕王國維：《明堂廟寢通考》，《叢書集成續編（新文豐）》，第 067 冊，臺北新文豐出版公司，1988 年，第 50 頁。

乃謂之郊。魯僭王禮，不敢純同，故用禘之月而行郊之禮。下云「郊之用（絕），辛也」，言郊之所用日，是辛也。《春秋傳》曰：「郊曷用？郊用正月上辛。」「周之始（絕），郊日以至」，此七十子後學者所記當周末時，禮已廢缺，故追言周之始時，圓丘之郊日以冬至。今魯郊用辛，轉卜三正，與周異法，既別言周之郊，明前後文皆為魯之郊矣。〔註28〕

按：孔廣森認為鄭說未安，以此為圓丘之祭亦非，此乃魯之郊祭，魯僭王禮，不敢純同，故用禘之月而行郊之禮。後文「周之始」，是後學者追憶此祭在周初的祭祀時間，而非周代開始郊祭至今（與今日時間相同），故說「郊之用（絕），辛也」，「周之始（絕），郊日以至」，可理解為現在郊祭用「辛」日，然在周初是用「至」日（冬至日）。此說新異，讓人豁然，錢玄《三禮通論》贊孔廣森此說為是〔註29〕。

4. 對男子褖衣的考論

褖衣是女六服中的末一等。有學者認為男子亦有褖衣，男子褖衣當和玄端為一物，賈疏云：「褖衣當玄端之處，變言之者，冠時玄端衣裳別，及死襲時，玄端連衣裳，與婦人褖衣同，故雖男子之玄端，亦名褖衣。」孔廣森則認為男子亦可單有褖衣，一名「袗玄」：

其褖衣，男子亦有之。「褖」或作「褖」，《士喪禮》「襲有褖衣」注曰：「黑衣裳赤緣之謂褖。」賈公彥曰：「此玄端連衣裳，與婦人褖衣同，褖衣一名袗玄。」《冠禮》「兄弟畢袗玄」，注云：「袗，同也」，古文「袗」為「均」。不言如主人服，而別言兄弟服，明袗玄下玄端一等。衣裳不殊，故謂之同玄。《昏禮》又曰：「女從者畢袗玄」，女服亦名袗玄，男服亦名褖，其不殊裳，既同，是以得通言之〔註30〕。

按：孔說可通，男子褖衣或與玄端或非一物，如玄端式樣，但連衣、裳，衣裳不殊，褖衣（袗玄）下玄端一等。前儒鮮有論及，此可謂孔廣森又一特識矣。

除了名物制度考證方面銳見迭出外，孔廣森於經文訓詁等方面也多出勝解。朱熹於《大學》「『格物』補正」：「格，至也。物，猶事也。窮推至事物之

〔註28〕孔廣森：《禮學卮言》卷三，《續修四庫全書》，第110冊，上海古籍出版社，2002年，第119頁。

〔註29〕錢玄：《三禮通論》，南京師範大學出版社，1996年，第489頁。

〔註30〕孔廣森：《禮學卮言》卷二，《續修四庫全書》，第110冊，上海古籍出版社，2002年，第99頁。

理，欲其極處無不到也。」此章句解釋被視為闡釋之權威，但孔廣森對「格物」的理解亦有新見：

> 《大學》「致知在格物」，即致知止之知也。格，至也。物，射者畫地所立處也。如《儀禮》「序則物當棟」之物。哀公問篇曰：「孝子不過乎物，仁人不過乎物。」言君止仁，臣止敬，父止慈，子止孝，朋友止信，皆有定則，如射之有物，不可以過；至乎物，則不過矣；不過乎物，則得所止矣。上文皆曰欲、曰先，此變言在明，非於致知之外別有格物之功也。」〔註31〕

孔廣森訓「格」為「至」，訓「物」為『序則物當棟』之物，為「定則」之義，『致知在格物』即致知止之知也。此解意亦可通，誠為一新解銳見也。

曹元弼曰：「通說三禮之書，若朱子《儀禮經傳通解》，江氏永《禮書綱目》，徐氏乾學《讀禮通考》，秦氏蕙田《五禮通考》，金氏榜《禮箋》，孔氏廣森《禮學卮言》諸書，皆當玩索服膺者也。」〔註32〕孔廣森《禮學卮言》考禮精審，解疑釋滯，多有勝意，令人印象深刻，故當玩索服膺。

孔廣森治禮達到精奧博通、多出勝解的境界和水平，是有一定原因的。首先其家學具有博雅稽古的家學傳統，孔廣森從小受到嚴格的小學訓詁訓練和經學教育，他博覽群書，博聞強識，經史小學，沈覽妙解。闕里為禮宗，孔廣森從小就熟悉家門故事，熟悉廟廷禮儀，並跟從父兄研治禮學。其次，他宦遊京師，又從師戴震，服膺戴震的治學思想，治經研禮皆師法戴震，鑽研和掌握了六書、九數、制度、名物等方面的知識。再次，孔廣森性情恬淡，不喜交際，但他有志於傳經繼絕，治學非常勤勉，心無旁鶩，矢志漢學。另外他的天賦也是他取得如此成就的原因，正如前文羅士琳對他的評價，「（其）所學無所不通，一藝之分，他人白首不能到，有聞一知十之詣矣」（羅士琳《疇人傳補》）。這些都是孔廣森《禮學卮言》取得如此成就的重要原因和條件。

第三節　《禮學卮言》的偏限與不足

馬一浮《通治群經必讀諸書舉要》在談及清代三禮類著述時曾說「清儒

〔註31〕孔廣森：《禮學卮言》卷六，《續修四庫全書》，第 110 冊，上海古籍出版社，2002 年，第 122 頁。

〔註32〕曹元弼：《禮經校釋》，《續修四庫全書》，第 94 冊，上海古籍出版社，2002 年，第 155 頁。

多勤於名物而疎於義」〔註33〕。孔廣森《禮學卮言》亦存在這樣的不足和侷限，其「勤於名物而疏於義」表現如下：

《禮學卮言》是一部三禮名物制度考證之書，涉及三禮學方方面面的名物制度問題，大至三代禮樂、宗廟社稷、朝聘昏冠，小至履絢帶飾、髮髻冒綴、細大不捐，囊括無遺。

前兩卷專題考論有廟寢宮室、明堂辟雍、禮服、禘郊、五門九廟、軍乘等考證。每一專題下面皆有若干考證細目，如：《儀禮廟寢宮室異制說》考證的項目有廟門、闑、寧、四塾、中庭、碑、阼階、西階、中堂、兩楹、兩序、序內、棟楣梠、室戶、北墉、北階、闔門、牖、奧、窔、戶西、房戶、北堂、北階、側戶、東夾、西夾、東箱、西箱、東壁、西壁、坫、廉、東榮、西榮、霤、東牆、西牆等等。因孔廣森主張大夫士廟寢異制，故廟制寢制亦各分細目若干分別考證論述，如，同樣是堂中兩序、兩楹，廟之兩楹與寢之兩楹與兩階的相直狀況，序內的大小比例都有所不同，故《卮言》於此皆有考論。

《禮服釋名》關於禮服的名物制度考證亦頗繁瑣，有王之服的冕旒之數、冕服之章、玄冕之服、冕服命數、韋弁服、皮弁服、冠弁服、皮冠、弁絰服、玄端服等；后之六服褘衣、揄狄、闕狄、鞠衣、展衣、緣衣；履服有青履、素履、白履、履之飾色、絇繶純、赤舄黃飾；還有王服與后服對應關係等的考證。後四卷《三禮雜義》及《周禮鄭注蒙案》，是孔廣森三禮讀書劄記類著述，雖不是專門的名物制度考論，但其中內容仍以名物度數考證為主。如廣輪之數、幾方千里、王及后之服履、地比、職人、裹布、屋粟、畛、接盛、脤膰、琥、柏席、圜鍾為宮、九筮、四衛、五寢、壁以帛、琮以錦、萬、倨句、春以功、緇袘、質、諸公、燕禮主人、聘禮志、藪、食會飯、裨冕、方明、橆用斂衾、鮮獸、明齋溲酒、祔、眉壽、大饗帝、五齍、寡君、六尺四寸為步、大饗帝、濫、奏食、犧象、禫、祔、私喪之葛、牷牲、虞筐、郊冥、壇墠、雍、振羽、質劑、伍伯、八次八舍、蟹胥、饗衛士、邦布、偶衣物、齋計吏、三翟、抱磿、軍興、宂食、世婦、肆儀、坐上魂衣、邱封之度、帗舞、置銘、玉瑱等等。

《禮學卮言》極少離開名物度數而考禮、論禮。《卮言》對《禮記》中《曾子問》《禮運》《禮器》《學記》《樂記》《經解》《仲尼燕居》《孔子閒居》《坊記》《中庸》《儒行》《大學》等有關論說禮義的內容涉及極少。《小戴禮

〔註33〕 馬一浮：《通治群經必讀諸書舉要》，《馬一浮集·復性書院講錄·第一卷》，浙江古籍出版社、浙江教育出版社，1996 年。

記雜義》卷末有「義者宜也」、「致知在格物」等條,這是《禮學卮言》中較少出現的非名物度數的考釋內容,但即使是「致知在格物」條,孔廣森亦是從名物度數角度進行考論,他訓「致知在格物」之「物」為「射者畫地所立處也」,「如《儀禮》『序則物當棟』之『物』。射之有物,不可以過,至乎物,則不過矣;不過乎物,則得所止」〔註34〕。孔廣森禮學著力於名物制度考證,事無鉅細,講求證據,大量引經、記、注、疏及其他文獻訓詁考核,考據有時候顯得煩瑣細碎。

孔廣森考證名物度數、典章制度,疏於禮義闡釋,發明禮意者少。其考證往往先求之於經記注疏,古之六書、九數,或以古人之義釋古人之書,罕以己見參之或鑿空玄談。無論是禮學專題考論,如禘郊論,明堂說、九廟辨等,還是三禮雜義中的名物度數考證,《禮學卮言》極少涉及義理的探討,其於名物制度背後的義理如何,皆不做議論或闡發。如其「明堂說」聚焦於夏后氏世室堂修廣之數、五室之方位與修廣、明堂之階、明堂四旁兩夾窗、明堂門堂與正堂尺度比例、明堂九五之辨等瑣碎的名物度數考證,至於明堂順時布政意義、明堂與天人關係等亦無涉及和闡述。可以說《禮學卮言》在禮義闡發方面,思想相對貧乏。孔廣森服膺戴震學術理念,認為義理不可捨經而空憑胸臆,必求之故訓,「寓義理於訓詁之中」,故其禮學有「疏於義」的侷限和不足,這也是乾嘉時期,漢學者經學研究的一個普遍現象。漆永祥先生《乾嘉考據學新論》認為:「乾嘉漢學學者打碎了宋明理學的枷鎖,拋棄了宋儒所維護之道統,但他們又戴上了漢儒經學的枷鎖,維護著另一種道統」〔註35〕。另外,乾嘉考據學興盛,也是當時清廷禁書與屢興文字獄所致。因此,給孔廣森及其《禮學卮言》戴以「思想貧乏」、「疏於義」、「瑣碎」、「少創新」等帽子,可能是站在今人的立場上苛繩古人的典型心理。

〔註34〕孔廣森:《禮學卮言》卷六,《續修四庫全書》,第 110 冊,上海古籍出版社,2002 年,第 122 頁。

〔註35〕漆永祥:《乾嘉考據學新論》,北京大學學報(哲學社會科學版),2013 年,第 3 期。

第十二章　孔廣森《禮學卮言》的學術影響

　　《禮學卮言》是清代三禮學研究中的一部獨具學術特色的著述，它是在清代禮學復興的背景下產生的，是當時乾嘉考據之風盛行的產物，鎸刻著宗漢崇鄭的時代烙印。《禮學卮言》卷帙不大，但內容專門而深入，書中體現其重視小學訓詁、以經證經、博史通經，實事求是的治禮思想。《禮學卮言》討論禮制、考辨名物，對三禮注釋中補匡正，精奧博通，勝解紛呈。

　　周中孚評價孔廣森《禮學卮言》的貢獻與意義時說：「其書如《周禮古義》（即《周禮鄭氏注蒙案》）可補王氏《漢制考》、惠氏《禮說》之闕，《儀禮》（《儀禮雜義》）諸條足正賈疏望文生解之失，《小戴雜義》（《小戴禮記雜義》）亦可以補孔疏之不及。」〔註1〕近代學者如曹元弼、王國維、章太炎、梁啟超、張舜徽等人的著作中對孔廣森《禮學卮言》的禮學成就亦皆有較高評價。曹元弼認為孔廣森深於《禮》，篤守鄭學，其書特純〔註2〕。李慈銘《越縵堂讀書記》贊孔廣森《禮學卮言》：「閱孔巽軒氏《禮學卮言》共六卷，精奧通博，多出名解。後有自跋，深以治經者不通史籍為病，誠通儒之言也。」〔註3〕張舜徽極力表彰孔廣森《禮學卮言》曰：「《禮學卮言》尤精奧博通，多出神解。……學問堪稱精深，著述卓然可傳。」〔註4〕

〔註1〕周中孚：《鄭堂讀書記》卷六，《續修四庫全書》第924冊，第63頁。

〔註2〕曹元弼：《禮經校釋》，《續修四庫全書》第94冊，上海古籍出版社，2002年，第155頁。

〔註3〕李慈銘：《越縵堂讀書記》，遼寧教育出版社2001年版，第76頁。

〔註4〕張舜徽：《王文簡公文集》補編敘錄，《清人文集別錄》，中華書局，1963年，第246頁。

孔廣森《禮學卮言》對後世的影響主要體現在多家注疏對它的引述和評價中。孫詒讓《周禮正義》和黃以周《禮書通故》作為清代兩大重要禮學巨著，對孔廣森《禮學卮言》都有大量徵引和評價。胡培翬的《儀禮正義》對《禮學卮言》亦有不少徵引。他們或引其文以佐證，或取其說以考辯，《禮學卮言》的價值與影響也由此而得以彰顯。

第一節 《禮學卮言》對孫詒讓《周禮正義》的影響

孫詒讓，字仲容，浙江溫州瑞安人，有「晚清經學後殿」、「樸學大師」之稱。孫詒讓勤奮好學，在父親的督教下，少年時代即開始研治經學、史學、小學等，治學範圍甚廣。他精研古學垂四十年，著書三十餘種，有《周禮正義》《墨子閒詁》《古籀拾遺》《札迻》等著作。這些著作使他躋身於樸學大師之列，並奠定了他在清代學術史上的重要地位。章太炎評價孫詒讓「百年絕等雙」〔註5〕。梁啟超言「有醇無疵，得此後殿，清學有光」〔註6〕，稱其是漢學的光輝後殿。在他所有學術著作中，以《周禮正義》的成就最高。孫氏二十六歲即著手從事《周禮》的研究，屢易其稿，精益求精，直到五十八歲時，八十六卷《周禮正義》才得以定稿完成。孫詒讓精通考據學，他無門戶之見，注意吸納舊注舊疏的成果，尤其他以極端負責的態度，反覆核實，細心推敲，使《周禮》的注疏成就水平達到了前所未有的高度，被視為清代《周禮》學的集大成者。曹元弼說：「孫氏《周禮正義》，……囊括網羅，言富理博，自賈氏以來，未有能及之也。」〔註7〕

孫詒讓《周禮正義》解經重視名物制度考證，無宗派門戶之見，博採眾家，旨在闡明周代典章制度。《周禮正義》引用古今各家之說達 148 人之多〔註8〕，每引他人之說，必稱舉其人，不攘人之善。他折衷諸說，客觀地總結整理歷代周禮名物制度之學說，理據詳明。孫詒讓很看重孔廣森《禮學卮言》的禮學價值，把它列在重要的禮學徵引文獻中。

〔註5〕章太炎：《孫詒讓傳》，載《太炎文錄初編文錄二》，章氏叢書影印本卷二，上海書店，1992 年，第 52 頁。

〔註6〕梁啟超：《清代學術概論》，上海世紀出版集團，2005 年，第 6 頁。

〔註7〕曹元弼：《書孫氏周禮正義後》，《復禮堂文集》卷 4，華文書局，1968 年，第 391 頁。

〔註8〕方向東：《孫詒讓訓詁研究》，南京師範大學博士學位論文，2004 年，第 116 頁。

　　《周官正義長編》的編撰是孫詒讓撰作《周禮正義》的準備工作，孫氏
花費六年時間完成文獻搜集整理的準備工作。為了便於徵引，他在《周禮》
每職或每事下詳細列舉歷代各禮家相關經說條數、出處（書名、卷次）。其中
有一冊《周官目錄》，詳列自六官總義、各官序官至《考工記》全部條目，每
職或每事下列舉各家經說條數。胡珠生《周禮正義稿本探略》一文對孫詒讓
《周官目錄》詳列的各禮家經說條目進行統計，條數多達一千七百〇四條之
多〔註9〕。從清單可以看出，僅《天官》部分列出的情況，孫詒讓欲徵引孔廣
森《禮學卮言》就有十餘條考證材料，其他各官的欲徵引情況亦當不在少數
（從《正義》實際徵引可以看出）。而且，孫詒讓還把孔廣森《禮學卮言》與
惠棟《九經古義》、戴震《考工記圖》、江永《周禮疑義舉要》等列為「佳」類
著述，足見孫詒讓撰作《正義》時對孔廣森《禮學卮言》一書的重視。

　　《周禮正義》是孫詒讓在《周官正義長編》資料編撰基礎上，幾易其稿，
最終完成的煌煌巨著。八十六卷《正義》對《禮學卮言》成果多有吸收，有數
量可觀的徵引，對孔廣森勝意紛呈的禮學考論，孫詒讓在《正義》中不吝給
予「孔說是也」「其解甚是」「孔說甚確」「確不可易」等較高的評價。考察檢
索今本《周禮正義》八十六卷，孫詒讓提及「孔廣森」有一百四十餘處，實際
徵引《禮學卮言》約一百一十餘處。

一、《周禮正義》徵引《禮學卮言》以注解經文

　　《周禮正義》是疏體，順著經注文進行疏解，先解經文，後疏鄭注。孫
詒讓解經文時，往往徵引孔廣森《禮學卮言》相關考論以注解經文大義。

1. 《草人》：「凡糞種之法，騂剛用牛，赤緹用羊，墳壤用麋，渴澤用
鹿，鹹瀉用貆，勃壤用狐，埴壚用豕，彊㯺用蕡，輕爨用犬。」

　　孫詒讓《正義》先解釋「糞種」、「彊㯺用蕡」、「輕爨用犬」等經句，然
後徵引孔廣森《禮學卮言》「凡糞種」條以解上述經文：

　　　　注於《大司徒》「五物九等」即引此騂剛、赤緹之屬當之。《管子》
　　　　「地員九州之土為九十物」，則又因九等而區別之。上土三十物，中
　　　　土三十物，下土三十物，此經鹹瀉次於渴澤，赤緹次於騂剛，皆從

〔註9〕參見胡珠生《〈周禮正義〉稿本探略》，《孫詒讓紀念論文集》，載《溫州師範
　　　　學院學報》，1988 年增刊。

色狀相似者類列之，不以土物上下為次。〔註 10〕

孫詒讓案語曰：「孔說是也。地員之九十物，與此九土，大致相同。」〔註 11〕

2. 《周禮·地官·遂師》：「大喪，及窆，抱磨，共丘籠及蜃車之役。」鄭玄注：「磨者，適歷，執綍者名也。」

賈疏認為天子千人，分布於六綍之上，謂之適歷者，分布稀疏得所，名為適歷也。《說文》：「秝，稀疏適秝也。從二禾，讀若歷。」適者，適均。惠士奇等認為，磨當作秝，執綍者千人，分布於六綍，如禾稼有行，勿使疏密，正其行，齊其力，巡行校錄，遂師執書數之，名曰抱秝。秝借為磨，歷、磨皆以秝得聲〔註 12〕。上述於「抱磨」仍言之未明，孫詒讓故引孔廣森《卮言》《遂師》「抱磨」注條解之曰：

> 《魏書蔣濟傳》曰：「船本歷適數百里中。」歷適，猶適歷，疏密均布之謂。「磨」之字從「秝」，《說文解字》曰「「秝」，稀疏適也，從二禾，讀若歷。」種禾者必使行間稀疏適歷，役者行列象之，故禾列一言禾役。《呂氏春秋》曰：「農夫知其田之易也，不知其稼之疏而不適也。」磨者，執綍人名籍，取適歷之義，以為稱也。古者發大役必籍其名而稽數之，師則拱稽，喪則抱磨。〔註 13〕

孫詒讓案曰：「孔說是也，此經云『抱磨』，與《大史》大師抱天時，大遷國抱法義同，並謂抱持圖籍之書。」〔註 14〕

3. 《周禮·春官·冢人》云：「掌公墓之地，辨其兆域。凡死於兵者，不入兆域。凡有功者居前，以爵等為丘封之度與其樹數。」

《正義》疏「凡死於兵者，不入兆域」時，俱引孔廣森《卮言》「凡死於兵者」條以解之：

> 《莊子》曰：「戰而死者，其人之葬也，不以翣資。」趙簡子之誓曰：「桐棺三寸，不設屬闢。素車樸馬，無入於兆。下卿之罰也。」
>
> 《白虎通義·檀弓》曰：「不弔三：畏、厭、溺也。畏者，兵死也。」

〔註 10〕孔廣森：《禮學卮言》卷三，《續修四庫全書》第 110 冊，上海古籍出版社，2002 年，第 102～103 頁。

〔註 11〕孫詒讓：《周禮正義》，中華書局，2013 年，第 1183 頁。

〔註 12〕孫詒讓：《周禮正義》，中華書局，2013 年，第 1150～1151 頁。

〔註 13〕孔廣森：《禮學卮言》卷六，《續修四庫全書》，第 110 冊，上海古籍出版社，2002 年，第 126 頁。

〔註 14〕孫詒讓：《周禮正義》，中華書局，2013 年，第 1150～1151 頁。

《禮・曾子記》曰:「大辱加於身,皮體毀傷,即君不臣,士不交。
祭不得為昭穆之尸,食不得昭穆之牲,死不得昭穆之域也。」凡此
皆足與《冢人》「死於兵者,不入兆域」之語相證。蓋戰期能克,
非期能死,所謂死王事者,必死而有益,若狼瞫、敝無存之徒,然
後登於明堂,饗祿其後。至乃不占震於鳴鼓,陳書怯於聞金,直謂
之戰陳無勇而已。〔註15〕

按:孔廣森認為戰期能克,非期能死,死王事者,死而有益,此有功者,當為
其丘封之度與其樹數;戰陳無勇,僅以一死塞責者為死於兵者,不入兆域者,
應投諸塋外以罰之,甚至「將錄其罪而削其葬也!」孔廣森舉《莊子》《左傳》
《檀弓》等三證,謂此「足與『死於兵者,不入兆域』之語相證」。(孔廣森此
三證與顧炎武《日知錄》「冢人不入兆域條」所說三證同〔註16〕。)

　　4. 《春官・典命》云:「王之三公八命,其卿六命,其大夫四命。其
　　　國家、宮室、車旗、衣服、禮儀亦如之。」

　　孫詒讓《正義》引《毛詩傳》解「其衣服亦如之」曰:「《毛詩・唐風・無
衣》云:『豈曰無衣?六兮。』傳云:『天子之卿六命,車旗衣服以六為節。』
據毛詩則似王朝卿自有六章之衣。」又引孔廣森《卮言・禮服釋名》「孤之服」
條申解之:

《典命》言衣服之數皆如命數。《詩》曰:「豈曰無衣?六兮。」《左
傳》:「鄭伯賜子產次路、再命之服。」則服章有以偶者矣。蓋三公
八命,袞而八章;孤卿六命,鷩而六章;大夫四命,毳而四章。《大
車》之篇「毳衣如菼」、「毳衣如璊」,其《傳》曰:「天子大夫四命,
其出封五命,如子男之服,乘其大車,檻檻然,服毳冕以決訟。」
是言大夫有毳冕者也。〔註17〕

〔註15〕孔廣森:《禮學卮言》卷三,《續修四庫全書》,第110冊,上海古籍出版社,
　　　　2002年,第104～105頁。
〔註16〕顧炎武《日知錄》曰:「『凡死於兵者不入兆域』注曰:『戰敗無勇,投諸塋
　　　　外以罰之』。《左氏》趙簡子所謂『桐棺三寸,不設屬辟,素車白馬無入於
　　　　兆』,而《檀弓》『死而不弔者三,其一曰畏』,亦此類也。《莊子》『戰而死
　　　　者,其人之葬也,不以翣資』。崔本作晏欻,欻音坎,謂先人墳墓也。」見
　　　　顧炎武著、黃汝成集釋:《日知錄集釋》卷之五「不入兆域」條,花山文藝
　　　　出版社,1990年,第226頁。
〔註17〕孔廣森:《禮學卮言》卷二,《續修四庫全書》,第110冊,上海古籍出版社,
　　　　2002年,第97頁。

孔穎達《詩經正義》疏云：

> 三公服鷩冕，孤卿服絺冕，大夫玄冕。《司服》注云『絺冕衣一章，
> 裳二章，玄冕衣無文，裳刺黻而已』，然則絺冕之服止有三章，而此
> 云六為節，不得為卿六章之衣，故毛、鄭並不云章。或者《司服》
> 之注自說天子之服，隆殺之差，其臣自當依命數也。〔註18〕

按：毛詩傳與孔穎達疏詩不同，故孫詒讓並引二說後案曰：「孔（廣森）說足
證詩義。但王朝諸臣之服，《司服》無明文，孔氏所解與詩疏不同。」〔註19〕

二、《周禮正義》徵引《禮學巵言》以申補鄭說

（一）《正義》徵引《巵言》以申明鄭說

鄭注有其義正確，但或有不暢不明者，孫詒讓徵引孔廣森《禮學巵言》
之說以申明或申暢之，以彰顯鄭義。

1. 《周禮·天官·宮正》「幾其出入」，鄭注云：「今時宮中有罪，禁
   止不能出，亦不得入。及無引籍不得入宮司馬殿門也。」

孫詒讓疏曰：

> 「『幾其出入』若今時宮中有罪，禁止不能出亦不得入」者，孔廣
> 森云：「《漢書·嚴延年傳》注：「張晏曰：『故事，有所劾奏，並
> 移宮門，禁止不得入。』」然則在內者，見被劾奏，即不許出矣。」
> 〔註20〕

此為徵引《禮學巵言》「幾其出入」條以申鄭說（在宮門內外不得出不得入的
情形）。

2. 孫詒讓《周禮正義·天官·閽人》曰：「『雉門災及兩觀』者，推魯
   禮以合天子，謂王門亦雉門設兩觀。」

孔廣森《禮學巵言》「五門考」據《春秋經》「雉門及兩觀災」與《明堂
位》「庫門，天子皋門；雉門，天子應門」認為：「魯之兩觀於雉，知王之兩
觀當於應。」孫詒讓《周禮正義》引孔廣森此說以申後鄭之說，併案曰「孔
說是也」〔註21〕。

〔註18〕孫詒讓：《周禮正義》，中華書局，2013年，第1610頁。
〔註19〕孫詒讓：《周禮正義》，中華書局，2013年，第1610頁。
〔註20〕孫詒讓：《周禮正義》，中華書局，2013年，第219頁。
〔註21〕孫詒讓：《周禮正義》，中華書局，2013年，第543頁。

3. 《周禮・天官・宮正》「凡邦之事蹕」注曰：「國有事，王當出，則宮正主禁絕行，若今時衛士填街蹕也。」

《周禮正義》疏之曰：

> 云「若今時衛士填街蹕也」，孔廣森云：「衛宏《漢書儀》曰：『輦動則左右侍帷幄者稱警，車駕則衛官填街，騎士塞路。出殿則傳蹕。』」
> 〔註22〕

孫詒讓《正義》以孔廣森所舉漢法釋鄭注解經之義，案曰：「先鄭意宮正掌宿衛，故又為王蹕，與漢時衛士蹕事相類似，故舉以為況。」〔註23〕

4. 《周禮・地官・司徒》：「其舍者，國中貴者、賢者、能者、服公事者、老者、疾者皆捨。」

鄭注云：「徵之者，給公上事也。舍者，謂有復除舍不收役事也。貴者，謂若今宗室及關內侯皆復也。服公事者，謂若今吏有復除也。老者，謂若今八十、九十復羨卒也。」孔廣森《周禮鄭注蒙案》引《漢書》「高帝詔」、「惠帝詔」及賈山上文帝《至言》說明漢有「吏有復除」、「老者復羨卒」之事。孫詒讓《周禮正義》疏「若今吏有復除」、「老者復羨卒」均引孔廣森所引上述漢史料以申鄭義〔註24〕。

5. 《周禮・春官・樂師》：「凡舞，有帗舞、有羽舞。」鄭注曰：「帗，析五采繒，今靈星舞子持之是也。」

孫詒讓疏曰：「《鼓人注》云『帗，列五綵繒為之，有秉』是也。」並全引孔廣森《蒙案》申鄭之說：

> 《續漢志》曰：「漢興八年，有言周興而邑立后稷之祀，於是高帝令天下立靈星祠，以后稷配食。舊說星謂天田星也，一曰龍左角為天田官，主穀，祀用壬辰位祠之。舞者，用童男十六人。舞者象教田：初為芟除，次耕種、芸耨、驅爵及獲刈、舂簸之形，象其功也。」若然，舞師之職，掌教帗舞，帥而舞社稷之祭祀。漢時靈星亦稷之類，故持五采繒，得帗舞之遺象。〔註25〕

〔註22〕孫詒讓：《周禮正義》，中華書局，2013年，第225頁。

〔註23〕孫詒讓：《周禮正義》，中華書局，2013年，第225頁。

〔註24〕孫詒讓：《周禮正義》，中華書局，2013年版，第844～845頁。

〔註25〕孔廣森：《禮學卮言》卷六，《續修四庫全書》第110冊，上海古籍出版社，2002年，第127～128頁。

6. 《周禮·冬官·匠人》「九階」，鄭玄注曰：「南面三，三面各二。」鄭玄認為明堂有九階，南面三階，東西北三面各二階，共九階。

賈逵、馬融諸家皆以為九等階，鄭玄不從。孔廣森申鄭「九階」之說：

> 《注》曰：「南面三，三面各二。」案：《管子》曰：「立三階之上，南面而受要。」《明堂位》曰：「三公，中階之前。」知明堂南面正中有階，與廟寢唯賓階、阼階者異也。〔註26〕

按：孔說是也。此說於賈疏外有兩新證，不但證明堂三階之有、中階之用，亦明與廟寢兩階之異。《周禮正義·冬官·匠人》引述孔廣森此說，孫詒讓云：

> 「俞樾云：『四堂之制如一，何以南面獨多一階，蓋土室戶牖南鄉，必由明堂而入，故於南面特設中階，將有事乎土室，則有中階升堂焉。秦制增為十二階，惡知此意乎？』案：孔、俞說是也。」〔註27〕

（二）《正義》徵引《卮言》以補足鄭說

鄭說不詳，或有說但不全面，亦有未備之處，孫詒讓徵引孔廣森《禮學卮言》之說，以補全其說，或補其未說、未備之處。

1. 《周禮·地官·保氏》「六曰九數」鄭注曰：「九數：方田、粟米、差分、少廣、商功、均輸、方程、贏不足、旁要。今有重差，句股也。」

鄭注於旁要、重差、勾股等皆未詳解，孔廣森《周禮雜義》解鄭注「旁要、重差」曰：

> 旁要，即今三角法也。凡三角必有三邊，其兩斜邊謂之大腰小腰。「要」即腰字。其直邊今謂之底。古謂之旁，蓋立觀之則為旁，偃觀之則為底。猶古句股本立形，西法偃之，號為直角也。三角可以御句股，句股不可以盡三角。故周公《九章》舉旁要而不舉句股。至漢旁要法亡，始以重差、句股足之。重差者，重兩句股取其影差異槷，同除以知比例，若劉徽《海島經》是也。《少儀正義》以重差當差分，誤矣。今本「重差」下衍「夕桀」二字，檢《疏》及《釋文》，馬融注有之，非鄭注也。〔註28〕

〔註26〕孔廣森：《禮學卮言》卷一，《續修四庫全書》，第110冊，上海古籍出版社，2002年，第86頁。

〔註27〕孫詒讓：《周禮正義》，中華書局，2013年版，第3437頁。

〔註28〕孔廣森：《禮學卮言》卷六，《續修四庫全書》，第110冊，上海古籍出版社，2002年，第126頁。

孫詒讓《正義》引孔廣森此說補鄭說之未詳，併案曰「孔說是也」〔註29〕。

2. 《周禮‧春官‧大祝》「辨九祭，一曰命祭，二曰衍祭，……九曰共祭。」鄭注「二曰衍祭」曰：「衍祭，羨之道中，如今祭殤，無所主命。」

　　孫詒讓疏曰：「衍、羨，聲近通用。……祭羨之道中者，謂祭於墓道中。漢時祭殤皆於墓道之間，廣祭殤鬼，無所主命，故先鄭引以為況。」漢時「祭於墓道中」者若何？《周禮正義》引孔廣森《卮言》「《大祝》二曰衍祭」條以補鄭注以漢制比況周制史料之闕：

　　　　《武帝紀》：「天漢二年止禁巫祠道中者。」《王嘉傳》：「董賢母病，長安廚給祀具道中，過者皆飲食。」如淳曰：「禱於道中，故行人皆得飲食也。」杜子春說：「道齋之奠，亦云道中祭也。」《漢儀》：「每街路輒祭。」〔註30〕

3. 《周禮‧秋官‧小司寇》「議貴之辟」，鄭注曰：「今時吏墨綬，有罪先請。」

　　孔廣森《周禮鄭注蒙案》引《後漢紀》等史料疏此注曰：

　　　　《宣帝紀》曰：「吏六百石，位大夫，有罪先請，此漢舊法也，世祖建武三年始詔令，吏不滿六百石，下至墨綬長相，有罪皆得先請。」（見《後漢紀》），《前漢‧劉屈氂傳》云：「司直，吏二千石，當先請，奈何擅斬之？」〔註31〕

孫詒讓《周禮正義》徵引孔廣森《卮言》此條以補鄭注「今時吏墨綬有罪先請」說之未詳〔註32〕。

　　按：墨綬者，漢法，繫官印的黑色絲帶，丞相中二千石，金印紫綬；御史大夫二千石，銀印黃綬；縣令六百石，銅印墨綬。西漢官秩比六百石以上至千石之大縣令、郡丞、長史、都尉丞等皆授銅印墨綬，故名墨綬長吏。

4. 《周禮‧天官‧大宰》「九曰幣餘之賦」，鄭注曰：「占賣國中之斥幣。」

　　孫詒讓《周禮正義》引孔廣森《禮學卮言》卷六「《大宰》幣餘之賦」

〔註29〕孫詒讓：《周禮正義》，中華書局，2013 年版，第 1015～1016 頁。
〔註30〕孫詒讓：《周禮正義》，中華書局，2013 年版，第 2000 頁。
〔註31〕孔廣森：《禮學卮言》卷六，《續修四庫全書》，第 110 冊，上海古籍出版社，2002 年，第 129 頁。
〔註32〕孫詒讓：《周禮正義》，中華書局，2013 年版，第 2773 頁。

疏鄭注曰：

> 《一切經音義》引《漢書音義》云「斥，不用也」，謂國中之斥幣不
> 用者，隱其度直，受而賣之也。孔廣森云：「《封禪書》曰，賜樂大
> 乘輿，斥車馬帷帳器物，然則斥幣謂物陳積而斥出不用者，若占賣
> 之，即謂之斥賣。《貨殖傳》『烏氏贏畜牧，及眾斥賣』，《漢書》『縣
> 官斥賣董氏財，凡四十三萬萬』是也。《賈師》注云：『官有所斥，
> 令賣。』其斥字義同此。《晏子春秋》曰：『財在外者斥之市。』是
> 周時已有。」〔註33〕

按：此為補鄭說之未備。鄭說「占賣國中之斥幣」，此「占賣」若何，孔廣森
以《封禪書》《貨殖傳》《漢書》《晏子春秋》等文獻材料詳說以補之。但孔廣
森未明言鄭此注是否有誤。王念孫認為：「幣當讀為敝。凡物之殘者皆謂之敝
餘。後鄭云『幣謂給公用之餘』，已得其義，而又云『占賣國中之斥幣，餘幣，
當以時用之，久藏將朽蠹』，則亦誤以為幣帛之幣。」孫詒讓《周禮正義》謂
「王說尤精塙，足正二鄭之誤。」〔註34〕

三、《周禮正義》徵引《禮學卮言》以訂正鄭說

鄭注或有誤讀，或有誤解，其義或非或失，孫詒讓《周禮正義》徵引諸
禮家之說以駁鄭，以訂正其說。《周禮正義》徵引孔廣森《禮學卮言》以駁正
鄭注者不在少數。

1. 《周禮·冬官·匠人》「四旁兩夾窗白盛門堂三之二」

鄭注「四旁兩夾窗」曰：「每室四戶八窗。」鄭玄認為「四旁」是四戶，
每戶有兩個夾窗，窗助戶為明，共有八窗。「四旁兩夾窗白盛門堂三之二」
自漢以來諸儒句讀皆為：「四旁兩夾窗，白盛門，堂三之二。」孔廣森不從
舊讀與舊說，認為「四旁兩夾」應為句，四旁即四堂之旁，四旁各有兩夾，
夾亦可稱之為堂，如廟寢有夾室，夾室前有東西堂，共八個。孔廣森又依據
《大戴禮記·盛德記》「白綴牖」推斷此經應當以『窗白盛』為句，「窗」不
能與「兩夾」連屬，「白盛」不能與「門」連讀，故此經句當讀為「四旁兩
夾，窗白盛，門堂三之二」。孔說是也。孫詒讓認為此句「自鄭注失其句讀，

〔註33〕孫詒讓：《周禮正義》，中華書局，2013年，第98頁。
〔註34〕孫詒讓：《周禮正義》，中華書局，2013年，第98頁。

而古制晦矣」，其《周禮正義》贊孔廣森其讀其解甚是，引述其說併案曰：「孔氏謂兩夾與八個為一制，通四正堂為十二堂，其說甚是。」〔註35〕下文「白盛」句，孫詒讓亦贊其所讀曰：「確不可易！阮元、俞樾、黃以周讀並同，窗白盛，亦三代明堂之通制也。」〔註36〕

2. 《周禮・秋官・小司寇》：「小司寇之職，掌外朝之政，以致萬民而詢焉。」鄭注「外朝」曰：「朝在雉門之外者也。」

孫詒讓《周禮正義》認為，依鄭玄「五門三朝」之說，外朝不當在雉門之外，應在庫門之外，此經說在雉門外，可能是鄭注誤沿用鄭司農五門說（「雉門在庫門外」之說）而導致差誤。孫詒讓徵引孔廣森《五門考》關於外朝之論駁鄭曰：

> 皋門內之庭，是為外朝，凡民之出入城者，得由於朝，故懸法則萬民觀之，詢眾庶則萬民造之。嘉肺之石，民之罷者、窮者至之。《春秋左傳》曰：「卿喪自朝。」《奔喪禮》曰：「哭闋市朝。」令朝在王宮之內，屍柩衰絰何由而過乎？案：孔說是也。〔註37〕

3. 《周禮・地官・載師》：「凡宅不毛者，有里布；凡田不耕者，出屋粟；凡民無職事者，出夫家之徵。」鄭注云：「玄謂宅不毛者，罰以一里二十五家之泉。民雖有閒無職事者，猶出夫稅、家稅也。」

孫詒讓疏「玄謂宅不毛者罰以一里二十五家之泉」，引惠士奇、江永、孔廣森等人之說駁之曰：

> 惠士奇云：「罰一家而使出二十五家之布，勢必不能，宅之所處為里，里者居也，蓋宅在里，故宅不毛者出一家之里布，里布者，一家之里也。」江永云：「里布者，里居之里，此經『以廛里任國中之地』，即謂其所居之宅也。」孔廣森云：「罰里布者，亦非得二十五倍之罰，蓋別有計里出布之法，正《國語》所云『賦里以入而量其有無者。』」案，惠、江、孔說是也。孔氏援《魯語》『賦里以入』以釋此「里」字最確。〔註38〕

〔註35〕孫詒讓：《周禮正義》，中華書局，2013年，第3437頁。
〔註36〕孫詒讓：《周禮正義》，中華書局，2013年，第3440頁。
〔註37〕孫詒讓：《周禮正義》，中華書局，2013年，第2763頁。
〔註38〕孫詒讓：《周禮正義》，中華書局，2013年，第970頁。

4. 《周禮・春官・大司樂》：「凡樂圜鍾為宮，黃鍾為角，大蔟為徵，姑洗為羽；凡樂，函鍾為宮，大蔟為角，姑洗為徵，南呂為羽；凡樂，黃鍾為宮，大呂為角，大蔟為徵，應鍾為羽。」鄭注曰：「此樂無商者，祭尚柔，商堅剛也。」

賈公彥疏曰：「云此樂無商者，祭尚柔，商堅剛也者，此經三者皆不言商，以商是西方金，故云祭尚柔，商堅剛不用。泛論樂法，以五聲言之，其實祭無商聲。」鄭玄認為周樂之中祭祀之樂無商聲，賈公彥疏也隨鄭意。後代解經者多有指出鄭賈此說之誤者。江永云：「三大祭不用商者，無商調，非無商聲也。注謂祭尚柔，商堅剛，未必然。愚疑周以木德王，不用商，避金克木也。是以佩玉右徵角，左宮羽，亦無商，荀子亦有太師審商之說。」〔註39〕孔廣森亦同江說，認為周人此三大祭用樂不用商聲，「無大呂者，大呂為商也」，「無黃鍾者，亦黃鍾為商也」，又據《禮記・樂記》「聲淫及商，何也，對曰，非武音也」證周樂無商均。之所以不用商聲，認為商為金聲，「周以木王，惡其所尅」。孫詒讓《周禮正義》疏曰：「江說略本唐趙慎言奏。孔廣森亦同江說，又據《樂記》『聲淫及商，非武音也。』證周樂無商均，皆深得其義。」〔註40〕

孔廣森《周禮雜義》又取相次、相生、相合，論祭樂皆四調，孔廣森曰：

黃鍾子，大呂丑，太蔟寅，圜鍾卯，姑洗辰，以相次為用者也。無大呂者，大呂為商也。地示之樂，金奏尚太蔟，升歌尚應鍾，合樂則以林鍾為宮，太蔟為角，姑洗為徵，南呂為羽，陶唐氏之聲也。黃鍾生林鍾，林鍾生太蔟，太蔟生南宮，南宮生姑洗，以相生為用者也。無黃鍾者，亦黃鍾為商也。宗廟所用，金奏尚無射，升歌尚夾鍾，文舞則有虞氏之九磬。黃鍾為宮，大呂為角，子與丑合也。太蔟為徵，應鍾為羽，寅與亥合也。〔註41〕

按：孫詒讓《正義》評孔廣森此說曰：「孔廣森謂三樂取相次、相生、相合，說本陳祥道，於義亦通。三大祭之樂，每祭皆四調。……自鄭、賈誤說以宮角徵羽合為一調，遂使五音有闕，律呂不諧，後儒不悟，因以疑經。惟唐人圜丘樂章，依放周樂，冥符經怡。朱子、及近儒李光地、吳廷華、秦蕙田、

〔註39〕孫詒讓：《周禮正義》，中華書局，2013年，第1775頁。
〔註40〕孫詒讓：《周禮正義》，中華書局，2013年，第1775頁。
〔註41〕孔廣森：《禮學卮言》卷三，《續修四庫全書》，第110冊，上海古籍出版社，2002年，第105頁。

江永、惠士奇、孔廣森等人並知四聲各自為調，無商均，非無商聲，未能大暢其說。」〔註 42〕

四、《周禮正義》徵引《禮學卮言》以糾謬賈疏

賈疏所說有於經無文者，有望文生解者，有疏義謬誤者，孫詒讓《周禮正義》徵引《卮言》以糾謬其說。如：

1. 《周禮‧天官‧膳夫》：「王齊日三舉。」鄭司農云：「齊必變食。」賈疏曰：「齊必變食，故加牲體至三大牢。案《玉藻》云：『朔食，加日食一等』，則於此朔食當兩大牢。」

孔廣森認為賈疏所說於經無文：

此說於經無文。然《國語》「天子舉以太牢，祀以會。」韋昭《注》曰：「會，會三太牢。」是天子大祀有用三太牢之法。《霍光傳》：「以三太牢祀昌邑哀王園廟。」漢禮尚近於古。蓋朝踐一牢，象朝食。饋獻一牢，象日中食。酳尸又一牢，象夕食。或齊舉與大祀同也。《荀子》曰：「食飲則重太牢而備珍怪。」重者，兩也，殆所謂兩太牢歟？〔註 43〕

孫詒讓《周禮正義》引廣森此論駁賈疏之非，併案曰：

天子日食少牢，朔月太牢，《玉藻》有明文，鄭玄《內則》注亦從此說，賈謂「朔食兩太牢」非也。孔廣森據楚語韋注天子祀用三大牢，謂「王齊舉或與大祀同」。考古書說天子祭禮，雖禘祫殷祭，亦無三大牢之文。〔註 44〕

2. 《周禮‧春官‧大宗伯》：「以玉作六器以禮天地四方，……以白琥禮西方。各放其器之色。」鄭注「白琥禮西方」曰：「琥猛象秋嚴。」鄭未言「琥」形狀，賈疏「琥猛象秋嚴」云：「謂以玉為虎形，猛屬西方，是象秋嚴也。」

孫詒讓認為，「琥」作虎形之說，未必可信，《正義》引孔廣森《禮學卮言》「琥」說以駁賈疏：

聶氏《禮圖》「琥」作虎形，疑未必然。六玉之名，半圭曰璋，半璧

〔註 42〕孫詒讓：《周禮正義》，中華書局，2013 年，第 1775～1777 頁。
〔註 43〕孔廣森：《禮學卮言》卷三，《續修四庫全書》，第 110 冊，上海古籍出版社，2002 年，第 100 頁。
〔註 44〕孫詒讓：《周禮正義》，中華書局，2013 年，第 248 頁。

曰璜，琥當是半琮耳。蓋琮之制，外為捷盧，若鋸齒，半之，則背
上有齟齬刻者，似伏虎，故謂之琥，猶爵之象爵，亦非作鳥形也。
鄭司農說：「牙璋，琢以為牙。牙齒，兵象，故以牙璋發兵，若今時
以銅虎符發兵。」然則刻齒即虎，象似矣。〔註45〕

今按：孔駁賈說是也。《說文解字》：「琥，發兵瑞玉，為虎文。」顯然是指虎
符之類。《周禮·春官·典瑞》：「牙璋以起軍旅，以治兵守。」鄭玄注引鄭司
農曰：「牙璋，琢以為牙。牙齒，兵象，故以牙璋發兵，若今時以銅虎符發兵。」
牙齒，兵象，刻齒即虎，象似矣，非必刻伏虎也。若爵之象爵，亦非必作鳥形
也，故孔說可通。

3. 鄭注《周禮·敘官》「世婦」曰：「後宮官也。漢始大長秋、詹事、
中少府、大僕亦用士人。」賈疏曰：「內有婦人者，皆用奄人。但
此經不言奄，故鄭亦不言奄，其實是奄可知，然鄭雲漢始大長秋，
亦見周時用奄之義也。」

孔廣森認為賈疏以「大長秋、詹事中、少府」況周世婦宮卿不妥，官以
婦名，不但施諸士人不可，即施諸奄人亦不可。世婦為何有諸卿名，孔廣森
認為：「諸臣之妻老而有德者，選令治宮廟之內禮，卿之妻即命為宮卿，大夫
之妻為宮大夫，士之妻為宮士。」鄭玄知周宮卿世婦非奄人，故以「漢始大長
秋、詹事中、少府、太僕亦用士人」況之。孫詒讓《周禮正義》引孔廣森此說
駁賈說，又引沈夢蘭所說駁之曰：

沈夢蘭曰：「此閹人所謂命婦，亦云卿大夫士者，婦人無爵，從夫之
爵也，鄭注謂如漢之大長秋，是以男子官世婦矣。或疑奄人為之，
亦非。周官奄人，至上士止也。」案，孔、沈說是也。〔註46〕

另外，除上述四種情況，孫詒讓《周禮正義》還有徵引《卮言》以申己說者，
如：

《典命》：「王之三公八命，其卿六命，其大夫四命。其衣服亦如之。」孔
廣森據此推斷：三公八命，袞而八章；孤卿六命，鷩而六章；大夫四命，毳而
四章；上士三命，服三章；中士二命，服二章；下士一命，服一章〔註47〕。

〔註45〕孔廣森：《禮學卮言》卷三，《續修四庫全書》，第110冊，上海古籍出版社，
2002年，第103～104頁。
〔註46〕孫詒讓：《周禮正義》，中華書局，2013年，第1264頁。
〔註47〕孔廣森：《禮學卮言》卷三，《續修四庫全書》，第110冊，上海古籍出版社，
2002年，第97頁。

孫詒讓《周禮正義》引孔廣森此說申己曰：

> 「王制云：『三公一命卷』，則三公加命乃服袞，本服當為鷩冕。以此差之，則公孤當同鷩冕，卿當毳冕，大夫與士當希冕，中下士當玄冕。孔廣森謂三公袞冕毳冕，卿鷩冕，大夫毳冕，亦加服，非正服也。至於其章數，以詩禮參互推之，蓋三公服鷩冕八章，孤亦服鷩冕而七章，卿服毳冕六章，大夫服希冕四章，上士亦服希冕而三章，中士服玄冕二章，下士亦服玄冕而一章。若然，則五冕之服章數，蓋有奇有偶，鷩冕有七章八章，毳冕五章六章，希冕有三章四章，玄冕有一章二章，皆奇偶兼備，乃得與命數相應。如是，則與禮命詩文符合無迕。」〔註48〕

按：王之士得服冕，依次推之，王三公鷩冕，加一命則袞冕，卿毳冕，孤即冢卿，加一命則亦鷩冕（鷩冕為孤服），大夫希冕，士玄冕。

第二節　《禮學卮言》對黃以周《禮書通故》的影響

黃以周，清代著名經學家，浙東學派殿軍，學問博大精深，與俞樾、孫詒讓並稱近代「浙江三先生」。黃以周《禮書通故》一百卷，「草創於庚申（咸豐十年，告藏於戊寅（光緒四年）」〔註49〕，耗時近二十年，問世之後，頗享盛譽，是清代禮學研究最重要的成果之一。梁啟超在《清代學術概論》中評其為「最瞻博精審，蓋清代禮學之後勁」〔註50〕。章太炎則以為「黃以周作《禮書通故》，三代制度大定」〔註51〕。

《禮書通故》全書分四十七門共一百卷，於禮書名物度數與禮制儀規皆詳為闡釋。黃以周廣徵群籍，徵引了鄭玄、賈公彥、孔穎達、陳祥道、朱熹、敖繼公、方苞、江永、戴震、金榜、王引之、張惠言、孔廣森、凌廷堪、盛世佐等學者有關禮學的論述，他精審細擇，以實事求是精神對諸禮家之說進行客觀評價。其中徵引孔廣森禮學考論約四十餘處，內容涉及「宮室」、「衣服」、「卜筮」、「冠禮」、「昏禮」、「宗法」、「喪服」、「喪禮」、「祭禮」、「群祀

〔註48〕孫詒讓：《周禮正義》，中華書局，2013年，第1610頁。
〔註49〕黃以周：《禮書通故》第六冊，中華書局，2007年，第2713頁。
〔註50〕梁啟超：《清代學術概論》，上海古籍出版社1998年第1版，第52頁。
〔註51〕章太炎：《檢論》卷四《清儒》，《章太炎全集》第三卷，上海人民出版社，1984年版，第474頁。

禮」、「明堂禮」、「宗廟禮」、「肆獻祼饋食禮」、「時享禮」、「食禮」、「飲禮」、「燕饗禮」、「射禮」、「朝禮」、「聘禮」、「學校」、「職官」、「井田」、「田賦」、「錢幣市糴」、「樂律」、「車制」、「名物」等門。在全部四十餘條考論中，既有對孔廣森觀點明顯接受和認同的，也有持存疑和批評的，由此見出孔廣森三禮學對黃以周《禮書通故》的影響。

一、《禮書通故》對《禮學卮言》的接受與遵從

（一）《通故》徵引《卮言》以證其宮室說

1. 左右房

關於左右房，孔穎達《記疏》云：「《士喪禮》『婦人髽於室』，以男子在房，故婦人髽於室。」大夫士唯有東房故也。」《伏傳》以為天子諸侯有左右房，士有室無房。孔廣森認為，大夫士宮室廟寢異制，廟有東西房，寢則只有一房一室。孔廣森考察《昏禮》《喪禮》《虞禮》言房者之處，皆無東西左右之稱，故認為寢有兩房未必然；考察《饋食禮》中經文既有「東房」，又有「左房」之說，故相信廟必有東西（左右）兩房。黃以周從孔廣森說，認為大夫士廟有兩房，他轉引孔廣森《卮言》此說，併案曰：「《特牲饋食禮》《士禮》有『東房』之文。《聘禮》『卿館於大夫，大夫館於士』，鄭注云：『館於廟。』經亦有『右房』之文，右房者，西房也。是大夫士廟有兩房之證。」〔註52〕

按：黃以周此條明言「廟有兩房」，而不是泛言大夫士房室有東西房，故知其認同孔廣森此廟寢異制之說，大夫士之廟，乃左右有房，其寢則未必有之。

2. 東西房戶

黃以周《禮書通故·宮室通故》第二十三條云：「《儀禮通解》云：『房戶宜在南壁東西之中。一說房戶近東。』孔廣森說：『東房戶必近西，西房戶必近東。』洪頤煊說：『房有兩戶，戶通夾，一戶通堂。』以周案：洪說杜撰，宜從孔說。」〔註53〕

按：胡培翬、黃以周從孔廣森之說，皆認為東房戶必近西，西房戶必近東。孔廣森所以知如此者，據鄭玄注《特牲饋食禮》「豆籩鉶在東房」，「東房，房中之東當夾北」，以東夾室北面正對房東，可見東夾室必在房前偏東，房戶

〔註52〕黃以周：《禮書通故》，中華書局，2007年，第34～35頁。
〔註53〕黃以周：《禮書通故》，中華書局，2007年，第38頁。

必設在房南壁偏西，如此房與堂方可通達，出入無礙。同理，西房戶亦如此。

（二）《通故》徵引《卮言》以證其衣服說

鄭注「凡冕服皆玄衣纁裳」，孔廣森認為冕服不必皆纁裳也，《禮服釋名》云：

> 《大戴禮》曰：「端衣玄裳，絻而乘路者，志不在於食葷。」絻即冕字。《顧命》曰：「卿士邦君，麻冕蟻裳。」豈得言冕服唯有纁裳乎？
> 《荀子》曰：「天子袾裷衣冕。諸侯玄裷衣冕。」《采菽》之詩：「王賜諸侯，玄袞及黼。」然則蟻裳者，邦君之正色。蓋天子冕服，朱衣朱裳，諸侯冕服，玄衣玄裳。其上玄下纁者，唯大夫耳。故《喪大記》曰：「大夫以玄赭。」明玄衣赭裳，大夫專之。其義君以純，臣以雜。〔註54〕

按：黃以周《禮書通故·衣服通故》贊從冕服不必皆纁裳之說，其第三十條轉引孔廣森此說併案曰：「顧命亦云：『大保、大史、大宗麻冕彤裳。』某傳云：『彤裳，執事異其色。』其意麻冕以玄裳為正，大保、大史、大宗以執事別異之，非正服，與孔說合。」〔註55〕

（三）《通故》認同《卮言》飲禮之解釋

《鄉飲酒》：「賓，西階上疑立。」賈疏：「以其禮未至而無事，故疑然自定而立，以待事也。若行之間而立，則云立，不得云疑立也。」孔廣森《禮學卮言》解「疑」之義曰：

> 疑，當讀如《士相見》篇「不疑君」之「疑」。「疑立」者，斜向舅姑立也。……大抵足有定位，而面無定矚，隨其所敬，轉移向之，是之謂疑立。今人行禮時，亦唯習於此節，敬賓之意達矣。〔註56〕

黃以周《禮書通故·飲禮通故》第十五條引孔此說併案曰：「舊說疑立之疑讀若凝，不疑君之疑讀若擬，孔氏《卮言》以不疑君證「疑立」，說自可通。《司儀》云『行人之儀，不正其主面，亦不背客』」〔註57〕。

〔註54〕孔廣森：《禮學卮言》卷三，《續修四庫全書》，第110冊，上海古籍出版社，2002年，第94～95頁。

〔註55〕黃以周：《禮書通故》，中華書局，2007年，第89～90頁。

〔註56〕孔廣森：《禮學卮言》卷四，《續修四庫全書》，第110冊，上海古籍出版社，2002年，第109頁。

〔註57〕黃以周：《禮書通故》，中華書局，2007年，第1027～1028頁。

（四）《通故》接受《卮言》田制里步之解說

關於古今里數之算法，黃以周《禮書通故・井田通故》第四條稱：

> 步以無定尺而分長短，畝以有定步而分多少。夏殷之尺大於周，故步長。步長而畝少；周之尺小於夏殷，故步短，步短而畝多：此定數也。「今以周尺六尺四寸為步」，似當作「六尺六寸」，《考工記》曰「六尺有六寸與步相中」，是也。《考工記》與《王制》同作於周秦之間，見孔《疏》。其語當同。〔註58〕

按：孔廣森《卮言》「六尺四寸為步」條認為，《考工記》言步與六尺有六寸相中，《王制》以六尺四寸為步，篆書「亖」字與「夘」字相仿，故《王制》所說「六尺四寸」當是《考工記》所言「六尺六寸」之誤，他以百里凡二十四萬尺除之六尺六寸之步計算驗證，所得之數大致與今數相符〔註59〕。黃以周「今以周尺六尺四寸為步，似當作六尺六寸」，蓋依孔廣森《禮學卮言》之說改《王制》「六尺四寸」為「六尺六寸」。黃以周、孔廣森改『六尺四寸』為『六尺六寸』堪為定說，洪誠亦以孔廣森之說為然，云：「余以為《孟子》治地謂王政大事，《王制》無其文，則其與《孟子》或係同源而異委，未必直採《孟子》。假令《王制》刺《孟》，既貢助徹在不錄之列，即不當強之與合。以《王制》本文例之，三代田制確為步法之異，畝積不異，以封土三等之數例之，《孟子》七十畝又非字誤。今但解《王制》本文，不牽合《孟子》，孔廣森改『六尺四寸』為『六尺六寸』，可為定說。」〔註60〕

二、《禮書通故》對《禮學卮言》的批評與質疑

（一）《通故》駁《卮言》宮室說

1. 駁孔「房室在棟北」說

孔廣森《廟寢異制說》據崔愷《喪服節》「卿大夫為夏屋，隔半以北為正室，中半以南為堂」認為房室在棟北，宋人「後楣以北為室與房」說為非。

《喪禮》注：「東西牆謂之序，中以南謂之堂。」黃以周認為，鄭注「中以南謂之堂」之「中」，乃「半」也，序內之半也，序內半以前曰堂，非棟以

〔註58〕黃以周：《禮書通故》，中華書局，2007 年，第 2069 頁。

〔註59〕孔廣森：《禮學卮言》卷五，《續修四庫全書》，第 110 冊，上海古籍出版社，2002 年，第 116 頁。

〔註60〕顧遷：《禮書通故的詮釋方法及其疏誤舉偶》，載《古籍研究》，2009 上下合卷，第 321 頁。

前曰堂。鄭注《書・顧命》云：「序內半以前曰堂。」與此注同。黃認為孔廣森誤解鄭注，亦誤解了崔憬「隔半、中半」之意，附會鄭玄「中以南謂之堂」之說，故失之〔註61〕。

按：孔廣森不僅誤解鄭注之意，誤解崔憬「隔半、中半」之意，而且亦誤解宋人之說，故其說失之。賈公彥疏中已有後北楣下有房室之戶說，故宋人「後楣以北為室與房」說非始自宋人〔註62〕。

2. 指出孔說「北牖」之誤

《士虞禮》曰：「啟牖鄉。」《詩》「塞鄉墐戶」《毛傳》云：「向，北出牖也。『鄉』與『向』同。」《喪大記》曰：「寢，東首於北牖下。」孔廣森據此認為，大夫士寢有北牖，廟則無之。黃以周《宮室通故》第八十條徵引廣森此說，認為孔說「北牖」有誤，案曰：

《郊特牲》云：「薄社北牖，使陰明也。」則宗廟正寢之牖不北可知，詩「塞鄉墐戶」，必非正寢之制。正寢之戶，雖寒不墐，則所塞之鄉，亦不在正寢可知。此乃庶人之制，毛傳自明。孔（廣森）說誤，《喪大記》曰「北牖下」，「牖」乃「墉」字之誤。〔註63〕

按：黃以周說是也。胡培翬認為「塞向墐戶」不足以說明寢有北牖，《詩・豳風・七月》「塞向墐戶」之「向」為庶人華戶：「向（北牖）蓋庶人之室，非士大夫之室也。」〔註64〕

（二）《通故》批評《卮言》禮服說

鄭注《喪大記》曰：「君以袞，謂上公也。夫人以屈狄，互言耳。上公以袞，則夫人用褘衣；而侯伯以鷩，其夫人用揄狄；子、男以毳，其夫人乃用屈狄矣。翟，赤也。玄衣赤裳，所謂卿大夫自玄冕而下之服也，其世婦亦以褖衣。」孔廣森《禮服釋名》考察禮經男子與女子禮服對應關係，不同意鄭說，他認為：「褘衣視袞冕，揄狄視鷩冕，闕狄視毳冕，鞠衣視希冕，襢衣視玄冕，稅衣視爵弁，錫衣視冠弁，宵衣視玄端。」〔註65〕黃以周亦不同

〔註61〕黃以周：《禮書通故》，中華書局，2007年，第32頁。
〔註62〕黃以周：《禮書通故》，中華書局，2007年，第32頁。
〔註63〕黃以周：《禮書通故》，中華書局，2007年，第68頁。
〔註64〕胡培翬：《儀禮正義》，江蘇古籍出版社，1993年，第1641頁。
〔註65〕孔廣森：《禮學卮言》卷三，《續修四庫全書》，第110冊，上海古籍出版社，2002年，第98頁。

意鄭說，但對於孔說亦批評為「附會」：

> 「鄭注比附經義，尚未盡然。夫人副褘，惟魯為然，非通制。夫人
> 揄狄為上公之制，惟宋為然。然余平諸侯之夫人，只有闕狄耳。《玉
> 藻》云：『王后褘衣，夫人揄狄』，舉后夫人以別平諸侯之服也。夫
> 人謂三夫人及上公之妻。云『君命闕狄』，舉侯國之君夫人，以明平
> 諸侯之通制也。……褘衣配袞冕，揄狄配鷩毳，闕狄配希玄。上公
> 自祭得服毳，故夫人以揄狄，侯伯自祭得服希，子男自祭得服玄，
> 故夫人並以闕狄。鄭注以為上公夫人褘衣，侯伯夫人揄狄，殊失《記》
> 意。展衣配弁，褖衣配朝服。孔巽軒牽強附會，更不足信。」〔註66〕

按：黃以周區分魯宋之別，指出夫人副褘，惟魯為然，非通制，亦辨上公
侯伯與平諸侯之制，故其說男女禮服關係詳審，較鄭說有據，亦較孔說合理。

（三）《通故》不從《巵言》卜筮禮之解說

《周禮·春官·宗伯》：「筮人掌三易，以辨九筮之名。九筮之名，一曰巫
更，二曰巫咸，三曰巫式，四曰巫目，五曰巫易，六曰巫比，七曰巫祠，八曰
巫參，九曰巫環，以辨吉凶。」鄭玄認為「此九巫讀皆當為筮，字之誤也」，
九筮即筮卦問事卜疑的九項命辭，即更、咸、式、目、易、比、祠、參、環。
問遷都之事曰更；問國之決策是否合民意曰咸；問制做法式是否恰當曰式；
問諸多事中擇其要者曰目；問事改易當否曰易；謂有事欲與人民合比而問其
當否曰比；小祭祀問其牲牢及日期曰祠；問參乘之事曰參；問其可否致師曰
環。孔廣森不從此說，另立新說，認為九筮乃九種蓍卦占象之法：

> 「筮更」者，更，變也，「更」言其悔也；「筮咸」者，咸，動也；
> 「筮參」者，參，三也，旅占必三人參之；「筮環」者，環之言還也，
> 一筮不決，還復再筮、三筮；「筮式」者，式，局，位也，《易》有
> 八方之局，五行之位，故言「式」也；「筮目」者，目，數也，謂七、
> 八、九、六及六爻之數；「筮易」者，玩三《易》之辭。「筮比」者，
> 觀彼比此，陰陽交錯以盡其變；「筮祠」者，將筮有禱祠也。〔註67〕

黃以周《通故》認為「祠」非占象，三易亦與九筮矛盾，故認為孔說難從：

> 鄭謂巫更等巫字即筮字，本無可疑，鄭注雖難盡據，但以九筮為筮

〔註66〕黃以周：《禮書通故》，中華書局，2007年，第180~181頁。
〔註67〕孔廣森：《禮學巵言》卷三，《續修四庫全書》，第110冊，上海古籍出版社，
2002年，第106頁。

事之法，與虞仲翔合。孔㒟軒以為著卦占象之法，而祠非占象法也，筮人掌三易，以辨九筮之名，則九筮中不得復有三易。焦理堂說更支離不足據。〔註68〕

（四）《通故》駁《卮言》「封國禮」說

《周禮‧天官‧大司徒》：「乃建王國焉，制其畿方千里，而封樹之。」孔廣森認為此經中所言「其畿方千里」，是單指王城東都洛邑方千里，而非與西都相加後稱為千里，《漢書‧地理志》所言「東西相覆千里」為非。《禮學卮言》曰：

> 《大司徒》云：「日至之景，尺有五寸，謂之地中，乃建王國焉，制其畿方千里，而封樹之。」則所謂方千里者，唯據洛陽而言，是東都固自有千里矣。《孟子》貢助徹之法，說者以為井田不改，而尺步大小有異。夫夏畝五十而周畝百，是周之步小於夏步之半也。夏之五服，弼成五千；周之九服，相距萬里，是周之里亦小於夏里之半也。《王制》曰：「古者百里當今百二十一里六十步四尺二寸二分。」古，謂夏殷時也。今，漢博士作《記》時也，漢世百二十里當古百里。故洛邑六百里本夏時五百里，而周人以夏之一里為二里，即謂之千里也。〔註69〕

黃以周《禮書通故》「封國通故」第十八條全引孔廣森《卮言》此說，併案曰：

> 如孔（廣森）說，夏以二井為一里，不見典記，周之東都自具千里，亦乖古義，其牽合周官，孟子封國之數，據其食者言之，而公視古仍大，男視古反小，終屬牽強。〔註70〕

按：夏、殷、西周、周末及漢代不同朝代的里步換算是否真實準確，《周禮》記載「京畿千里」的時間是西周時期還是漢博士作《禮記‧王制》之時，此二問題皆聚訟紛紜，考證不易，孔廣森之說雖有理，但亦是揣度，故黃以周謂孔說「終屬牽強」，其結論未足信矣。

（五）《通故》駁《卮言》明堂說

《周禮‧考工記》「五室」鄭玄注云：「堂上為五室，象五行也。木室於東

〔註68〕黃以周：《禮書通故》，中華書局，2007 年，第 202 頁。
〔註69〕孔廣森：《禮學卮言》卷三，《續修四庫全書》第 110 冊，上海古籍出版社，2002 年，第 100～101 頁。
〔註70〕黃以周：《禮書通故》，中華書局，2007 年，第 1604～1605 頁。

北，火室於東南，金室於西南，水室於西北，土室於中央。」鄭玄認為夏世室
的布局與五行學說有關，以為木室居東北、火室居東南、金室居西南、水室
居西北、土室於中央，五室象五行，且五室是四室居四角、中為太室的布局。
孔廣森亦認同五室布局，但認為鄭玄關於明堂木室、火室、金室、水室方位
安排皆不合經義，似失其方。《禮學卮言》云：

> 《易》之卦位，乾為金，居西北；巽為木，居東南。《鄉飲酒義》亦
> 以東南為仁，西北為義。鄭君所說似失其方，今更正之：東北水室，
> 東南木室，西南火室，西北金室。《呂氏春秋》曰：「周明堂，金在
> 其後。」此之謂也〔註71〕。

孔廣森改易其金、木、水、火之名稱序列：五室中西北室應為金室，東南室應
為木室，東北室應為水室，西南室應為火室，中為太室即土室。然黃以周以
為鄭說無誤，孔廣森此改正之說大失鄭意，《禮書通故・明堂禮通故》云：

> 明堂五室法五行生成數，合八卦方位。鄭意，一水生於乾金，而六
> 成之於坎，故乾為水室，坎為水堂，於支為亥子。三木生於艮水，
> 而八成之於震，故艮為木室，震為木堂，於支為寅卯。二火生於巽
> 木，而七成之於離，故巽為火室，離為火堂，於支為巳午。四金生
> 於坤土，而九成之於兌，故坤為金室，兌為金堂，於支為申酉。其
> 象如此。孔巽軒改易其文，殊失鄭意。〔註72〕

按：黃說合理，鄭玄五行五室非孔廣森五行與方位簡單的對應所能闡釋。據
現代學者研究，明堂四堂五室或九室之設還有更深層次的內蘊和原因，如葛
志毅《明堂月令考論》說：「明堂九室之數亦可分列三層：二九四；七五三；
六一八。如把左右之數互倒，適與九宮之數形式相同，縱橫相加之和皆為十
五，亦與九宮之數合，故《大戴禮》明堂概念與九宮相通。」〔註73〕李學勤
說：「明堂九室，為同一九宮。」〔註74〕因此明堂五室或九室及其序列名稱不
僅與四時五行有關，還與八卦、九宮之說亦有關係，明堂五室或是由此而建，
故孔廣森以五行與方位簡單對應而改易鄭說恐未審。

〔註71〕孔廣森：《禮學卮言》卷一，《續修四庫全書》，第110冊，上海古籍出版社，
　　　　2002年，第85～86頁。
〔註72〕黃以周：《禮書通故》，中華書局，2007年，第713頁。
〔註73〕葛志毅：《明堂月令考論》，載《求是學刊》，2002年，第5期。
〔註74〕李學勤：《黃帝與河圖洛書》，《古文獻論叢》，上海遠東出版社，1996年，
　　　　第229頁。

第三節　《禮學卮言》對胡培翬《儀禮正義》的影響

胡培翬，清代嘉道時期禮學家，字載屏，安徽績溪人，嘉慶二十四年進士，曾任官內閣中書、戶部廣東司主事。胡培翬生於績溪金紫胡氏家族，胡氏家族乃禮學世家，其祖父胡匡衷與叔祖父胡秉虔皆禮學名家。胡培翬幼承家學，弱冠之年即通諸經，成年後又曾問學汪萊、凌廷堪等人，輾轉多師，學業益精。後胡培翬博採眾說，歷經四十一年，著成《儀禮正義》四十卷，臨終仍有《士昏禮》等五篇未卒業，後由胡肇昕與弟子楊大堉增補聯綴完帙。《儀禮正義》參稽眾說，規模宏富，疏解有證有據、精闢獨到，精博實過賈《疏》，是儀禮學的集大成之作，具有極高的學術價值和地位。《儀禮正義》亦是清代著名的九種十二部新疏之一，頗受後人推崇。

在《儀禮正義》順德羅氏序言中，胡培翬自述其注書義例有四：「曰補注，補鄭君注所未備也；曰申注，申鄭君注義也；曰附注，近儒所說，雖異鄭恉，義可旁通，附而存之，廣異聞，怯專己也；曰訂注，鄭君注義偶有違失，詳為辯正，別是非，明折衷也。」〔註75〕《儀禮正義》以四例作新疏，博輯眾家之說，考辨《儀禮》堂室奧阼之殊方、南北東西之向位，明識帶裳鞸舄之異等、几席尊俎之殊制，新見迭出，勝義紛呈。《儀禮正義》在名物制度考證方面對孔廣森《禮學卮言》頗有徵引，《禮學卮言》對《儀禮正義》的影響主要表現在以下幾個方面：

一、《儀禮正義》引《禮學卮言》以訂注、附注

（一）引《禮學卮言》之說以訂正鄭注

實事求是胡培翬治學家法，故其注書四例中，訂注最嚴最慎。鄭注有誤，詳為辯正，不曲為之護，實事求是以糾鄭注之失。胡氏訂注時，或引孔廣森《禮學卮言》之說以為佐證，茲舉例以明之。

如，《鄉射禮》：「凡畫者丹質。」鄭注：「賓射之侯，燕射之侯，皆畫雲氣於側以為飾。必先以丹採其地，丹淺於赤。」鄭注解「質」為「地（底色）」。胡培翬《儀禮正義》認為此注誤，後儒多駁之，故引孔廣森《禮學卮言·儀禮雜義》「質」條以訂鄭注：

　　注以畫為畫雲氣，凡畫者總天子諸侯大夫士而言，丹質謂丹採其地，

〔註75〕胡培翬：《儀禮正義》，順德羅氏序，江蘇古籍出版社，1993年。

非也。孔氏廣森云：「此質謂侯中受矢之處。《毛詩》：『發彼有的』，傳曰『的，質也』，《考工記》曰：『利射革與質。』《荀子·勸學》曰：『質的張而弓矢至焉。』」〔註76〕

又如，鄭注《喪服》「以日易月」謂「生一月者哭之一日」。孔廣森認為若依鄭康成此說，假令周七歲，便當哭八十四日，為區區孩童連旬累月慟哭「疑非理也」。胡培翬《儀禮正義》亦不從鄭說，引孔廣森《禮學卮言》此說以駁之，《正義》曰：

「生一月者哭之一日，賈疏謂若七歲，歲有十二月，則八十四日哭之。此既於子女子子下者發傳，則惟據父母於子，不關餘親。劉敞云：『以日易月者，假令長子也，其本服三年，則殤之二十五日。餘子也，其本服期，則殤之十三日。』其說本馬、王，而惟言父母於子，不及餘親，又與馬、王異。沈氏云：『以日易月注疏之說絕不可從，說父母以百歲而終，計其月當一千二百，依鄭賈所云，哭之三年，尚不滿千日，豈有哭七歲之殤，而日數反過於哭父母者乎？』今按馬、鄭二義不同，諸儒互相詰難，如《通典》中載淳于睿、范宵、戴逵、庾蔚之之說，詳矣。然駁鄭者，沈、孔最精，馬、鄭二說，俱有難從。」〔註77〕

按：孔廣森所說精到，與劉敞說近，故胡培翬認為駁鄭者，沈（彤）、孔（廣森）最精。

（二）引《禮學卮言》之說以附鄭注

胡培翬《儀禮正義》對孔廣森考證之說，雖異鄭恉，但義可旁通者，故附而存之，並存二說，以廣異聞，怯專己也，此為引《禮學卮言》以附注。茲舉例如下：

《昏禮》曰：「婦疑立於席西。」鄭注云：「疑，正立自定之貌。」胡培翬《儀禮正義》曰：

疑、凝通。鄭讀為「仡然從於趙盾」之仡。疑立者，不偏倚不搖動之意。立於此者，伺贊者酌醴而出也。立時少久，故特著其容。孔氏廣森云：「當讀如《士相見》篇『不疑君』之『疑』。『疑立』者，

〔註76〕胡培翬：《儀禮正義》，江蘇古籍出版社，1993年，第637頁。
〔註77〕胡培翬：《儀禮正義》，江蘇古籍出版社，1993年，第1485頁。

斜向舅姑立也。於君以不敢斜向為敬。獻酢則又必向所與行禮者以
為敬，若《鄉飲酒》『賓，西階上疑立』，是向主人立也。『主人阼階，
東疑立』是向賓立也。《周禮》曰：『不正其主面，亦不背客。』此
疑立之道乎？大抵足有定位，而面無定矚，隨其所敬，轉移向之，
是之謂疑立。」〔註78〕

按：鄭讀為「仡然從於趙盾」之「仡」，孔廣森云當讀如《士相見》篇「不疑
君」之「疑」，雖與鄭怡相異，但胡培翬《儀禮正義》引孔廣森所說附於此，
並存二說是也。

　　又如，《聘禮》：「遭喪將命於大夫，主人長衣練冠以受。」鄭注曰：「遭
喪，謂主國君薨，夫人、世子死也。此三者，皆大夫攝主人。長衣，素純布
衣也。去衰易冠，不以純凶接純吉也。君喪不言使大夫受，子未君，無使臣
義也。」

　　孔廣森不從鄭注，認為鄭說似誤矣。他認為此經「主人」非他，乃所問
之大夫。胡培翬認為孔說可通，可存參，《儀禮正義》疏曰：

今案：上未言將命及受之之服，故總言以補之。遭喪自兼三者之喪言。
敖氏（敖繼公）專以為君喪，盛氏（盛世佐）專以為夫人世子喪，皆
非也。惟孔氏廣森云：「謂遭主國有喪，而行問卿大夫之禮也。主人
即所問之卿大夫也。衰麻非所以接弁冕，故長衣練冠以受，雖遭喪不
廢問卿大夫者，使者之義，無留其君之命也。」說可存參。〔註79〕

二、《儀禮正義》引《禮學卮言》以補注、申注

（一）引《禮學卮言》以補鄭注之未備

　　胡培翬《儀禮正義》有一疏例曰補注，補注者，補鄭玄注經所未備也。
胡氏《正義》有徵引孔廣森《禮學卮言》以補鄭注之未備者，茲舉例如下：

　　《既夕禮》：「魚、臘，鮮獸，皆如初。」鄭注曰：「鮮，新殺者，士臘用
兔。」胡培翬《正義》疏曰：

敖氏云：「如初者，如殯奠魚九臘，左胖髀不升也。鮮獸亦如臘。」
注云「鮮，新殺者」，對臘為久乾言也。《周禮·獸人》：「喪紀，共其
死獸、生獸。」孔氏廣森云：「《特牲》《少牢》《饋食》俎實皆以臘獸。

〔註78〕胡培翬：《儀禮正義》，江蘇古籍出版社，1993年，第192頁。
〔註79〕胡培翬：《儀禮正義》，江蘇古籍出版社，1993年，第1120頁。

－253－

據《左傳》曰『唯君用鮮』，則大夫、士不得通用鮮獸明矣。此士遣
奠乃偶用之者，一則取變吉也，一則以士攝盛而用五俎，須別於大夫
之五俎。去君位遠，轉得用鮮不嫌，亦士沐梁之意也。」〔註80〕

按：鄭注僅言「鮮，新殺者，士臘用兔」，孔廣森說明「唯君用鮮」、士遣奠偶
用鮮的情況，並指出其原因為攝盛而用，補足鄭說之未備。

又如，《少牢饋食禮》：「上籑親嘏，曰：主人受祭之福，胡壽，保建家
室。」鄭注曰：「親嘏，不使祝授之，亦以黍。」鄭注未釋「胡壽」之義。胡
培翬引孔廣森、蔡德晉之說以補鄭注之未備：

孔氏廣森《禮學卮言》云：「胡壽猶遐壽也。」鄭注《冠辭》「永受胡
福」云：「胡猶遐也，遠也。」古讀「遐」如「胡」（詳見顧氏《唐韻
正》）。成王之冠頌曰：「使王近於民，遠於年。」遐壽，所謂遠於年
也。《詩》「胡考之寧」，《正義》曰：「《周書》諡法：保民耆艾曰胡。」
蔡德晉云：「胡壽，猶遐齡也。」今案：胡訓為遐，是也。〔註81〕

再如，《士冠禮》：「將冠者采衣，紒，在房中南面。」鄭注未解「房中」之義。
胡培翬《儀禮正義》疏亦引孔廣森「東夾西夾」條說以補「房中」鄭注之未備：

在房中亦謂在房內耳，非謂在房東西之中也。南面，則固當戶而立矣。
然據《特牲》鄭注云「東房，房中之東，當夾北」，則房戶不正當房
南壁之中。孔氏廣森《禮學卮言》謂「東房戶必近西，西房戶必近東
乃可以達於堂，而東房內之東、西房內之西則皆正當夾室牆後」是也。
然則，在房中南面者，謂在所陳器服之東南面而立也。〔註82〕

按：孔廣森說謂「東房戶必近西，西房戶必近東」可謂深得經義，足補「房
中」鄭注之未備（詳見前文《儀禮廟寢異制解》「東夾西夾」條評析）。

（二）引《禮學卮言》以申鄭注

《儀禮正義》申注者，申鄭君注義也，胡培翬亦有徵引《禮學卮言》以
申鄭注者也。

如，《傳》曰：「緦衰者何，以小功之縷也。」鄭注曰：「凡布細而數者謂
之緦，今南陽有鄧緦。」胡培翬《儀禮正義》曰：

云今南陽有鄧緦者，舉漢時緦布以證其細而疏也。孔氏廣森云：「鄧

〔註80〕胡培翬：《儀禮正義》，江蘇古籍出版社，1993 年，第 1883 頁。
〔註81〕胡培翬：《儀禮正義》，江蘇古籍出版社，1993 年，第 2313 頁。
〔註82〕胡培翬：《儀禮正義》，江蘇古籍出版社，1993 年，第 57 頁。

者，南陽縣名，故《南都賦》曰「穰橙鄧橘」。《疏》以為鄧氏所作

布。若此之類，亦望文強解附會，失之者也。」今案：《檀弓》孔疏

云：『繐，布疏者，漢時，南陽鄧縣能作之，是鄧為縣名也。〔註83〕

孔廣森說「鄧者，南陽縣名」，是也。胡培翬以孔說駁賈疏之說，以申明鄭注
鄧繐之義也。

又如，《喪服》曰：「大夫之妾為君之庶子、女子子嫁者、未嫁者；為世
父母、叔父母、姑、姊妹。」《傳》曰：「嫁者，其嫁於大夫者也；未嫁者，
成人而未嫁者也。何以大功也？妾為君之黨服，得與女君同。」鄭注曰：「女
子子成人者，有出道，降旁親，及將出者，明當及時也。」鄭注與經傳之義
皆諧，然其義未明，《儀禮正義》引孔廣森《儀禮雜義》「女子子嫁者未嫁者」
條申之曰：

> 此未嫁逆降者，蓋以貴降也。行於大夫已上曰嫁，然則未嫁者，未
> 嫁於大夫也。唯許嫁大夫而未行者，乃別謂之未嫁。既許嫁大夫，
> 雖未行，固已貴矣，是以有逆降之法。曾祖父母至尊也，雖許嫁大
> 夫不得以貴降。世父母、叔父母、姑姊妹，旁親也，故許嫁大夫得
> 以貴降。〔註84〕

胡培翬案曰：「孔氏（孔廣森）及《釋例》言逆降為貴貴尊尊之義，……皆足
以發明注說，此鄭義之灼然昭著者也。」〔註85〕

第四節　孔廣森《禮學卮言》的學術地位評估

孔廣森《禮學卮言》禮學成就與影響從上述清代三大禮學巨著《周禮正
義》《儀禮正義》《禮書通故》對它的大量徵引和評價可見一斑。清代這三大
禮學著述不僅是清代三禮學研究的集大成者，亦是中國古代三禮學研究的總
結性成果，它們對《禮學卮言》徵引與評價，不僅彰顯了孔氏這部三禮學著
述的成就與影響，更體現出這部書在禮學史上的應有的價值與地位。

孫詒讓撰寫《周禮正義》不僅大量徵引孔廣森《禮學卮言》，還把《禮學
卮言》與王引之《經義述聞》、惠棟《九經古義》等名家禮書並列評為「佳」。

〔註83〕胡培翬：《儀禮正義》，江蘇古籍出版社，1993 年，第 1521 頁。

〔註84〕孔廣森：《禮學卮言》卷四，《續修四庫全書》第 110 冊，上海古籍出版社，
　　　　2002 年，第 112～113 頁。

〔註85〕胡培翬：《儀禮正義》，江蘇古籍出版社，1993 年，第 1510～1511 頁。

在準備撰寫《周禮正義》之初，孫詒讓就很看重孔廣森《禮學巵言》的禮學價值，把它列在重要的禮學徵引文獻中。孫詒讓撰作《周禮正義》之初，先是完成了文獻搜集整理的準備工作，為了便於徵引，他編撰了一部《周官正義長編》。《周官正義長編》於《周禮》每職或每事下詳列歷代各禮家經說條數、出處（書名）、卷次等。從其徵引書目看，孫詒讓搜集的各家經說主要為清儒經說，清儒的經學著述主要有：王引之《經義述聞》、惠棟《九經古義》、洪頤煊《讀書叢錄》、惠士奇《禮說》、段玉裁《周禮漢讀考》、徐養原《周禮故書考》、戴震《考工記圖》、程瑤田《通藝錄》、江永《周禮疑義舉要》、沈彤《周官祿田考》、金榜《禮箋》、王鳴盛《周禮軍賦說》等等。孫詒讓對上述經說著述都有評價，孔廣森、惠棟、王引之等人之說被孫詒讓評為「佳」；被孫詒讓評為「劣」的有：許珩《周禮注疏獻疑》、莊有可《禮箋駁正》；無評語的有劉敞《七經小傳》、楊慎《升菴經說》、臧琳《經義雜記》、顧炎武《日知錄》、錢大昕《養新錄》《經史答問》、劉台拱《經傳小記》、丁晏《周禮釋注》、俞樾《群經評議》、盧文弨《鍾山劄記》、方苞《周官集注》《析疑》、李光坡《周禮述注》等〔註86〕。孔廣森《禮學巵言》與王引之、惠棟等名家著述並被評為「佳」，可見孫詒讓對孔氏《禮學巵言》禮學成就的認可和重視，亦可見出孔廣森禮學在清代禮學中的重要價值和地位。

近人曹元弼、梁啟超、張舜徽等人對孔廣森《禮學巵言》禮學地位亦有很高評價，認為該禮書堪與朱熹《儀禮經傳通解》、江永《禮書綱目》、徐乾學《讀禮通考》、金榜《禮箋》、凌廷堪《禮經釋例》等著作相提並論，孔廣森的禮學學術地位當與江永、金鶚、金榜、凌廷堪並駕齊驅。這種評價與孫詒讓對孔廣森《禮學巵言》成就等級評估為「佳」是一致的，是符合事實的，非譽美之詞。

作為戴震弟子，孔廣森繼承了戴震的禮學思想和治禮方法，其三禮學成就主要體現在其《禮學巵言》一書。《禮學巵言》考證紮實，精奧博通，用力頗深。該書涉及禮學問題廣泛，銳見勝解多出，解決了禮學史上許多疑難問題。如，在《儀禮》廟寢宮室方面，他提出大夫士廟寢宮室異制，明瞭了廟、寢房室結構與名製的眾多差別，解釋了諸如「左右房與東房西室」等諸多矛盾爭議問題；在明堂制方面，他對「四旁兩夾窗」之釋疑贏得了禮家一片喝

〔註86〕參見葉純芳《孫詒讓周禮學研究》，（臺灣）私立東吳大學中國文學系，2006年，第210頁。

彩;其《周禮》禮服釋名、論禘郊與宗廟之制亦能釋疑解惑,頗多讓人「服膺玩索」(曹元弼語)之創見。孔廣森《禮學卮言》的《儀禮雜義》《周禮雜義》中諸條考證足以證明和彌補賈公彥疏《儀禮》《周禮》某些對經文經注望文生解之失;其《周禮鄭氏注蒙案》可補王應麟《漢制考》、惠士奇《禮說》於鄭注以漢況周說未收錄與考證之闕;其《小戴禮記雜義》可補孔穎達《禮記正義》名物制度考證之不足。諸家謂孔廣森「深於禮」「尤精三禮」「其三禮之學,尤號專門」,當主要據此《禮學卮言》取得的成就而言,如孫詒讓《周禮正義》八十六卷徵引《禮學卮言》一百餘處,卻幾乎沒有對孔氏另一部名著《大戴禮記補注》的徵引。胡培翬《儀禮正義》、黃以周《禮書通故》等禮學著作對孔廣森《大戴禮記補注》的徵引亦極少見,卻有對《禮學卮言》的大量徵引,足見出孔氏此書禮學成就之突出及其在清代禮學中的重要價值和地位。《大戴禮記補注》不足以代表孔廣森的禮學成就,《禮學卮言》是孔廣森禮學最高成就的代表作當之無愧。

孔廣森是清代乾嘉著名經學家,被稱為戴震四大弟子之一。作為清代著名經學家,雖然他的《春秋公羊經傳通義》亦是經學名著,然而其公羊學成就並沒有得到學界的一致認同。在清代今文經學研究裏面,孔廣森《公羊通義》往往被當做不成功的今文經學作品,很難佔據一席之地,學者多批評孔廣森不通家法;在乾嘉學術學者那裡,則將孔廣森歸類為古文經學家,對其《公羊通義》不予討論。江藩《國朝漢學師承記》述評孔廣森時極力讚譽其「深於戴氏之學」,江藩所謂「戴氏之學」,當主要為禮學名物制度之學也。譚宗浚總結清代學術時將孔廣森與胡培翬,程瑤田、褚寅亮等清代一流禮學家相提並論,可謂大致得其全景。可見孔廣森公羊學不像其三禮學那樣得到眾口一詞的認可和讚譽,因此就其經學成就的代表性成果而言,《禮學卮言》超邁它書,首屈一指,值得肯定。

孔廣森取得這樣的成就時年齡不過在三十歲左右,「其年甫逾三十,而所學無所不通,一藝之分,他人白首不能到」(阮元《孔廣森傳》),孔廣森堪稱經學天才,「顨軒聖裔儒宗,曠代一遇」(《清儒學案小傳》),黃侃曾評價說:「清世經師如孔廣森、戴望,皆年三十有五而歿。劉先生(師培)亦止三十五,所造尤為卓絕。此三君者,皆曠代奇材也。」〔註87〕孔廣森英年早逝,

---

〔註87〕黃焯:《憶先從父季剛先生師事餘杭儀徵兩先生事》,《量守廬學記:黃侃的生平和學術》,生活‧讀書‧新知三聯書店,1985年,第137~138頁。

　　加上生前不又善交遊，其《禮學卮言》在當時並沒有在學界得以廣泛傳播，特別是在遭家難之後，其家人慎於發表，《禮學卮言》在孔廣森去世多年後才面世，故而其學術影響到了清末才始展現。若天憐英才，假以年月淬煉，孔廣森經學成就和影響當如姚鼐所贊許「賢如康成者，猶未足以限吾撝約（孔廣森）也」。

　　劉師培評價清代乾嘉時期經學家時說，時有山東孔繼涵、孔巽軒（孔廣森），均問學於戴震，孔巽軒於經學尤精〔註88〕。章太炎論及乾嘉經學的傳播時說：「清代經學，自分布之地域觀之，最先為蘇州（後又分出常州一支），次徽州，又次為揚州，浙江在後。其在山東，則有孔廣森及桂馥。」〔註89〕桂馥著有《說文義證》，為清代著名文字學家，桂馥經學成就當在小學訓詁，而孔廣森經學成就則以其三禮學擔當。孔廣森當是乾嘉時期山東一帶三禮學乃至經學成就最卓著者，是乾嘉經學在山東最具有代表性的人物，堪稱山左經學之翹楚。

〔註88〕劉師培：《近儒學術統系論》，章太炎、劉師培《中國近三百年學術史論》，上海古籍出版社，2006年，第149頁。
〔註89〕章太炎：《清代學術之系統》，章太炎、劉師培：《中國近三百年學術史論》，上海古籍出版社，2006年，第36頁。

結束語

　　三禮之學作為清代經學的重要組成部分，其著述文獻數量在有清一代經學文獻中首屈一指。在《清經解》及《清經解續編》中，三禮學的專著占所有專著的百分之二十以上，遠居他經之上，可見禮學在清代經學的興盛及其地位的顯要。彭林先生指出：「三禮之學原本是清人開墾過的一塊熟土，如今已經撂荒數十年，榛荊滿目，亟待重新耕耘，任務艱巨，許多領域至今還很少人措手。對於這些學者及其論著作個案研究，是禮學研究的重要內容之一。目前相關研究非常不足，有些幾乎是空白，有些研究比較空洞。」〔註1〕

　　本書是對清代禮學名家孔廣森《禮學卮言》著作進行的個案研究。孔廣森精通禮學，其三禮之學，尤號專門。作為戴震弟子，孔廣森繼承了戴震的禮學思想和治禮方法，其三禮學成就主要體現在其《禮學卮言》一書。《禮學卮言》考證紮實，精奧博通，用力頗深。該書涉及禮學問題廣泛，銳見勝解多出，解決了禮學史上許多疑難問題。本書根據《禮學卮言》著述體例和內容特點，確定以《禮學卮言》名物制度考證為主要研究對象，全面梳理和考察了孔廣森《禮學卮言》中「禮學專題考論」、「《三禮》雜義」、「《周禮》鄭注蒙案」等內容的禮學成就，特別是具體分析和評價了孔廣森關於名物制度考證的是非得失，以彰顯其禮學成就的真實面貌，在此基礎上總結其禮學思想、考據方法及其治禮特色與不足，並以清代三大禮學著作對該書的徵引評價為例，審視《禮學卮言》在禮學史上的學術影響與價值。本書研究力避空泛，凡立一義，憑材料證據為說，通過對《禮學卮言》較為全面深入的研究，以冀彌補目前學界關於孔廣森三禮學方面研究之不足，並能為豐富清代三禮學的個案研究盡一份綿薄之力。

〔註1〕彭林：《三禮研究入門》，上海：復旦大學出版社，2012年，第123頁。

參考文獻

一、古籍文獻類

1. 〔漢〕鄭玄注、〔唐〕賈公彥疏，周禮注疏〔M〕，上海：上海古籍出版社，2010。

2. 〔漢〕鄭玄注、〔唐〕賈公彥疏，儀禮注疏〔M〕，上海：上海古籍出版社，2008。

3. 〔漢〕鄭玄注、〔唐〕孔穎達疏，禮記正義〔M〕，上海：上海古籍出版社，2008。

4. 〔漢〕班固，漢書〔M〕，北京：中華書局，1962。

5. 〔漢〕許慎撰、〔清〕段玉裁注，說文解字注〔M〕，上海：上海古籍出版社，1981。

6. 〔南朝宋〕范曄，後漢書〔M〕，北京：中華書局，1999。

7. 〔宋〕朱熹，四書章句集注〔M〕，北京：中華書局，1983。

8. 〔宋〕聶崇義纂輯，丁鼎點校解說，新定三禮圖〔M〕，北京：清華大學出版社，2006。

9. 〔宋〕朱熹，儀禮經傳通解〔M〕，朱子全書本，上海：上海古籍出版社，2002。

10. 〔宋〕李如圭，儀禮集釋〔M〕，文淵閣四庫全書本，第130冊。

11. 〔宋〕王應麟，漢制考〔M〕，文淵閣四庫全書本，史部十三。

12. 〔元〕敖繼公，儀禮集說〔M〕，上海：上海古籍出版社，2017。

13. 〔元〕馬端臨，文獻通考〔M〕，北京：中華書局影印本，1986。

14. 〔清〕朱彝尊，經義考（新校）〔M〕，上海：上海古籍出版社，2010。

15. 〔清〕戴震，《戴震集》〔M〕，上海：上海古籍出版社，1980。

16. 〔清〕姚際恒，儀禮通論〔M〕，北京：中國社會科學出版社，1998。

17. 〔清〕姚鼐，儀鄭堂記〔M〕，續修四庫全書，第 1453 冊，上海：上海古籍出版社，2002。

18. 〔清〕洪頤煊，禮經宮室答問〔M〕，續修四庫全書本，第 110 冊，上海：上海古籍出版社，2002。

19. 〔清〕永瑢等，四庫全書總目提要〔M〕，北京：中華書局，1965。

20. 〔清〕孫詒讓，周禮正義〔M〕，王文錦、陳玉霞點校，北京：中華書局，2013。

21. 〔清〕胡培翬，儀禮正義〔M〕，段熙仲點校，南京：江蘇古籍出版社，1993。

22. 〔清〕黃以周，禮書通故〔M〕，王文錦點校，北京：中華書局，2007。

23. 〔清〕孫希旦，禮記集解〔M〕，沈嘯寰、王星賢點校，北京：中華書局，1989。

24. 〔清〕朱彬，禮記訓纂〔M〕，北京：中華書局，1996。

25. 〔清〕凌廷堪，禮經釋例〔M〕，鄧聲國、劉蓓然點校，南昌：江西人民出版社，2017。

26. 〔清〕朱彝尊，經義考〔M〕，北京：中華書局，1998。

27. 〔清〕顧炎武，顧亭林文集〔M〕，北京：中華書局，1983。

28. 〔清〕萬斯大，禮記偶箋〔M〕，清經解續編本，上海：上海書店出版，1988。

29. 〔清〕江藩，國朝漢學師承記〔M〕，北京：中華書局，1983。

30. 〔清〕錢大昕：潛研堂文集〔M〕，南京：江蘇古籍出版社，1997

31. 〔清〕孔廣森，春秋公羊經傳通義〔M〕，北京：北京大學出版社，2012。

32. 〔清〕孔廣森，經學卮言〔M〕，楊新勳校注，上海：華東師範大學出版社，2010。

33. 〔清〕孔廣森，《大戴禮記》補注〔M〕，北京：中華書局，2013。

34. 〔清〕孔繼汾，孔氏家儀〔M〕，四庫禁燬書叢刊補編，第 31 冊，北京：

北京出版社，2005。

35. 〔清〕焦循，群經宮室圖〔M〕，續修四庫全書，第173冊，上海：上海古籍出版社，2002。

36. 〔清〕許宗彥，周廟祧考世室考〔M〕，清經解卷1255，鑒止水齋集，上海書店，2014。

37. 〔清〕王聘珍，大戴禮記解詁〔M〕，北京：中華書局，1983。

38. 〔清〕俞樾，群經平議〔M〕，續修四庫全書，第178冊，上海古籍出版社，2002。

39. 〔清〕阮元，揅經室集〔M〕，北京：中華書局，1993。

40. 〔清〕章學誠，文史通義〔M〕，上海：上海古籍出版社，2015。

41. 〔清〕曹元弼，禮經校釋〔M〕，續修四庫全書，第94冊，上海：上海古籍出版社，2002。

42. 〔清〕周中孚，鄭堂讀書記〔M〕，續修四庫全書本，上海：上海古籍出版社，2002。

43. 〔清〕王先謙，荀子集解〔M〕，北京：中華書局，1988。

44. 〔清〕趙爾巽，清史稿〔M〕，北京：中華書局，1977。

二、近人、今人著述類

1. 王國維，觀堂集林·明堂寢廟通考〔M〕，北京：中華書局，2004。

2. 皮錫瑞，經學歷史〔M〕，北京：中華書局，2012。

3. 徐世昌，清儒學案，𤩽軒學案〔M〕，北京：中華書局，2008。

4. 梁啟超，清代學術概論〔M〕，上海：上海古籍出版社，1998。

5. 章太炎、劉師培等，中國近三百年學術史論〔M〕，上海：上海古籍出版社，2006。

6. 支偉成，清代樸學大師列傳〔M〕，長沙：嶽麓書社，1986年。

7. 沈文倬，宗周禮樂文明考論〔M〕，杭州：杭州大學出版社，1999。

8. 姜廣輝，中國經學思想史（第一、二卷）〔M〕，北京：中國社會科學出版社，2003。

9. 黃侃，黃侃論學雜著〔M〕，上海：上海古籍出版社，1980。

10. 錢玄，三禮辭典〔M〕，南京：江蘇古籍出版社，1991。

11. 楊向奎，宗周社會與禮樂文明〔M〕，北京：人民出版社，1995。

12. 馮浩菲，中國訓詁學〔M〕，濟南：山東大學出版社，1995。

13. 錢玄，三禮通論〔M〕，南京：南京師範大學出版社，1996。

14. 楊天宇，儀禮譯注〔M〕，上海：上海古籍出版社，1997。

15. 楊天宇，禮記譯注〔M〕，上海：上海古籍出版社，2004。

16. 楊天宇，周禮譯注〔M〕，上海：上海古籍出版社，2004。

17. 楊志剛，中國禮儀制度研究〔M〕，上海：華東師範大學出版社，2001。

18. 王鍔，三禮研究論著提要〔M〕，蘭州：甘肅教育出版社，2001。

19. 丁鼎，《儀禮·喪服》考論〔M〕，北京：社會科學文獻出版社，2003。

20. 丁鼎，《禮記》解讀〔M〕，北京：中國人民大學出版社出版社，2010。

21. 李衡眉，昭穆制度研究論集〔M〕，濟南：泰山出版社，2004。

22. 彭林，三禮研究入門〔M〕，上海：復旦大學出版社，2012。

23. 張舜徽，鄭學叢著〔M〕，武漢：華中師範大學出版社，2005。

24. 張舜徽，清人文集別錄〔M〕，北京：中華書局，1963。

25. 張壽安，十八世紀禮學考證的思想活力〔M〕，北京：北京大學出版社，2005。

26. 張一兵，明堂制度研究〔M〕，北京：中華書局，2005。

27. 曹春平，中國古代禮制建築研究〔M〕，南京：東南大學出版社，1995。

28. 何淑宜，明代士紳與通俗文化的關係〔M〕，臺灣師範大學歷史研究所，1998 年。

29. 沈從文，中國古代服飾研究〔M〕，上海：上海書店出版社，2006。

30. 鄧聲國，清代儀禮文獻研究〔M〕，上海：上海古籍出版社，2006。

31. 楊天宇，鄭玄三禮注研究〔M〕，天津：天津人民出版社，2007。

32. 楊華，古禮新研〔M〕，商務印書館，2012。

33. 郭善兵，中國古代帝王宗廟禮制研究〔M〕，北京：人民出版社，2007。

34. 焦桂美，南北朝經學史〔M〕，上海古籍出版社，2009。

35. 董恩林，中國傳統文獻學概論〔M〕，武漢：華中師範大學出版社，2008。

36. 林存陽，清初三禮學〔M〕，北京：中國人民大學出版社，2010。

37. 李雲光，三禮鄭氏學發凡〔M〕，上海：華東師範大學出版社，2012。

38. 項楚、羅鷺，中國古典文獻學〔M〕，北京：中國人民大學出版社，2013。

39. 顧遷，中國的樂舞〔M〕，南京：南京大學出版社，2014。

40. 程羽黑，十駕齋養新錄箋注〔M〕，上海：上海書店出版社，2015。

41. 漆永祥，乾嘉考據學研究〔M〕，北京：中國社科院出版社，1998。

三、學術論文類

1. 金景芳，談禮〔J〕，歷史研究，1996（6）。

2. 沈文倬，略論禮典的實行和《儀禮》書本的撰作〔J〕，《文史》，1982（15，16）。

3. 沈文倬，周代宮室考述〔J〕，浙江大學學報（人文社會科學版），2006（5）。

4. 楊向奎，讀胡培翬的《儀禮正義》〔J〕，孔子研究，1991（4）。

5. 劉雨，西周金文中的祭祖禮〔J〕，考古學報，1989年（4）。

6. 楊天宇，關於周代郊天地點時間與用牲〔J〕，史學月刊，1991（5）。

7. 楊天宇，略論「禮是鄭學」〔J〕，齊魯學刊，2002（3）。

8. 楊天宇，周人祭天以祖配天考〔J〕，史學月刊，2005（5）。

9. 彭林，《周禮》五行思想新探〔J〕，歷史研究，1990（3）。

10. 董蓮池，殷周禘祭探真〔J〕，人文雜誌，1994（5）。

11. 楊志剛，中國禮學史發凡〔J〕，復旦學報，1995（6）。

12. 李學勤，郭店簡與《禮記》〔J〕，中國哲學史，1998（4）。

13. 丁鼎，「服術有六」：試論《禮記‧大傳》中的制服原則〔J〕，齊魯學刊，2001（5）。

14. 丁鼎、于少飛，「冕無後旒」說考論〔J〕，中國文化研究，2015（春之卷）。

15. 丁鼎、王聰：孔廣森世系考辯〔J〕，孔子學刊，2016（7）。

16. 王鍔，戰國楚簡的發現和《禮記》研究的反思〔J〕，圖書與情報，2006（3）。

17. 鄧聲國，李如圭《儀禮集釋》的解經特色〔J〕，江西社會科學，2010（11）。

18. 漆永祥，乾嘉考據學新論〔J〕，北京：北京大學學報（哲學社會科學版），2013（3）。

19. 葛志毅，鄭玄三禮學體系考論〔J〕，中華文化論壇，2007（3）。

20. 陳冬冬，《碑傳集》《清史列傳》等三書《孔廣森傳》標點勘誤〔J〕，中國史研究，2010（3）。

21. 楊念群，影響十八世紀禮儀轉折的若干因素〔J〕，華東師範大學學報（哲社版），2014（4）。

22. 雷平，從經學復興到乾嘉考據學派的形成〔J〕，湖北大學學報（哲社版），2008（6）。

23. 許超傑，曹元弼《覆段熙仲書》考釋〔J〕，南京師範大學文學院報，2014（4）。

24. 劉豐，王肅的三禮學與「鄭王之爭」〔J〕，中國哲學史，2014（4）。

25. 呂友仁，孔穎達《五經正義》注疏關係十六字說〔J〕，歷史文獻研究，2016（2）。

26. 陳蘇鎮，秦漢殿式建築的布局〔J〕，中國史研究，2016（3）。

27. 陳倩，《喪服》女子「出嫁不降」考辨〔J〕，中國文化研究，2003（2）。

28. 王啟發，禮義新探〔D〕，北京：中國社會科學院，2002。

29. 黃佳駿，孔廣森經學思想研究〔D〕，臺灣：彰化師範大學，2006。

30. 葉純芳，孫詒讓周禮學研究〔D〕，臺灣：私立東吳大學，2006。

31. 曾軍，義理與考據——清中期《禮記》詮釋的兩種策略〔D〕，武漢：華中師範大學，2008。

32. 牛興芬，《大戴禮記》補注訓詁研究〔D〕，曲阜：曲阜師範大學，2010。

33. 顧遷，清代禮學考證方法〔D〕，南京：南京大學，2011。

34. 張帥，南北朝三禮學研究〔D〕，濟南：山東師範大學，2013。

35. 施婧嫻，孔廣森春秋公羊學研究〔D〕，上海：復旦大學，2013。

36. 陳冬冬，清代曲阜孔氏家族學術研究〔D〕，武漢：華中師範大學，2013。

37. 張成棟，孔廣森學術思想試探〔D〕，曲阜：曲阜師範大學，2014。

38. 陳緒波，儀禮宮室考〔D〕，天津：南開大學，2014。

39. 馬金亮，魏晉南朝東海王氏家族文化研究〔D〕，濟南：山東師範大學，2015。

附錄 《禮學卮言》宮室圖

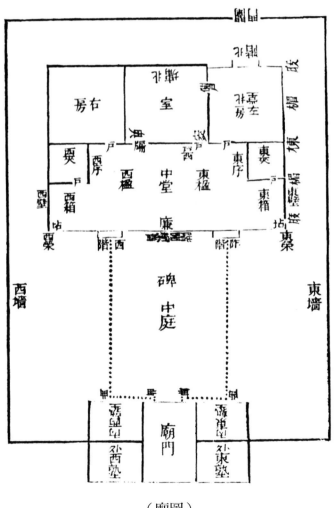

（廟圖）

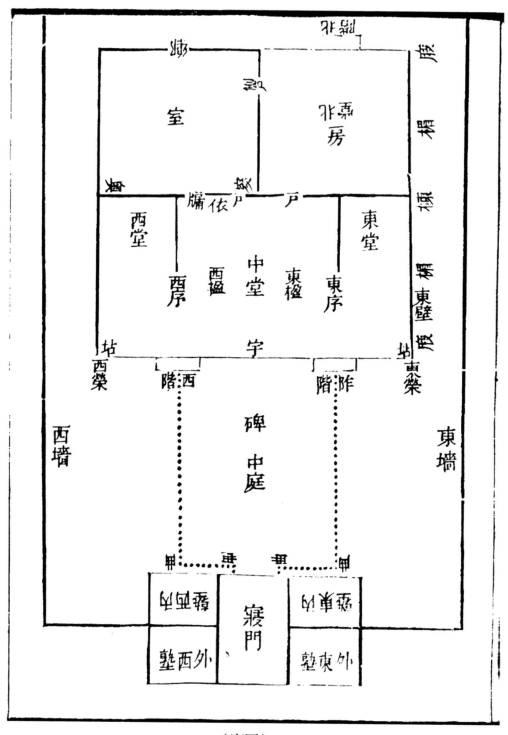

（寢圖）

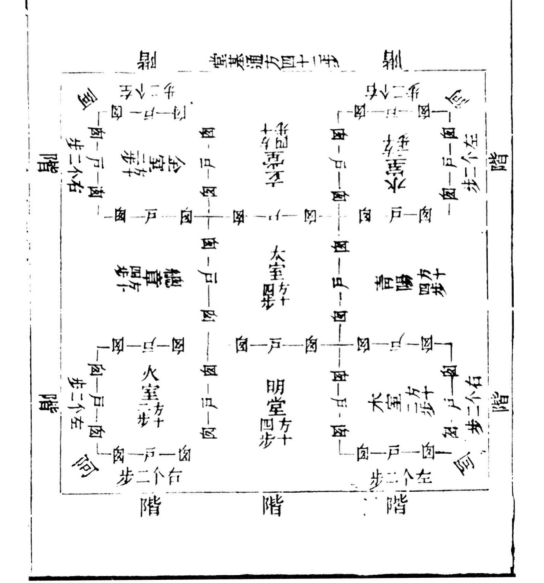

（明堂圖一）

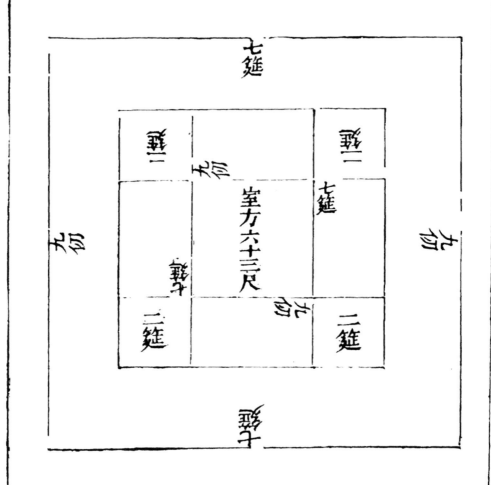

（明堂圖二）

後　記

　　本書稿是由我的博士論文略加修訂而成。在書稿即將提交之際，我由衷地感謝我的導師程奇立（丁鼎）先生。程先生是禮學名家，學識淵博，治學嚴謹。在我論文選題和撰寫期間，先生提出了許多建設性的意見，給予我許多耐心細緻的指導。寫出論文初稿後，老師亦為我付出很多時間和精力認真批閱，既有對篇章結構的調整，也有對論文中遣詞造句、徵引文獻、注釋格式等細節謬誤的糾正，並提出寶貴的修改整理意見。先生嚴謹的治學態度讓我受益匪淺，論文雖已定稿，但深覺自己才疏學淺，課題研究水平尚未能達到先生的殷切期望。今書稿即將付梓，又承蒙程先生慨允賜序，不勝感戴之至！

　　在我博士論文開題、論文撰寫和答辯過程中，曾得到山東師範大學和山東大學的王志民、王洲明、曾振宇、王承略、劉心明、仝晰綱、燕生東、趙衛東、呂文明等諸位先生許多指導與鼓勵，他們提出了許多中肯的意見和建議，指導我修正和彌補了論文的許多不足之處，完善了自己學位論文的寫作。讀博期間，與孫克誠、馬金亮、孟麗等同學在一起學習，同學們對我的論文寫作提出了許多有益的建議，提供了許多幫助。在此向各位師友謹致謝忱！現在又承臺灣花木蘭文化事業有限公司編委會不棄，將拙作納入出版計劃，得到出版資助。該社以昌明學術為尚，不惟孔方是逐的精神令人敬佩！在此一併致謝！